Das Privatleben Prominenter als Verfassungsproblem

STUDIEN ZUM INTERNATIONALEN, EUROPÄISCHEN UND ÖFFENTLICHEN RECHT

Herausgegeben von Eibe Riedel

Band 18

PETER LANG
Frankfurt am Main · Berlin · Bern · Bruxelles · New York · Oxford · Wien

Randolf Straky

Das Privatleben Prominenter als Verfassungsproblem

Ein Rechtsvergleich mit Frankreich und England unter Einbezug von Internetpublikationen

PETER LANG
Europäischer Verlag der Wissenschaften

Bibliografische Information Der Deutschen Bibliothek
Die Deutsche Bibliothek verzeichnet diese Publikation in der Deutschen Nationalbibliografie; detaillierte bibliografische Daten sind im Internet über <http://dnb.ddb.de> abrufbar.

Zugl.: Mannheim, Univ., Diss., 2005

D 180
ISSN 1430-5380
ISBN 3-631-55369-2

www.peterlang.de

Vorwort

Die Wissenschaft, sie ist und bleibt, was einer ab vom andern schreibt.
Doch trotzdem ist, ganz unbestritten, sie immer weiter fortgeschritten.
Der Leser, traurig aber wahr, ist häufig unberechenbar:
Hat er nicht Lust, hat er nicht Zeit, dann gähnt er: ‚Alles viel zu breit!'.
Doch wenn er selber etwas sucht, was ich, aus Raumnot, nicht verbucht,
wirft er voll Stolz sich in die Brust: ‚Aha, das hat er nicht gewusst!'.
Man weiß, die Hoffnung wär' zum Lachen, es allen Leuten recht zu machen.

Eugen Roth

Besonderer Dank gilt meinem verehrten Doktorvater *Prof. Dr. Eibe Riedel*, der diese Arbeit unterstützt, kritisch begleitet und betreut hat und Ansprechpartner in allen Fragen war. Herrn *Prof. Dr. Kristian Fischer* danke ich für die zügige Anfertigung des Zweitgutachtens.

Bedanken möchte ich mich auch bei meinem Freund *Dr. Jürgen Vogt*, der mich zu diesem Vorhaben ermutigt hat. Verbunden bin und bleibe ich *Dr. Fabian Widder*, dessen Ratschläge von großem Wert waren, seinem Vater, Herrn *Gerhard Widder*, und der Kanzlei *Widder und Lichtenberger* in Mannheim. Dort wurde mir in professioneller und dennoch freundschaftlicher Atmosphäre jede Unterstützung zuteil.

Für den EDV-Support und die anregenden Gespräche bis in die frühen Morgenstunden danke ich meinen Freunden *Rainer Weiß*, *Andreas Bison* sowie *Sebastian Bablok*, dem ich viel Glück und Erfolg bei seinem Projekt „Dr." wünsche. Erwähnen möchte ich auch einen wundervollen Menschen, Frau *Juliane Leithold*.

Ganz innig in meine Arme schließe ich meine Schwester, Frau *Renate Greeck*, die nicht nur unermüdlich das Manuskript durchgesehen und durch konstruktive Anregungen bereichert, sondern auch immer auf ihren kleinen Bruder aufgepasst hat und für ihn da war, wovon sie hoffentlich auch in Zukunft nicht abrückt. Großer Dank gebührt auch meinem Schwager, Herrn *Sven Greeck*.

Diese Arbeit ist meinen Eltern *Renate* und *Johann Straky* gewidmet, die stets eine unerschöpfliche Schüssel mit Liebe, Geduld und Fürsorge für mich bereit hielten und halten. Sie waren, sind und bleiben Vorbilder in allen Lebenslagen. Ohne sie wäre vieles nicht möglich gewesen. Ihnen möchte ich auf diesem Wege folgendes sagen: *Liebe Eltern, sollten eines Tages meine Kinder in mir das sehen, was ihr für mich darstellt, dann weiß ich, ich habe ein gutes Leben gelebt.*

Unvergessen bleiben diejenigen, die nicht mehr unter uns weilen.

Kronberg, im Mai 2006 Randolf Straky

Inhaltsübersicht

Inhaltsverzeichnis

Abkürzungsverzeichnis

a. A.	anderer Ansicht
a. a. O.	am angegebenen Ort
ABl. EG	Amtsblatt der EG
Abs.	Absatz
AC	The Law Reports (Appeal Cases)
AcP	Archiv für die civilistische Praxis
a. D.	außer Dienst
a. E.	am Ende
a. F.	alte Fassung
AfP	Archiv für Presserecht
All ER	All England Law Reports
Anm.	Anmerkung
Ann.	Annales de la propriété industrielle, artistique et littéraire
AöR	Archiv des öffentlichen Rechts
ArchPR	Archiv für Privatrecht
ARPANET	Advanced Research Project Agency Network
Art.	Artikel
Aufl.	Auflage
BAG	Bundesarbeitsgericht
BAGE	Sammlung der Entscheidungen des Bundesarbeitsgerichts
Bay. VBl.	Bayrische Verwaltungsblätter
BB	Der Betriebs-Berater
Bd.	Band
BGB	Bürgerliches Gesetzbuch
BGBl.	Bundesgesetzblatt
BGH	Bundesgerichtshof
BGHZ	Entscheidungssammlung des Bundesgerichtshofs in Zivilsachen
BR	Bundesrat
BR-Drucksache	Drucksachen des Bundesrates
BVerfG	Bundesverfassungsgericht
BVerfGE	Sammlung der Entscheidungen des Bundesverfassungsgerichts
bzgl.	bezüglich
bzw.	beziehungsweise

c	contre
Ch.	Law Reports, Chancery Division
ch. civ.	Chambre civil
chron.	chronique
civ.	civil
CLJ	Cambridge Law Journal
D.	Recueil Le Dalloz
DB	Der Betrieb
Ders.	Derselbe
dgl.	dergleichen
d. h.	das heißt
DÖV	Die Öffentliche Verwaltung
ECHR	European Convention on Human Rights
éd.	édition
EG	Europäische Gemeinschaften
EGMR	Europäischer Gerichtshof für Menschenrechte
EGV	Vertrag zur Gründung der Europäischen Gemeinschaft
Einf.	Einführung
Einl.	Einleitung
EKMR	Europäische Kommission für Menschenrechte
EMRK	Europäische Menschenrechtskonvention
et a.	et autres
EU	Europäische Union
EuGH	Gerichtshof der Europäischen Gemeinschaft
EuGRZ	Europäische Grundrechte-Zeitschrift
EuZW	Europäische Zeitschrift für Wirtschaftsrecht
EWG	Europäische Wirtschaftsgemeinschaft
f.	folgende
FAZ	Frankfurter Allgemeine Zeitung
ff.	fortfolgende
FF	Französische Franken
FN	Fortführungsnachweis
Fn.	Fußnote

FS	Festschrift
FSR	Fleet Street Reports
Gaz. Pal.	Gazette du Palais
GG	Grundgesetz
Grds.	Grundsatz, grundsätzlich
GRUR	Gewerblicher Rechtsschutz und Urheberrecht
GRUR Int.	Gewerblicher Rechtsschutz und Urheberrecht – Internationaler Teil
Halbs.	Halbsatz
h. M.	Herrschende Meinung
HRA	Human Rights Act 1998
Hrsg.	Herausgeber
HS.	Halbsatz
ICLQ	International and Comparative Law Quarterly
i. d. F.	In der Fassung
i. H. v.	In Höhe von
IP	Internet Protocol
I. R.	Informations Rapides
IRC	Internet Relay Chat
i. S. d.	im Sinne des
i. S. v.	im Sinne von
i. V. m.	In Verbindung mit
J.	Jurisprudence
J.C.P.	Juris-Classeur Périodique = La Semaine Juridique (éd. générale)
JZ	Juristen Zeitung
K&R	Kommunikation & Recht
Kap.	Kapitel
KB	The Law Reports (King's Bench Division)
KUG	Kunsturhebergesetz
Lfg.	Lieferung
LG	Landgericht

lit.	littera
Lit.	Literatur
LJ	Lord Justice
LMG	Landesmediengesetz
LPG	Landespressegesetz
LQR	The Law Quarterly Reports
LRG	Landesrundfunkgesetz
LS	Leitsatz
m. E.	Meines Erachtens
MLR	The Modern Law Review
MR	Master of the Rolls (Präsident des Court of Appeal)
m. w. N.	mit weiteren Nachweisen
n. F.	neue Fassung
NJW	Neue Juristische Wochenschrift
Nr.	Nummer, Number
NRW	Nordrhein-Westfalen
NVwZ	Neue Zeitschrift für Verwaltungsrecht
o. ä.	oder ähnliches
OLG	Oberlandesgericht
p. a.	per anno
QB	The Law Reports (Queen's Bench Division)
RabelsZ	Rabels Zeitschrift für ausländisches und internationales Privatrecht
Red.	Redaktion
Rdnr.	Randnummer
RG	Reichsgericht
RGZ	Amtliche Sammlung der Reichsgerichtsrechtsprechung in Zivilsachen
RPC	Reports of Patent, Design & Trademark Cases
Rspr.	Rechtsprechung
Rz.	Randzahl

S.	Seite
S. C.	sommaires commentés
SJ/G	La Semaine Juridique (éd. générale)
Slg.	Sammlung
sog.	So genannter/so genannte/so genanntes
Sp.	Spalte
StPO	Strafprozessordnung
TCP	Transmission Control Protocol
TGI	Tribunal de Grande Instance
Trib.	Tribunal
Trib. civ.	Tribunal civil
u. a.	unter anderem; und andere
UrhG	Urheberrechtsgesetz
URL	Uniform Resource Locator
Urt.	Urteil
VC	Vice Chancellor
vgl.	vergleiche
Vol.	Volume
vs.	versus
WLR	The Weekly Law Reports
WRP	Wettbewerb in Recht und Praxis
www	World Wide Web
ZaöRV	Zeitschrift für ausländisches öffentliches Recht und Völkerrecht
z. B.	zum Beispiel
ZEuP	Zeitschrift für Europäisches Privatrecht
Ziff.	Ziffer
ZUM	Zeitschrift für Urheber- und Medienrecht

A. Das Licht der Medienöffentlichkeit

Zu Beginn der „Dreigroschenoper"[1] lässt Bertolt Brecht[2], zur Musik von Kurt Weill[3], in der letzten Strophe der „Moritat von Mackie Messer" folgende Zeilen vortragen:

„Denn die einen sind im Dunkeln. / Und die andern sind im Licht. / Und man siehet die im Lichte. / Die im Dunkeln sieht man nicht".

Nun ist es nicht Aufgabe einer juristischen Arbeit, dieses Bild von Licht und Dunkel, mit dem Bertolt Brecht eindringlich auf die unterschiedlichen Lebenssituationen der vom Schicksal Begünstigten und der vom Leben Benachteiligten hinweist, zu kommentieren oder gar zu interpretieren. Genau genommen besteht zwischen der im Eingangslied der „Dreigroschenoper" enthaltenen Aussage und dem Privatsphärenschutz Prominenter auch kein zwingender Zusammenhang. Reißt man das Zitat jedoch aus seinem ursprünglichen Kontext heraus und betrachtet es isoliert, so lässt sich unschwer ein – sogar mehrfacher – metaphorischer Bezug zu dem hier behandelten Thema herstellen. Die vorliegende Untersuchung dreht sich nämlich nicht nur um die „im Lichte" des öffentlichen Informationsinteresses stehenden prominenten Persönlichkeiten, sondern sie befasst sich vor allem auch mit deren - vor den Augen der Allgemeinheit oft gerne im Verborgenen gehaltenen - Privatsphäre, welche wiederum nicht selten von heimlichen, ungesehenen, „aus dem Dunkeln heraus" operierenden Reportern empfindlich gestört wird.

I. Ausgangslage und Grund der Untersuchung

Der insbesondere berühmte Personen erfassende „Lichtkegel" – um noch kurz bei der aufgeworfenen Metapher zu verbleiben – ist vor allem in den letzten Jahren größer und intensiver geworden. Mit verstärkter Strahlkraft versucht er immer mehr auch das von Natur aus verdeckte, im Dunkeln, fernab von jeder Medienöffentlichkeit gelegene Privatleben so mancher Zeitgenossen zu beleuchten, also sozusagen „ins Licht zu rücken" und für alle sichtbar zu machen. Die Ursachen dafür sind stetig wachsende Medienunternehmen, die die Entstehung von Mediengiganten wie Murdoch oder Berlusconi nach sich ziehen, und der damit

---

1 *Die Dreigroschenoper* von Bertolt Brecht (nach J. Gays „The beggar's opera"), Musik Kurt Weill, wurde 1928 im Theater am Schiffbauerdamm in Berlin uraufgeführt. Die Erstausgabe erfolgte ein Jahr später (Quelle: *Brockhaus multimedial*, 2003, Suchwort: „Dreigroschenoper").

2 Eigentlich *Eugen Berthold Friedrich Brecht*, Dramaturg, Schriftsteller und Regisseur, geb. Augsburg 10.2.1898, gest. Berlin (Ost) 14.8.1956.

3 *Kurt Weill*, Komponist, geb. Dessau 2.3.1900, gest. New York 3.4.1950. Wandte sich seit 1925 dem Musiktheater zu.

verbundene erhöhte Wetteifer um die Gunst des Informationskonsumenten. Dies führt zu teilweise erbittert ausgefochtenen Konkurrenzkämpfen um Marktanteile[4]. Journalisten suchen eifrig nach Schlagzeilen und sensationsträchtigen Geschichten und sind dabei stets bestrebt, die berühmte Nasenlänge Vorsprung zu haben. Dabei geraten fortwährend Ereignisse aus dem Privatleben von prominenten Personen in den Fokus der Berichterstattung, da es in der Medienbranche schon lange kein Geheimnis mehr ist, dass sich Geschehnisse rund um bekannte Persönlichkeiten regelmäßig gut vermarkten lassen. Der mit harten Bandagen ausgetragene Wettbewerb wirkt sich dementsprechend negativ auf das Privatleben berühmter Menschen aus. Gelegentlich hat es den Anschein, dass Persönlichkeiten des öffentlichen Lebens „zum Freiwild für indiskrete und sensationslüsterne Nachstellungen durch bestimmte Massenmedien“ [5] geworden sind.

Das eben erläuterte Bedrohungspotential wird zudem durch den technischen Fortschritt unterstützt und in zweierlei Hinsicht begünstigt. In erster Linie sind die immer besser werdenden „Eingriffsmittel“ zu nennen. Teleobjektive erlauben gestochen scharfe Fotos auch aus sehr weiter Entfernung[6]. Kameras und Mikrophone werden kostengünstig in sehr kleinen (bis hin zu stecknadelgroßen) Formaten angeboten, was dem „Ausspionieren“ insbesondere deshalb Vorschub leistet, da die Qualität der Aufnahmen trotz der minimalen Größe der Geräte kaum beeinträchtigt wird. Hochwertige Kameras schießen ohne weiteres mehrere Bilder in einer Sekunde, wodurch sie in der Lage sind, jede auch noch so kleine Regung des Beobachteten festzuhalten. Die in digitalisierter Form getätigten Schnappschüsse können per Internet unverzüglich[7] der Redaktion überspielt werden und – eventuell nach kurzer Überarbeitung – praktisch ohne Zeitverzögerung in Druck gehen oder auf den entsprechenden Internetseiten veröffentlicht werden.

Neben den vorgestellten verbesserten Eingriffsmöglichkeiten stiegen in jüngster Vergangenheit vor allem auch die Voraussetzungen, die erlangten Erkenntnisse „zu fixieren und jederzeit vor einem unüberschaubaren Personenkreis zu reproduzieren“[8]. Man muss hier wahrlich keine seitenlangen Ausführungen zu der

---

[4] Vgl. zur Konkurrenzsituation nur *Papier, H.-J.*, Medien und Persönlichkeitsrechte, in: Bitburger Gespräche 1995/II, S. 27 f. und *Stadler, A.*, Kommerzialisierung des Persönlichkeitsrechts, 1999, S. 14.

[5] So *Heldrich, A.*, Privates Glück in der Medienwelt, in: FS Schweizer, 1999, S. 31.

[6] Vgl. zu dieser Entwicklung auch *BVerfG* vom 15.12.1999 (Caroline v. Monaco) – 1 BvR 653/96, BVerfGE 101, S. 380: „Diese Möglichkeit ist durch den Fortschritt der Aufnahmetechnik, der Abbildungen auch aus weiter Entfernung, jüngst sogar aus Satellitendistanz, und unter schlechten Lichtverhältnissen erlaubt, noch weiter gewachsen“.

[7] Die Kommunikation über das Internet ist von jedem Ort – auch beim Fehlen einer festen Verbindung – ohne weiteres möglich. In diesen Fällen wird der Internetzugang mittels eines Handys und eines Laptops hergestellt.

[8] Siehe *BVerfG* (Caroline v. Monaco) (Anm. 6), S. 380.

Entwicklung der Massenkommunikationsmittel machen, um zu zeigen, dass sich die Medienlandschaft von der ersten deutschen Tageszeitung[9] bis zum heutigen Tage grundlegend verändert hat. Die Optimierung von Druckverfahren, die Entwicklung des Rundfunks und Fernsehens bis hin zur weltweiten Empfangbarkeit mittels Satteliteneinsatzes eröffnen seit geraumer Zeit ein ungeheures Potential der Nachrichtenverbreitung, welche dadurch schon lange nicht mehr nur auf einen überschaubaren regionalen Bereich begrenzt ist. Mit Einzug des Internets[10] potenzierten sich die Publikationsmöglichkeiten um ein Vielfaches. Das Internet bietet eine Plattform, mit Hilfe derer Informationen „geradezu in Sekundenschnelle um die Welt reisen und prinzipiell fast jeden Menschen erreichen“[11] können.

Der technische Fortschritt und der Konkurrenzkampf dürfen jedoch nicht dazu führen, dass die Rechte des Einzelnen in den Hintergrund gedrängt werden[12]. Will man sich dabei nicht nur auf die Berufsethik der Journalisten verlassen, so sind Gesetzgebung und Rechtssprechung gefordert, den verfassungsrechtlichen Schutz des allgemeinen Persönlichkeitsrechts zu wahren. Recht und Gesetz müssen sich den wechselnden Verhältnissen innerhalb der Gesellschaft anpassen. In Anlehnung an den Titel des Beitrages von *Eibe Riedel* [13] in „Einwirkungen der Grundrechte auf das Zivilrecht, Öffentliche Recht und Strafrecht – Mannheimer Fakultätstagung über 50 Jahre Grundgesetz“[14] ließe sich auch bildhaft sagen: Die Grundrechtsaat ist im Bereich des Persönlichkeitsschutzes zweifelsfrei aufgegangen; auf Grund der anfangs geschilderten veränderten Bedingungen muss jedoch überprüft werden, ob es an der Zeit ist nachzusäen.

---

9 Als erste deutsche Tageszeitung erschien im Jahre 1660 die „Leipziger Zeitung“ (Quelle: *Brockhaus multimedial*, 2003, Suchwort: „älteste Zeitung“).

10 Zur Entwicklung des Internets vgl. unten B. „Das Internet“.

11 So *Riedel* (Anm. 3), S. 2.

12 Vgl. dazu auch die Aussage von *Dieter Grimm*, Bundesverfassungsrichter a. D., im Rahmen eines Interviews des *Evangelischen Pressedienstes (epd)* vom 15.08.1999: „Die Zahl der Fälle, in denen es nicht um Sicherung der Meinungs- oder Medienfreiheit gegen Restriktionen, sondern um den Persönlichkeitsschutz gegenüber den Medien geht, hat nach meinem Eindruck in der jüngsten Zeit zugenommen, dementsprechend auch die Zahl der Entscheidungen zu diesem Thema. Weitere stehen bevor. Ich vermute eine Ursache in dem verschärften Wettbewerb im Medienwesen, der oft auf dem Rücken von Persönlichkeitsrechten ausgetragen wird“ (Quelle: Homepage des *Evangelischen Pressedienstes* (http://www.epd.de) unter der URL: http://epd.de/medien/1999/65leiter.htm). (Stand 01.06.2005).

13 Der Beitrag trägt den Titel: „Die Grundrechtssaat ist aufgegangen – Zeit nachzusäen?“ (siehe *Riedel, E.*, Grundrechtssaat, in: *Wolter, J./Riedel, E./Taupitz, J.*, Einwirkungen der Grundrechte, 1999, S. 301).

14 *Wolter, Jürgen/Riedel, Eibe/Taupitz, Jochen* (Hrsg.), Einwirkungen der Grundrechte auf das Zivilrecht, Öffentliche Recht und Strafrecht – Mannheimer Fakultätstagung über 50 Jahre Grundgesetz, Heidelberg 1999.

Die folgende Untersuchung dient der Feststellung, ob die vorhandenen Instrumente bzw. deren Anwendung (noch) in der Lage sind, die persönlichen Interessen des Einzelnen, insbesondere die Privatsphäre, wirksam gegen mediale Eingriffe zu schützen.

Dabei darf man allerdings nicht die Publikations- und allgemeinen Informationsinteressen aus den Augen verlieren. Die in Art. 5 GG verbürgten Grundrechte sind für die Gewährleistung der freiheitlich-demokratischen Grundordnung unersetzlich, weshalb ihnen im Interesse einer funktionierenden Demokratie besondere Bedeutung zukommen muss. Darüber hinaus gehört Kommunikation zu den menschlichen Grundbedürfnissen und ist eine notwendige Voraussetzung eines offenen gesellschaftlichen Zusammenlebens.

Im Endeffekt geht es also um die (Wieder-) Herstellung eines ausgewogenen Verhältnisses zwischen Meinungs- und Informationsfreiheit auf der einen und Privatsphärenschutz auf der anderen Seite.

II. Gang der Untersuchung

Bereits der Titel der Arbeit lässt erkennen, dass nicht nur die traditionellen Medien, d. h. Printmedien, Rundfunk und Fernsehen im Mittelpunkt stehen, sondern auch Publikationen mittels des Internets. Beschäftigt man sich mit dem Internet, so tauchen regelmäßig Verständnisprobleme auf, deren Ursache nicht selten terminologischer Natur ist, da sich in einigen Bereichen (noch) keine einheitliche Fachsprache herausgebildet hat. Daher wird hier, zur Vermeidung von Missverständnissen, der eigentlichen Untersuchung eine kleine technische Einführung vorangestellt, in der die gebräuchlichsten Internetdienste und deren Wirkungsweise erläutert werden.

Im Anschluss daran werden die Rechtsordnungen Frankreichs und Englands dargestellt. Die Wiedergaben der gegenwärtigen Situation in diesen Ländern folgt dem Prinzip der Normenpyramide, d. h., zunächst werden die relevanten verfassungsrechtlichen Grundlagen und danach erst die einfachgesetzlichen Regelungen vorgestellt. Soweit vorhanden und für den Privatsphärenschutz von Bedeutung werden internetspezifische Regelungen analysiert und besprochen. Neben der Feststellung des Umfangs und der Reichweite des Privatsphärenschutzes wird insbesondere den Lösungsansätzen der Spannungslage zwischen den Rechten des Einzelnen und den Kommunikationsfreiheiten Aufmerksamkeit gewidmet.

Hauptelement der Untersuchung ist die Rechtslage in Deutschland. Hier muss als Erstes festgestellt werden, inwiefern Art. 5 Abs. 1 GG durch Internetpublikationen betroffen ist, denn nur bei Eröffnung des Schutzbereiches kann Art. 5 Abs. 1 GG als gewichtiger Gegenpart zu dem verfassungsrechtlich als Teil des allgemeinen Persönlichkeitsrechts gemäß Art. 1 Abs. 1 i. V. m. Art. 2 Abs. 1 GG garantierten Privatsphärenschutz fungieren[1]. Ein weiterer wesentlicher Faktor ist die kritische Auseinandersetzung mit dem Begriff der *Prominenz*. Dabei wird die Rechtsfigur der *Person der Zeitgeschichte* bzw. *Person des öffentlichen Lebens* auf Schwachstellen und Unzulänglichkeiten geprüft und ein alternativer Lösungsvorschlag unterbreitet[2].

Der Schwerpunkt der Arbeit liegt in der Analyse der Abwägungskriterien, die von der höchstrichterlichen Rechtsprechung in Fällen der Kollision von Äußerungsfreiheiten mit dem Recht auf Achtung der Privatsphäre aufgestellt wurden[3]. Hierbei werden die von den Gerichten in Rechnung gestellten Abwägungsmerkmale hinsichtlich ihrer Tauglichkeit und angemessenen Gewichtung untersucht. Hauptziel ist die Feststellung, ob durch Einschränkung bzw. Erweiterung der vorhandenen Elemente und / oder durch das Hinzufügen bisher nicht (oder nicht hinreichend) beachteter Kriterien sachgerechtere und möglichst auch transparentere Ergebnisse erzielt werden können, um so der Rechtsklarheit und damit der Rechtssicherheit Vorschub zu leisten.

Gemäß dem Ziel der Arbeit, ein ausgewogenes Verhältnis zwischen Publikationsfreiheit und Privatsphärenschutz zu finden, wird auf die Darstellung zivilrechtlicher Rechtsfolgen (Schadensersatz, Unterlassung, Vernichtung von Publikationswerken etc.) bei Eingriffen in die Privatsphäre weitestgehend verzichtet, da dies den Rahmen der Erörterung sprengen und dem gewählten inhaltlichen Schwerpunkt nicht gerecht werden würde.

Die in der Untersuchung ausgearbeiteten Lösungsvorschläge zielen vor allem auf die Verbesserung der geltenden Rechtslage. Sie sind nicht ausschließlich auf die rechtsvergleichenden Erkenntnisse zurückzuführen. Daher wurde hier aus Gründen der Übersichtlichkeit auf den in rechtsvergleichenden Forschungen häufig anzutreffenden dreigliedrigen Aufbau (Deskriptive Darstellung der einzelnen Rechtsordnungen / Rechtsvergleichende Analyse / Evaluation) verzichtet. Stattdessen werden vorhandene Schwachstellen bei der Erläuterung der aktuellen Rechtslage in Deutschland aufgedeckt und die Lösungsvorschläge an gleicher Stelle unterbreitet. Sofern bei der Entwicklung alternativer Konzepte auf die Erkenntnisse der französischen und englischen Wissenschaft bzw. Rechtsprechung zugegriffen wurde, erfolgt nach einem entsprechenden Hinweis die Darlegung der rechtsvergleichenden Gedankengänge und der daraus gezogenen Schlussfolgerungen.

---

1 Vgl. dazu unten E. I. „Internetpublikationen und Art. 5 Abs. 1 GG".
2 Vgl. dazu unten E. II. „Die Prominenz".
3 Vgl. dazu unten E. V. „Die grundrechtlichen Abwägungskriterien".

B. Das Internet

Die Ursprünge des Internets finden sich in der 1957 gegründeten Advanced Research Project Agency (ARPA) des amerikanischen Verteidigungsministeriums. Man suchte nach schnellen und sicheren Transportwegen für Computerdaten, um eine möglichst lückenlose Verbindung zwischen einzelnen Militärstützpunkten herzustellen. Bereits zwölf Jahre später waren die ersten vier Computer (so genannte Internet-Hosts) untereinander verbunden. Dadurch konnte die beschleunigte Kommunikation und Information auch im Falle kriegerisch bedingter Ausfälle von einzelnen Rechnern kompensiert werden, indem andere vernetzte Rechner deren Aufgabe übernahmen[1]. Nur wenige Jahre später wurde das so genannte ARPANET[2] öffentlich zugänglich. Vor allem Universitäten, wissenschaftliche Institutionen und Forschungseinrichtungen schlossen sich dem Netz zum Zwecke des wissenschaftlichen Datenaustausches an[3]. Gleichzeitig entstanden andere, auf ähnlicher Technik basierende, Computernetze, welche hauptsächlich einzelne amerikanische Universitäten verbanden. Der endgültige Durchbruch und der Beginn der steigenden Etablierung des Internets gelang 1983 mit der Umstellung des gesamten Netzes auf das Transmission Control Protocol und das Internet Protocol (TCP/IP), wodurch die verschiedenen Netzwerke mit Hilfe eines einheitlichen, heute noch gültigen, Übertragungsstandards zusammengeführt wurden[4].

Nach Schätzungen in den Jahren 2002 und 2003 nutzten weltweit mehr als 600 Millionen[5] Menschen (User) das Internet. Zuverlässige aktuelle Statistiken sind kaum erhältlich, da die Zahl der Internetuser sich insbesondere im asiatischen Raum rasant vergrößert, so dass man ohne weiteres heute schon von gut über einer Milliarde Nutzer ausgehen kann. Die weiterhin zunehmende Technologisierung der privaten Haushalte, sinkende Hardwarepreise und vielfältigere Möglichkeiten des Online-Zugangs lassen eine anhaltende Steigerung von Internetbenutzern erwarten. Dies verdeutlichen auch die Wachstumsraten der letzten Jahre[6]: Zählten im Dezember 2000 ca. 352 Millionen Menschen zur Gruppe der Internetuser, so betrug diese Zahl gerade mal ein Jahr später bereits 495 Millio-

---

1 Ausführlich zur Entwicklung des Internets: *Kyas, O.*, Internet, 1994, S. 29-47; *Griese, J./Sieber, P.*, Information Highway, 1996, S. 45; *Krol, E.*, Internet, 1995, S. 15 ff.

2 Advanced Research Project Agency Network.

3 Vgl. *Hennes, W.*, Internet, 1996, S. 141.

4 Vgl. *Scheller, M./Boden, K.-P./Geenen, A./Kampermann, J.*, Internet, 1994, S. 7 f.

5 Quelle: *Nielsen Netratings*, zitiert nach *FAZ* vom 24. Februar 2003, Nr. 46, S. 18, „Netzwirtschaft im Überblick". Für das Jahr 2002 siehe *Deiss, R.*, Statistik, *Eurostat* – 17/2002, Thema 4, im Internet abrufbar unter http://www.europa.eu.int/comm/eurostat/ (Stand: 30.11.2004). Andere Schätzungen geben Zahlen in der Größenordnung von ca. 500 Millionen an, vgl. *Popp, H.*, Markt Internet, auch im Internet abrufbar unter http://www.bw.fh-deggendorf.de/eb/f1/markt.pdf (Stand 16.06.2005).

6 Vgl. dazu die Veröffentlichungen von *Deiss* (Anm. 5).

nen, was einer Zuwachsrate von ca. 40 Prozent entspricht. Zwar wurde seither ein Wachstum in dieser Größenordnung auf Grund der vorhandenen „Grundversorgung“ nicht mehr erreicht, doch sind auch weiterhin keine Anzeichen einer Stagnation oder gar einer Trendwende in Sicht.

I. Online-Dienste

Die Plattform der Internetkommunikation bilden verschiedene Online-Dienste. Ein Dienst ist ein spezielles Protokoll im Internet, sozusagen eine Sprache, welche alle den Dienst in Anspruch nehmenden Benutzer sprechen und verstehen müssen[1]. Die Kompatibilität wird mit Standards erreicht, die ausschließlich auf der Basis des TCP/IP-Protokolls[2] aufbauen und unabhängig vom Betriebssystem funktionieren. Dadurch kann weltweit problemlos auf alle angebotenen Dienste zugegriffen werden.

Zum besseren Verständnis der später diskutierten Problematik und zur Vermeidung von Missverständnissen auf Grund terminologischer Abweichungen, wird im Folgenden kurz auf die Funktionsweise verschiedener Online-Dienste eingegangen. Um aber dem Rahmen der Arbeit gerecht zu bleiben, erfolgt hierbei eine Beschränkung auf die am häufigsten in Anspruch genommenen Leistungsangebote.

1. E-Mails und Mailing-Listen

Der populärste Internetdienst ist die elektronische Post (E-Mail). Mittels E-Mail können sowohl Texte als auch Ton-, Bild-, und Videodateien gesendet und empfangen werden[3]. Dafür benötigt der User ein elektronisches Postfach (E-Mail-Account). Dieses wird nach Abschluss eines entsprechenden Vertrages von einem Diensteanbieter[4] eingerichtet, auf dessen Mailserver abgespeichert und dem Nutzer zur Verfügung gestellt.

E-Mail-Accounts sind durch einen spezifischen Namen bzw. Adresse (sog. Login) gekennzeichnet und vor unbefugten Zugriffen regelmäßig durch ein Passwort geschützt. Obwohl nicht nur Texte versandt werden können, besitzt die Kom-

---

1 Vgl. *Fischer, M.*, Internet, in: *Brumme, S./Weis, M.*, Praxishandbuch, 2001, S. 35.

2 Zur Bedeutung der Begriffe vgl. oben B. „Das Internet“.

3 Eingehend *Ramm, F.*, World Wide Web, 1996, S. 18. Vgl. auch *Boehme-Neßler, V.*, CyberLaw, 2001, S. 46.

4 Einige unter vielen: GMX, Hotmail, Yahoo, T-Online, AOL. Mittlerweile stellen regelmäßig auch Firmen, Universitäten und andere Einrichtungen ihren Personen E-Mail Accounts zur Verfügung.

munikation mittels E-Mail doch große Ähnlichkeit zum Briefverkehr zwischen zwei individuellen Teilnehmern.

Eng verwandt mit dem E-Mail System sind die so genannten Mailing-Listen. Dabei handelt es sich um gruppenöffentliche Nachrichten und Diskussionsforen, welche nach unterschiedlichen Interessen gegliedert sind. Nach Anmeldung bei einem List-Server kann der Teilnehmer Diskussionen per E-Mail führen oder einfach nur Nachrichten erhalten, welche für alle Mitglieder seiner Interessengruppe bestimmt sind. Ermöglicht wird dies durch den Administrator der Mailingliste, welcher die an die Verteileradresse geschickten E-Mails an alle Teilnehmer versendet[5]. Dieses weitestgehend automatisierte Verfahren ermöglicht somit ohne großen Aufwand Mitteilungen an einen großen Adressatenkreis.

2. Newsgroups und Internet-Chat

Newsgroups kann man am besten mit elektronischen „schwarzen Brettern“ vergleichen, was durch den englischen Begriff „Bulletin Board System“[6] oder kurz BBS verdeutlicht wird. Diese bilden thematisch zusammenhängende Beiträge auf speziellen News-Servern ab. Der Nutzer hat hier die Möglichkeit seine Fragen, Anregungen, Diskussionsbeiträge oder Antworten zu einem bestimmten Thema auf der entsprechenden Internetseite zu veröffentlichen und sich die Beiträge anderer Teilnehmer anzuschauen. Die Daten werden also nicht per E-Mail übertragen, sondern in einem allgemein zugänglichen öffentlichen Raum „ausgestellt“, auf den jeder zugreifen kann. Newsgroups werden bevorzugt zur Problembehandlung jeglicher Art genutzt, indem die Nutzer ihr Wissen durch Beantwortung der gestellten Fragen teilen[7].

Ebenfalls öffentlich findet der Gedankenaustausch in den Internet-Chats[8] statt. Im Gegensatz zu den oben genannten Formen handelt es sich hierbei um eine Echtzeitkommunikation zwischen unbegrenzt vielen Teilnehmern, also um eine Unterhaltung[9] über die Tastatur. Chats eignen sich demnach zu Fragestunden oder Diskussionsrunden ebenso wie zum unverfänglichen Plaudern. Ähnlich den Newsgroups sind auch die Chat-Räume nach Themen unterteilt, deren Vielfalt mittlerweile nicht mehr überschaubar ist.

---

5 Vgl. *Tiedemann, P.*, Internet, 1999, S. 20.

6 „Bulletin Board" (engl.) = Nachrichtenbrett, schwarzes Brett. Vgl. dazu auch *Scheller, M./Boden, K.-P./Geenen, A./ Kampermann, J.*, Internet, 1994, S. 103.

7 Vgl. *Lackerbauer, I.*, Internet, 1999, S. 280 f.

8 Internet Relay Chat (IRC).

9 „To chat" (engl.) = plaudern.

Aber auch Unternehmen setzen immer häufiger Chats ein, um Meetings von räumlich getrennten Mitarbeitern abzuhalten[10]. Dann handelt es sich jedoch nicht um offene, sondern um interne oder geschlossene Chats zu denen nur autorisierte Mitglieder „Zutritt" haben.

3. Das World Wide Web

Das *World Wide Web* (WWW), auch *W3* oder einfach *Web* genannt, stellt ein Anwendungssystem dar, welches auf allen populären Betriebssystemen läuft[11]. Dem Anwender steht mit Hilfe eines „Betrachtungsprogramms" (Browser) eine unendlich wirkende Vielzahl von Einzeldokumenten (so genannte Internet- oder Web-Seiten) zur Verfügung. Diese sind auf den rund um den Globus platzierten WWW-Servern (auch Webserver genannt) gespeichert und jeweils mit einer eigenen Adresse gekennzeichnet. Die einzelnen Dokumente werden untereinander mit so genannten „Links"[12] verbunden. Der Anwender aktiviert den Link per Mausklick, wodurch die dort hinterlegte Information aufgerufen wird. Einfach ausgedrückt, besteht die Funktion des WWW in der Koordination dieser Dokumente und ihren Verknüpfungen.

Heute präsentieren neben Unternehmen, öffentlichen Anstalten, Verbänden, Vereinen usw. auch Medieneinrichtungen[13] ihre eigenen Web-Seiten (Homepages[14]). Zahlreiche Fernseh-, Zeitungs-, Rundfunkberichte und Dokumentationen werden durch zusätzliches Informationsmaterial im Netz ergänzt, weshalb man es immer häufiger erlebt, dass in den Medien an entsprechender Stelle auf die jeweilige Homepage hingewiesen wird. Im Kampf um die Gunst des Konsumenten werden diese Seiten zunehmend umfangreicher und aufwändiger gestaltet, so dass sie regelmäßig Informationen und Reportagen enthalten, welche keinen Eingang in die „herkömmlichen" Publikationen gefunden haben. Nicht zuletzt deshalb erlangen diese Seiten in zunehmendem Maße größere wirtschaftliche aber auch rechtliche Relevanz.

---

[10] Vgl. *Fischer* (Anm. 1), S. 43.

[11] Vgl. *Steiner, J.*, Internet, 1992, S. 12.

[12] „To link" (engl.) = verbinden, verknüpfen, verketten; „link" (engl.) = Verknüpfung, Verbindung.

[13] Beispiele für Internetauftritte von bekannten Medienunternehmen: http://www.ard.de; http://www.zdf.de; http://www.sat1.de; http://www.rtl.de; http://www.sueddeutsche.de; http://www.faz.de; http://www.stern.de; http://www.spiegel.de; http://www.bunte.de; http://www.cnn.com etc.

[14] Die Begriffe „Web-Seite", „Homepage", „Internetseite" werden im Folgenden synonym gebraucht.

II. Internetprovider

Internetprovider sind in der Regel private Unternehmen die den Zugang zum Internet und seinen Inhalten ermöglichen, weshalb ihnen eine technische und wirtschaftliche Schlüsselstellung zukommt. Grundsätzlich unterscheidet man zwischen drei Arten von Providern: Access-, Service- und Content-Provider.

Während Access-Provider (Zugangsvermittler) regelmäßig nur den Anschluss an das Internet vermitteln, erstellen Service-Provider (Inhaltsvermittler) Gesamtkonzeptionen für geplante Internetauftritte[1]. Demzufolge nehmen im Normalfall weder Access- noch Service-Provider wesentlichen Einfluss auf die inhaltliche Ausprägung des Internetauftritts, weswegen hier nicht näher auf sie eingegangen werden muss[2].

Dagegen bieten Content-Provider (Inhaltsanbieter) eigene, redaktionell aufbereitete Informationen und Internetinhalte an[3]. Hierbei kann es sich um Darstellungen jeglicher Art handeln, z. B. um Datenbanken, Präsentationen oder Online-Zeitungen. Content-Provider kann man als Urheber und Inhaber der Web-Seiten ansehen, weshalb sie auch primär verantwortlich für deren inhaltliche Gestaltung sind[4].

Bedingt durch die fortschreitende Technisierung und Kommerzialisierung des Internets treten mittlerweile immer häufiger auch rein private Nutzer, durch das Erstellen eigener Homepages, als Content-Provider auf. Obwohl täglich enorm viele solcher Web-Seiten hervor sprießen, ist ihre wirtschaftliche und rechtliche Bedeutung als sehr gering einzustufen, da diese Seiten regelmäßig einen nur äußerst geringeren Rezipientenkreis erreichen. Daher sollen bei der folgenden Untersuchung insbesondere Web-Seiten von Medienunternehmen im Mittelpunkt stehen, die von einer beträchtlichen Anzahl Internetnutzer besucht werden. Die zunehmende Internetnutzung hat zur Folge, dass Medienunternehmen auch auf diesem Wege die Möglichkeit offen steht, erheblichen Einfluss auf den Meinungsbildungsprozess zu nehmen[5].

---

1 Vgl. *Litscher, A.*, Glossar, in: *Hilty, R. M.*, Information Highway, 1996, S. 674.

2 Ausführlich zu Haftungsfragen *Schmoll, A.*, Haftung der Internet-Service-Provider, 2000.

3 Vgl. *Boehme-Neßler, V.*, CyberLaw, 2001, S. 17. Siehe auch *Litscher* (Anm. 1) S. 674.

4 Auf Einzelheiten bezüglich des richtigen Anspruchgegners in Haftungsfällen kann hier nicht näher eingegangen werden. Vgl. dazu: *Schmoll, A.*, Haftung der Internet-Service-Provider, 2000.

5 *Ricker* bezeichnet die Nutzung des Internets gar als „dritte Säule" des Rundfunks. Vgl. *Ricker, R.*, Nutzung des Internets, in: ZUM 2001, S. 28-34.

C. Die Rechtslage in Frankreich

Das französische Recht gehört nach allgemeiner Ansicht zu dem u. a. Italien, Portugal und Spanien mitumfassenden romanischen Rechtskreis[1] und kann innerhalb dessen als absolut tonangebend angesehen werden[2]. Maßgeblicher Grund hierfür ist die nach der französischen Revolution von 1789 von *Napoléon I.*[3] veranlasste Gesetzessammlung bestehend aus fünf Teilen (den so genannten *Cinq Codes*): der *Code civil* (häufig auch *Code Napoléon* genannt) von 1804 (Zivilgesetzbuch), der *Code de commerce* von 1807 (Handelsgesetzbuch), der *Code de procédure civile* von 1806 (Zivilprozessgesetzbuch), der *Code pénal* von 1810 (Strafgesetzbuch) und der *Code d'instruction criminelle* von 1808 (Strafprozessrechtsgesetzbuch). Letzterer wurde durch den *Code de procédure pénale* von 1957/58 ersetzt[4]. Der *Code civil* war in Grundhaltung und Gesetzestechnik ein völlig neues Werk, welches feudale Bindungen (Abschaffung der Stände durch Einführung des gleichberechtigten Staatsbürgers) und den Einfluss der Kirche auf das Recht beseitigte[5]. Das Verbot bisheriges Gewohnheitsrecht zu beachten sowie die Bindung des Richters an das Gesetz gewährten dem Bürger ab diesem Zeitpunkt einen sehr starken Schutz vor staatlicher Willkür[6].

Die französische Rechtskultur breitete sich in Europa nicht nur durch die Ausdehnung des Machtgebietes Frankreich durch Napoleon aus, sondern auch auf Grund des in den *Cinq Codes* enthaltenen (neuen) Gedankengutes, was sich vor allem darin zeigt, dass auch nach dem Wegfall von Napoleons Herrschaft viele der ehemals eroberten und besetzten Gebiete das französische Recht beibehielten oder eine nationale Gesetzgebung nach dem Vorbild des französischen Rechts schufen[7]. Der Einfluss und die Ausstrahlungswirkung des französischen Rechts sind daher in Europa, aber auch in Übersee[8], unbestritten[9]. Zwar wurden

---

1 Vgl. u. a. *Schnitzer, A.*, Rechtsvergleichung, I, 1961 m. w. N. und *Sonnenberger, H. J./Autexier, C.*, Einführung, 2000, S. 21.

2 Vgl. *Ebert, K. H.*, Rechtsvergleichung, 1978, S. 45.

3 *Napoléon I.*, Kaiser der Franzosen (1804-14/15), ursprünglich Napoleone Buonaparte, geb. Ajaccio (Korsika) 15.8.1769, gest. Longwood (Sankt Helena) 5.5.1821, Vater von Napoleon II. Quelle *Brockhaus multimedial*, 2003, Suchwort: „Napoleon I.".

4 Vgl. dazu *Sonnenberger / Autexier* (Anm. 1), S. 20. Vgl. auch *Brockhaus multimedial*, 2003, Suchwort: „Code Napoleon".

5 So verlor zum Beispiel die kirchliche Eheschließung ihre rechtliche Relevanz und wurde durch die (obligatorische) Zivilehe ersetzt.

6 Vgl. *Schnitzer* (Anm. 1), S. 193 ff.

7 Vgl. *Schnitzer* (Anm. 1), S. 195 ff. So wurde beispielsweise 1864 in Rumänien ein Zivilgesetzbuch eingeführt, welches im Wesentlichen einer Übersetzung des französischen Code civil entsprach.

8 Insbesondere Südamerika (Argentinien, Bolivien, Chile, Kolumbien etc.).

9 Vgl. dazu neben *Schnitzer* (Anm. 1), S. 196 f. auch *Sonnenberger / Autexier* (Anm. 1), S. 138.

im Laufe der Jahre viele der ehemals geschaffenen Gesetze modernisiert und dem gesellschaftlichen sowie technischen Fortschritt angepasst, doch blieb vielerorts der Grundgedanke des ursprünglichen *Code Napoléon* erhalten.

I. Verfassungsrechtliche Grundlagen

In Frankreich gilt heute die Verfassung vom 04. Oktober 1958. Der Text der Verfassung weist zunächst keinen dem deutschen Recht vergleichbaren Grundrechtskatalog auf. Lediglich die Religionsfreiheit (Art. 2), die freie Bildung von Parteien (Art. 4) und die Bewegungsfreiheit (Art. 66) werden darin erwähnt[1]. Die Präambel der französischen Verfassung erklärt jedoch im Namen des französischen Volkes den Menschenrechten verpflichtet zu sein, und zwar in der Form, wie diese in der Erklärung der Menschenrechte von 1789 festgelegt und durch die Präambel der Verfassung von 1946 ergänzt und bestätigt wurden[2]. Die Präambel erlangt somit hinsichtlich der Verankerung der Grundrechte eine wesentlich größere Bedeutung als dies bei dem übrigen Verfassungstext der Fall ist[3].

Bevor man sich aber – um herauszufinden ob und inwiefern der Privatsphärenschutz und die Kommunikationsfreiheiten in der Verfassung Berücksichtigung finden – der inhaltlichen Seite der verschiedenen Erklärungen widmet, muss die Frage des „Rechtswertes" der Präambel geklärt werden. Dieser war von Anfang an unbestimmt und umstritten. Vielfach wurde die Ansicht vertreten, der Präambel käme gar kein Verfassungsrang zu[4]. Diese Streitigkeit wurde 1971 vom Conseil Constitutionnel beendet. In der Entscheidung vom 16. Juli 1971 stellte das Gericht kurz und bündig fest: „vu la Constitution et notamment son Préambule", womit der Präambel mit den darin enthaltenen Verweisungen, ohne nähere Erläuterung, Verfassungsrang zugesprochen wurde[5].

---

1 Vgl. den Text der benannten Artikel im Anhang der Arbeit.

2 Auszug aus der Präambel der Verfassung vom 04. Oktober 1958: „Le Peuple français proclame solennellement son attachant aux Droits de l'home et aux principes de la souveraineté nationale tels qu'ils ont été définis par la Déclaration de 1789, confirmée et complétée par le préambule de la Constitution de 1946".

3 Vgl. auch *Itin, M.*, Grundrechte, 1992, S. 5.

4 Zum Streitstand vgl. *Stahl, K.*, Sicherung der Grundfreiheiten, 1970, S. 26 ff. mit zahlreichen weiteren Nachweisen. Vgl. auch *Itin* (Anm. 3), S. 23 ff.

5 Vgl. *Conseil Constitutionnel* vom 16.07.1971, Nr. 71-44 DC, im Internet abrufbar auf der offiziellen Homepage des Conseil Constitutionnel (http://www.conseil-constitutionnel.fr) unter der URL: http://www.conseil-constitutionnel.fr/decision/1971/7144dc.htm (Stand 20.06.2005).

1. Stellung der Kommunikationsfreiheiten

In Art. 11 der Erklärung der Rechte des Menschen und des Bürgers vom 26. August 1789 sind die Kommunikationsfreiheiten umfassend niedergelegt. Dort heißt es: „Die freie Mitteilung der Gedanken und Meinungen ist eines der kostbarsten Rechte des Menschen. Jeder Bürger kann daher frei sprechen, schreiben und drucken...“[6]. Diese eindeutige Aussage zu Gunsten der freien Meinungskundgabe dient als rechtliche Grundlage sämtlicher Äußerungsfreiheiten. Dazu gehört zunächst die Meinungsfreiheit (*liberté d'opinion*), die sich am treffendsten mit der ungehinderten und unbeschränkten Möglichkeit „de penser et de dire ce qu'il croit vrai“[7] umschreiben lässt. Wie das Wort „drucken“ in Art. 11 der Erklärung der Rechte des Menschen und des Bürgers von 1789 ahnen lässt, ist hierzu weiterhin die Pressefreiheit (*liberté de la presse*) zu rechnen[8], welche durch Gesetz vom 19. Juli 1881 näher konkretisiert und ausgestaltet wurde[9].

Komplizierter stellte sich die Situation bei den neueren Massenmedien Fernsehen und Rundfunk dar. Zwar ist im genannten Art. 11 auch die Rechtsgrundlage für die *liberté de communication audiovisuelle* angelegt, doch dauerte es nach Entdeckung und Entwicklung dieser Medien noch eine gewisse Zeit bis sich die neue Freiheit etablieren konnte. Grund hierfür war der starke Einfluss des Staates auf Rundfunk und Fernsehen. Der Durchbruch gelang erst 1982, als per Gesetz das staatliche Monopol aufgelöst wurde. Es folgte eine Reihe von Gesetzen, welche die bestehende Rechtslage immer wieder änderten[10]. Letzte Zweifel hinsichtlich der Konkretisierung und der Verankerung der *liberté de communication audiovisuelle* hob dann der Conseil Constitutionnel mit der Entscheidung vom 17. Januar 1989 auf[11].

---

6 Übersetzung aus *Stahl* (Anm. 4), S. 320. Der vollständige Wortlaut und der Wortlaut der Originalfassung sind im Anhang am Ende der Arbeit abgedruckt.

7 Siehe *Robert, J.*, Libertés publiques, 1988, S. 388. Vgl. dazu auch *Itin* (Anm. 3), S. 81.

8 Vgl. dazu u. a. *Stahl* (Anm. 4), S. 205 ff. und *Itin* (Anm. 3), S. 91 ff., jeweils m. w. N.

9 Das bis heute geltende und im Großteil unveränderte Gesetz regelt insbesondere das Verhältnis zwischen dem Pressewesen und den staatlichen Institutionen. Das Pressegesetz trägt daher wenig zur Lösung des in der vorliegenden Arbeit in Rede stehenden Problems bei, weshalb hier nicht näher darauf eingegangen werden soll. Erwähnenswert wären allenfalls das Gegendarstellungsrecht (*droit de réponse*) und der Berichtigungsanspruch (*droit de rectification*) in den Art. 12 f. des *Loi du 29 juillet 1881 sur la liberté de la presse*.

10 Ausführlich dazu *Itin* (Anm. 3), S. 103 ff. m. w. N.

11 Vgl. *Conseil Constitutionnel* vom 17.06.1989, Nr. 88-248 DC, im Internet abrufbar auf der Homepage des Conseil Constitutionnel (http://www.conseil-constitutionnel.fr) unter folgender URL: http://www.conseil-constitutionnel.fr/decision/1988/88248dc.htm (Stand 30.09.2003): „...SUR L'ARTICLE 11 RELATIF AUX DISPOSITIONS COMMUNES AUX SECTEURS PUBLIC ET PRIVE DE LA COMMUNICATION AUDIOVISUELLE...“.

Letztlich kann man also ohne weiteres sagen, dass sämtliche Kommunikationsfreiheiten in Art. 11 der Erklärung der Rechte des Menschen und des Bürgers von 1789, der insofern großzügig interpretiert wird, angelegt sind und ihnen somit, über die Präambel der Verfassung vom 04. Oktober 1958, Verfassungsrang zukommt.

2. Die Stellung des Privatsphärenschutzes

Im Gegensatz zu den in Art. 11 der Erklärung der Rechte des Menschen und des Bürgers von 1789 erwähnten Äußerungsfreiheiten, findet sich in der französischen Verfassung kein direkter Hinweis auf den Schutz der Privatsphäre. Die Präambel der Verfassung von 1958 verweist jedoch auf die Präambel der Verfassung von 1946, in welcher zu lesen ist:

> **Préambule de la Constitution du octobre 1946 (Extrait)**...Il réaffirme solennellement les droits et libertés de l'homme et du citoyen consacrés par la Déclaration des droits de 1789 et **les principes fondamentaux reconnus par les lois de la République**.[12]
>
> **Präambel der Verfassung von Oktober 1946 (Auszug)**...Es bekräftigt erneut feierlich die Rechte und Freiheiten des Menschen und des Bürgers, die durch die Erklärung der Rechte von 1789 geweiht sind, und **die fundamentalen Prinzipien, die durch die Gesetze der Republik anerkannt sind**.[13]

Teile des Schrifttums zählen zu den in der Präambel erwähnten *principes fondamentaux reconnus par les lois de la République* u. a. auch „Die Persönliche Freiheit“ (*La liberté individuelle*) und rechnen zu dieser wiederum den Schutz der Privatsphäre (*Le respect de la vie privée*) [14]. Eine andere Auffassung sieht die *liberté individuelle* und damit auch den Schutz des Privatlebens ausschließlich in Art. 66[15] der Verfassung von 1958 verankert[16]. Der Conseil Constitutionnel nimmt hierzu keine eindeutige Position ein. In der Entscheidung vom 12. Januar 1977 führte er zunächst zwar aus: „...la liberté individuelle constitue l'un des principes fondamentaux garantis par les lois de la République...“, bringt

---

[12] Der vollständige Wortlaut der Präambel und der Wortlaut der Originalfassung sind im Anhang am Ende der Arbeit abgedruckt; (Hervorhebung vom Verfasser).

[13] Übersetzung aus *Stahl* (Anm. 4), S. 321. Der vollständige Wortlaut und der Wortlaut der Originalfassung sind im Anhang am Ende der Arbeit abgedruckt; (Hervorhebung vom Verfasser).

[14] Vgl. die Nachweise bei *Itin* (Anm. 3), S. 22.

[15] Siehe den Wortlaut im Anhang am Ende der Arbeit.

[16] Vgl. nur die umfassenden Nachweise bei *Beignier*, *B.*, Vie privée, in: *Cabrillac*, *R. u. a.*, Libertés, 2001, S. 144 ff. *Ders*. a. a. O. „...En premier, qu'elle rattache bien le respect de la vie privée au principe de la liberté individuelle (art. 66 de la Constitution) et non aux « principes fondamentaux reconnus par les Lois de la République »“.

dann aber auch Art. 66 ins Spiel: „...l'article 66 de la Constitution, en réaffirmant ce principe, en confie la garde à l'autorité judiciaire“[17].

Eine nähere Auseinandersetzung mit den unterschiedlichen Meinungen kann hier aber unterbleiben, da unabhängig davon, welcher der genannten Auffassungen letztlich zu folgen ist, in dem entscheidenden Punkt doch Einigkeit besteht: Die Privatsphäre ist ein verfassungsmäßig geschütztes Gut. Dies ist insofern wichtig, da bei der Kollision des Privatlebens mit den Äußerungsfreiheiten, der daraus resultierende Konflikt von den Gerichten regelmäßig durch eine Güter- und Interessenabwägung gelöst wird, auf deren Ergebnis nicht zuletzt auch der „Rang“ der einzelnen Rechte maßgeblichen Einfluss hat[18]. Da beiden Rechten Verfassungsrang zukommt, erfahren sie im Streitfalle eine gleich gewichtete Behandlung.

3. Die Persönlichkeitsrechte

Der Schutz des Privatlebens ist weiterhin in den Persönlichkeitsrechten (*droits de la personnalité*) eingebettet. In Frankreich geht man nicht von einem allumfassenden Persönlichkeitsrecht aus, sondern man nimmt vielmehr eine Vielzahl an einzelnen Persönlichkeitsrechten an, zu denen, neben dem Privatleben, insbesondere auch das Recht am eigenen Bild (*le droit de la personne sur son image*) gehört[19].

Abschließend soll noch darauf hingewiesen werden, dass, obgleich sowohl den Äußerungsfreiheiten als auch den verschiedenen Persönlichkeitsrechten Verfassungsrang zukommt, die französische Rechtsprechung in ihren Urteilsbegründungen in Zusammenhang mit Persönlichkeitsrechen nie verfassungsrechtliche Bestimmungen zitiert[20].

---

17 Siehe *Conseil Constitutionnel* vom 12.01.1977, Nr. 76-75, im Internet abrufbar auf der offiziellen Homepage des Conseil Constitutionnel (http://www.conseil-constitutionnel.fr) unter der URL: http://www.conseil-constitutionnel.fr/decision/1977/7675dc.htm (Stand 20.06.2005).

18 Vgl. nur *Itin* (Anm. 3), S. 45 f.

19 Vgl. dazu die Aufzählung von *Tallon, D.*, Personnalité, in: *Vanel, M./Raynaud, P.*, Répertoire de droit civil, t. VII, Nr. 1 ff. Zum *droit de la personne sur son image* siehe auch *TGI Seine* vom 25.06.1966 (Bernard Blier c/ Sté France Edition et Publication), JCP 1966, II, 14875.

20 Vgl. auch *Bormann, D.*, Persönlichkeitsschutz in Frankreich, 1974, S. 5.

II. Überblick der Entwicklung des Privatsphärenschutzes

Zwar stolpert man in älteren Entscheidungen, Aufsätzen und Büchern gelegentlich über den Begriff *vie privée*, aber trotzdem spielte der Schutz des Privatlebens bis 1965 eine sehr untergeordnete Rolle und dies obwohl der Ausdruck „Privatleben" bereits im Pressegesetz von 1868[1] gebraucht wurde. Damit sollte jedoch nicht das Privatleben an sich geschützt werden. Vielmehr wollte man eine Vereinfachung und Verstärkung des Ehrenschutzes erreichen[2]. Die Gerichte wurden auch über die bereits 1804 eingeführten Art. 1382, 1383 Code civil[3] nur sehr vereinzelt wegen Eingriffen in die Privatsphäre angerufen und dementsprechend selten sind hierüber ausgesprochene Schadensersatzleistungen[4]. Häufiger waren die Fälle, in denen mittelbarer Privatsphärenschutz über eine Klage wegen *diffamation* erlangt wurde[5].

Die Lage sollte sich um 1964/65 drastisch ändern. Verbesserte technische Möglichkeiten und vermehrt auftretende Eingriffe in das Privatleben Einzelner seitens der Presse offenbarten Handlungsbedarf [6]. Am schnellsten reagierten die Gerichte und erkannten alsbald ein subjektives Recht auf Achtung der Privatsphäre an[7]. Kurze Zeit später schaffte der Gesetzgeber durch die Einführung von Art. 9 Code civil mit Gesetz vom 17. Juli 1970 Klarheit, indem er sich ausdrücklich für den Schutz des Privatlebens aussprach: „Chacun a droit au respect de sa vie privée" („Jedermann hat ein Recht auf die Achtung seines Privatlebens").

Wie oft in Frankreich, so wurden auch diesmal parallel zum Zivilrecht entsprechende strafrechtliche Bestimmungen geschaffen[8], die den Privatsphärenschutz verstärkten, worauf an späterer Stelle ausführlich eingegangen werden wird.

---

[1] Vorläufer des Pressegesetzes von 1881.

[2] Vgl. *Bormann, D.*, Persönlichkeitsschutz in Frankreich, 1974, S. 68.

[3] Wortlaut im Anhang am Ende der Arbeit. Vgl. auch unten C. V. 1. „Art. 9 und Art. 1382, 1383 Code civil".

[4] Eine sehr frühe Entscheidungen hierzu ist *Trib. civ. Seine* vom 28.01.1896, Ann., 1897, S. 87, in der Schadensersatz wegen Verletzung der Ruhe und Zurückgezogenheit gewährt wurde (zit. nach: *Bormann* (Anm. 2), S. 69, Fn. 191). Vgl. dazu auch *Cour d'appel Paris* vom 16.03.1955 (Marlène Dietrich c/ Soc. France-Dimanche), D. 1955, J., S. 295.

[5] Darauf soll hier nicht näher eingegangen werden. Eingehend: *Bormann* (Anm. 2), S. 20 f.

[6] Vgl. dazu *Heisig, C.*, Persönlichkeitsschutz, 1999, S. 72.

[7] Vgl. *Cour d'appel Paris* vom 17.03.1966 (S. A. *La France continue* et a. c/ Trintignant), D. 1966, J., S. 749 f. m. w. N. Ausdrücklich auch *Cour d'appel Paris* (Dietrich / France-Dimanche) (Anm. 4), S. 296: „Considérant que les souvenirs de la vie privée de chaque individu appartiennent à son patrimoine moral; que nul n'a le droit de les publier même sans intention malveillante sans l'autorisation expresse…".

[8] Insbesondere die Art. 368 ff. Code pénal a. F., welche weitestgehend den heutigen Art. 226 ff. Code pénal n. F. entsprechen (Wortlaut im Anhang am Ende der Arbeit). Vgl. dazu die Ausführungen unten unter C. V. 2. „Der strafrechtliche Schutz".

III. Internet und anwendbare Normen

Der Einzug des Internets brachte in Frankreich zwar einige internetspezifische Regelungen hervor[1], von denen jedoch kaum welche mit dem Schutz des Privatlebens[2] (*protection de la vie privée*) in Berührung kommen und die somit in der folgenden Darstellung keine große Rolle spielen. Im Übrigen ist man in Literatur und Rechtsprechung der Ansicht, dass die bereits vorhandenen allgemeinen Vorschriften den Anforderungen, die das Internet an das Recht stellt, gewachsen sind[3]. Diese Meinung trügt keinesfalls, zumindest in den hier interessierenden Bereichen der Wahrung höchstpersönlicher Interessen. Der Grund dafür ist, dass die in Frage kommenden gesetzlichen Bestimmungen sehr weit gefasst sind und somit dem Richter auch die Subsumtion unter internettypische Sachverhalte erlauben.

Davon geht auch die Rechtsprechung aus, die die geltenden Regelungen – ohne dies näher zu problematisieren – auf Veröffentlichungen im Internet anwendet. So verurteilte der *TGI Nanterre* Service-Provider (*fournisseur d'hébergement*[4]) zu Geldstrafen, weil auf von ihnen betreuten Web-Seiten private Bilder ohne die erforderliche Einwilligung veröffentlicht wurden. Das Gericht führte aus, das Recht am eigenen Bild stehe [als Ausfluss des Rechts auf Achtung der Privatsphäre] der jeweiligen Personen unabhängig von dem benutzten Trägermedium zu: „Toute personne a sur son image et l'utilisation qui en est faite un droit absolu qui lui permet de s'opposer à sa fixation, sa reproduction et sa diffusion, sans son autorisation expresse et ce **indépendamment du support utilisé**" [5].

IV. Internetspezifische Regelungen zum Schutz des Privatlebens

Die einzige auffindbare internetrechtliche Vorschrift, die (zumindest mittelbar) das Recht auf Achtung des Privatlebens im elektronischen Datenverkehr zum

---

[1] Im Wesentlichen handelt es sich dabei um datenschutzrechtliche Vorschriften. Weitere Regelungen drehen sich beispielsweise um die digitale Signatur und um die Beweisregelungen beim elektronischen Geschäftsverkehr (vgl. Art. 1315 ff. Code civil).

[2] „Privatleben" und „Privatsphäre" werden in Frankreich einheitlich mit „*vie privée*" bezeichnet und werden auch hier synonym verwendet.

[3] Vgl. zum Beispiel, *Féral-Schuhl, C.*, Cyberdroit, 2000, S. 95.

[4] „Le contrat d'hébergement est un contrat par lequel un prestataire technique, le fournisseur d'hébergement, met à disposition de l'exploitant du site une capacité d'accueil sur un serveur pour accueillir le site, ainsi que diverses autres prestations informatiques" (Quelle: "Lex „Electronica" unter der URL: http://lexinter.net/LexElectronica/hebergeurs.htm) (Stand 01.06.2005).

[5] Vgl. *TGI Nanterre* vom 08.12.1999 (Lynda L. c/ Sté Multimania et a.), Volltext im Internet unter http://www.juriscom.net (Stand 25.06.2005).
(Hervorhebung vom Verfasser).

Gegenstand hat, ist strafrechtlicher Natur und in den Art. 226-16 ff. Code pénal angesiedelt. Dort heißt es:

Art. 226-19 Code pénal: Le fait, hors les cas prévus par la loi, de mettre ou de conserver en mémoire informatisée, sans l'accord exprès de l'intéressé, des données nominatives qui, directement ou indirectement, font apparaître les origines raciales ou les opinions politiques, philosophiques ou religieuses ou les appartenances syndicales ou ***les moeurs des personnes*** est puni de cinq ans d'emprisonnement et de 300.000 euros d'amende.

Art. 226-19 Code pénal: Abgesehen von den gesetzlich vorgesehenen Fällen wird derjenige, der ohne die ausdrückliche Einwilligung der Betroffenen namensbezogene Daten elektronisch speichert oder aufbewahrt, aus denen unmittelbar oder mittelbar die Rassenzugehörigkeit, die politischen, philosophischen oder religiösen Anschauungen oder die Zugehörigkeit zu einer Gewerkschaft oder die ***Lebensweise der Personen*** hervorgehen, mit fünf Jahren Gefängnis und 300.000 Euro Geldstrafe bestraft.[1]

Die Lektüre der Vorschrift verdeutlicht, dass in der Hauptsache nicht der Schutz der Persönlichkeitsrechte bezweckt wird, sondern in erster Linie der datenrechtliche Aspekt im Vordergrund steht. Dies wird umso klarer, wenn man einen Blick auf die benachbarten Art. 226-16 bis Art. 226-24 Code pénal[2] wirft. Lediglich die hervorgehobene Passage betreffend die „Lebensweise der Personen" in Art. 226-19 Code pénal lässt den Schluss auf den Schutz der Privatsphäre zu, denn Informationen die unter dieses Tatbestandsmerkmal subsumiert werden können, sind wohl regelmäßig privater Natur. Dabei handelt es sich jedoch nicht um eine umfassende, sondern lediglich um eine punktuelle Sicherung des Privatlebens.

Art. 226-19 Code pénal kann auch und gerade bei Veröffentlichungen von Informationen im Internet, welche das Privatleben betreffen, zur Anwendung kommen, denn zur Bereitstellung von Daten im Internet ist es zwingend notwendig diese zu speichern, womit den (technischen) Anforderungen dieser Vorschrift Genüge getan ist. Werden beispielsweise auf einer Web-Seite die Angewohnheiten, Sitten, Gebräuche, Verhaltensweisen etc. einer Person preisgegeben, so kann dies eine strafrechtliche Verurteilung nach sich ziehen, wie folgender Fall gezeigt hat:

---

[1] Hervorhebungen vom Verfasser.
Übersetzung von *Bauknecht, G.* und *Lüdicke, L.*, Homepage des *Max-Planck-Instituts für ausländisches und internationales Strafrecht- Freiburg* (http://www.iuscrim.mpg.de). Vom Verfasser abgerufen unter der URL: http://www.jura.uni-sb.de/BIJUS/codepenal/ (Stand: 01.06.2005).
Anm.: Im Unterschied zur Fassung von *Bauknecht, G.* und *Lüdicke, L.* wurde die Zahl „2.000.000 F" durch „300.000 euros" bzw. „2.000.000 FF" durch „300.000 Euro" ersetzt.

[2] Vgl. dazu die Auflistung der relevanten Normen im Anhang am Ende der Arbeit.

Ein Informatikstudent veröffentlichte auf seiner Web-Seite pornografisch anmutende Fotos seiner ehemaligen Freundin. In Zusammenhang damit waren eine Reihe persönlicher Kommentare zu finden, die sich auf die sexuellen Vorlieben eben dieser Person bezogen.

Der *TGI de Privas* verurteilte den Angeklagten zu einer Freiheitsstrafe von acht Monaten (zur Bewährung ausgesetzt) und gewährte der Geschädigten 20.000 FF Schadensersatz. Zur Begründung zog das Gericht allein Art. 226-19 Code pénal heran, den es durch die Publikation der sexuellen Neigungen (als Darstellung der Lebensweise) im Internet erfüllt sah.[3]

Dieses Beispiel verdeutlicht, dass die in Rede stehende Vorschrift, ihrem ursprünglichen Zweck nach, nicht unmittelbar dem Schutz der privaten Lebenssphäre dient. Aber dennoch bietet sie eine sehr wirksame Vorgehensweise gegen die elektronische Speicherung und Veröffentlichung von privaten oder intimen Angewohnheiten und nimmt daher – nicht zuletzt auch wegen der hohen Strafandrohung – mehr als nur eine untergeordnete Rolle im Rahmen des Privatsphärenschutzes in Frankreich ein.

V. Allgemeine Regelungen zum Schutz des Privatlebens

Vor der eingehenden Auseinandersetzung mit dem Begriff *vie privée* ist es erforderlich, sich einen kurzen Überblick über die verschiedenen gesetzlichen Mechanismen zu verschaffen. Dabei sollen die unterschiedlichen Schutzwirkungen hervorgehoben werden. Auf eine detaillierte Erörterung aller Tatbestandsmerkmale der einzelnen Vorschriften wurde aber verzichtet, da dies nichts zur Bestimmung des Schutzes des Privatlebens im Vergleich zur Rechtslage in Deutschland beitragen würde.

1. Art. 9 und Art. 1382, 1383 Code civil

Die zentrale Vorschrift durch die im französischen Rechtskreis das Recht auf Achtung des Privatlebens maßgeblich geschützt wird, ist Art. 9 Code civil vom 17. Juli 1970. Dort heißt es nach dem Vorbild des Art. 8 EMRK:

Art. 9 Code civil: Chacun a droit au respect de sa vie privée.

Les juges peuvent, sans préjudice de la réparation du dommage subi, prescrire toutes mesures, telles que séquestre, saisie et autres, propres à empêcher ou faire cesser une atteinte à l'intimité de la vie privée; ces mesures peuvent, s'il y a urgence, être ordonnées en référé.

---

3 Vgl. zum geschilderten Fall das Urteil des *TGI Privas* vom 03.09.1997 (Ministère public et Mademoiselle Sarah B... c/ Monsieur Florent G...), Volltext im Internet unter der URL: http://www.juriscom.net (Stand 25.09.2003).

Art. 9 Code civil: Jedermann hat ein Recht auf die Achtung seines Privatlebens.

Die Richter können, unbeschadet der Wiedergutmachung des erlittenen Schadens, alle Maßnahmen, wie Zwangsverwaltung, Beschlagnahme und andere, treffen, die geeignet sind, eine Verletzung der Intimität des Privatlebens zu verhindern oder zu beseitigen; diese Maßnahmen können, wenn ein dringender Fall vorliegt, in einer einstweiligen Verfügung angeordnet werden.[1]

Bei der Lektüre des Gesetzes fällt zunächst auf, dass der Gesetzgeber nicht erläutert, was unter *vie privée* zu verstehen ist und somit die Definition des Begriffes der Rechtsprechung und der Rechtswissenschaft überlassen hat, worauf in den folgenden Kapitel näher eingegangen wird[2]. Weiterhin unterscheidet das Gesetz zwischen *vie privée* in Abs. 1 und *l'intimité de la vie privée* in Abs. 2, wobei letzterer Ausdruck enger als der erstgenannte auszulegen ist[3]. Der Grund dieser restriktiveren Auslegung liegt – abgesehen vom Wortlaut – in den häufig vorkommenden Konflikten mit der Pressefreiheit. Hier eröffnet Art. 9 Abs. 2 Code civil die Möglichkeit Presseartikel zu beschlagnahmen, einzuziehen, deren Veröffentlichungen zu untersagen usw. Der Richter kann also alle vorbeugenden oder auf Folgenbeseitigung gerichteten Maßnahmen anordnen. Es liegt auf der Hand, dass dies in vielen Fällen zwar eine sehr wirksame Methode zum Schutz der Privatsphäre darstellt und auch ein „abschreckender" Charakter nicht zu leugnen ist, aber diese Maßnahmen stellen doch auch erhebliche Eingriffe in die Pressefreiheit dar, die einer Zensur gleichkommen[4]. Daher hält sich die Rechtsprechung mit derartigen Anordnungen eher zurück und versucht häufig den Streitfall schonender zu lösen, zum Beispiel durch Unterdrücken bzw. Entfernen[5] der betreffenden Stellen oder durch Gewähren einer Entschädigung in Geld[6]. Nur wenn die genannten Maßnahmen keine hinreichende Genugtuung verschaffen können und es sich darüber hinaus um einen besonders gravierenden Eingriff[7] in die Privatsphäre handelt, ordnen die Richter die in Art. 9 Abs. 2 Code civil vorgesehenen Aktionen an[8]. In anderen Fällen, in denen vorbeugender Rechtsschutz gewährt wurde, ging das Gericht stets von irreparablen Schäden

---

1 Übersetzung aus *Bormann, D.*, Persönlichkeitsschutz in Frankreich, 1974, S. 12.

2 Vgl. unten unter C. VI. „ Begriffsbestimmung: La vie privée – Die Privatsphäre".

3 Vgl. *Malaurie, P./Aynès, L.*, Cours de droit civil II, 1994, Nr. 330, S. 129.

4 Vgl. nur *Malaurie / Aynès* (Anm. 3), S. 129.

5 Da das Löschen der betreffenden Passagen sehr aufwendig und damit teuer ist, entscheiden die Verleger nicht selten, die entsprechenden Stellen zu schwärzen.

6 Vgl. *Ferid, M./Sonnenberger, H. J.*, Zivilrecht 1/1, 1994, S. 357, Rn. 1 D 247.

7 Vgl. *Ferid / Sonnenberger* (Anm. 6), S. 357, Rn. 1 D 247; ebenso *Malaurie / Aynès* (Anm. 3), S. 129 ff., jeweils m. w. N.

8 Vgl. *Cour d'appel Paris* vom 26.02.1989 (B. Tapie c/ J.-E. Hallier et *l'idiot international*), Gaz. Pal. 1989, S. 222: „...la mesure exceptionnelle que constitue la saisie d'une œuvre de l'esprit exige que l'atteinte alléguée aux droits de la personne soit d'une gravité intolérable insusceptible de réparation par l'allocation ultérieure de dommages intérêts".

bei dem Betroffenen aus, welche unter keinen Umständen wieder gut zu machen gewesen wären[9].

Etwas einfacher gestaltet sich die Rechtslage bei der Gewährung „nachträglichen" Rechtsschutzes, d. h. bei Schadensersatzklagen. Nach Ansicht der Rechtsprechung wird der Schutz des Privatlebens von der deliktsrechtlichen Generalklausel des Art. 1382 Code civil mit umfasst[10], d. h., ist die Verletzung der *vie privée* gem. Art. 9 Code civil eingetreten, so kann der Verletzte nach den Voraussetzungen der Art. 1382 f. Code civil Schadensersatz verlangen[11]. Daher kommt es in den Schadensersatzfällen nicht auf die Unterscheidung zwischen *vie privée* und *l'intimité de la vie privée* an. Durch die Einbettung in Art. 1382 Code civil wird der Schutz der Persönlichkeitsrechte verstärkt, da hierunter auch die von Art. 9 Code civil nicht erfassten Fälle subsumiert werden können[12]. Was im Einzelnen unter *vie privée* zu verstehen ist und welches der genaue Schutzumfang davon ist, wird in den unten folgenden Abschnitten näher behandelt[13]. Vorangestellt werden kann hier, dass das Recht auf Privatsphäre dann verletzt ist, wenn ein rechtswidriger Eingriff (*atteinte illicite*) vorliegt. Dies ist der Fall, wenn der Eingriff ohne gesetzliche Erlaubnis[14] oder ohne die Zustimmung des Betroffenen erfolgt[15].

Auf die einzelnen Tatbestandsvoraussetzungen der Art. 1382 f. Code civil kann und muss hier nicht im Detail eingegangen werden. Angemerkt sei nur, dass der

---

9 Vgl. *Cour d'appel Paris* vom 24.10.1991 (Assoc. *Les Chevaliers du Lotus d'Or* c/ Antenne 2), D. 1992, J., S. 244: „...au moins en partie irrémédiables..."; ebenso *Cour d'appel Paris* vom 26.02.1992 (Antenne 2 c/ Touvier et a.), JCP 1993, II, 22022.

10 **Art. 1382 Code civil:** Tout fait quelconque de l'homme, qui cause à autrui un dommage, oblige celui par la faute duquel il est arrivé, à le réparer.

Jedes Verhalten eines Menschen, das einem anderen Schaden zufügt, verpflichtet denjenigen, durch dessen Verschulden der Schaden entstanden ist, zum Schadensersatz.

Art. 1383 Code civil: Chacun est responsable du dommage qu'il a causé non seulement par son fait, mais encore par sa négligence ou par son imprudence.

Man haftet nicht nur für den Schaden, den man durch vorsätzliches Verhalten herbeiführt, sondern auch für denjenigen, den man durch Fahrlässigkeit oder Nachlässigkeit verursacht.

Übersetzung von *Gotthardt, P.*, Frankreich, in: *v. Bahr, C.*, Deliktsrecht, 1994, S. 75.

11 Vgl. u. a. *Kayser, P.*, La vie privée, 1995, Nr. 173, S. 326; *Malaurie / Aynès* (Anm. 3), S. 128; *Ferid / Sonnenberger* (Anm. 6), S. 357, Rn. 1 D 247 und *Heisig, C.*, Persönlichkeitsschutz, S. 74, jeweils m. w. N.

12 Vgl. *Heisig* (Anm. 11), S. 74.

13 Vgl. unten unter C. VI. „ Begriffsbestimmung: La vie privée – Die Privatsphäre".

14 Diese seltenen gesetzlichen Fälle sind hier nicht zu erörtern, da sie keine Rechtfertigung für Eingriffe durch die Medien beinhalten.

15 Vgl. *Ferid / Sonnenberger* (Anm. 6), S. 356, Rn. 1 D 245. Vgl dazu auch unten C. VI. 4. „Die Einwilligung – Le consentement".

Schadensersatzanspruch drei Voraussetzungen erfordert[16]: *faute, dommage, lien de causalité.* Letzteres kann in der vorliegenden Abhandlung vernachlässigt werden, da bei Verletzungen der Privatsphäre die Kausalität zwischen Handlung und Schaden regelmäßig kein Problem darstellt[17]. *Faute* steht in diesem Zusammenhang für „fehlerhaftes" oder „pflichtwidriges" Verhalten. Das Verhalten ist „fehlerhaft", wenn durch Gesetz, Verordnung, Satzung, Brauch, Sitte und Anstand begründete Pflichten verletzt werden[18]. Der Begriff ist demnach sehr weit auszulegen. Gehaftet wird für vorsätzliches (*faute délictuelle*) und fahrlässiges Verhalten (*faute quasi-délictuelle*) [19]. Bei erwiesener Verletzung der Privatsphäre stellt der Nachweis eines *faute* jedoch kein Problem dar, da nach allgemeiner Ansicht ein solcher gewöhnlich bereits aus der Rechtsverletzung der *vie privée* allein folgt[20].

Ist Art. 1382 Code civil erfüllt, erhält der Geschädigte Schadensersatz. Das französische Recht unterscheidet nicht zwischen materiellen und immateriellen Schäden (*dommage moral*), sodass die Anerkennung immateriellen Schadensersatzes für Rechtsprechung und Lehre keinerlei Probleme aufwirft. Dies ist insofern wichtig, da es sich bei Klagen aufgrund von Eingriffen in das Privatleben regelmäßig um die Gewährung eines *dommage moral* handelt.

An dieser Stelle soll noch kurz auf eine Besonderheit des französischen Rechts, den *franc symbolique*, hingewiesen werden. Nicht selten verurteilten französische Gerichte den Beklagten zur Zahlung von einem Französischen Franken (zukünftig wohl ein Euro), womit praktisch nur das rechtswidrige Eindringen in die *vie privée* bzw. die rechtswidrige Veröffentlichung von Bildnissen festgestellt wurde. Der Kläger erhält dadurch Genugtuung und entledigt sich jedes Verdachtes, sein Klagegrund wäre von Gewinnstreben aus materiellen Gründen bestimmt[21]. Derartige Urteile kommen daher im Prinzip einem Feststellungsurteil gleich.

---

16 Vgl. *Hübner, U./Constantinesco, V.*, Einführung, 2001, S. 181.

17 Vgl. *Kayser* (Anm. 11), Nr. 66, S. 119. Zu Kausalitätsfragen vgl. insb. auch *Hübner / Constantinesco* (Anm. 16), S. 182 und *Gotthardt* (Anm. 10), S. 17 ff., jeweils m. w. N.

18 Vgl. *Gotthardt* (Anm. 10), S. 17 f.; *Sonnenberger, H. J./Autexier, C.*, Einführung, 2000, S. 138.

19 Siehe Art. 1383 Code Civil. Vgl. hierzu auch die ausführliche Darstellung bei *Neumann-Klang, S.*, Recht am eigenen Bild, 1999, S. 87 und *Gotthardt* (Anm. 10), S. 16 ff., jeweils m. w. N.

20 Vgl. *Malaurie / Aynès* (Anm. 3), S. 128; *Ferid / Sonnenberger* (Anm. 6), S. 357, Rn. 1 D 247; *Kayser* (Anm. 11), Nr. 66, S. 119.

21 Vgl. *Neumann-Klang* (Anm. 19), S. 92.

2. Der strafrechtliche Schutz

Neben den oben beschriebenen datenrechtlichen Vorschriften, wartet der französische Code pénal noch mit weiteren Vorschriften zum Schutze der Privatsphäre auf. Diese befinden sich im ersten Abschnitt („Verletzungen der Privatsphäre“)[22] von Kapitel IV (Verletzungen der Persönlichkeit). Die wichtigste Regelung ist in Art. 226-1 Code pénal[23] niedergelegt:

Art. 226-1 Code pénal: Est puni d'un an d'emprisonnement et de 45.000 euros d'amende le fait, au moyen d'un procédé quelconque, volontairement de porter atteinte à l'intimité de la vie privée d'autrui:

1. En captant, enregistrant ou transmettant, sans le consentement de leur auteur, des paroles prononcées à titre privé ou confidentiel;
2. En fixant, enregistrant ou transmettant, sans le consentement de celle-ci, l'image d'une personne se trouvant dans un lieu privé.

Art. 226-1 Code pénal: Mit einem Jahr Gefängnis und 45.000 Euro wird bestraft, wer auf irgendeine Weise vorsätzlich die Privatsphäre eines anderen verletzt, indem er

1. das privat oder vertraulich gesprochene Wort eines anderen ohne dessen Einwilligung abfängt, aufzeichnet oder weitergibt;
2. das Bild einer sich an einem privaten Ort befindenden Person ohne deren Einwilligung festhält, aufzeichnet oder weitergibt.[24]

Art. 226-1 Code pénal schützt demnach sowohl das vertraulich gesprochene Wort als auch das Bildnis, sofern sich die Person zur Zeit der Aufnahme an einem privaten Ort (*lieu privé*) aufhält. Auffallend ist, dass das gesprochene Wort hier einen ausgeprägteren Schutz als das Bildnis erfährt, da Art. 226-1 Code pénal hinsichtlich des gesprochenen Wortes auch abseits des privaten Ortes Anwendung findet. Der Grund hierfür ist folgender: Begibt man sich an einen öffentlichen Ort (*lieu public*), so wird man gesehen und gegebenenfalls erkannt. Mit anderen Worten, man vermag die eigene Anwesenheit kaum oder gar nicht zu verstecken. Im Gegensatz dazu ist es sehr wohl möglich auch in der Öffentlichkeit eine vertrauliche, diskrete Unterhaltung zu führen. Als anschauliches Beispiel führt *Kayser* die Situation eines Pärchens auf einer Parkbank an. Diese

---

22 „De l'atteinte à la vie privée“.

23 Die vollständige Norm ist, ebenso wie die übrigen Normen dieses Abschnitts, im Anhang am Ende der Arbeit abgedruckt.

24 Übersetzung von *Bauknecht, G.* und *Lüdicke, L.*, Homepage des *Max-Planck-Instituts für ausländisches und internationales Strafrecht- Freiburg* (http://www.iuscrim.mpg.de). Vom Verfasser abgerufen unter der URL: http://www.jura.uni-sb.de/BIJUS/codepenal/ (Stand: 01.06.2005).
Anm.: Im Unterschied zur Fassung von *Bauknecht, G.* und *Lüdicke, L.* wurde die Zahl „300.000 F“ durch „45.000 euros“ bzw. „300.000 FF“ durch „45.000 Euro“ ersetzt.

würden von den Passanten gesehen und erkannt werden können, doch keiner wäre normalerweise in der Lage, ihr geflüstertes Gespräch mitzuverfolgen[25].

Als praxisrelevanter und in der Sache etwas komplizierter erweist sich die Nr. 2 des Art. 226-1 Code pénal. Ist eine vertrauliche von einer öffentlichen Unterhaltung noch relativ problemlos zu unterscheiden, so lässt sich ein privater Ort nicht ohne weiteres von einem öffentlichen Ort abgrenzen. Da sich *lieu privé* und *lieu public* gegenseitig ausschließen, liegt hier die Versuchung nahe, den einen mit Hilfe des anderen zu definieren. Demnach handelt es sich jedenfalls dann nicht um einen *lieu privé*, wenn sich das Geschehen an einem *lieu public* abspielt. Es liegt auf der Hand, dass eine derartige Begriffsbestimmung letztlich nicht ausreichend sein kann. Dennoch greift die Rechtsprechung darauf zurück, wenn es sich um eindeutige Fälle handelt. So führte der Tribunal correctionnel d'Aix-en-Provence aus, dass eine Straße „lieu public par nature même" sei, weshalb eine auf der Straße aufgenommene Fotografie strafrechtlich (jedenfalls in dem hier diskutierten Rahmen) nicht von Belang sei[26].

Die Rechtsprechung hatte in weiteren Fällen die Gelegenheit eine präzisere Definition aufzustellen[27], was jedoch bis heute nicht vollständig gelungen ist. Häufig bezeichnet sie als *lieu privé* den Ort, den niemand ohne die Erlaubnis des *occupant du lieu* betreten kann[28]. Daher kann man ohne weiteres Wohnungen, Ferienhäuser, Hotelzimmer usw. als private Orte ansehen, unabhängig davon, ob der Zugang durch besondere Schutzvorrichtungen (Zäune, Mauern etc.) erschwert ist[29]. Bei öffentlichen Einrichtungen, Geschäften, Restaurants etc., entschied die Rechtsprechung (am Beispiel einer Apotheke) folgendes: Die Räume des Publikumverkehrs werden als *lieu public* angesehen, wohingegen die übrigen Räume (Magazin, Labor etc.) als *lieu privé* gelten. Die für den Publikumverkehr vorgesehenen Räume sind jedoch nur während der Öffnungszeiten als *lieu public* aufzufassen, während in der übrigen Zeit die gesamte Lokalität einen *lieu privé* darstellt, womit also ein Ort zu einem Zeitpunkt *public* und zu einem

---

[25] Vgl. *Kayser* (Anm. 11), Nr. 227, S. 398.

[26] Vgl. *Tribunal correctionnel d'Aix-en-Provence* vom 16.10.1973 (Ministère public c/ Luizet et a.), JCP 1974, II, 17623: „...que, dès lors, une photographie prise dans la rue, lieu public par nature même, ne peut tomber...sous le coup de l'article 368 du Code pénal [a. F.]...". Anmerkung: Art. 368 Code pénal a. F. entspricht weitestgehend Art. 226-1 Code pénal n. F.

[27] Vgl. nur die zahlreichen Nachweise bei *Kayser* (Anm. 11), Nr. 227 f., S. 398 f.

[28] Vgl. stellvertretend *Cour d'appel Besançon* vom 05.01.1978 (Proc. général c/ X...), D 1978, J., S. 357: „...un lieu accessible à tous sans autorisation spéciale de quiconque alors que le lieu privé doit être conçu comme un endroit qui n'est ouvert à personne sauf autorisation de celui qui l'occupe d'une manière permanente ou temporaire".

[29] Vgl. *Ravanas, J.*, Protection des Personnes, 1978, Nr. 450, S. 521.

anderen *privé* sein kann[30]. Entscheidend sind somit nicht nur die objektiven Umstände, sondern auch der Wille des Betroffenen[31], welcher zum Beispiel durch Abschließen der Tür oder durch das Anbringen der Öffnungszeiten geäußert werden kann.

Interessant ist in diesem Zusammenhang auch folgender Fall, über den der TGI Paris zu befinden hatte[32]:

> Eine Zeitung veröffentlichte ein Bild einer Frau, die sich „oben-ohne" am Strand in der Nähe von Saint-Tropez zeigte. Das Gericht wies die auf Art. 368 Code pénal A. F. (entspricht weitestgehend Art. 226-1 Code pénal N. F.) gestützte Klage ab, da es sich bei dem Strand nicht um einen *lieu privé* handelte. Als Begründung hierfür führte es an, dass der Strand sehr belebt war und sich die Klägerin weder an den Blicken der Passanten noch an denen der anderen Badegäste störte.

Auffallend ist, dass das Gericht sehr detailliert auf die Anwesenheit der anderen Urlauber einging. Daher stellt sich die Frage, wie das Gericht entschieden hätte, wenn der Strand zum gegebenen Zeitpunkt menschenleer gewesen wäre oder die Dargestellte sich in einer, beispielsweise von Büschen umgebenen, Nische befunden hätte, wo sie vor den Blicken anderer geschützt gewesen wäre. Die Entscheidungsgründe deuten an, dass eine andere Beurteilung durchaus im Rahmen des Möglichen läge, lassen die aufgeworfenen Fragen jedoch offen.

Bis zum heutigen Tage hat sich die Rechtsprechung in Frankreich nicht eindeutig dazu geäußert, ob das Tatbestandsmerkmal *lieu privé* auch an den (öffentlichen) Orten erfüllt sein kann, die an sich zwar von jedermann betreten werden können, zum gegebenen Zeitpunkt aber nur von einzelnen Personen in Anspruch genommen werden (beispielsweise Séparées o. ä.).

Abschließend sei noch darauf hingewiesen, dass die Zurückweisung einer strafrechtlichen Klage mangels Vorliegens eines *lieu privé* nicht die (zivilrechtliche) Frage präjudiziert, ob im entsprechenden Falle eine Verletzung des Privatlebens (mit der Möglichkeit, Schadensersatz zu erlangen) vorliegt[33], da die Begriffe *lieu privé* und *vie privée* nicht deckungsgleich sind, wie der folgende Abschnitt zeigen wird.

---

30 Vgl. *TGI Paris* vom 07.11.1975 (Dame N... c/ R...et Dame B...), D. 1976, J., S. 271 mit zustimmender Anm. von *Lindon, R.* Vgl. dazu und zu ähnlichen Fällen auch *Ravanas* (Anm. 29), Nr. 450, S. 521.

31 Vgl. *Kayser* (Anm. 11), Nr. 228, S. 399.

32 Vgl. *TGI Paris* vom 18.03.1971 (Oiseau c/ Chevrillon), D. 1971, J., S. 447.

33 Vgl. *Kayser, P.*, La vie privée, 1995, Nr. 229, S. 400.

VI. Begriffsbestimmung: La vie privée – Die Privatsphäre

Keine der vorhergehend erörterten Rechtsnormen, die auf den Begriff *vie privée* zurückgreifen, enthalten eine genauere Erläuterung des in Rede stehenden Merkmals. Ebenso wenig findet man in Urteilen oder in der Literatur eine allgemeingültige Definition, was auf Grund der Vielschichtigkeit der verschiedenen Lebensweisen unterschiedlicher Personen nicht weiter verwundert. Daher versucht man in Literatur und Rechtsprechung, die Begriffsbestimmung mit Hilfe einer konzentrischen Sphäreneinteilung vorzunehmen[1].

1. Einteilung in Sphären – Der innere Bereich

Bei der nachfolgenden Darstellung der verschiedenen Sphären ist zu beachten, dass die Aufzählung keinem festgelegten Schema folgt, sondern lediglich eine Zusammenstellung der Rechtsprechungsergebnisse der letzten Jahrzehnte wiedergibt. Die Untersuchung zeigt, dass die Sphäreneinteilung häufig von „innen nach außen" vollzogen wird, wobei im Mittelpunkt regelmäßig höchstpersönlichste Angelegenheiten stehen[2]. Vorweggenommen werden kann bereits an dieser Stelle, dass mit zunehmendem Entfernen vom „inneren Zentrum" auch eine abnehmende Schutzintensität festzustellen ist.

a) Das Gefühls- und Intimleben – La sphère d'intimité

Im Zentrum der Persönlichkeit steht das Gefühls- und Intimleben (*sphère d'intimité*). Jeder hat das Recht in diesen Bereichen ungestört zu bleiben[3] und diesbezügliche Informationen geheim zu halten. Zu dieser Sphäre gehört neben dem Sexualleben auch das Liebesleben (*amitiés amoureuses*)[4], wovon gleichermaßen sowohl eheliche als auch außereheliche Beziehungen umfasst sind. Hervorzuheben ist, dass nicht nur vor der Publikation tatsächlicher Vorkommnisse des Intimlebens, sondern auch vor erfundenen, übertriebenen oder hinzu gedichteten Äußerungen geschützt wird[5], was die hohe Schutzintensität unterstreicht.

---

1 Vgl. *Tallon, D.*, Personnalité, in: *Vanel, M./Raynaud, P.*, Répertoire de droit civil, t. VII, Nr. 41 ff. Vgl. auch *Neumann-Klang, S.*, Recht am eigenen Bild, 1999, S. 92.

2 Vgl. statt vieler nur *Goubeaux, G.*, Code Civil, 2002, Art. 9, Nr. 1 ff. m. w. N.

3 Vgl. *Malaurie, P./Aynès, L.*, Cours de droit civil II, 1994, Nr. 319, S. 121 m. w. N.

4 Vgl. z. B. *Cour d'appel Paris* vom 20.02.1986 (G... c/ D...), D. 1986, I. R., S. 447, der feststellt, dass auch Homosexualität zur *vie privée* gehört.

5 Vgl. *TGI Paris* vom 02.06.1976 (S. A. S. Rainier III et princesse de Monaco c/ Soc. France et publication), D. 1977, J., S. 365: „...la vie sentimentale d'une jeune fille présente un caractère strictement privé et que l'art. 9 c. civ. interdit de porter à la connaissance du public les liaisons, *véritables ou imaginaires*..." (Hervorhebung vom Verfasser).

b) Der Gesundheitszustand – L'état de santé

Der Gesundheitszustand zählt ebenfalls zu den wichtigsten Gütern der privaten Sphäre[6]. Er umfasst die gesamte körperliche Sphäre[7]. In allererster Linie gehören dazu Krankheiten und sonstige körperliche Gebrechen. Aber auch jegliche Formen der Pflegebedürftigkeit einer Person[8] und sonstige körperliche Unzulänglichkeiten, beispielsweise während der Genesungszeit[9], sind dazuzurechnen, sofern deren Preisgabe eine Aussage über das körperliche Wohlbefinden zu entnehmen ist (was wohl regelmäßig der Fall sein dürfte).

Konsequenterweise muss man zum Gesundheitszustand auch das Ableben einer Person und deren sterbliche Hülle zählen[10], weshalb Veröffentlichungen von Bildern eines Leichnams einen Eingriff in den Kern des Privatlebens darstellen[11], der von den Hinterbliebenen rechtlich verfolgt werden kann.

c) Der häusliche Bereich – Le domicile

Nach allgemeiner Ansicht wird vom Schutzbereich der *vie privée* auch das Familienleben (*vie familiale*) und der gesamte häusliche Bereich (*domicile*) umfasst[12]. Dazu zählen Geburt, Heirat, Scheidung sowie alle mit dem Wohnsitz und der Identität des Betroffenen verbundenen Daten, wie beispielsweise Adresse, Telefonnummer oder sonstige Materialien, welche einen Einblick in die Lebensweise der dargestellten Person erlauben[13]. Beide Bereiche können aufgrund zahlreicher Überschneidungen nicht exakt voneinander getrennt werden[14], was jedoch auf Grund des gleichen Schutzniveaus aber auch nicht erforderlich ist.

---

6 Vgl. *Cour d'appel Paris* vom 09.07.1980 (*Le Meilleur* et a. c/ Consorts Brel), D. 1981, J., S. 73; *TGI Paris* vom 29.01.1986 (Dame B... et a. c/ Soc. V. S. D.), D. 1987, S. C., S. 136. Vgl. auch *Kayser, P.*, La vie privée, 1995, Nr. 144, S. 251 ff.

7 Häufig findet man daher in der Literatur auch den Überbegriff „*Evénements affectant le corps*“ (vgl. z. B. *Kayser* (Anm. 6), Nr. 144, S. 250 f.). In Anlehnung daran spricht auch *Heisig, C.*, Persönlichkeitsschutz, 1999, S. 88 von „körperlicher Sphäre“.

8 Vgl. *Tallon* (Anm. 1), Nr. 47.

9 Vgl. *Cour d'appel Paris* vom 26.06.1986 (Soc. V. S. D. c/ Dame B... et a.), D. 1987, S. C., S. 136.

10 Vgl. nur *Kayser* (Anm. 6), Nr. 144, S. 254 m. w. N.

11 So schon *Trib. civ. Seine* vom 16.06.1858 (Félix c/ O'Connel), D. 1858, 3, S. 62 (zitiert nach *Kayser* (Anm. 6), Nr. 144-1, S. 255 Fn. 151). Vgl auch *TGI Paris* vom 11.01.1977 (M. Fournier, épouse J. Gabin-Moncorgé et a. c/ Soc. Cogedi-Presse), D. 1977, J., S. 83.

12 So schon *Lindon, R.*, La Presse et la vie privée, JCP 1965, I, 1887. Vgl. auch *Kayser* (Anm. 6), S. 256 ff. mit zahlreichen Nachweisen aus der Rechtsprechung und *Malaurie / Aynès* (Anm. 3), Nr. 325, S. 124 sowie *Heisig* (Anm. 7), S. 89 f.

13 Vgl. *Kayser* (Anm. 6), Nr. 145, S. 256 ff. und *Tallon* (Anm. 1), Nr. 44, jeweils m. w. N.

14 Vgl. z. B. *Heisig* (Anm. 7), S. 89 f. m. w. N..

d) Sonstige persönliche Bereiche

Weiterhin schützt Art. 9 Code civil vor Ausforschungen und Veröffentlichungen von Meinungen, die auf die Persönlichkeit des Ausgespähten schließen lassen. Dazu gehören insbesondere religiöse, philosophische und politische Ansichten[15]. Letztere werden ebenfalls durch die Verfassung[16] (Grundsatz der Allgemeinen, Gleichen und geheimen Wahlen) geschützt. Außerdem erfasst Art. 9 Code civil die Freizeitgestaltung und sonstigen Gewohnheiten einer Person[17]. Noch nicht abschließend geklärt ist, ob und inwieweit auch die Vermögensverhältnisse[18] als Teil der *vie privée* zu behandeln sind. Hier wird zunehmend die Ansicht vertreten, die das Vermögen betreffende Informationen bezögen sich hauptsächlich auf die berufliche Tätigkeit und stellen daher keine Verletzung des Art. 9 Code civil dar[19]. Die Rechtsprechung folgt dieser Anschauung jedenfalls dann, wenn die Veröffentlichung nur die Vermögensverhältnisse selbst betreffen, d. h., daneben dürfen keine der oben genannten Bereiche des Privatlebens betroffen sein: „La publication de renseignements d'ordre *purement* patrimonial, exclusifs de toute allusion à la vie privée et à la personnalité d'une personne physique, ne porte pas atteinte à l'intimité de sa vie privée"[20].

2. Der äußere Bereich – La vie publique

Im Gegensatz zu dem eben vorgestellten inneren Bereich der privaten Lebensgestaltung steht der äußere Bereich, das so genannte öffentliche Leben. Dazu zählen insbesondere jene persönlichen Aktivitäten, die Teil des beruflichen, sozialen oder politischen Wirkens sind[21]. Da die den Privatsphärenschutz betreffenden Gesetze stets das Tatbestandsmerkmal „*vie privée*" voraussetzen, folgt im Umkehrschluss, dass die *vie publique* keinerlei Protektion erfährt[22].

Es entspricht den Grundsätzen der Logik, dass eine Tätigkeit entweder nur der *vie privée* oder nur der *vie publique* zugerechnet werden kann. Wegen dieses

---

15 Vgl. *Tallon* (Anm. 1), Nr. 46 ; *Kayser* (Anm. 6), Nr. 149, S. 276.

16 **Art. 3 Abs. 3 S. 2:** „Il [le suffrage] est toujours universel, égal et secret".

17 Vgl. *Tallon* (Anm. 1), Nr. 48 m. w. N.

18 In der Literatur werden die einzelnen Bereiche des Privatlebens auch in die Kategorien „*secrets de l'être*" („Geheimnisse des Seins") und „*secrets de l'avoir*" („Geheimnisse des Habens") unterteilt, was jedoch keine praktische Folgen nach sich zieht. Abgesehen von den Vermögensverhältnissen zählen alle erörterten Gruppen zur erstgenannten Kategorie.

19 Vgl. dazu ausführlich *Kayser* (Anm. 6), Nr. 146, S. 264 ff.

20 Siehe *Cour de cassation, ch. civ.*, vom 20.10.1993 (S.A. Groupe Expansion c/ Bich et a.), D. 1993, I. R., S. 250 (Hervorhebung vom Verfasser). Vgl. dazu auch die Darstellung bei *Kayser* (Anm. 6), Nr. 146, S. 264 ff. und *Heisig* (Anm. 7), S. 92 f., jeweils m. w. N.

21 Vgl. *Malaurie / Aynès* (Anm. 3), Nr. 325, S. 124.

22 Vgl. dazu auch *Bertrand, A.*, Vie privée, 1999, S. 22, Nr. 44.

Ausschließlichkeitsverhältnisses wurde (und wird) häufig probiert, den einen Begriff mit Hilfe des anderen zu definieren[23]. Eine derartige Abgrenzung kann letztlich jedoch – ebenso wie bei dem unbefriedigenden Versuch der wechselseitigen Definition von *lieu privé* und *lieu public*[24] – nicht ausreichen, weshalb hieran richtigerweise auch häufig Kritik geübt wird[25]. Lediglich in den Fällen, in denen eine unzweifelhafte Zuordnung zu einem Begriff möglich ist, kann sich das Ausschlussverfahren als sinnvoll erweisen. Man spricht dann von *vie publique / vie privée par nature* [26]. Zur ersten Kategorie zählt man insbesondere öffentliche Auftritte und Aktionen, der eine Vielzahl von Menschen beiwohnen, während man zur letzten Kategorie höchstpersönliche Lebensvorgänge rechnet, wie beispielsweise das Familienleben, das Intim- und Liebesleben etc[27]. Abgesehen von diesen klaren Fällen stellt die Abgrenzung zwischen *vie privée* und *vie publique* die Rechtsprechung jedoch vor einige Schwierigkeiten.

3. Abgrenzung vie privée und vie publique

Der Zuordnung zu den oben vorgestellten Bereichen privater und öffentlicher Lebensgestaltung kommt eine maßgebliche Rolle bei der Beurteilung der Verletzung der Privatsphäre zu. Keinesfalls darf man aber annehmen, dass bereits die Subsumtion unter eine der genannten Gruppen (*vie familiale et domicile, vie publique, sphère d'intimité* etc.) endgültig Aufschluss darüber gibt, ob ein bestimmter Vorgang der *vie privée* zuzurechnen ist und somit den Tatbestand des entsprechenden Gesetzes auszulösen vermag, oder ob eine ungeschützte Handlung im Rahmen der *vie publique* vorliegt. Die vorgenommenen Einteilungen fungieren, ebenso wie die nachstehend aufgeführten Kriterien, lediglich als Leitlinien[28], denen nur eine – wenngleich auch sehr starke – indizielle Wirkung zukommt. Als weitere Merkmale wären hier noch der Ort der betreffenden Handlung (öffentlich oder privat) und die Eigenschaft der jeweiligen Person (zeitgeschichtlich oder nichtzeitgeschichtlich) zu nennen.

a) Lieu privé und lieu public

Bei der Beurteilung einer bestimmten Handlung stellt sich zunächst die Frage, ob diese an einem privaten oder an einem öffentlichen Ort stattgefunden hat. Die

---

23 Vgl. *Bertrand* (Anm. 22), S. 22 ff., Nr. 44 ff.

24 Vgl. oben C. V. 2. „Der strafrechtliche Schutz".

25 Vgl. z. Bsp. *Beignier, B.*, Vie privée, in: *Cabrillac, R. u. a.*, Libertés, 2001, S. 150 f.; *Bertrand* (Anm. 22), S. 22 ff., Nr. 44 ff.

26 Vgl. *Malaurie / Aynès* (Anm. 3), Nr. 327 f., S. 126 f.

27 Sehr detailliert dazu *Malaurie / Aynès* (Anm. 3), Nr. 327 f., S. 126 ff., m. w. N.

28 Vgl. *Ferid, M./Sonnenberger, H. J.*, Zivilrecht 1/1, 1994, S. 355, Rn. 1 D 244.

erforderliche Abgrenzung entspricht den obigen Ausführungen zu Art. 226-1 Nr. 2 Code pénal [29], so dass hier eine kurze Zusammenfassung genügen soll:

> Unter *lieu privé* versteht man einen Ort, an dem sich jemand vorübergehend oder dauernd aufhält und der ohne seine Erlaubnis nicht von Dritten aufgesucht werden kann[30]. Dazu gehören neben der Wohnstätte auch Ferienhäuser, Hotelzimmer etc. Geschäftsräume und sonstige öffentliche Einrichtungen sind während der Öffnungszeiten als *lieu public* anzusehen[31]. Entscheidend ist der objektiv sichtbare Wille des Verfügungsinhabers, welcher darauf schließen lassen muss, ob die entsprechenden Räume zum fraglichen Zeitpunkt für den Publikumsverkehr zugänglich sind oder nicht[32].

In der Rechtsprechung ist bislang ungeklärt, inwiefern und unter welchen Umständen man auch in der Öffentlichkeit von einem *lieu privé* sprechen kann. Zu denken wäre hier beispielsweise an Séparées in Gaststätten oder anderen Nischen, die an sich zwar grundsätzlich jedermann zugänglich sind, jedoch nur solange sie nicht von Dritten besetzt sind. Diesbezügliche Entscheidungen sind –jedenfalls von den Zivilgerichten –nicht zu erwarten, da der Ort der Handlung nur eines von mehreren Kriterien darstellt und die Fallfrage daher im Regelfall unter Zuhilfenahme anderer Merkmale geklärt werden kann. Demzufolge ist es nicht zwingend notwendig, bezüglich des Ortes alle Details zu klären. Da auch strafrechtliche Entscheidungen im in diesem Zusammenhang eher selten sind, wird eine gerichtliche Klärung des Problems wohl noch auf sich warten lassen.

b) Personnes publiques und Personnes privées

Ein weiteres Differenzierungsmerkmal ist die Einteilung in Personen des öffentlichen Lebens (*personnes publiques*)[33] und Personen, die nicht als zeitgeschichtlich einzustufen sind, den so genannten *personnes privées*[34]. Zu den *personnes publiques* gehören neben Politiker auch bekannte Schauspieler, Moderatoren, Sportler, Models, Autoren, Angehörige regierender Fürstenhäuser etc., mithin

---

29 Vgl. oben unter C. V. 2. „Der strafrechtliche Schutz".

30 Vgl. stellvertretend *Cour d'appel Besançon* vom 05.01.1978 (Proc. général c/ X...), D 1978, J., S. 357: „...un lieu accessible à tous sans autorisation spéciale de quiconque alors que le lieu privé doit être conçu comme un endroit qui n'est ouvert à personne sauf autorisation de celui qui l'occupe d'une manière permanente ou temporaire".

31 Vgl. *TGI Paris* vom 07.11.1975 (Dame N... c/ R... et Dame B...), D. 1976, J., S. 271 mit zustimmender Anm. von *R. Lindon*. Vgl. auch *Ravanas, J.*, Protection des Personnes, 1978, Nr. 450, S. 521.

32 Vgl. *Kayser* (Anm. 6), Nr. 228, S. 399.

33 Synonym werden auch die Begriffe „*personnages historiques*" und „*hommes publics*" verwendet. *Kayser* (Anm. 6), Nr. 153, S. 287 spricht, unter Hinweis auf das deutsche Recht, von „*personnes de l'histoire contemporaine*".

34 Vgl. *Bertrand* (Anm. 22), S. 22 ff., Nr. 44 ff.; *Malaurie/Aynès* (Anm. 3), Nr. 325, S. 125; *Tallon* (Anm. 1), Nr. 58 ff. und *Kayser* (Anm. 6), Nr. 143 ff., S. 250 ff., der nicht von „personnes privées", sondern von „simples particuliers" spricht.

also all diejenigen Personen, die auf Grund ihrer exponierten Stellung, Berufe oder sonstigen Leistungen der Neugierde Medienkonsumenten ausgesetzt sind[35].

In der französischen Literatur werden teilweise ranghohe Politiker (vor allem Staatsmänner) aus der Rubrik der *personnes publiques* herausgelöst und als eigenständige Fallgruppe dargestellt, welche regelmäßig unter der Überschrift „*hommes politiques*" firmiert[36]. Der Grund liegt in der besonders wichtigen Funktion dieser Personen für Staat und Gesellschaft. Da jedoch im Rahmen der Prüfung von Eingriffen in das Privatleben auch bei ihnen die gleichen Kriterien wie bei den übrigen Prominenten herangezogen werden, kann letztlich auf diese gesonderte Unterteilung verzichtet werden.

Im Prinzip rechnet man in Frankreich den gleichen Personentypus wie in Deutschland zu den *personnes publiques*, sodass hier auf die dort gemachten umfangreicheren Ausführungen verwiesen werden kann[37]. Eine detailliertere Darstellung wäre hier vor allem aber auch deswegen fehl am Platz, da der Zuordnung zu dem jeweiligen Personenkreis in Frankreich keine ausschlaggebende Bedeutung bei der Feststellung der Rechtmäßigkeit von Eingriffen in die *vie privée* zukommt, wie im folgenden Abschnitt gezeigt wird.

c) Activité privée und activité publique

Bei der Prüfung, ob ein Eingriff in die *vie privée* vorliegt und ob dieser Eingriff rechtmäßig oder unrechtmäßig erfolgte, stellt die französische Rechtsprechung – unabhängig vom Ort des Ereignisses und der daran beteiligten Personen – maßgeblich auf die Art der veröffentlichten Tätigkeit ab[38]. Handelt es sich also um eine öffentliche Aktivität (*activité publique*) so ist davon lediglich die (ungeschützte) *vie publique* betroffen. Ist die Tätigkeit dagegen privater Natur (*activité privée*), so stellt eine Verletzungshandlung einen rechtswidrigen Eingriff in die *vie privée* dar. Der Charakter der Tätigkeit bestimmt sich dabei allein danach, ob sie - nach den oben genannten Leitlinien[39] – dem „inneren" oder dem „äußeren" Bereich der persönlichen Aktivitäten zuzurechnen ist. Die Tatsache, dass das Hauptaugenmerk im Wesentlichen auf die Art der Tätigkeit gerichtet ist, führt zunächst zu folgenden zwei Schlussfolgerungen:

---

35 Vgl. *Bertrand* (Anm. 22), S. 33, Nr. 64 m. w. N. und die Nachweise in Anm. 34.

36 Vgl. z. B. *Kayser* (Anm. 6), Nr. 154, S. 287 und *Bertrand* (Anm. 22), S. 26 ff., Nr. 52 ff.

37 Vgl. unten E. II. „Die Prominenz".

38 So schon *TGI Seine* vom 24.11.1965 (Brigitte Bardot c/ Sté Beaverbrook), JCP 1966, II, 14521. Vgl. auch *Ravanas* (Anm. 31), Nr. 191, S. 196. Ausführlich dazu auch *Neumann-Klang* (Anm. 1), S. 95 f. m. w. N.

39 Vgl. oben C. VI. 1. „Einteilung in Sphären – Der innere Bereich" und C. VI. 2. „Der äußere Bereich – La vie publique".

1. Der Schutz der Privatsphäre kann – ohne räumliche Begrenzung – auch an öffentlichen Orten fortbestehen[40].

2. Der Differenzierung zwischen *personnes publiques* und *personnes privées* wird vom Grundsatz her keine allzu große Rolle beigemessen.

Dies darf jedoch nicht zu dem Trugschluss führen, die genannten Kriterien wären dem Grunde nach überflüssig. Wie oben angeführt, fungieren sie vielmehr als Leitlinien, Indizien, und erst die Verbindung untereinander erlaubt – in einer Gesamtschau – eine exakte Zuordnung zu dem jeweiligen Bereich.

aa) Der Ort der Handlung

Spielt sich die publizierte Handlung an einem privaten Ort ab, so ist dies ein gewichtiges Indiz für eine *activité privée*. Dies gilt insbesondere dann, wenn sich der Betroffene an seinem Wohnsitz aufhält. Die eigene Wohnung wird nämlich als Bastion gegen äußere Einflüsse angesehen. Hier hat jeder das Recht in Ruhe gelassen zu werden[41]. Veröffentlichungen aus diesem Bereich sind ohne Zustimmung des Dargestellten grundsätzlich unzulässig[42].

Begibt sich der Einzelne in die Öffentlichkeit, d. h. auf öffentliche Straßen, Plätze etc., so spricht dies zunächst für das Vorliegen einer *activité publique*. Da man sich jedoch einig ist, dass sich das Privatleben auch außerhalb des eigenen Hauses abspielen kann[43], kommt diesem Indiz eine eher geringe Bedeutung zu. Zur Verdeutlichung soll folgende Entscheidung dienen:

> Der Cour d'appel de Paris erklärte die Veröffentlichung eines Fotos, auf dem die Prominente *Farah Diba*[44] im Badeanzug an der Cote d'Azur zu sehen war für unzulässig. Das Gericht begründete seine Entscheidung damit, dass es sich bei dem Strandbesuch um eine rein private Tätigkeit handele, an der kein berechtigtes öffentliches Informati-

---

[40] Vgl. dazu auch *Kayser* (Anm. 6), Nr. 152, S. 284: „L'aspect extérieur du domicile peut aussi être un élément de la vie privée".

[41] „Le droit d'être laissé tranquille" (so *Bertrand* (Anm. 22), S. 40, Nr. 80, in Anlehnung an das angelsächsische „right to be let alone".

[42] Vgl. *Kayser* (Anm. 6), 1995, Nr. 152, S. 284: „L'intérieur du domicile, ou d'une résidence secondaire, est à plus forte raison protégé parce qu'il est le cadre de la vie intime. Il ne doit donc pas être décrit dans une publication sans l'autorisation de la personne qui l'habite".

[43] So ausdrücklich die Rechtsprechung. Vgl. *Cour d'appel Paris* vom 27.02.1981 (Adjani c/ Journal *L'Aurore* et a.), D. 1981, J., S. 457: „la vie privée ... peut tout aussi bien se dérouler dans des endroits publics". Vgl. dazu auch *Bertrand* (Anm. 22), S. 24, Nr. 49 und *Kayser* (Anm. 6), Nr. 152, S. 284.

[44] *Farah Diba* (geb. 15.10.1938) war von 1967 bis 1979 Kaiserin von Iran. Nach dem Sturz der Monarchie durch fundamentalistische Gruppierungen ging sie 1979 ins Exil (seit 1980 in Ägypten). Quelle: *Brockhaus multimedial*, 2003, Suchwort: „Farah Diba".

onsinteresse bestünde: „Il est manifeste en l'espèce, en raison de la nature des photographies (ex-impératrice en maillot de bain et pêchant à la ligne) et quel que soit le lieu où elles auraient été prises, que ces clichés ne ressortent pas à la vie publique de l'impératrice ni d'ailleurs au domaine d'un droit à l'information dont disposeraient en cette matière les lecteurs du magazine ayant publié ces photos".[45]

Diese Entscheidung ist nicht zuletzt auch deshalb interessant, da in Deutschland in einem ähnlich gelagerten Fall, die Veröffentlichung der Ablichtung nicht beanstandet wurde[46]. Auf einem veröffentlichten Foto waren Reichspräsident *Friedrich Ebert*[47] und Reichswehrminister *Gustav Noske*[48] in Badehosen an einem Badesee zu sehen. Nach der Einordnung der Beteiligten als zeitgeschichtliche Personen führte das Amtsgericht Ahrensböck aus: „...so daß die Oeffentlichkeit ein Anrecht auf Kenntnis dieser Personen hat, wann und wie sie sich öffentlich zeigen, auch am Badestrand".

Die *vie privée* reicht somit deutlich über den *lieu privé* hinaus. Am *lieu privé* erfährt die Privatsphäre aber einen höheren Schutz, da hier nicht nur Art. 9 Code civil eingreift, sondern darüber hinaus auch Art. 226-1 ff. Code pénal einschlägig ist[49].

bb) Klassifizierung der betroffenen Person

Mit der Klassifizierung in *personnes publiques* und *personnes privées* ist jedoch noch nichts Grundsätzliches über den Schutz des Privatlebens ausgesagt. Die französische Rechtsprechung betont nämlich immer wieder, dass auch eine *personne publique* ihre Schutzwürdigkeit bezüglich der *vie privée* nicht verliere. Stellvertretend für viele führt der TGI Paris aus:

---

45 Vgl. *Cour d'appel Paris* vom 12.05.1986 (Soc. de presse *Jours de France* et a. c/ Agence Angeli et a.), D. 1986, S. C., S. 445.
Dieser Fall liefert auch ein gutes Beispiel für die Nichtgleichsetzung von *vie privée* und *lieu privé*. In der Entscheidung des *TGI Paris* vom 18.03.1971 (Oiseau c/ Chevrillon), D. 1971, J., S. 447 wurde die Angeklagte, welche „oben-ohne" Fotos einer jungen Frau an einem Strand in der Nähe von Saint-Tropez veröffentlichte, freigesprochen. Das Gericht sah den Tatbestand von Art. 368 Code pénal a. F. (dieser entspricht Art. 226-1 Code pénal n. F.) als nicht erfüllt an, da der Strand kein *lieu privé* darstelle. Vgl. dazu auch oben C. V. 2 „Der strafrechtliche Schutz".

46 Vgl. *AG Ahrensböck* vom 09.03.1920 (Ebert und Noske am Badestand), DJZ 1920, S. 596.

47 *Friedrich Ebert*, geb. 04.02.1871 in Heidelberg, gest. 28.02.1925 in Berlin, SPD Politiker, ab dem 11. Februar 1919 Reichspräsident (Quelle *Brockhaus multimedial*, 2003, Suchwort: „Friedrich Ebert").

48 *Gustav Noske*, geb. 09.07.1868 in Brandenburg an der Havel, gest. 30.11.1946 in Hannover; SPD Politiker, Reichswehrminister von Februar 1919 bis März 1920 (Quelle *Brockhaus multimedial*, 2003, Suchwort: „Gustav Noske").

49 Vgl. dazu oben die Ausführungen unter C. IV. „Internetspezifische Regelungen zum Schutz des Privatlebens" und C. V. 2. „Der strafrechtliche Schutz".

„La circonstance que la personne visée exerce une activité d'homme public ne saurait autoriser ni justifier une intrusion quelconque dans ce qui constitue la vie privée au respect de laquelle chacun a droit".[50]

Grund hierfür ist, neben der Formulierung des Art. 9 Code civil (*Chacun* ...) und der verfassungsrechtlichen Verankerung des Privatsphärenschutzes, vor allem die Anerkennung der *vie privée* als Menschenrecht durch Art. 8 EMRK, welcher von den französischen Gerichten direkt angewendet wird und als Menschenrecht für jedermann gilt[51].

Damit erschöpft sich jedoch die Gleichbehandlung zwischen *personnes publiques* und *personnes privées*. Der Kreis der vom Schutzbereich der *vie privée* nicht erfassten öffentlichen Aktivitäten wird nämlich bei einer prominenten Persönlichkeit weiter gezogen als bei einer *personne privée*. Dies liegt an dem berechtigten Interesse der Allgemeinheit (*l'intérêt général*). Hier hat sich nämlich die Ansicht durchgesetzt, dass jene Aktivitäten, an deren Publizierung die Öffentlichkeit ein berechtigtes Informationsinteresse besitzt, stets zur *vie publique* zu rechnen sind, während Veröffentlichungen ohne berechtigtes Informationsinteresse immer zu den geschützten *activités privées* gehören[52]. Da aber das allgemeine Informationsinteresse an Tätigkeiten von *personnes publiques* generell höher einzustufen ist, erfahren diese im Ergebnis einen geringeren Privatsphärenschutz als unbekannte Personen.

Damit lässt sich also zusammenfassend sagen, dass das Informationsinteresse der Allgemeinheit das maßgebliche Kriterium zur Differenzierung zwischen *activité publique* und *activité privée* ist, und somit entscheidend zur Abgrenzung zwischen *vie privée* und *vie publique* beiträgt. Fehlt ein berechtigtes Informationsinteresse, so liegt stets ein (unzulässiger) Eingriff in die Privatsphäre vor.

cc) Das öffentliche Informationsinteresse / Die Abwägung

Somit stellt sich letztlich die Frage, in welchen Fällen der Öffentlichkeit ein berechtigtes Informationsinteresse zugebilligt wird. Die Tendenz französischer Gerichte geht eindeutig dahin, dies mit Hilfe einer Abwägung festzustellen[53].

---

50 Siehe *TGI Paris* vom 14.05.1985 (G. d'Estaing c/ Michel Lafon et a.), D. 1986, S. C., S. 52. Vgl. u. a. auch *TGI Paris* vom 04.04.1970 (Georges Pompidou c/ L'Express), JCP 1970, II, 16328; *Cour d'appel Paris* (Adjani / *L'Aurore*) (Anm. 43), S. 457 und *Cour d'appel Paris* (G... c/ D...) (Anm. 4), S. 447. Vgl auch *Kayser* (Anm. 6), Nr. 153, S. 286 ff. und *Bertrand* (Anm. 22), S. 26 ff., Nr. 52. ff. und S. 35, Nr. 69, jeweils m. w. N.

51 Vgl. *Kayser* (Anm. 6), Nr. 153, S. 287 f.

52 Vgl. statt vieler *Ravanas* (Anm. 31), Nr. 192 f., S. 197 f., der von „vie professionnelle" spricht, mit vielen Nachweisen aus der Rspr. Vgl. auch *Neumann-Klang* (Anm. 1), S. 96.

53 Vgl. dazu auch *Neumann-Klang* (Anm. 1), S. 96 f.

Dabei erfolgt eine Gegenüberstellung der verfassungsrechtlich geschützten Rechte der Publikationsorgane und der Öffentlichkeit mit dem ebenfalls verfassungsrechtlich geschützten Gut des Einzelnen auf Achtung seines Privatlebens[54]. Das Informationsinteresse wird immer dann – aber auch nur dann – als „berechtigt“ anerkannt, wenn die Veröffentlichung (zumindest auch) zu Informationszwecken geschieht[55]. Informativ und daher für die Öffentlichkeit von Belang sind Berichte, deren Inhalt sich mit der Ausübung des Berufes, oder allgemein gesagt, mit der öffentlichen Funktion des Betroffenen, auseinandersetzen. In diesen Fällen überwiegt das öffentliche Interesse. Beinhalten Reportagen dahingegen Aspekte des Privatlebens, welche lediglich die Neugierde des Publikums durch Sensation oder Affekthascherei wecken sollen, so überwiegt stets das Recht auf Achtung der Privatsphäre, da man hier nicht mehr von Veröffentlichungen zum Zwecke der Information ausgehen kann[56].

Die genannte Abwägung erfolgt bereits auf Tatbestandsebene. Kommt das urteilende Gericht zu dem Schluss, dass ein berechtigtes Informationsinteresse der Öffentlichkeit besteht, so wird die betreffende Handlung schon gar nicht mehr zur *vie privée* gerechnet, sondern als Teil der *vie publique* angesehen, womit sie dann nicht mehr als schutzbedürftig vor Veröffentlichungen gilt[57].

Was im Einzelnen zur öffentlichen Funktion einer *personne publique* zu zählen ist lässt sich wegen der vielfältigen Erscheinungsformen der Prominenz nicht allgemeingültig feststellen, sondern muss in jedem Einzelfall auf Grund des Berufes, der Stellung, der erbrachten Leistung etc. gesondert erörtert werden. Als Grundsatz kann jedoch festgehalten werden, dass, je bedeutender und wichtiger die gesellschaftliche Position einer Person ist, desto eher werden Aktivitäten der *vie publique* zugerechnet, was letztendlich einen geringeren Schutz der privaten Sphäre nach sich zieht. Dazu folgendes Beispiel aus der Rechtsprechung:

> Der Cour d'appel Paris erklärte die in Verbindung mit einem Artikel erschienene Veröffentlichung eines Fotos, auf welchem der gesundheitlich marode Zustand des Sängers *Jacques Brel* deutlich sichtbar war, für unzulässig. Das Gericht führte aus, der Gesundheitszustand sei Teil des Privatlebens. Die Veröffentlichung erfolge ohne geeigneten Informationszweck, sondern solle in der Hauptsache lediglich der Auflagensteigerung dienen: „...la présentation de l'article publié dans *Le Meilleur* était manifestement destinée à susciter la curiosité du public et à exploiter à des fins commerciales...“.[58]

---

54 Zur verfassungsrechtlichen Verankerung siehe oben C. I. 1. „Stellung der Kommunikationsfreiheiten“ und C. I. 2. „Die Stellung des Privatsphärenschutzes“.

55 So ausdrücklich auch *Hauser, M.*, Werbung, in: GRUR Int. 1988, S. 840.

56 Vgl. *Cour d'appel Paris* (*Le Meilleur* / Brel) (Anm. 6), S. 72 f.

57 Vgl. *Ravanas* (Anm. 31), Nr. 192 f., S. 197 f. m. w. N. aus der Rspr. Vgl. auch *Neumann-Klang* (Anm. 1), S. 96 und die Ausführungen des vorhergehenden Abschnitts bb) „Klassifizierung der betroffenen Person“.

58 Siehe *Cour d'appel Paris* (*Le Meilleur* / Brel) (Anm. 6), S. 72 f.

In der Literatur wird an verschiedenen Stellen betont, dass beispielsweise bei einem hohen Politiker, insbesondere bei dem Staatspräsidenten, andere Maßstäbe gelten könnten. Der Präsident sei „garant de l'indépendance nationale" (vgl. Art. 5 der Verfassung von 1958). Sein (gegebenenfalls schlechter) gesundheitlicher Zustand kann unter Umständen dazu führen, dass er sein Amt nicht mehr ordnungsgemäß ausüben kann. In diesem Falle muss man sowohl der Öffentlichkeit das Recht zugestehen, dies zu erfahren, als auch der Presse, in diesem Bereich Nachforschungen anzustellen. Der Gesundheitszustand des Präsidenten ist somit – jedenfalls dann, wenn er die Amtsführung beeinträchtigen könnte – nicht mehr dessen Privatsache, sondern als *activité publique* Teil seiner *vie publique*[59]. Ähnlich wird die Einschränkbarkeit der *vie privée* von Politikern auch dann beurteilt, wenn es um ihre Glaubhaftigkeit und politische Integrität geht[60].

Im Prinzip kann man hier somit von verschiedenen „Stufen" gesellschaftlicher Relevanz sprechen. Je nachdem ob eine Person einer niedrigeren oder einer höheren „Stufe" zuzuordnen ist, wird sich – in umgekehrter Richtung – die Reichweite der *vie privée* erweitern oder verringern. Folglich können gleichartige Eingriffe, die sich aber gegen Personen verschiedener „Stufen" richten, in manchen Fällen zulässig sein, während in anderen der Schutz der *vie privée* Vorrang genießt.

4. Die Einwilligung - Le consentement

Einer Abwägung zwischen den Publikationsfreiheiten und dem Recht auf Achtung des Privatlebens des Einzelnen bedarf es nicht, wenn der Betroffene seine Einwilligung (*consentement* oder *autorisation*) zum Eingriff in die Privatsphäre erteilt hat. Denn trotz der Untrennbarkeit der Persönlichkeitsrechte von der jeweiligen Person[61] geht die französische Rechtsprechung, ebenso wie die Literatur, grundsätzlich von der Verzichtbarkeit des Rechts auf Achtung des Privatlebens aus[62]. Die Möglichkeit des Verzichts wird dabei nicht selten recht pragmatisch begründet: Wenn sich eine Person nicht gegen Übergriffe in die *vie publique* zur Wehr setzen kann, so muss es ihr auch freistehen, in Eingriffe in die *vie privée* einzuwilligen[63], womit der Einzelne letztlich den geschützten Bereich selbst festlegen kann. Derlei Argumente sind natürlich angreifbar, was jedoch

---

59 Vgl. die ausführliche Darstellung dieses Problems bei *Kayser* (Anm. 6), Nr. 153, S. 290. Siehe dazu auch *Bertrand* (Anm. 22), S. 28 f., Nr.55 ff.

60 Vgl. *Kayser* (Anm. 6), Nr. 153, S. 290 und *Bertrand* (Anm. 22), S. 28 f., Nr.55 ff.

61 Vgl. *Tallon* (Anm. 1), Nr. 150.

62 Vgl. *Cour de cassation, ch. civ.*, vom 05.05.1987 (K... c/ Assoc. Jean Coxtet et a.), D. 1988, J., S. 77. Zustimmend die Besprechung von *Massip, J.*, D. 1988, J., S. 78 f. In diesem Sinne auch *Amson, D.*, Droits de la personnalité, in: D. 1988, S. C., S. 197. Ebenso *Kayser* (Anm. 6), Nr. 136, S. 235 ff.

63 So *Kayser* (Anm. 6), Nr. 136, S. 235: „Si une personne ne peut s'opposer aux investigations et aux divulgations relatives à ses activités publiques, elle peut *valablement consentir* aux investigations et aux divulgations qui trait à sa vie privée".

auf Grund der Einheitlichkeit der Ansichten im Ergebnis – zumindest in der vorliegenden Untersuchung – wenig sinnvoll wäre.

Die Einwilligung kann sowohl ausdrücklich (*autorisation expresse*) als auch stillschweigend (*autorisation tacite*) erfolgen, wobei Schweigen zu bestimmten Vorgängen allein nicht ausreicht[64]. Weiterhin wird verlangt, dass die abgegebene Erklärung einer eindeutigen Auslegung zugänglich ist[65]. Der Erklärungsempfänger muss von der Einwilligung innerhalb einer angemessenen Frist (*délai raisonnable*) Gebrauch machen, da die Einwilligung nach Ablauf dieser Frist erlischt[66]. Eine Verzichteserklärung bezüglich zukünftiger oder ungewisser Ereignisse ist unwirksam, da dies ansonsten dem Verzicht auf das gesamte Recht auf Achtung des Privatlebens gleichkäme[67].

Immer wieder lebhaft werden die Fälle diskutiert, in denen ein Prominenter in der Vergangenheit nicht mit Details aus seinem Privatleben geizte und in diesbezügliche Publikationen einwilligte. Hier wird die Frage aufgeworfen, ob nun auch andere Ereignisse seines Privatlebens veröffentlicht werden dürfen, was letztlich zu einer Verwirkung des Schutzanspruchs führen würde. Die französischen Gerichte verneinen dies[68]. Die Einwilligung muss immer ausdrücklich und auf den konkreten Fall bezogen erteilt werden. Daher kann eine einmal gezeigte Toleranz nicht zu einer generellen zukünftigen Einschränkung des Rechts auf Achtung des Privatlebens führen[69]. Vielmehr sei es jedem selbst überlassen, was er von seinem Privatleben preisgeben möchte und was nicht[70].

Insgesamt lässt sich also sagen, dass die französische Rechtsprechung sehr restriktiv mit den Erfordernissen der Einwilligung umgeht und für deren Vorliegen klare und eindeutige Erklärungen verlangt. Hinzu kommt, dass die Beweislast für das Vorhandensein einer Einwilligung stets vom Publizierenden zu tragen ist[71].

---

64 Vgl. statt vieler nur *Malaurie / Aynès* (Anm. 3), Nr. 324, S. 123 m. w. N.

65 Vgl. *Heisig* (Anm. 7), S. 95 m. w. N.

66 Vgl. *TGI Paris* vom 23.06.1982 (L... c/ Sté L...), JCP 1983, IV, S. 325: „...pour être valable, une telle autorisation doit avoir été utilisée dans un délai raisonnable...“. Ebenso *Kayser, P.*, La vie privée, 1995, Nr. 137, S. 238.

67 Vgl. *Kayser* (Anm. 6), Nr. 137, S. 238. Vgl. dazu auch *Heisig* (Anm. 7), S. 97.

68 Vgl. die Nachweise in den folgenden Fußnoten.

69 Grundlegend *TGI Seine* (Bardot / Sté Beaverbrook) (Anm. 38), 14521. Vgl. auch *TGI Seine* vom 02.11.1965 (Sachs c/ Sté Presse Office), JCP 1966, II, 14875.

70 Vgl. *Neumann-Klang* (Anm. 1), S. 122 m. w. N. aus der Rspr.

71 Vgl. *TGI Paris* (L... c/ Sté L...), (Anm. 66), S. 325; *Cour d'appel Paris* vom 14.05.1975 (Dame Dorléac dite Deneuve c/ Soc. anon. Presse-Office), D. 1976, J., S. 291.

VII. Das Recht am eigenen Bild – Le droit à l'image

In Frankreich spricht man synonym von *le droit de la personne sur son image* und von *le droit à l'image*. Letzterer Ausdruck wird in diesem Zusammenhang häufiger gebraucht, obwohl er an und für sich missverständlich ist, da er eher das Recht des Urhebers an einem Bild beschreibt. Die Rechtsnatur des Rechts am eigenen Bild ist nicht eindeutig zu klassifizieren, da es sowohl eine persönlichkeitsrechtliche als auch eine kommerzielle Seite besitzt. Daher wird oft von der „*double nature*" des *droit de la personne sur son image* gesprochen[1].

Der Begriff *image* umfasst alle möglichen Darstellungsformen von Personen in bewegten oder unbewegten Bildern, d. h., neben Filmwerken und Fotografien gehören dazu auch Gemälde, Zeichnungen, Karikaturen, plastische Formen[2] usw. Diese Definition weist keine wesentlichen Unterschiede zum deutschen Recht auf[3], weshalb auf die detaillierteren Ausführungen zum Recht am eigenen Bild in Deutschland verwiesen werden kann[4]. Das Tatbestandsmerkmal *image* setzt voraus, dass die dargestellte Person für Dritte erkennbar ist[5]. Die Erkennbarkeit der abgebildeten Person muss sich dabei nicht zwingend schon auf den ersten Anschein aufdrängen. Es genügt vielmehr eine „ausreichende Ähnlichkeit"[6], sofern dadurch eine Identifikation – auch z. B. aufgrund Statur, Haltung oder auch mit Hilfe eines einzigen körperlichen Details – möglich ist[7].

Auch durch die Darstellung eines Doubles kann eine Verletzung des Rechts am eigenen Bild begründet werden. So wurde beispielsweise der Klage einer bekannten Synchronschwimmerin stattgegeben: Ein Double posierte teils im Badeanzug, teils vollkommen nackt, in für Synchronschwimmer typischen Körperhaltungen. Da die publizierende Zeitschrift für das Modell auch noch den (seltenen) Namen der Klägerin verwendete, schloss das Gericht auf das Vorliegen

---

1 Da die exakte Einordnung des *droit de la personne sur son image* keinen Einfluss auf die hier besprochenen Probleme hat, kann auf eine ausführliche Darstellung verzichtet werden. Eingehend dazu: *Acquadrone, D.*, L'ambiguïté, in: D. 1985, chron., S. 129 ff.; *Neumann-Klang, S.*, Recht am eigenen Bild, 1999, S. 117 ff.

2 Vgl. nur die Aufzählungen bei *Tallon, D.*, Personnalité, in: *Vanel, M./Raynaud, P.*, Répertoire de droit civil, t. VII, Nr. 100 ff., insb. Nr. 109 mit zahlreichen weiteren Nachweisen aus der Rechtsprechung.

3 So auch *Neumann-Klang* (Anm. 1), S. 88.

4 Vgl. unten E. VI. 1. c) „Das Bildnis im Sinne des § 22 KUG".

5 Vgl. *Tallon* (Anm. 2), Nr. 103. Vgl. die Entscheidung des *Cour de cassation, ch. civ.*, vom 14.03.1900 (Whistler c/ Eden), D. 1900, I, S. 497, in der es heißt, dass der Urheber eines Bildes einer Person sein Werk nur dann uneingeschränkt benutzen darf, wenn der Dargestellte unkenntlich gemacht worden ist.

6 „*Une ressemblance suffisante*", vgl. *Tallon* (Anm. 2), Nr. 103.

7 Vgl. *TGI Seine* vom 25.06.1966 (Bernard Blier c/ Sté France Edition et Publication), JCP 1966, II, 14875. Vgl. auch *Tallon* (Anm. 1), Nr. 103.

einer *confusion fautive* zwischen der Synchronschwimmerin und dem tatsächlich abgelichteten Nacktmodell[8].

Die Gerichte stellten schon sehr früh klar, dass das Recht am eigenen Bild jedermann und damit auch Personen des öffentlichen Lebens zusteht, und zwar unabhängig davon, ob diese sich an einem privaten oder an einem öffentlichen Ort aufhalten: „...quiconque publie, sans son consentement exprès, toute photographie de sa personne prise dans un lieu privé ou dans un lieu public en dehors du cadre de ses activités publiques“[9].

Bezüglich des *droit à l'image* lassen sich drei Verletzungsarten ausmachen: 1. Verletzung des Privatlebens (*atteinte à la vie privée*), 2. Verunglimpfung und Entstellung der Persönlichkeit (*altération et dénaturation de la personnalité*) und 3. Ausbeutung der Persönlichkeit (*exploitation de la personnalité*)[10], hauptsächlich durch die Benutzung zu Werbezwecken.

Das Recht am eigenen Bild wurde, im Gegensatz zum Recht auf Achtung des Privatlebens wurde, nicht kodifiziert, sondern musste durch die Rechtsprechung näher bestimmt werden. Diese geht dabei von folgendem Grundsatz aus: „Jede Person hat an ihrem Bild und hinsichtlich des davon gemachten Gebrauchs ein ausschließliches Recht und kann sich jeglicher, ohne ihre Einwilligung erfolgenden, Verbreitung widersetzen“[11].

Aufgrund der fehlenden gesetzlichen Regelung sind bezüglich der Rechtsfolgen bei Verletzungen des *droit à l'image* noch einige Fragen offen. Einigkeit herrscht jedoch in den Fällen, in denen Aufnahme und Veröffentlichung des Bildnisses zugleich einen Eingriff in die Privatsphäre darstellen. Dann greifen die zum Schutze des Privatlebens geltenden Vorschriften ein, insbesondere also Art. 9 Code Civil. Sehr häufig werden beide angesprochenen Rechte in einem Atemzug genannt[12]. Dies gilt auch bezüglich der Zustimmung des Abgebildeten zu Veröffentlichungen seines Bildnisses. Beinhaltet der bildlich fixierte Vorgang Handlungen aus dem Privatleben, so stellt die Einwilligung des Betroffe-

---

8 Vgl. *TGI Paris* vom 27.10.1989 (Mlle H... c/ SARL éditions des Savanes et a.), D. 1989, S. C., S. 358.

9 So *TGI Seine* vom 24.11.1965 (Brigitte Bardot c/ Sté Beaverbrook), JCP 1966, II, 14521.

10 Vgl. *Kayser, P.*, La vie privée, 1995, Nr. 88 ff., S. 185 ff. Diese Einteilung ist im Prinzip auch in der Konzeption von *Ravanas, J.*, Protection des Personnes, 1978, erkennbar.

11 Siehe *TGI Paris* vom 21.12.1983 (Noah c/ Soc. Française de revues Team et a.), D. 1984, I. R., S. 331: „Toute personne a, sur son image, et sur l'utilisation qui en est faite, un droit exclusif et peut s'opposer à sa diffusion sans son autorisation“.

12 Vgl. stellvertretend für viele nur *Cour d'appel Paris* vom 14.05.1975 (Dame Dorléac dite Deneuve c/ Soc. anon. Presse-Office), D. 1976, J., S. 291 und *Cour d'appel Paris* vom 12.05.1986 (Soc. de presse *Jours de France* et a. c/ Agence Angeli et a.), D. 1986, S.C., S. 445.

nen zur Publikation des betreffenden Bildnisses zugleich eine Einwilligung zum Eindringen ins Privatleben dar[13].

VIII. Zusammenfassung

1. Das Privatleben erfährt in Frankreich einen sehr ausgeprägten Schutz. Grundsätzlich dürfen Aktivitäten aus dem privaten Bereich nicht ohne Einwilligung des Betroffenen veröffentlicht werden. Dies gilt uneingeschränkt auch für *personnes publiques*.

2. In der häuslichen Umgebung besteht ein absoluter Schutz der Privatsphäre. Ein geschütztes Privatleben ist jedoch auch außerhalb dieser Umgebung an öffentlichen Orten möglich. Generell wird maßgeblich auf den Charakter der Tätigkeit abgestellt, also darauf, ob diese als öffentlich oder als privat zu qualifizieren ist (*activité privée / public*).

3. Der Charakter der Tätigkeit bestimmt sich hauptsächlich nach dem öffentlichen Informationsinteresse. Dieses ist grundsätzlich nur dann als berechtigt anzusehen, wenn die Aktivitäten im Zusammenhang mit der öffentlichen bzw. gesellschaftlichen Funktion des Betroffenen stehen. Dabei ist der Kreis der öffentlichen Aktivitäten bei *personnes publiques* weiter zu ziehen als bei *personnes privées*.

4. Die Zulässigkeit einer Veröffentlichung wird letztlich mit Hilfe einer Abwägung zwischen der Privatsphäre und den Äußerungsfreiheiten festgestellt. Beide Rechte stehen dabei gleichberechtigt nebeneinander. Abwägungskriterien sind der betroffene persönliche Bereich, der Ort der Handlung, die zeitgeschichtliche Wertigkeit der betroffenen Person und – als entscheidendes Kriterium – der Charakter der Tätigkeit.

---

13 Vgl. *Ferid, M./Sonnenberger, H. J.*, Zivilrecht 1/1, 1994, S. 358, Rn. 1 D 248 f.

D. Die Rechtslage in England

England gehört dem anglo-amerikanischen Rechtskreis an[1], welcher häufig auch schlicht als *Common Law* bezeichnet wird. Zu dieser Rechtsfamilie zählt man zum einen die Vereinigten Staaten, Australien und Neuseeland, die auf Grund der starken britischen Einwanderung als *settled colonies* bezeichnet werden. Die *settled colonies* galten als herrenlos, weshalb sich das den Einwanderern vertraute *Common Law* relativ problemlos ausbreiten konnte. Die zweite Gruppe bilden die so genannten *conquered / ceded colonies*, wie beispielsweise Indien, die kanadische Provinz Quebec, Südafrika, Sierra Leone, Gambia, Nigeria, u. a. Dort blieben die ursprünglichen Rechtsordnungen im Wesentlichen unangetastet, aber „Unzulänglichkeiten" des einheimischen Rechts wurden mittels des *Common Law* behoben[2]. Infolge dieser von England ausgehenden Ausbreitung des *Common Law* kann man das englische Recht durchaus als die „Mutterrechtsordnung"[3] des anglo-amerikanischen Rechtskreises bezeichnen.

I. Das Verfassungsverständnis

Im Gegensatz zu Frankreich und Deutschland fehlt es im Vereinigten Königreich an einer einheitlichen, geschriebenen Verfassungsurkunde, die das Verhältnis zwischen Bürger und Staat und die Beziehungen der verschiedenen Staatsorgane untereinander regelt. Die britische Verfassung setzt sich vielmehr aus verschiedenen Quellen zusammen. Dazu gehören zum einen jene Teile des *Common Law* und des Gesetzesrechts (*statute law*), die Regelungen hinsichtlich der staatlichen Ordnung treffen. Zum anderen sind hierzu die *constitutional conventions* zu rechnen, welche die Rechtsverhältnisse der staatlichen Organe zueinander zum Inhalt haben. Die *constitutional conventions* sind zwar gerichtlich nicht einklagbar, werden aber von den staatlichen Organen und Institutionen als verbindlich betrachtet, weshalb ihre mangelnde gerichtliche Durchsetzbarkeit praktisch keine Rolle spielt[4].

Bis zur Inkorporierung der Europäischen Menschenrechtskonvention (EMRK) in das britische Recht durch den Human Rights Act 1998 (dessen wesentliche Bestimmungen im Jahre 2000 in Kraft traten)[5] verfügte England auch über kei-

---

1 Vgl. nur die Einteilung bei *Zweigert, K./Kötz, H.*, Rechtsvergleichung, I, 1997, S. 62 ff.

2 Vgl. *Blumenwitz, D.*, Das anglo-amerikanische Recht, 2003, S. 3. Ausführlich zur Entwicklung des anglo-amerikanischen Rechtskreises *Zweigert / Kötz* (Anm. 1) und *Schnitzer, A.*, Rechtsvergleichung, I, 1961.

3 So jedenfalls *Blumenwitz* (Anm. 2), S. 4.

4 Eingehend dazu *Barnett, H.*, Constitutional Law, 1995, S. 17 ff. und *Turpin, C.*, British Government, 1995, S. 76 ff., jeweils m. w. N. Vgl. auch *Grote, R.*, Inkorporierung der EMRK, in: ZaöRV 58 (1998), S. 309 ff.

5 Zum HRA 1998 *Verbeet, M.*, Die Judikative, 2004. Vgl. auch die folgenden Kapitel.

nen mit Frankreich und Deutschland vergleichbaren Grundrechtskatalog. Zwar wurden mit der Magna Carta Libertatum[6] bereits 1215 eine bedeutende Verfassungsurkunde erlassen, doch schützte diese nur bestimmte Stände vor der Willkür des Königs und sicherte der Anglikanischen Kirche Religionsfreiheit und eine eigene Gerichtsbarkeit zu. Die Magna Carta Libertatum kann somit nicht als universeller Menschenrechtskatalog im heutigen Sinne verstanden werden. Da sie jedoch die Macht des Königs beschränkte und in ihr enthaltene Rechte zum Teil weiterentwickelt wurden (insbesondere die Notwendigkeit eines gerichtlichen Verfahrens bei Verhaftungen, § 39) gilt sie als Ausgangspunkt der Entwicklung der Freiheitsrechte in England, weshalb sie bis heute als Grundpfeiler der englischen Verfassung angesehen wird[7].

Als nächste bedeutende Urkunde folgte im Jahre 1679 der Habeas-Corpus-Act[8]. Diese vom Parlament durchgesetzte Regelung sollte willkürliche Einkerkerungen verhindern. Angeklagte mussten innerhalb von drei Tagen ihrem zuständigen Richter vorgeführt werden. Hohe Strafen wurden für diejenigen festgelegt, die diese Bestimmungen verletzten. Kein Einwohner Englands sollte zur Einkerkerung außer Landes gebracht werden dürfen. Der Habeas-Corpus-Act beruhte teilweise auf älteren Bestimmungen und schuf klare Verfahrensregeln[9]. Er setzte einen Meilenstein in der Entwicklung der persönlichen Freiheitsrechte[10].

Kurze Zeit danach, am 13. Februar 1689, wurde die Bill of Rights erlassen[11]. Sie schützte vor Missbrauch der königlichen Macht, u. a. durch die Garantie freier Wahlen, durch Redefreiheit im Parlament und mittels einiger Regelungen im

---

6 Die *Magna Carta Libertatum* („Große Urkunde der Freiheiten") wurde 1215 von König *Johann I. Ohneland* auf Druck des aufständischen Adels und der Kirche unter Mithilfe der Londoner Bürgschaft unterzeichnet. Obwohl er kurze Zeit später die erteilten Zugeständnisse widerrief und der Papst als oberster Lehnsherr des englischen Königs die Urkunde für nichtig erklärte, wurde die Magna Carta dennoch, wenn auch in einer stark modifizierten Form, erstmals 1216, dann wieder mit Änderungen 1217 und 1225 von der Krone bestätigt (Quelle: *Brockhaus multimedial*, 2003, Suchwort: „Magna Carta"). Zur geschichtlichen Entwicklung vgl. auch *Theusinger, I.*, Einfluss der EMRK, 2001, S. 3 ff.

7 So *Holdsworth, W.*, History II, 1966, S. 211 ff. Vgl. auch *Theusinger* (Anm. 6), S. 3 ff.

8 Vgl. dazu *Riedel, E.*, Die Habeas Corpus-Akte, in: EuGRZ 1980, S. 191 ff.
Habeas-Corpus bedeutet etwa soviel wie: „Du mögest des Körpers von ... habhaft werden". Die Akte wurde 1679 vom Parlament als Reaktion auf die willkürlichen Verhaftungen unter *Karl II.* beschlossen und erlangte durch dessen Unterschrift Gesetzeskraft. Quelle: *Brockhaus* (Anm. 8), Suchwort: „Habeas-Corpus".

9 Eingehend zum Verfahren *Riedel, E.*, Kontrolle der Verwaltung, 1976, S. 58 ff. Vgl. auch *Riedel* (Anm. 8), S. 192 ff.

10 Vgl. zum *Habeas Corpus-Act Riedel* (Anm. 8), S. 195 f. und *ders.* (Anm. 9), S. 60 f.

11 Vgl. zu den Hintergründen der Entstehung *Riedel* (Anm. 9), S. 195 ff.
Die *Bill of Rights* wurde nach der Vertreibung *Jakobs II.* vom Parlament entworfen und von den neuen Herrschern *Wilhelm III. von Oranien* und *Maria II.* 1689 angenommen (Quelle: Brockhaus (Anm. 8), Suchwort: „Bill of Rights".

Bereich der Steuererhebung. Das „Gesetz der Rechte“ kann nicht als allgemeine Menschenrechtserklärung verstanden werden, sondern es regelt nur konkrete Einzelfälle, was durch folgenden Auszug verdeutlicht wird:

> „Die angemaßte Befugnis, Gesetze oder die Ausführung von Gesetzen durch königliche Autorität ohne Zustimmung des Parlaments aufzuheben, ist gesetzwidrig... Steuern für die Krone... ohne Erlaubnis des Parlaments für längere Zeit... zu erheben, ist gesetzwidrig... Es ist gegen das Gesetz, es sei denn mit Zustimmung des Parlaments, eine stehende Armee im Königreich in Friedenszeiten aufzustellen oder zu halten... Die Freiheit der Rede... im Parlament darf von keinem Gerichtshof oder sonst wie außerhalb des Parlaments angefochten oder infrage gestellt werden“.[12]

Der kurze geschichtliche Überblick zeigt, dass dem englischen Recht ein umfangreicher kodifizierter Grundrechtskatalog an sich fremd ist. Nach englischer Vorstellung bedarf es keiner schriftlichen Verankerung von Grundrechten. Entscheidend sei, dass in der Praxis ein solcher Schutz gewährt werde[13]. Das traditionelle Verfassungsrechtsverständnis[14] in Großbritannien begreift den gesetzlich nicht geregelten Raum als Freiheitsraum: Was nicht durch Gesetz oder Gerichtsurteil ausdrücklich verboten ist, ist erlaubt[15].

1. Der Human Rights Act 1998 und die EMRK

Der Human Rights Act 1998 erhielt am 09.11.1998, nachdem beide Kammern des Parlaments den Gesetzesentwurf passieren ließen, die formelle Zustimmung der Königin, den *Royal Assent*. Endgültige Rechtswirksamkeit erlangte er am 02.10.2000. Damit waren also gut 47 Jahre seit Inkrafttreten der EMRK am 03.09.1953 vergangen. Dieser lange Zeitraum ist umso verwunderlicher, bedenkt man, dass das Vereinigte Königreich bei der Schaffung der EMRK – und da insbesondere bei der Formulierung des Rechtekatalogs – eine bedeutende Rolle eingenommen hat und sich dessen auch bewusst war, wie die Ausführungen des Staatsministers *Kenneth Younger* eindrucksvoll belegen: „[The present draft] contains a definition of the rights and limitations thereto which follows

---

12 Siehe *Brockhaus* (Anm. 8), Suchwort: „Bill of Rights“.

13 Vgl. *Riedel, E.*, Menschenrechtsstandards, 1986, S. 125 f.

14 Ein einführender Überblick liefert *Riedel* (Anm. 13) S. 125 ff. mit weiterführenden Nachweisen; *ders.* (Anm. 9), S. 225 ff.; *ders.* (Anm. 8), S. 191 ff.

15 Vgl. *Brooke, LJ*, in: *Court of Appeal, Civil Division*, vom 21.12.2000 (**Douglas and others v. Hello! Ltd.**), 2 All ER 2001, S. 305, para 64: „English law, as is well known, has been historically based on freedoms, not rights“. Vgl. dazu auch *Fikentscher, W.*, Methoden des Rechts II, 1975, S. 64 f. und *Ohly, A.*, Schutz der Persönlichkeit, in: RabelsZ 65 (2001), S. 71.

Anm.: In England zitiert man Urteile grds. durch Nennung von Parteien und Fundstelle. Zur Wahrung der Einheitlichkeit innerhalb dieser Arbeit wird hiervon abgewichen. In Respekt vor anderen Zitierformen und zur Erleichterung des Abgleichs mit anderen Quellen, werden die Parteienkürzel optisch hervorgehoben.

almost word for word the actual texts proposed by the United Kingdom representatives (Articles 2-17), and which is thought to be consistent with our existing laws in all but a small number of comparatively trivial cases"[16].

Dieser viel versprechende Beginn und die frühe Ratifizierung durch die britische Regierung dürfen nicht zu dem Trugschluss führen, die Konvention wäre ohne Skepsis und Widerstand aufgenommen worden[17]. Die Beweggründe der Konventionsgegner waren die gleichen wie bei der Einführung des HRA 1998: Das traditionelle Verfassungsverständnis, das eine Normierung von Freiheitsrechten als überflüssig ansah und der von der Presse ausgeübte Druck und Einfluss auf die Politik. Die Presse befürchtete insbesondere die Entstehung eines wie auch immer gearteten Persönlichkeitsrechts, worin sie eine ernsthafte Bedrohung für die Meinungs- und Pressefreiheit erblickte. Diese Widerstände verhinderten, trotz zahlreicher Anregungen von Seiten der Praxis, Wissenschaft und Politik, lange Zeit die Schaffung des HRA 1998[18].

2. Inhalt und Wirkungen des Human Rights Acts 1998

Der Human Rights Acts 1998 transformiert insbesondere die Art. 2 bis Art. 12 und Art. 14 der EMRK ins englische Recht[19]. Aufbautechnisch regelt das Gesetz zunächst die Art und Weise der Anwendung der *Convention Rights* (sec. 2 ff. HRA), welche erst im Anhang (schedule 1) aufgeführt werden. Im hier vorliegenden Kontext soll vorab insbesondere auf Art. 8 (Schutz des Privat- und Familienlebens) und Art. 10 EMRK (Meinungsfreiheit) hingewiesen werden:

Art. 8: „Everyone has the right to respect for his private and family life, his home and his correspondence"

Art. 10: „Everyone has the right to freedom of expression. This right shall include freedom to hold opinions and to receive and impart information and ideas without interference by public authority and regardless of frontiers".[20]

---

16 Siehe *Marston, G.*, Preparation of the ECHR, in: ICLQ 42 (1993), S. 796, zit. nach *Grote* (Anm. 4), S. 311.

17 Vgl. *Grote* (Anm. 4), S. 311 ff.; *Theusinger* (Anm. 6), S. 14 ff.; *Ohly* (Anm. 14), S. 71 f., jeweils m. w. N.

18 Eine ausführlichere Darstellung der Entwicklung des HRA würde dem vorliegenden Thema nicht gerecht. Vgl. dazu *Verbeet* (Anm. 5), S. 29 ff. sowie *Theusinger* (Anm. 6), S. 68 ff. und *Grote* (Anm. 4), S. 327 ff.

19 Vgl. sec. 1 (1) HRA. Die wichtigsten Bestimmungen des HRA sind im Anhang der Arbeit abgedruckt.

20 Beide Artikel sind in schedule 1 des HRA enthalten und im Anhang der Arbeit im Volltext abgedruckt.

a) Überblick über den Human Rights Act 1998

Das Ziel des Human Rights Act 1998 wird ausdrücklich in seiner Präambel dargestellt. Dort heißt es: „An Act to give further effect to rights and freedoms guaranteed under the European Convention on Human Rights". Der Einstieg in den HRA 1998 erfolgt über die Auslegungsregeln in sec. 2 und 3 HRA. Erstere verpflichtet die Richter, die Entscheidungen und Stellungnahmen der europäischen Konventionsorgane (EGMR, EKMR und Ministerrat[21]) zu berücksichtigen, sofern das Gericht von der Entscheidungserheblichkeit der Maßnahmen eines der eben genannten Organe ausgeht[22]. Gemäß sec. 3 HRA müssen Gesetze im Sinne der Konvention ausgelegt werden. Kommt ein Gericht zu dem Schluss, dass eine Regelung nicht mehr grundrechtskonform auslegbar ist, so kann es gem. sec. 4 (2) HRA eine Unvereinbarkeitserklärung (*Declaration of incompatibility*) abgeben. Dadurch wird die entsprechende Norm zwar nicht unwirksam, jedoch wird die Legislative in Zugzwang gebracht, eine Gesetzesänderung herbeizuführen[23]. Demzufolge wird einerseits den Gerichten eine Möglichkeit des Einschreitens geboten und andererseits bleibt aber auch die Souveränität des Parlaments erhalten. Die Pflicht zum konventionsgerechten Interpretieren und Handeln trifft aber nicht nur die Gerichte, sondern sämtliche *public authorities* (sec. 6 (1) HRA), wovon jedoch Mitglieder des Parlaments ausdrücklich ausgeschlossen werden (sec. 6 (3) HRA), sofern sie in einer parlamentarischen Funktion tätig sind[24]. Die Gesetzgebung wird in sec. 19 (1) HRA zur Beachtung der Konventionsgrundrechte angehalten: Während eines Gesetzgebungsverfahrens muss der zuständige Minister vor beiden Häusern des Parlaments eine Erklärung zur Vereinbarkeit eines neuen Gesetzes mit der Konvention abgeben (*Statement of compatibility*).

b) Unmittelbare oder mittelbare Drittwirkung?

Durch die Verpflichtung aller *public authorities* in sec. 6 (1) HRA, im Einklang mit den Konventionsgrundrechten zu handeln, ist sichergestellt, dass die aufgeführten Rechte auf jeden Fall im Verhältnis Staat - Bürger unmittelbar gelten.

---

21 Zur Funktion der Organe siehe *Riedel, E.*, Menschenrechtsschutz, in: Völkerrechtskolloquium, 1992, S. 100 ff.

22 Vgl. sec. 2 (1) HRA am Ende: „...whenever made or given, so far as, in the opinion of the court or tribunal, it is relevant to the proceedings in which that question has arisen".
Auslegungsregeln sind in England von großer Bedeutung, da die Gesetzesauslegung dem Wortlaut traditionell eine große Bedeutung beimisst (vgl. *Riedel, E.*, Bill of Rights, 1983, S. 40; *ders.*, Methoden, in: *Denninger, E.* u. a. (Hrsg), FS Schneider, 1990, S. 383).

23 Gemäß sec. 10 i. V. m. schedule 2 HRA ist ein „beschleunigtes Gesetzgebungsverfahren" zur schnelleren Herstellung der Vereinbarkeit mit der Konvention möglich.

24 Siehe sec. 6 (4) HRA: „...'Parliament' does not include the House of Lords in its judicial capacity".

Zu klären bleibt, ob und inwieweit die inkorporierten Vorschriften auch bei Streitigkeiten zwischen Privaten Anwendung finden. Somit stellt sich in England zum ersten Mal die Frage der mittelbaren Drittwirkung eines Gesetzes[25].

Vereinzelte Stimmen in der Literatur sprechen sich für eine unmittelbare Anwendung des HRA 1998 aus[26]. Zur Begründung wird angeführt, dass zu den *public authorities* auch die Gerichte zählen, welche bei privaten Konflikten angerufen werden. Weiterhin wird auf sec. 12 HRA verwiesen[27]. Danach dürfen mediale Veröffentlichungen von den Gerichten im Wege der einstweiligen Verfügung nur in eindeutigen Fällen verhindert werden, und zwar dann, wenn eine Einzelfallabwägung zu dem Schluss führt, dass dem Antrag im Hauptsacheverfahren mit hoher Wahrscheinlichkeit stattgegeben werden wird[28]. Da derartige Streitigkeiten regelmäßig zwischen Privaten stattfinden, schließt die genannte Meinung auf die unmittelbare Anwendbarkeit des HRA 1998. Folgte man dieser Ansicht, so könnte sich jeder bei Verletzungen durch Private auf die Konventionsrechte berufen. Dadurch könnten (und würden) den einzelnen Konventionsrechten selbstständige Anspruchsgrundlagen entspringen. So ginge zum Beispiel aus Art. 8 EMRK ein *tort of privacy* [29] hervor. Weiterhin könnte ganz allgemein ein neuer *tort of breach of constitutional rights* entstehen[30].

Eine derartige Auslegung kann jedoch nicht überzeugen. In erster Linie verpflichtet sec. 6 (1) HRA eben nur *public authorities*. Weiterhin wird in sec. 6 (5) HRA klargestellt, dass das Handeln von *public authorities* jedenfalls dann nicht den Regelungen des HRA 1998 unterworfen ist, wenn es als privat anzusehen ist[31]. Daraus ist ersichtlich, dass der Gesetzgeber keine unmittelbare Geltung der

---

25 Zur ähnlichen Diskussion in Deutschland vgl. unten E. III. 1. „Die horizontale Geltung der Grundrechte".

26 Vgl. insb. *Wade, W.*, Bill of Rights, in: Constitutional Reform in the United Kingdom, 1998, S. 61 ff., insb. S. 63; *ders.* Horizons, in: LQR 166 (2000), S. 217 ff. Zur Diskussion vgl. auch *Ohly* (Anm. 14), S. 73 f. und *Theusinger* (Anm. 6), S. 79 ff.

27 Vgl. sec. 12 (1) HRA: „This section applies if a court is considering whether to grant any relief which, if granted, might affect the exercise of the Convention right to freedom of expression".

28 Vgl. sec. 12 (3) HRA: „No such relief is to be granted so as to restrain publication before trial unless the court is satisfied that the applicant is likely to establish that publication should not be allowed". Vgl. dazu auch *Court of Appeal* (**Douglas I**) (Anm. 14), S. 289, 313 f., 326 f.

29 So *Wade* (Anm. 26), S. 61 ff., insb. S. 63. Zu dieser Schlussfolgerung gelangt auch *Ohly* (Anm. 14), S. 73.

30 Vgl. *Theusinger* (Anm. 6), S. 79.

31 Vgl. sec. 6 (5) HRA: „In relation to a particular act, a person is not a public authority by virtue only of subsection (3)(b) **if the nature of the act is private**" (Hervorhebung vom Verfasser).

Konventionsgrundrechte unter Privaten beabsichtigte[32]. Daran ändert auch sec. 12 HRA nichts. Diese Regelung stellt eine Sondervorschrift dar, die den besonderen Schutz der Presse- und Meinungsäußerungsfreiheit hervorheben soll. Zwar sind Streitigkeiten mit der Presse oft privatrechtlicher Natur, doch kann man allein hieraus nicht auf eine unmittelbare Wirkung des HRA 1998 schließen. Im Gegenteil: Sec. 12 HRA spricht vielmehr für eine mittelbare (Dritt-) Wirkung: Denn auch wenn es sich in der Regel um private Auseinandersetzungen handelt, so bleibt doch festzuhalten, dass sec. 12 HRA nicht den streitenden Parteien, sondern nur dem erkennenden Gericht Pflichten auferlegt. Ebenfalls auf eine mittelbare Drittwirkung deuten die bereits eingangs angesprochenen Auslegungsregeln in sec. 2 und 3 HRA hin, welche sich an den Gesetzgeber und an die Gerichte wenden, um letztlich (lediglich) eine konventionskonforme Weiterentwicklung des *common law* zu erreichen.

Von der mittelbaren Einwirkung des Human Rights Act 1998 scheinen auch die Gerichte auszugehen, denn in den betreffenden (bislang jedoch nicht sehr zahlreichen) Urteilen werden die EMRK-Grundrechte angesprochen und in die Entscheidungsgründe mit eingefügt, jedoch sehen die Gerichte von einer unmittelbaren Anwendung des Gesetzes ab. Dies geht u. a. deutlich aus der *Douglas I*-Entscheidung[33] hervor. Die Richter diskutierten sehr ausführlich, ob ein *right to privacy* ausdrückliche Anerkennung finden sollte. Dabei bezogen sie sich auf den im HRA 1998 niedergelegten Art. 8 EMRK, wendeten diesen aber nicht unmittelbar an, sondern betonten, dass (lediglich) im Einklang mit der Konvention entschieden werden müsse:

> "...the Human Rights Act 1998 requires the courts of this country to give appropriate effect to the right to respect for private and family life set out in art 8 of the European Convention for the Protection of Human Rights and Fundamental Freedoms... by virtue of ss 2 and 6 of the Human Rights Act, the courts of this country must not only take into account jurisprudence of both the European Commission of Human Rights and the European Court of Human Rights which points to a positive institutional obligation to respect privacy; they must themselves act compatibly with that and the other Convention rights".[34]

Nach den vorhergehenden Ausführungen ist daher mit der herrschenden Meinung[35] von einer mittelbaren Drittwirkung des Human Rights Act 1998 auszu-

---

32 Vgl. auch *Markesinis, B.*, Horizontal Effect, in: LQR 155 (1999), S. 47 ff., insb. S. 72 ff.; *Bamforth, N.*, Application of the HRA, in: CLJ 58 (1999), S. 159 ff.

33 Vgl. *Court of Appeal* (**Douglas I**) (Anm. 14), S. 289, 313 f., 326 f.

34 So *Sedley* in: *Court of Appeal* (**Douglas I**) (Anm. 14), S. 316 f., para 111. Ebenso Lord Justice *Brooke* im gleichen Fall, S. 310, para 81 f. Ausführlich dazu unten unter D. III. 3. „Die Douglas I-Entscheidung".

35 Vgl. *Markesinis* (Anm. 32), S. 47 ff., insb. S. 72 ff. und *Bamforth* (Anm. 32), S. 159 ff. Vgl. dazu auch *Theusinger* (Anm. 6), S. 79 f.; *Ohly* (Anm. 14), S. 73 ff.; *Grote* (Anm. 4), S. 309 ff., jeweils m. w. N.

gehen. Welche Auswirkungen dies im Einzelnen auf das englische Privatrecht haben wird bleibt abzuwarten.

II. Internetspezifische Regelungen

Bei der Frage, ob das englische Recht mit internetspezifischen Vorschriften zum Schutz der Privatsphäre aufwarten kann, sucht man vergebens nach Regelungen, die beispielsweise den Art. 226-19 ff. Code pénal[1] in Frankreich entsprechen und die das Privatleben (oder doch zumindest Teile davon) schützen. Wenn in England persönlichkeitsrechtsverletzende Tatbestände in Verbindung mit deren Verbreitungen über das Internet erörtert werden, so handelt es sich dabei in erster Linie um die „*electronic defamation*", also um die „elektronische Ehrverletzung"[2]. Zur Lösung derartiger Fälle stützt man sich regelmäßig auf den Defamation Act vom 04. Juli 1996. Dieser ist gem. sec. 1 (3) (c) Defamation Act[3] explizit auf Internetsachverhalte anwendbar.

Auf den Tatbestand der *defamation* wird an späterer Stelle noch kurz eingegangen[4]. Im Übrigen haben Ehrverletzungen und Verletzungen der Privatsphäre zwar einige Berührungspunkte miteinander, da sie jedoch sowohl von den Tatbestandsvoraussetzungen als auch von den Schutzzielen weit auseinander liegen und daher nicht zur Lösung des hier gestellten Problems beitragen, kann und muss hier keine nähere Betrachtung der *defamation* erfolgen[5].

III. The Right to Privacy – A Tort of Privacy?

Die englische Rechtsordnung befindet sich partiell in einem Umbruch, dessen Ursachen nicht zuletzt auch im Human Rights Act 1998 liegen. Heute Gesagtes kann daher morgen bereits als veraltet gelten. Lange Zeit galt in England unbestritten der Grundsatz, dass das englische Recht – im Gegensatz zur französi-

---

1 Der Volltext ist im Anhang am Ende der Arbeit abgedruckt. Zu den Art. 226-19 Code pénal Frankreich vgl. auch oben C. IV. „Internetspezifische Regelungen zum Schutz des Privatlebens".

2 Vgl. *Gringras, C.*, Laws of the Internet, 1998, S. 90 ff.; *Schmoll, A.*, Haftung der Internet-Service-Provider, 2000, S. 109.

3 Sec. 1 (3) Defamation Act: „A person shall not be considered the author, editor or publisher of a statement if he is only involved...".

Sec. 1 (3) (c) Defamation Act: „in processing, making copies of, distributing or selling any electronic medium in or on which the statement is recorded, or in operating or providing any equipment, system or service by means of which the statement is retrieved, copied, distributed or made available in electronic form".

4 Vgl. unten D. IV. 1. „Defamation – Ehrenschutz".

5 Vgl. dazu ausführlich *Gringras* (Anm. 2), S. 90 ff.; *Schmoll* (Anm. 2), S. 109 ff.

schen Rechtsordnung und entgegen der deutschen Rechtsauffassung – keine Persönlichkeitsrechte, also weder ein Recht auf Achtung der Privatsphäre noch ein Recht am eigenen Bild, anerkenne.

Diesem Grundsatz folgend, konnte auch eine Verletzung der Privatsphäre nicht als rechtswidrig angesehen werden[1]. Dieses Prinzip wurzelte darin, dass der Pressefreiheit im anglo-amerikanischen Recht traditionell eine sehr große Bedeutung beigemessen wurde und immer noch wird. Die freiheitliche Berichterstattung gilt für das Funktionieren der britischen Demokratie als immens wichtig[2]. Hieraus leitete man einen generellen Vorrang der Pressefreiheit gegenüber dem Schutz des Betroffenen ab[3], weshalb eine Abwägung zwischen beiden Rechten nicht stattfand.

Ob man den eben vorgestellten Grundsatz heute noch ohne Wenn und Aber unterschreiben sollte, kann zumindest angezweifelt werden. Die Fortentwicklung des Privatsphärenschutzes, und vor allem die Ursache des angesprochenen Zweifels, werden im Folgenden anhand ausgewählter Entscheidungen dargestellt. Vorab werden jedoch in einem Einschub die Grundlagen der *doctrine of breach of confidence* vorgestellt, die sich im Laufe der Jahre als wichtigstes Rechtsmittel zum Schutz des Privatlebens herausgestellt hat[4].

1. Im Überblick: Breach of Confidence – Vertrauensbruch

Das Rechtsinstitut *breach of confidence* findet seinen Ursprung im Billigkeitsrecht (*law of equity*)[5]. Es schützt vor Veröffentlichungen vertraulicher Informationen. Im Prinzip lassen sich drei Tatbestandsmerkmale ausmachen: 1. Vertraulichkeit der preisgegebenen Information, 2. Bestehen einer Geheimhaltungspflicht und 3.Verletzung der Geheimhaltungspflicht und ein daraus resultierender Schaden.[6]

---

1 Vgl. *House of Lords* vom 02.07.1996 (**Regina v. Khan**), WLR 1996 III, S. 162 ff.

2 Vgl. *Gounalakis, G./Glowalla, R.*, Reformbestrebungen zum Persönlichkeitsschutz, in: AfP 1997, S. 772.

3 Vgl. nur *Herth, C.*, Persönlichkeitsschutz, 1988, S. 101.

4 Der Grund hierfür ist, dass vertrauliche Situationen sich oft in einem privaten Umfeld abspielen. Vgl. dazu auch *Clark, T.*, Privatsphäre und Pressefreiheit, in: Medien und Recht 14 (1996), S. 176.

5 Vgl. nur *Ungoed-Thomas, J*, in: *Chancery Division* vom 09.12.1964 (**Duchess of Argyll v. Duke of Argyll**), Ch. 1967, S. 302, 329 u. a., der den billigkeitsrechtlichen Ursprung besonders betont.

6 Vgl. die Zusammenfassung von *Megarry, VC*, in: *Chancery Division* vom 28.02.1979 (**Malone v. Metropolitan Police Commissioner (No. 2)**), Ch. 1979, S. 375 und *ders.* in: *Chancery Division* vom 01.07.1968 (**Coco v. A. N. Clark (Engineers) Ltd.**), RPC 1969, S. 47: „Three elements are normally required if a case of breach of confidence is to suc-

(Fortsetzung nächste Seite)

Breach of confidence ist einer der umfangreichsten Tatbestände des englischen Richterrechts und war im Laufe der Jahre durch eine Fülle von Gerichtsentscheidungen aus allen Bereichen (insbesondere des Wirtschaftsrechts) einem ständigen Wandel unterworfen, der bis heute nicht abgeschlossen ist. Es ist nicht Aufgabe dieser Untersuchung, alle Facetten dieser Anspruchsgrundlage zu beleuchten. Die folgende Darstellung bezieht sich nur auf die dem Privatsphärenschutz dienenden Aspekte und kann somit – gemessen am Ganzen – keinen Anspruch auf Vollständigkeit erheben.

a) Vertraulichkeit der Information

Der Schutzbereich des *breach of confidence* umfasst Informationen aller Art. Dazu zählen neben Betriebs- und Geschäftsgeheimnissen[7] insbesondere auch Informationen aus dem privaten Bereich, beispielsweise über das Liebesleben einer Ehe[8] oder Partnerschaft[9], über den Gesundheitszustand[10] oder über die Homosexualität eines Menschen[11]. Verlangt wird nur, dass eine gewisse inhaltliche Wertigkeit übermittelt wird. Gehaltlose Aussagen und Belanglosigkeiten werden nicht geschützt: „I merely add that I doubt whether equity would intervene unless the circumstances are of sufficient gravity; equity ought not to be invoked merely to protect trivial tittle-tattle, however confidential".[12]

Die jeweiligen in Betracht kommenden Informationen „must have the necessary quality of confidence about it"[13], d. h., sie dürfen von vornherein nur einem sehr eng begrenzten Personenkreis bekannt sein. Erlangt eine unüberschaubare Anzahl von Leuten Kenntnis eines bestimmten Umstandes, so kann dieser nicht

---

ceed. First, the information itself ... must have the necessary quality of confidence about it. Secondly, that information must have been imparted in circumstances importing an obligation of confidence. Thirdly, there must be an unauthorised use of that information to the detriment of the party communicating it".

7 Vgl. dazu *Ohly, A.*, Schutz der Persönlichkeit, in: RabelsZ 65 (2001), S. 49. Informationen aus dem Wirtschaftsleben stellen zwar den Hauptanwendungsbereich des *breach of confidence* dar, werden aber im Folgenden außer Acht gelassen, da es hier nur um Informationen aus dem privaten Bereich geht.

8 Vgl. *Chancery Division* (**Argyll v. Argyll**) (Anm. 5), S. 329.

9 Vgl. *Chancery Division* vom 26.02.1988 (**Stephens v. Avery**), Ch. 1988, S. 454 f.

10 Vgl. *Queens Bench Division* vom 06.11.1987 (**X v. Y**), 2 All ER 1988, S. 648, 661. Im konkreten Fall handelte es sich um die Preisgabe der HIV-Infektion eines Arztes.

11 Vgl. *Chancery Division* (**Stephens v. Avery**) (Anm. 9), S. 454 f.

12 So *Chancery Division* (**Coco**) (Anm. 6), S. 48.

13 So *Lord Greene, MR*, in: *Court of Appeal* vom 13.05.1948 (**Saltman Engineering Co. Ltd. v. Campbell Engineering Co. Ltd.**), 3 All ER 1963, S. 415: „The information to be confidential, must, I apprehend, apart from contract have the necessary quality of confidence about it, namely, it must not be something which is public property and public knowledge".

mehr als vertraulich angesehen werden[14]. Dies gilt erst recht, wenn Informationen auf Grund medialer Veröffentlichungen als *common knowledge* [15] bezeichnet werden können, wobei es ausreichend ist, dass die Berichte allgemein zugänglich sind[16] und jedermann ohne weiteres auf sie zugreifen kann.

b) Die Geheimhaltungspflicht

Die Geheimhaltungspflicht (*obligation of confidence*) muss sich aus den Umständen des ihr zu Grunde liegenden (Vertrauens-) Verhältnisses ergeben[17]. Der häufigste Fall sind vertragliche Beziehungen zwischen den Parteien, woraus bestimmte Verschwiegenheitspflichten resultieren[18]. Diese müssen nach ganz herrschender Auffassung nicht ausdrücklich im Vertrag geregelt sein. Ausreichend ist vielmehr, dass der gesamten vertraglichen Beziehung eine stillschweigende Obliegenheit zur vertraulichen Behandlung erlangter Informationen zu entnehmen ist. So konnte sich beispielsweise die Prinzessin von Wales erfolgreich gegen die Veröffentlichung von Bildern zur Wehr setzen, welche sie beim Training in einem Fitnessstudio zeigen. Die Bilder waren vom Studioinhaber mittels versteckter Kamera aufgenommen und anschließend an den *Sunday Mirror* verkauft worden. Das Gericht sah den Tatbestand des *breach of confidence* als erfüllt an. Zur Begründung führte es aus, das Vertrauensverhältnis ergebe sich implizit aus dem Vertrag über die Nutzung des Studios [19]. In derartigen Fällen stehen dem Geschädigten zwei Möglichkeiten offen: Er kann sich sowohl auf *breach of confidence* als auch auf *breach of contract* stützen[20].

---

14 Vgl. dazu *Browne-Wilkinson, VC*, in: *Chancery Division* (**Stephens v. Avery**) (Anm. 9), S. 454.

15 Vgl. *Court of Appeal* (**Saltman Engineering**) (Anm. 13), S. 415: „The information to be confidential…must not be something which is public property and public knowledge“.

16 Zur „allgemeinen Zugänglichkeit“ vgl. *Lord Denning, MR*, in: *Court of Appeal* vom 19.04.1977 (**Woodward v. Hutchins**), 1 WLR 1977, S. 764. So auch *Sir Donaldson, MR*, in: *House of Lords* vom 13.10.1988 (**Attorney General v. Guardian Newspapers Ltd. and others (No 2)**), 3 All ER 1988, S. 596.

17 Vgl. *Ohly* (Anm. 7), S. 49. Vgl. auch *Nolte, N.*, Privatsphäre in England, 1999, S. 48.

18 Vgl. dazu *Court of Appeal* vom 31.07.1990 (**Attorney General v. Barker**), 3 All ER 1990, S. 257 ff. Vgl. auch *Nolte* (Anm. 17), S. 48 m. w. N. zu den Vertrauensbeziehungen: Arzt – Patient, Anwalt – Mandant etc.

19 Entscheidung nicht veröffentlicht. Vgl. dazu die Bespr. von *Fenwick, H./Phillipson, G.*, Confidence and Privacy, in: CLJ 55 (1996), S. 448 f. Ausführlich dazu auch *Brömmekamp, B.*, Pressefreiheit in England, 1996, S. 113 ff. Zu dem mit Spannung erwarteten Hauptsacheverfahren kam es nicht, da sich die Parteien außergerichtlich einigten.

20 Vgl. *Gounalakis, G./Rhode, L.*, Persönlichkeitsschutz im Internet, 2002, S. 284. *Breach of contract* eröffnet dem Geschädigten die Möglichkeit Kompensation der Schäden zu erlangen, welche infolge der Verletzung von vertraglichen Haupt- und / oder Nebenpflichten entstanden sind und die der andere Vertragspartner zu vertreten hat.

Im Laufe der Jahre ist die Rechtsprechung von dem in früherer Zeit als zwingend angesehenen Erfordernis des Vorliegens eines Vertrages immer mehr abgerückt und nahm eine Pflicht zur Vertraulichkeit auch in anderen Fällen an[21]. Nach Ansicht dieser neueren Tendenz in der Rechtsprechung ist somit nicht mehr die vertragliche Beziehung entscheidend. Vielmehr wird darauf abgestellt, ob es sich um offensichtlich vertrauliche Informationen handelt und ob dies dem Informationsempfänger bekannt ist oder zumindest bekannt sein müsste:

> „A duty of confidence arises when confidential information comes to the knowledge of a person (the confidant) in circumstances where he has notice, or is held to have agreed, that the information is confidential, with the effect that it would be just in all the circumstances that he should be precluded from disclosing the information to others".[22]

Eine derart weite Interpretation führt zwangsläufig zur Aufweichung des Tatbestandes, denn nun werden von *breach of confidence* sogar die Fälle erfasst, in denen keinerlei Beziehung zwischen Schädiger und Geschädigten besteht. Die Rechtsprechung erachtet diese Erweiterung für notwendig, da häufig die Fallkonstellation auftritt, dass ein Dritter, der an dem ursprünglichen Verhältnis zwischen zwei Parteien nicht beteiligt ist, in den Besitz von vertraulichen Informationen gelangt. Nicht selten handelt es sich bei dem Dritten um Vertreter von Zeitungen, Fernsehanstalten oder ähnlichen Publikationsorganen, die von einem „Insider" Material zugespielt bekommen. Da das publizierende Medium in keinerlei Kontakt zur dargestellten Person tritt, kann man – unter Zugrundelegung der eingangs aufgeführten Merkmale – mangels Beziehung der Beteiligten zueinander, an sich nicht von einem Vertrauensbruch sprechen. Unstreitig ist der Informant eines *breach of confidence* schuldig. Dieser kann jedoch häufig nicht ausfindig gemacht werden und ist im Übrigen selten auch nur annähernd so solvent wie das Publikationsorgan, so dass er für den Geschädigten regelmäßig einen „schwächeren" Anspruchsgegner darstellt. Aus diesen Gründen erweiterte die Rechtsprechung den Tatbestand des *breach of confidence* auf am eigentlichen Vertrauensverhältnis Unbeteiligte aus, da auch diese die vertraulichen Informationen wirtschaftlich ausbeuten würden:

> „The duty of confidence is, as a general rule, also imposed on the third party who is in possession of information which he knows is subject to an obligation of confidence... If this was not the law the right would be of little practical value: there would be no point in imposing a duty of confidence in respect of the secrets of the marital bed if newspapers were free to publish those secrets when betrayed to them by the unfaithful partner in the marriage. When trade secrets are betrayed by a confidant to a third party it is usu-

---

[21] Vgl. *House of Lords* (**Guardian (No 2)**) (Anm. 16), S. 658. Diese Tendenz wird von der Rspr. fortgesetzt. Vgl. *Lindsay, J*, in: *Chancery Division*, vom 11.04.2003 (**Douglas and others v. Hello! Ltd**), 3 All ER 2003, S. 1045, para 184 m. w. N. Im Internet unter der URL: http://www.courtservice.gov.uk/judgmentsfiles/j1700/douglas_v_hello.htm (Stand 10.06.2005) abrufbar. Siehe dazu auch unten D. III. 4. a) „Breach of confidence".

[22] Vgl. *Lord Goff*, in: *House of Lords* (**Guardian (No 2)**) (Anm. 16), S. 658.

ally the third party who is to exploit the information and it is the activity of the third party that must be stopped in order to protect the owner of the trade secret".[23]

Der Dritte kann aber nur dann wegen *breach of confidence* zur Verantwortung gezogen werden, wenn er nicht in gutem Glauben (*in good faith*) gehandelt hat, was in jedem Einzelfall gesondert geprüft wird. Gutgläubig in diesem Sinne ist, wer weder wusste noch auf Grund der konkreten Umstände wissen konnte, dass die empfangenen Informationen vertraulich sind[24]:

Nach alledem bleibt festzuhalten, dass im Prinzip das Bestehen einer wie auch immer gearteten Beziehung zwischen dem Schädiger und dem Geschädigten nicht mehr zwingend erforderlich ist, um eine Geheimhaltungspflicht zu begründen. Vielmehr reicht es aus, dass es sich objektiv um vertrauliche Informationen handelt und der Schädiger dies zumindest erkennen konnte.

c) Schädigung durch Verletzung der Geheimhaltungspflicht

An den durch Verstoß gegen die Vertrauenspflicht entstandenen Schaden werden bei persönlichkeitsrechtsverletzenden Klagen im Allgemeinen keine großen Ansprüche gestellt, insbesondere müssen keine wirtschaftlichen Einbußen vorgetragen und belegt werden[25]. Die Rechtsprechung betont, der Schutz der Vertraulichkeit liege im öffentlichen Interesse und ein Nachteil des Geschädigten sei bereits dann gegeben, wenn dieser mit der Weitergabe der betreffenden Informationen nicht einverstanden gewesen sei.[26]

d) Rechtfertigungsgrund: public interest

Ein wirksames Verteidigungsmittel gegen die Verurteilung wegen *breach of confidence* ist die so genannte *public interest defence*. Hier muss der Beklagte

---

23 Siehe *Lord Griffiths* in: *House of Lords* (**Guardian (No 2)**) (Anm. 16), S. 649.

24 Siehe *Chancery Division* (**Coco**) (Anm. 6), S. 48: "...any reasonable man standing in the shoes of the recipient of the information would have realised that upon reasonable grounds the information was being given to him in confidence...".
Siehe auch *Lindsay* in: *Chancery Division* (**Douglas II**) (Anm. 21), S. 1045, para 184 unter Berufung auf *Lord Griffiths* in: *House of Lords* (**Guardian (No 2)**) (Anm. 16), 649 und auf *Lord Phillips, MR,* in: *Court of Appeal* vom 14.10.2002 (**Campbell v. Mirror Group Newspapers plc.**), 1 WLR 2003, S. 240, para 66: „Included within that description are cases in which a third party defendant has received information with notice that he received it by way of a breach of confidence by the confidant to whom it was given and includes also cases where that third party has deliberately closed his eyes to the obvious". Siehe dazu auch unten D. III. 4. a) „Breach of confidence".

25 Vgl. *House of Lords* (**Guardian (No 2)**) (Anm. 16), S. 639 f.

26 Vgl. *House of Lords* (**Guardian (No 2)**) (Anm. 16), S. 639 f.

vortragen und glaubhaft begründen bzw. belegen, die Veröffentlichung liege im öffentlichen Interesse und überwiege das Interesse des Anspruchgegners auf Wahrung seiner vertraulichen Sphäre[27]. Welches Recht überwiegt, entscheidet das Gericht im Einzelfall im Wege einer Güterabwägung[28]. Hierzu ist noch anzumerken, dass es sich im englischen Recht – im Gegensatz zum französischen[29] und deutschen[30] Recht – nicht um eine Abwägung von *öffentlichen* mit *privaten* Interessen handelt, sondern dass vielmehr eine Abwägung zwischen dem *öffentlichen* Informationsinteresse und dem allgemeinen *öffentlichen* Interesse an der Erhaltung der Vertraulichkeit erfolgt[31].

Aufgrund der vielfältigen unterschiedlichen Sachverhalte ist es der englischen Rechtsprechung bisher nicht gelungen, allgemein gültige Abwägungskriterien herauszuarbeiten. Bezüglich Personen des öffentlichen Lebens (*public figures, celebrities*) lässt sich jedoch feststellen, dass diese nur einen sehr eingeschränkten Schutz vor Veröffentlichungen vertraulicher Tatsachen genießen. Zum einen wird das öffentliche Informationsinteresse an diesen Personen sehr hoch bewertet und zum anderen wird das öffentliche Interesse auf Wahrung der Vertraulichkeit bei diesen Personen als eher gering eingestuft, was vielfach damit begründet wird, dass die *public figures* häufig selbst die Öffentlichkeit suchen[32]. So überwiegt beispielsweise nach Ansicht der Rechtsprechung das öffentliche Informationsinteresse stets, wenn eine bekannte Persönlichkeit ein bestimmtes Bild von sich in der Öffentlichkeit zu kreieren versucht und dies von den Medien widerlegt wird:

> So entschied der Court of Appeal zu Ungunsten des Modells Naomi Campbell, die bestrebt war, ihre Drogenentzugstherapie geheim zu halten. Das Gericht führte aus, die Klägerin hätte in der Vergangenheit oft private Dinge der Presse preisgegeben und dabei u. a. auch immer wieder explizit betont, sie nehme keinerlei Drogen. Dieses von ihr gezeichnete Bild sei falsch und die Öffentlichkeit habe ein berechtigtes Interesse, die Wahrheit zu erfahren.[33]

---

27 Vgl. *Lord Denning, MR*, in: *Court of Appeal* vom 11.03.1977 (**Riddick v. Thames Board Mills Ltd.**), 3 All ER 1977, S. 687. Vgl. auch *Brömmekamp* (Anm. 19), S. 110 f.

28 Vgl. *Lord Denning, MR*, a. a. O., S. 687: „That public interest is to be put into the scales against the public interest in preserving privacy and protecting confidential information".

29 Vgl. dazu oben unter C. VI. 3. c) „Activité privée und activité publique", insb. cc) „Das öffentliche Informationsinteresse / Die Abwägung".

30 Vgl. dazu unten unter E. V. „Die grundrechtlichen Abwägungskriterien".

31 Vgl. statt vieler nur *Lindsay* in: *Chancery Division* (**Douglas II**) (Anm. 21), S. 1044, para 181: „There is a *public interest* in the maintenance of confidences" und *Court of Appeal* (**Riddick**) (Anm. 27), S. 687: „That *public interest* is to be put into the scales against the public interest in preserving privacy and protecting confidential information".

32 Vgl. z. B. *Court of Appeal* (**Woodward**) (Anm. 16), S. 751. Vgl. auch *Brömmekamp* (Anm. 19), S. 111.

33 Vgl. *Court of Appeal* (**Campbell v. Mirror**) (Anm. 24), S. 226 ff. Ähnlich auch schon *Court of Appeal* (**Woodward**) (Anm. 16), S. 751: „If the image which they fostered was

(Fortsetzung nächste Seite)

Es liegt auf der Hand, dass der die Privatsphäre ohnehin nur lückenhaft schützende Tatbestand des *breach of confidence* durch die *public interest defence* (insbesondere für Personen des öffentlichen Lebens) zusätzlich eingeschränkt wird. Führt man sich weiterhin vor Augen, dass das britische Recht den Publikationsfreiheiten und damit dem öffentlichen Informationsinteresse sehr große Bedeutung beimisst[34], was sich zwangsläufig auch auf die Gewichtung und damit auf das Ergebnis der benannten Güterabwägung niederschlägt, so gelangt man zu dem Schluss, dass das Rechtsinstitut *breach of confidence* die Privatsphäre Prominenter nur unzureichend zu schützen vermag, wie die folgenden Fälle belegen werden.

2. Kaye v. Robertson vom 16.05.1990

Die Entscheidung des Court of Appeal im Fall *Kaye v. Robertson*[35] ist eines der meist zitierten englischen Urteile im Zusammenhang mit dem Schutz der Privatsphäre. Es gilt als das Urteil, welches die Lückenhaftigkeit und Schwächen im Bereich des Persönlichkeitsrechts am schonungslosesten aufdeckt[36].

Sachverhalt:

Der englische Schauspieler *Gordon Kaye* erlitt bei einem von ihm unverschuldeten Verkehrsunfall ernsthafte gesundheitliche Schäden. Nach drei Tagen auf der Intensivstation wurde er in ein Einzelzimmer verlegt. Sowohl am Eingang des Hospitals als auch am Krankenzimmer waren Zutrittverbotsschilder angebracht, auf denen mögliche Besucher aufgefordert wurden, sich beim Krankenhauspersonal anzumelden. Zwei Reporter des Boulevardmagazins *Sunday Sport* betraten als Ärzte verkleidet, unter Missachtung dieser Hinweise, *Gordon Kayes* Zimmer, führten ein Interview mit dem kaum Ansprechbaren und fertigten eine Reihe von Fotografien an. Die Reporter konnten erst durch den herbeigerufenen Sicherheitsdienst zum Verlassen des Raumes bewegt werden. *Kayes* Verletzungen waren so schwer, dass er sich unter dem Einfluss der verabreichten Medikamente bereits wenige Minuten später nicht mehr daran erinnern konnte.

---

not a true image, it is in the public interest that it should be corrected. In these cases of confidential information it is a question of balancing the public interest in maintaining the confidence against the public interest in knowing the truth...The public should not be misled".

34 Vgl. *Gounalakis / Glowalla* (Anm. 2), S. 772. Vgl. dazu auch oben D. III. „The Right to Privacy – A Tort of Privacy?".

35 Vgl. *Court of Appeal, Civil Division*, vom 16.03.1990 (**Kaye v. Robertson**), FSR 1991, S. 62 ff. Vgl. dazu auch die kontroversen Kommentare von *Markesinis, B.*, Law of Privacy, in: MLR 53 (1990), S. 802 ff. und *Prescott, P.*, Kaye v Robertson, in: MLR 54 (1991), S. 451 ff.

36 Vgl. *Carnegie, L.*, Privacy and the Press, in: Duke Journal of Comparative & International Law, Vol. 9:311, 1998, S. 313, Fn. 8. (Volltext auch auf der Homepage von *Law Duke* abrufbar, URL: https://www.law.duke.edu/journals/djcil/downloads/djcil9p311.pdf, Stand 01.11.2003).

Im Anschluss an diesen Vorfall erwirkte der Schauspieler im Wege einer einstweiligen Verfügung ein Veröffentlichungsverbot der Fotos und des Interviews. Hiergegen legte der Herausgeber der *Sunday Sport* Rechtsmittel ein.

Die von *Kaye* vorgetragenen Einwände konnten in der Hauptverhandlung kaum aufrechterhalten werden. Obwohl Teile des Interviews sowie die Behauptung der Zeitung, *Kaye* hätte den Reportern freiwillig ein Exklusivinterview gegeben, inhaltlich nicht der Wahrheit entsprachen, scheiterte der Tatbestand *libel* (Ehrverletzung) an der fehlenden Ehrrührigkeit der Publikation[37]. *Passing off*, ein wettbewerbsrechtlicher Anspruch, der die missbräuchliche Aneignung vermögenswerter Bestandteile der Persönlichkeit schützt[38], wurde zurückgewiesen, da *Kaye* bezüglich seiner Interessen am Unfall und an seiner Genesung nicht Gewerbetreibender war[39]. Da *Kaye* durch die Aktion der Reporter körperlich nicht beeinträchtigt wurde, schied auch der Tatbestand der Körperverletzung (*trespass to the person*) aus[40]. Letztlich hatte nur der Anspruch aus *malicious* (oder *injurious*) *falsehood* Erfolg[41]. Lord Justice *Glidewell* kam zu dem Schluss, dass der (geplante) Artikel beim Leser zur Schlussfolgerung führe, Interview und Fotos wären mit *Kayes* Einverständnis entstanden. Weiterhin hätte die *Sunday Sport* von dieser Unwahrheit gewusst. Deshalb stehe *Kaye* ein Honorar in der Höhe zu, die gewöhnlich für Interviews dieser Art gezahlt werden[42].

Das Urteil endete also mit einem Sieg für *Kaye*. Dennoch konnte dieser nicht zufrieden sein, da sein eigentliches Ziel, der Schutz seiner Privatsphäre, verfehlt wurde. Der *Sunday Sport* konnte nämlich nur untersagt werden, weiterhin den Anschein zu erwecken, Interview und Anfertigung der Fotos wären mit Einverständnis *Gordon Kayes* erfolgt. Der eigentliche Sieger war jedoch das Boulevardmagazin, da es seine bebilderte Story drucken konnte. Dieses Ergebnis rief auch bei dem erkennenden Gericht wenig Zufriedenheit hervor:

---

37 Vgl. *Court of Appeal* (**Kaye v. Robertson**) (Anm. 35), S. 66 f. Zum Tatbestand *libel* siehe auch die Darstellung unten unter D. IV. 1. „Defamation – Ehrenschutz".

38 Vgl. *Amelung, U./Vogenauer, S.*, Schutz der Privatheit, in: ZEuP 2002, S. 346.

39 Vgl. *Court of Appeal* (**Kaye v. Robertson**) (Anm. 35), S. 69.

40 Vgl. *Court of Appeal* (**Kaye v. Robertson**) (Anm. 35), S. 68 f., das nach umfangreicher Erörterung zu dem Schluss kam, dass auch der verwendete Blitz weder die Gesundheit des Klägers beschädigte noch die Genesungszeit verlängerte. Gerade diese Prüfung einer möglichen Körperverletzung verdeutlicht die verzweifelten Versuche der Richter, das in ihren Augen unangebrachte Verhalten der Reporter dementsprechend zu ahnden.

41 Der Anspruch schützt vor unwahren, vermögensschädigenden Behauptungen, die in Kenntnis der Unwahrheit oder mit Schädigungsabsicht vorgenommen werden. Vgl. die treffende Zusammenfassung von *Keene, LJ*, in: *Court of Appeal, Civil Division*, vom 21.12.2000 (**Douglas and others v. Hello! Ltd.**), 2 All ER 2001, S. 327, para 155: „It must be shown, that the defendant published words which are false and that it was done maliciously, that is to say with the intention to injure the claimant without lawful excuse". Vgl. auch *Ohly* (Anm. 7), S. 48 f. Zur Kenntnis der Unwahrheit bzw. zur Schädigungsabsicht siehe auch *Court of Appeal* (**Kaye v. Robertson**) (Anm. 35), S. 67.

42 Vgl. *Court of Appeal* (**Kaye v. Robertson**) (Anm. 35), S. 67 f.

"This case nonetheless highlights, yet again, the failure of both the common law of England and statute to protect in an effective way the personal privacy of individual citizens".[43]

Lord Justice *Glidewell* appellierte zugleich an das Parlament, diesen Zustand zu ändern und Klarheit hinsichtlich der Behandlung von Fällen zu schaffen, die in das Privatleben des Einzelnen eingreifen[44]. Die Unzufriedenheit der Richter resultierte daraus, dass sie eine Verletzung der Privatsphäre erkannten und auch ahnden wollten, ihre Hände aber durch das geltende Recht gebunden waren. Weiterhin sahen sie sich durch die langjährige Nichtberücksichtigung eines *right to privacy* auch nicht in der Position, ein derartiges Recht zu entwickeln und zu gestalten. Dies sei, wie Lord Justice *Leggatt* betont, Aufgabe des Gesetzgebers:

"We do not need a First Amendment to preserve the freedom of the press, but the abuse of that freedom can be ensured only by the enforcement of a right to privacy. This right has so long been disregarded here that it can be recognised now only by the legislature".[45]

Die Tatsache, dass das – mangels entsprechender Regelung – zu keinem anderen Ergebnis kommen konnte, stellte Lord Justice *Glidewell* mit einem Satz fest, der den Zustand des Privatsphärenschutzes in England treffend beschreibt:

„It is well known that in English law there is no right to privacy, and accordingly there is no right of action for breach of a person's privacy".[46]

Dieser Satz sollte in den folgenden Jahren das Bild des Privatsphärenschutzes in England prägen. Er wurde (und wird) sowohl von Kritikern als auch von Befürwortern der bestehenden Rechtslage herangezogen. Die einen wollen auf die ihrer Meinung nach bestehenden Missstände hinweisen, während die anderen, namentlich Vertreter von Massenpublikationsorganen, die Aussage immer wieder nutzen, um zu zeigen, dass ihre Handlungen im Einklang mit dem Willen des Gesetzgebers und der Rechtsprechung stehen.

---

43 Vgl. *Court of Appeal* (**Kaye v. Robertson**) (Anm. 35), S. 70.

44 Vgl. *Court of Appeal* (**Kaye v. Robertson**) (Anm. 35), S. 66: "The facts of the present case are a graphic illustration of the desirability of Parliament considering whether and in what circumstances statutory provision can be made to protect the privacy of individuals".

45 Siehe *Court of Appeal* (**Kaye v. Robertson**) (Anm. 35), S. 71. So schon *Chancery Division* (**Malone (No. 2)**) (Anm. 6), S. 372: „...it is no function of the courts to legislate in a new field. The extension of the existing laws and principles is one thing, the creation of an altogether new right is another. At times judges must, and do, legislate; but as Holmes J. once said, they do so only interstitially, and with molecular rather than molar motions.... Anything beyond that must be left for legislation. No new right in the law, fully-fledged with all the appropriate safeguards, can spring from the head of a judge deciding a particular case: only Parliament can create such a right".

46 Siehe *Court of Appeal* (**Kaye v. Robertson**) (Anm. 35), S. 66.

3. Die Douglas I-Entscheidung

Gut zehn Jahre nach *Kaye v. Robertson* und nur wenige Monate nach Inkrafttreten des Human Rights Act 1998 hatte der Court of Appeal am 21.12.2000 im Fall *Douglas v. Hello! Ltd.*[47] wieder einmal die Gelegenheit, über das Eindringen von Journalisten in eine private Sphäre zu entscheiden. Das Urteil wurde mit Spannung erwartet, da es nicht zuletzt auch die Auswirkungen des Human Rights Act 1998 auf die Fortentwicklung des *Common Law* zeigen sollte.

Sachverhalt:

Die Filmschauspieler *Michael Douglas* und *Catherine Zeta-Jones* planten anlässlich ihrer Hochzeit am 18. November 2000 eine Feier im Plaza Hotel New York. Im Vorfeld verkauften sie sämtliche Exklusivrechte an Bildern ihrer Hochzeit für eine Million Pfund an das britische Magazin *OK!*, welches von der *Northern & Shell plc* herausgegeben wird. Teil des Abkommens waren vom Brautpaar zu veranlassende umfangreiche Sicherheitsmaßnahmen zur Verhinderung anderweitiger Fotografien. Dazu wurde den geladenen Gästen das Mitbringen von Fotoapparaten, Videokameras usw. per schriftlicher Benachrichtigung untersagt. Weiterhin gab es im Eingangsbereich des Festsaals umfangreiche Kontrollen durch private Sicherheitsdienste und Hinweise auf das Fotografierverbot. Angestellte des Hotels und Mitglieder anderer Serviceunternehmen wurden ebenfalls durchsucht und ausdrücklich auf das Verbot aufmerksam gemacht.

Zwei Tage nach der Hochzeit erfuhren die Beteiligten, dass das Boulevardmagazin *Hello!* im Begriff war, am Folgetag mehrere nicht autorisierte Bildaufnahmen der Hochzeit in England und in anderen Ländern zu veröffentlichen. Noch am gleichen Abend erwirkten das Brautpaar und die *Northern & Shell plc* telefonisch eine einstweilige Verfügung, welche die geplante Veröffentlichung stoppte. Diese Verfügung wurde am nächsten Tag, dem 21. November, von einem Richter „bis auf weiteres" aufrechterhalten. Hiergegen legte das Magazin *Hello!* Widerspruch ein. Die Richter des Court of Appeal hatten in der im Folgenden dargestellten Entscheidung also nur darüber zu befinden, ob die einstweilige Verfügung aufrechterhalten werden kann[48].

---

[47] Vgl. *Court of Appeal* (**Douglas I**) (Anm. 41), S. 289 ff. Vgl. auch die dazu veröffentlichten Kommentare von *Elliott, M.*, Case and Comment, in: CLJ 60 (2001), S. 231 ff.; *Moreham, N.*, Protection of Privacy, in: MLR 64 (2001), S. 767 ff.; *Amelung / Vogenauer* (Anm. 38), S. 341 ff. und *Hoppe, T.*, Anm. zu „Douglas v. Hello! Ltd.", in: GRUR 2002, S. 630 ff.

[48] Dies ist für das Verständnis der Entscheidung sehr wichtig. Die Richter befanden nämlich nicht endgültig darüber, ob und inwiefern das Verhalten der Beteiligten rechtswidrig war. Sie entschieden vielmehr nur darüber, „whether the court should continue the injunction which would prevent over half a million copies of issue 639 from reaching its readers at all" (siehe: *Court of Appeal* (**Douglas I**) (Anm. 41), S. 302, para 49). Daher kommt dem Urteil auch nur eine eingeschränkte Präjudizkraft zu. Weiterhin weisen die Richter an vielen Stellen auf die Eilbedürftigkeit der Entscheidung hin, die die Urteilsfindung beeinträchtigte (vgl. u. a. *Brooke, LJ*, a. a. O., S. 294, para 6; S. 305, para 62).

Anm. zur Eilbedürftigkeit: Die Entscheidung erging bereits am 23.11.2001. Das angegebene Datum des Urteils (21.12.2001) gibt lediglich den Tag der Veröffentlichung der Entscheidungsgründe wieder.

Wohin die Reise in dieser Entscheidung gehen sollte, wurde bereits in der dem Urteil vorangestellten, schlagwortartigen Aufzählung der behandelten Themen deutlich. Dort heißt es: „Whether law protecting person's privacy in absence of obligation of confidence"[49]. Daraus wird zum einen ersichtlich, dass die Richter Rechtsfolgen aus *breach of confidence* verneinten. Zum anderen kündigt diese Überschrift eine detaillierte Erörterung des Schutzes des Privatlebens an.

a) Breach of Confidence

Insbesondere Lord Justice *Brooke* untersuchte sehr ausführlich, ob sich die vorhandene Sachlage unter *breach of confidence* subsumieren ließe. Dafür wäre ein wie auch immer geartetes Vertrauensverhältnis zwischen dem heimlichen Fotografen und den Klägern erforderlich gewesen[50]. Der Richter erläuterte, die Kläger hätten durch die vorherige Information der Gäste und die getroffenen Sicherheitsmaßnahmen alles unternommen, um der Feier den erforderlichen „vertraulichen Charakter" zu geben[51]. Aufgrund dieser Maßnahmen sei zwischen den Klägern und den geladenen Gästen, Hotelmitarbeitern etc. ein rechtlich relevantes Vertrauensverhältnis begründet worden[52]. Dieses Vertrauensverhältnis umfasse auch das (ungebetene) Fotografieren und Publizieren Aufnahmen[53]. Der springende Punkt, so Lord Justice *Brooke*, sei jedoch die unsichere Beweislage, da bis dato die Identität des Urhebers der betreffenden Fotografien nicht festgestellt werden konnte. Trotz der Versicherung von *Douglas* und Mitstreitern, alle Zugänge zur Festlichkeit abgeriegelt zu haben, könne nicht ausgeschlossen werden, dass der Fotograf ein „Eindringling" gewesen sei, d. h. kein geladener Gast, Mitarbeiter des Hotels usw., und dass somit zwischen dem Fotografen und den Klägern kein rechtlich relevantes Vertrauensverhältnis bestünde. Wegen dieser Zweifel lehnte das Gericht Rechtsfolgen aus *breach of confidence* ab:

> „I cannot, however, exclude the possibility that the trial judge might find, as Sedley LJ has suggested in para 112 of his judgement, that the photographer was an intruder with whom no relationship of trust or confidence had been established".[54]

---

[49] Vgl. *Court of Appeal* (**Douglas I**) (Anm. 41), S. 289.

[50] Vgl. oben D. III. 1. b) „Die Geheimhaltungspflicht".

[51] Siehe *Brooke* in: *Court of Appeal* (**Douglas I**) (Anm. 41), S. 304, para 57. Der Richter schloss an dieser Stelle ebenfalls die Möglichkeit aus, dass die Bilder von außerhalb der Räumlichkeiten aufgenommen werden konnten.

[52] So ausdrücklich *Sedley, LJ*, in: *Court of Appeal* (**Douglas I**) (Anm. 41), S. 317, para 112: „If it was a guest or an employee, the received law of confidence is probably all that the claimants need".

[53] Vgl. *Brooke* in: *Court of Appeal* (**Douglas I**) (Anm. 41), S. 307, para 71.

[54] Siehe *Brooke* in: *Court of Appeal* (**Douglas I**) (Anm. 41), S. 304, para 57. Ebenso *Sedley, LJ*, a. a. O., S. 317, para 112: „...on the present evidence it is possible that the photographer was an intruder with whom no relationship of trust had been established".

Weiterhin stellte das Gericht ebenfalls klar, dass aus dem HRA 1998 keine Schadensersatzforderungen wegen Verletzung eines Konventionsgrundrechts abgeleitet werden könnten[55]. Auch die übrigen vom Gericht geprüften „traditionellen" Anspruchsgrundlagen waren dem Grunde nach nicht erfüllt bzw. reichten nicht zur Aufrechterhaltung der *interlocutory injunction* aus[56]. Somit war das Gericht vor die Wahl gestellt, an dieser Stelle die Verfügung aufzuheben oder aber „neue Wege" zu beschreiten. Es entschied sich für Letzteres.

b) Right to Privacy

Das Gericht tastete sich langsam zu dem *right to privacy* vor. Ausgangspunkt der Argumentation war der Fall *Kaye v. Robertson*[57] und die dort beklagte Untätigkeit des Gesetzgebers in Bezug auf den Privatsphärenschutz. Dabei schienen die Richter die Worte von Lord Justice *Leggatt*, das Recht auf Achtung des Privatlebens sei derart lange nicht berücksichtigt worden, dass es nun nur noch vom Gesetzgeber anerkannt werden könne[58], ebenso im Ohr zu haben wie die Mahnung des Gerichts aus *Malone v. Metropolitan Police Commissioner (No. 2)*. Dort heißt es: „it is no function of the courts to legislate in a new field"[59]. Denn sie betonten immer wieder, dass der Gesetzgeber trotz veränderter Bedingungen und verstärkter Eingriffe in das Privatleben untätig geblieben sei, die Gerichte mit traditionellen Mitteln nicht mehr weiterkämen, so dass dem erkennenden Gericht praktisch keine andere Wahl bliebe, als die Versäumnisse des Gesetzgebers selbst in die Hand zu nehmen:

> „The courts have done what they can, using such legal tools as were to hand, to stop the more outrageous invasions of individuals' privacy; but they have felt unable to articulate their measures as a discrete principle of law".[60]

> „... that since the authorities in this country have been content to leave it to the judges to develop the law in this sensitive field, it is the judges who must develop the law so that it gives appropriate recognition to art 8 (1) rights".[61]

---

55 Siehe *Brooke* in: *Court of Appeal* (**Douglas I**) (Anm. 41), S. 310, para 81: „The Human Rights Act gives the court no such statutory power to order one private entity to pay compensation to another in respect of a breach of convention rights".

56 Die vier vorgebrachten Tatbestände waren *infringement of copyright, malicious falsehood, interference with contractual relations* und *breach of confidence*. Zu den einzelnen Ablehnungsgründen siehe nur die Ausführungen von *Keene* in: *Court of Appeal* (**Douglas I**) (Anm. 41), S. 327 ff., para 155 ff.

57 Vgl. *Court of Appeal* (**Kaye v. Robertson**) (Anm. 35), S. 62 ff. Vgl. dazu auch die Ausführungen im vorangegangenen Kapitel.

58 Siehe *Court of Appeal* (**Kaye v. Robertson**) (Anm. 35), S. 71: „This right has so long been disregarded here that it can be recognised now only by the legislature".

59 Vgl. *Chancery Division* (**Malone (No. 2)**) (Anm. 6), S. 372.

60 So *Sedley* in: *Court of Appeal* (**Douglas I**) (Anm. 41), S. 316 f., para 110.

Lord Justice *Brooke* warf in seinem Statement den Blick auch über die Grenzen des Vereinigten Königreichs hinaus, um zu zeigen, dass nicht nur Deutschland und Frankreich sondern auch verschiedene Common-Law-Staaten, wie beispielsweise die USA und Kanada, ihr Recht weiterentwickelt hätten und mittlerweile die Schutzbedürftigkeit der Privatsphäre anerkennen würden[62]. Anschließend zeigte er zwei Möglichkeiten auf, mit denen das englische Recht einen wirksameren Schutz des Privatlebens erreichen könnte: Entweder durch Ausdehnung der bisherigen Grenzen des *law of confidence* oder durch Anerkennung eines neuen Rechts, einem *law of privacy*. Letztlich legte er sich aber nicht fest, welches der richtige Weg sei[63].

In die gleiche Kerbe, aber sogar noch ein klein wenig tiefer gehend, schlug auch Lord Justice *Sedley*. Er verwies auf die Straßburger Rechtsprechung des EGMR, die eine Etablierung des Rechts auf Achtung der Privatsphäre fördere, und auf die Gerichte in Frankreich und Deutschland, welche in den letzten Jahren „qualified protection of privacy against both state and non-state invasion" erreicht hätten[64]. Er stützte seine Argumentation vor allem auch auf den HRA 1998, welcher insbesondere Art. 8 Abs. 1 EMRK ins englische Recht inkorporiert. Darüber hinaus verpflichte der HRA 1998 die englischen Gerichte, die Entscheidungen des EGMR und der übrigen Konventionsorgane zu berücksichtigen und konventionskonform zu entscheiden[65]. Daher gelangt er zu dem Schluss, dass das *common law* zukünftig ein Recht auf Achtung der Privatsphäre anerkennen und dementsprechend auch schützen werde, denn die Entwicklung des englischen Rechts sei nun an einem Punkt angekommen, an dem jedermann das Recht auf einen eigenen privaten Raum zugestanden werden müsse:

> „Nevertheless we have reached a point at which it can be said with confidence that the law recognises and will appropriately protect a right of personal privacy".[66]

Eine genauere Ausgestaltung des *right of privacy* bleibt das Gericht jedoch schuldig. Nach Meinung der Richter ist dies auch nicht notwendig, da das *right*

---

61 So *Brooke* in: *Court of Appeal* (**Douglas I**) (Anm. 41), S. 312, para 88.

62 Vgl. *Brooke* in: *Court of Appeal* (**Douglas I**) (Anm. 41), S. 308 ff., para 73 ff.

63 Vgl. *Brooke* in: *Court of Appeal* (**Douglas I**) (Anm. 41), S. 312, para 88: „Whether...by extension of the existing frontiers of the law of confidence, or by recognising the existence of a new relationship which give rise to enforceable legal rights...is not for this court, on this occasion, to predict".

64 Vgl. *Sedley* in: *Court of Appeal* (**Douglas I**) (Anm. 41), S. 320, para 127.

65 Vgl. *Sedley* in: *Court of Appeal* (**Douglas I**) (Anm. 41), S. 316 f., para 111: „...by virtue of ss 2 and 6 of the Human Rights Act, the courts of this country must not only take into account jurisprudence of both the European Commission of Human Rights and the European Court of Human Rights which points to a positive institutional obligation to respect privacy; they must themselves act compatibly with that and the other convention rights".

66 So *Sedley* in: *Court of Appeal* (**Douglas I**) (Anm. 41), S. 316, para 110.

of privacy seinen Ursprung in der *doctrine of breach of confidence* habe, weshalb die zu diesem Thema entwickelten Grundsätze Anwendung finden würden. Jedenfalls soll die Verteidigungsmöglichkeit des „überwiegenden öffentlichen Interesses“ auch bei Anwendung des neuen Rechts erhalten bleiben[67].

Lord Justice *Sedley* fordert, dass die Konzeption des Privatsphärenschutzes – im Gegensatz zur *doctrine of breach of confidence* – nicht nur denjenigen schützen soll, dessen Vertrauen missbraucht wurde, sondern alle Personen, die sich mit einem ungewollten Eindringen in die Privatsphäre konfrontiert sehen[68]. Abschließend stellt er fest, dass „the law no longer needs to construct an artificial confidentiality between intruder and victim: it can recognise privacy itself as a legal principle drawn from the fundamental value of personal autonomy“[69].

Obwohl der Court of Appeal ein durchsetzbares *right of privacy* anerkannte, wurde die einstweilige Verfügung aufgehoben, so dass das beklagte Boulevardmagazin *Hello!* die Paparazzifotos veröffentlichen konnte[70]. Dieses Ergebnis scheint nach der Anerkennung des Rechts auf Schutz der Privatsphäre etwas verwunderlich, insbesondere da die Richter auch die besagte Hochzeitsfeier als privates Ereignis einstuften. Ebenso rügten sie die Verletzung durch die geplante Veröffentlichung durch das beklagte Magazin[71]. Zum Verständnis der (Eil-) Entscheidung muss man sich daher noch einmal vor Augen führen, dass es in diesem Fall „nur“ um die Aufrechterhaltung bzw. Verwerfung der einstweiligen Verfügung mit dem Inhalt „Publikationsverbot der benannten Fotos“ ging. Das Gericht hatte daher nicht abschließend über die Rechtmäßigkeit bzw. Rechtswidrigkeit der Aufnahme der Paparazzifotos und die Intention der Veröffentlichung zu befinden. Vielmehr war es angehalten, die sich gegenüberstehenden Rechtspositionen nur grob gegeneinander abzuwägen und hatte dabei auch die Konsequenzen seiner Entscheidung (Aufrechterhaltung bzw. Verwerfung) zu berücksichtigen, wobei insbesondere auch die Möglichkeit in Betracht zu ziehen war, dass sich die getroffene Entscheidung in einem Hauptverfahren als falsch herausstellt. Das Gericht stellte zwei Szenarien auf:

---

67 Vgl. *Sedley* in: *Court of Appeal* (**Douglas I**) (Anm. 41), S. 320, para 125: „It is to say, among other things, that the right, grounded as it is in the equitable doctrine of breach of confidence, is not unqualified“. Unter Bezugnahme auf *Queens Bench Division* vom 21.12.1994 (**Hellewell v Chief Constable of Derbyshire**), 4 All ER 1995, S. 476 führt er a. a. O. aus: „It is, of course, elementary that, in all such cases, a defence based on the public interest would be available “.

68 Vgl. *Sedley* in: *Court of Appeal* (**Douglas I**) (Anm. 41), S. 320, para 126.

69 Vgl. *Sedley* in: *Court of Appeal* (**Douglas I**) (Anm. 41), S. 320, para 126.

70 Im Endeffekt publizierten beide Zeitschriften Fotos der besagten Hochzeit am gleichen Tag. Vgl. dazu auch sogleich die Ausführungen zum *Douglas II*-Urteil (Anm. 21) im Anschluss an dieses Kapitel.

71 Vgl. *Sedley* in: *Court of Appeal* (**Douglas I**) (Anm. 41), S. 325, para 140: „This element of privacy remained theirs and Hello!'s photographs violated it“.

1. Wird die Verfügung aufrechterhalten, so kann die folgende Auflage des Magazins *Hello!* auf Grund des fortgeschrittenen Redaktionsstadiums überhaupt nicht erscheinen. Erweist sich dieses Urteil im Hauptverfahren als unrichtig, so hätte dies zweierlei Folgen: Zum einen wäre ein nicht wieder gutzumachender Eingriff in die Pressefreiheit erfolgt und zum anderen wäre es kaum möglich, den dann erlittenen Schaden auf Seiten von *Hello!* auch nur einigermaßen genau zu beziffern[72].

2. Wird die Verfügung hingegen aufgehoben und erweist sich diese Entscheidung im späteren Verfahren als unrichtig, so können das Magazin *OK!* und das Ehepaar *Douglas* von ihren Gegner Ersatz des entstandenen Schadens verlangen. Dieser wäre, so Lord Justice *Brooke*, auch ohne größeren Aufwand exakt zu bestimmen: „I cannot see anything in its evidence which would make it particularly difficult for experienced accountants to compute its financial losses" [73].

Das Ergebnis dieser Szenarien sprach also für die Aufhebung der einstweiligen Verfügung. Der für das Gericht letztlich ausschlaggebende Faktor, der die Waage zu Gunsten von *Hello!* neigte, war aber ein anderer: Das Ehepaar Douglas wurde zwar durch das Eindringen des ungebetenen Fotografen und durch die ungenehmigten Bildaufnahmen in seiner Privatsphäre verletzt[74], aber sie hatten durch den Verkauf ihrer gesamten Hochzeitstory, einen Teil ihrer Privatsphäre aufgegeben[75]. Dieser Teil ihres Privatlebens war dadurch zu einem Handelsgegenstand geworden, einer Ware, und verlor deswegen seine Wirkung als persönlichkeitsschützendes Recht. Der verbleibende Teil reichte nach Ansicht des Gerichtes nicht mehr aus, um die sich aus Art. 10 EMRK ergebenden Rechte des publizierenden Magazins aufzuwiegen[76].

---

[72] Vgl. *Brooke* in: *Court of Appeal* (**Douglas I**) (Anm. 41), S. 314, para 97: „Hello! would suffer damages which would be extremely difficult to quantify in money terms".

[73] So *Brooke* in: *Court of Appeal* (**Douglas I**) (Anm. 41), S. 314 f., para 98.

[74] Vgl. *Sedley* in: *Court of Appeal* (**Douglas I**) (Anm. 41), S. 324, para 139, der klarstellt, dass die einstweilige Verfügung aufrecht erhalten worden wäre, wenn kein Vertrag mit dem Konkurrenzunternehmen vorgelegen hätte: „On the present evidence, whoever took the photographs probably had no right to be there; if they were lawfully there, they had no right to photograph anyone; and in either case they had no right to publicise the product of their intrusion. If it stopped there, this would have been an unanswerable case for a temporary injunction and no doubt in due course for a permanent one".

[75] Vgl. *Sedley* in: *Court of Appeal* (**Douglas I**) (Anm. 41), S. 324, para 140: „The facts, however, do not stop here. The first to claimants had sold most of the privacy they now seek to protect to the third claimant for the handsome sum...142. Thus the major part of the claimants' privacy rights have become the subject of a commercial transaction: bluntly, they have been sold".

[76] So, in Übereinstimmung mit den übrigen Richtern, *Sedley* in: *Court of Appeal* (**Douglas I**) (Anm. 41), S. 325, para 144.

Der Court of Appeal machte in dieser Entscheidung einen großen, aber zugleich dennoch einen sehr behutsamen Schritt in Richtung eines *law of privacy*. Groß ist der Schritt deshalb, weil ein englisches Gericht zum ersten Mal ein *right of privacy* anerkannte. Das Gericht versuchte aber auch nicht zu weit zu gehen und ließ die Ausgestaltung dieses neuen Rechts weitestgehend offen. Salopp formuliert könnte man sagen, das Gericht habe den Ball weitergegeben. Dies entspricht der traditionell langsamen und behutsamen Weiterentwicklung des *common law*, woran auch Lord Justice *Sedley* erinnerte: „The difficulty ... resides in the common law's perennial need (for the best reasons, that of legal certainty) **to appear not to be doing anything for the first time**"[77]. Letztlich war es auch nicht Aufgabe des Gerichtes, den vorliegenden Sachverhalt endgültig zu entscheiden. Vielmehr befanden sich die Richter in der „komfortablen" Situation, auf Missstände hinweisen zu können ohne gleichzeitig der Verpflichtung zu unterliegen, diese ein für allemal zu beseitigen. Treffend führt dazu Lord Justice *Brooke* aus: „In this judgment, however, I have the luxury of identifying difficult issues: I am not obliged to solve them".[78]

4. Die Douglas II-Entscheidung

Der *Douglas and others v. Hello! Ltd.*-Entscheidung des High Court, Chancery Division, vom 11.04.2003[79] geht der Sachverhalt des eben dargestellten *Douglas I*-Urteils voraus:

> Nur einen Tag nach Aufhebung des Veröffentlichungsverbots durch den Court of Appeal publizierten beide Magazine jeweils „ihre" Fotos der Hochzeit. Das Ehepaar *Douglas* und die *Northern & Shell plc* (Herausgeber des Magazins *OK!*), gingen gegen die ihrer Meinung nach illegalen Fotos des Boulevardmagazins *Hello!* gerichtlich vor. In der Hauptsache ging es dabei um den Ersatz erlittenen Schadens. Im Gegensatz zu *Douglas I* war in der Zwischenzeit der „heimliche Fotograf" ausfindig gemacht worden. Es handelt sich um *Rupert Thorpe*, einen in der Branche bekannten Paparazzo[80]. Die Bilder waren von einem seiner „Kollegen", *Philip Ramey*, an das beklagte Magazin verkauft worden[81].
>
> Die Kläger stützten ihre Forderungen auf insgesamt dreizehn Anspruchsgrundlagen[82]. Zu diesen zählte neben *breach of confidence* vor allem auch „a claim under the laws as to privacy" [83].

[77] So *Sedley* in: *Court of Appeal* (**Douglas I**) (Anm. 41), S. 316 f., para 111 (Hervorhebung vom Verfasser).

[78] So *Brooke* in: *Court of Appeal* (**Douglas I**) (Anm. 41), S. 313, para 91.

[79] Vgl. *Chancery Division* (**Douglas II**) (Anm. 21), S. 996 ff.

[80] Vgl. *Chancery Division* (**Douglas II**) (Anm. 21), S. 1001, para 8.

[81] Vgl. *Chancery Division* (**Douglas II**) (Anm. 21), S. 1000, para 5.

[82] Vgl. *Chancery Division* (**Douglas II**) (Anm. 21), S. 1043, para 180.

[83] Vgl. *Chancery Division* (**Douglas II**) (Anm. 21), S. 1043, para 180.

a) Breach of Confidence

Justice *Lindsay* begann die Erörterung der Begründetheit der Klage mit dem Tatbestand *breach of confidence*. Dabei unterschied er zunächst zwischen *commercial* und *personal confidence*. Unter Berufung auf zahlreiche Entscheidungen arbeitete Justice *Lindsay* noch einmal die Voraussetzungen des *breach of confidence* für die Fälle heraus, in denen keine vertraglichen Beziehungen zwischen Schädiger und Geschädigtem bestehen: 1. Vertraulichkeit der preisgegebenen Information, 2. Bestehen einer Geheimhaltungspflicht und 3. Verletzung dieser Geheimhaltungspflicht und ein daraus resultierender Schaden.[84]

Im Rahmen der Subsumtion stellte das Gericht zuerst fest, dass auch Fotografien an sich als „Information“ im Sinne dieses Tatbestandes angesehen werden können und bestätigte insofern auch die *Douglas I*-Entscheidung[85]. Weiterhin ging das Gericht auch von dem vertraulichen Charakter der geschossenen Fotos aus. Die Hochzeit war eine private Veranstaltung. Die Eheleute *Douglas* hatten ausreichende Vorkehrungen zum Schutze dieser Privatheit getroffen[86]. Daher konnten sie darauf vertrauen, dass – abgesehen von den bestellten Fotografen – keine weiteren Fotografien angefertigt und veröffentlicht werden[87]. Diese Umstände waren dem „Eindringling“ *Rupert Thorpe* bekannt oder er musste sie zumindest kennen, weshalb auch er der Geheimhaltungspflicht unterlag. Die von ihm gemachten Fotos stellen somit eine Verletzung dieser Pflicht dar und erfüllen damit den Tatbestand *breach of confidence*:

> „Such images as were, so to speak, radiated by the event were imparted to those present, including Mr Thorpe and his camera, in circumstances importing an obligation of confidence. Everyone there knew that was so. In the circumstances as I have held them to be, Mr Thorpe knew (or at the very least ought to have known) that the Claimants reasonably expected the private character of the event and photographic representation of it to be protected“.[88]

---

84 Vgl. dazu *Lindsay* in: *Chancery Division* (**Douglas II**) (Anm. 21), S. 1045, para 182: „First, the information itself… must, have the necessary quality of confidence about it'. Secondly, that information must have been imparted in circumstances importing an obligation of confidence. Thirdly, there must be an unauthorised use of that information to the detriment of the party communicating it“.

85 Siehe *Lindsay* in: *Chancery Division* (**Douglas II**) (Anm. 21), S. 1046 ff., para 186: „It can be right to regard unauthorised photographs as "information" for the purposes of the law of confidence… There is no reason why these photographs inherently should not be the subject of a breach of confidence“.

86 Zu den einzelnen Sicherheitsvorkehrungen vgl. *Chancery Division* (**Douglas II**) (Anm. 21), S. 1014 ff., para 61 ff. Vgl. dazu auch die Angaben im Sachverhalt oben unter D. III. 3. „Die Douglas I-Entscheidung“.

87 Vgl. *Chancery Division* (**Douglas II**) (Anm. 21), S. 1053, para 196 f.

88 So *Lindsay* in: *Chancery Division* (**Douglas II**) (Anm. 21), S. 1053, para 197.

Da *Rupert Thorpe* aber in keinerlei vertraglichen Beziehungen zu dem publizierenden Magazin *Hello*! stand, stellte sich noch die Frage, ob seine Handlungen den Herausgebern von *Hello!* zugerechnet werden konnten bzw. ob diese selbst eine schuldhafte Pflichtverletzung begangen hatten. Die Frage wäre jedenfalls dann zu verneinen gewesen, wenn die Beklagten die Fotos gutgläubig erworben und publiziert hätten. Bevor das Gericht jedoch zu dieser Frage vordringen konnte, musste zunächst geklärt werden, ob die *Hello!*-Herausgeber überhaupt einer Geheimhaltungspflicht unterlagen, denn sie standen ja in keinerlei Kontakt zu den Klägern, so dass sich eine Geheimhaltungspflicht weder aus rechtlichen noch aus tatsächlichen Verhältnissen ergeben konnte. Das Gericht bejahte das Vorliegen einer *obligation of confidence* und begründete dies damit, dass auch ein Dritter, der vertrauliche Informationen vom einem „Mitwisser" erhält, der Geheimhaltungspflicht unterliegt, wenn er weiß (oder hätte wissen müssen), dass die betreffenden Informationen unter *breach of confidence* erlangt wurden[89]. Anschließend verneinte Justice *Lindsay* die Gutgläubigkeit der Beklagten, da es sich für jeden verständigen Dritten in ihrer Lage förmlich aufgedrängt hätte, dass die Fotos unter Vertrauensbruch angefertigt wurden[90].

Die *Hello!*-Herausgeber hatten demnach die ihnen zukommende Geheimnispflicht schuldhaft verletzt. Da es nach Ansicht des Gerichts weiterhin auch außer Frage stand, dass die Kläger dadurch vermögenswerte Einbußen erlitten[91], sah es den Tatbestand des *breach of confidence* als erfüllt an.

---

[89] Vgl. *Chancery Division* (**Douglas II**) (Anm. 21), S. 1045, para 184: „As for the second component, that the information must have been imparted in circumstances importing an obligation of confidence, Megarry J. in Coco supra at page 48 said: 'It seems to me that if the circumstances are such that any reasonable man standing in the shoes of the recipient of the information would have realised that upon reasonable grounds the information was being given to him in confidence, then this should suffice to impose upon him the equitable obligation of confidence'. Included within that description are cases in which a **third party defendant has received information with notice that he received it by way of a breach of confidence by the confidant to whom it was given and includes also cases where that third party has deliberately closed his eyes to the obvious**" (Hervorhebung vom Verfasser). Justice *Lindsay* beruft sich dabei vornehmlich auf *Lord Griffiths* in: *House of Lords* (**Guardian (No 2)**) (Anm. 16), S. 649 und auf *Lord Phillips, MR,* in: *Court of Appeal* (**Campbell v. Mirror**) (Anm. 24), S. 240, para 66.

[90] Siehe *Lindsay* in: *Chancery Division* (**Douglas II**) (Anm. 21), S. 1053 f., para 198: „Yet these Defendants firmly kept their eyes shut lest they might see what they undeniably knew would have become apparent to them".

[91] Vgl. *Chancery Division* (**Douglas II**) (Anm. 21), S. 1054, para 199: „It cannot be doubted but that the Claimants suffered detriment from the publication by the Hello! Defendants. Distress was caused to Mr and Mrs Douglas who also had to rearrange their plans for approval of the authorised photographs. They incurred expenses that would otherwise have been unnecessary. They may also have suffered financial loss if it transpires that syndication receipts that would otherwise have become payable to them were lost upon syndication being either less extensive or less profitable than it would have been had not wedding photographs being published by Hello!".

Die dagegen erhobenen Einwände der Beklagten wurden von Justice *Lindsay* verworfen. Das beklagte Magazin hatte sich insbesondere auf die Meinungsfreiheit berufen, welche als Konventionsgrundrecht vom HRA 1998 umfasst ist und gemäß sec. 12 HRA[92] besondere Beachtung von den Gerichten erfahren muss. Lord Justice *Lindsay* schloss sich diesbezüglich der *Dougals I*-Entscheidung an: Er betonte die „Stärke“ der Meinungsfreiheit indem er sie als „a powerful card to which the Court must always pay appropriate respect“ bezeichnete[93], hob aber hervor, dass sie nicht von vornherein alle anderen Rechte übertrumpfen würde:

> „Freedom of expression on the media's part, as a counter-force to, for example, privacy is not invariably the ace of trumps...Put another way, there is no ‚presumptive priority' given to such freedom of expression when it is in conflict with another Convention right“.[94]

Vielmehr müsse gemäß sec. 12 HRA eine Abwägung der entgegengesetzt wirkenden Rechte vorgenommen werden. Auf Seiten des beklagten Magazins stand die Meinungsfreiheit. Die Rechte der Kläger leitete das Gericht zum einen aus der *confidence-doctrine* ab. Weiterhin bezog es sich aber auch auf sec. 12 (4) (b) HRA, der den Gerichten aufträgt, „any relevant privacy code“ zu beachten. Als einen solchen „privacy code“ sah das Gericht den PCC Code an[95]. Dort findet man unter Topic 3 Regeln zum Schutze des Privatlebens:

> 3. Privacy
>
> (i) Everyone is entitled to respect for his or her private and family life, home, health and correspondence. A publication will be expected to justify intrusion into any individual's private life without consent.
>
> (ii) The use of long lens photography to take pictures of people in private places without their consent is unacceptable.
>
> Note – Private places are public or private property where there is a reasonable expectation of privacy.

---

92 Vgl. insb. sec. 12 (4) HRA: „The court must have particular regard to the importance of the Convention right to freedom of expression...“. Volltext im Anhang der Arbeit.

93 Siehe *Lindsay* in: *Chancery Division* (**Douglas II**) (Anm. 21), S. 1047, para 186 unter Berufung auf *Brooke* in: *Court of Appeal* (**Douglas I**) (Anm. 41), S. 302, para 49.

94 So *Lindsay* in: *Chancery Division* (**Douglas II**) (Anm. 21), S. 1047, para 186 unter Berufung auf *Sedley* in: *Court of Appeal* (**Douglas I**) (Anm. 41), S. 323, para 135 f.

95 Vgl. *Chancery Division* (**Douglas II**) (Anm. 21), S. 1055, para 204 f. und S. 1047, para 186. Insofern schloss sich das Gericht der Entscheidung des *Court of Appeal* (**Douglas I**) (Anm. 41), S. 313, para 93 f. an.

PCC Code: Der Press Complaints Commission Code of Practice (auch „Code of Practice“ genannt) stellt eine standesrechtliche Richtlinie dar, mit der sich Journalisten freiwillig zur Einhaltung von moralischen und ethischen Standards verpflichten. Vgl. auch unten unter D. IV. 5. „Selbstregulierung der Medien“.

Justice *Lindsay* führte aus, dass es keinen Unterschied mache, ob man Fotografien mit Hilfe eines Weitwinkelobjektivs oder heimlich aus kurzer Nähe anfertige, weshalb *Hello!* gegen den PCC Code verstoßen habe. Das Gericht störte sich nicht daran, dass es sich bei dem PCC Code nicht um ein formelles Gesetz, sondern nur um Standesrecht handelt. Der PCC Code erfährt somit durch seine Anwendung über sec. 12 (4) HRA eine beachtliche Aufwertung, insbesondere hinsichtlich seiner Rechtsfolgen[96].

Die Abwägung zwischen *freedom of expression* und *confidentiality* fiel im vorliegenden Fall zu Ungunsten des beklagten Magazins aus. Das Gericht verneinte ein (überwiegendes) öffentliches Interesse an der Veröffentlichung der Fotos schon auf Grund der Tatsache, dass der Informationsanspruch der Öffentlichkeit durch die Publikation der autorisierten Fotos hinreichend befriedigt sei[97]. Aus diesen Gründen verurteilte das Gericht die Beklagte wegen *breach of confidence* zu Schadensersatzzahlungen an die Kläger in der Höhe des jeweils entstandenen vermögensrechtlichen Nachteils:

> „...I find the Hello! Defendants to have acted unconscionably and that, by reason of breach of confidence, they are liable to all three Claimants to the extent of the detriment which was thereby caused to the Claimants respectively".[98]

b) Law of Privacy

Mit großer Spannung wurde das Statement von Justice *Lindsay* hinsichtlich des *law of privacy* erwartet. Konnte man vor dem *Douglas I*-Urteil noch mit einiger Sicherheit sagen, dass im englischen *Common Law* kein Recht auf Achtung des Privatlebens existiere, so herrschte nach dieser Entscheidung Ungewissheit vor: „We do not know whether there is a tort of breach of privacy in English law" [99].

Justice *Lindsay* war sich wohl bewusst, dass viele Befürworter des Privatsphärenschutzes in seiner Entscheidung die Anerkennung eines neuen Rechts erwarteten: „I am invited to hold that there is an existing law of privacy"[100]. Doch er lehnte dies gleich zu Beginn seiner Ausführungen zu „Privacy" ab[101]. In seiner

---

96 Zum PCC Code vgl. unten D. IV. 5. „Selbstregulierung der Medien".

97 Vgl. *Chancery Division* (**Douglas II**) (Anm. 21), S. 1055, para 204 f.

98 So *Lindsay* in: *Chancery Division* (**Douglas II**) (Anm. 21), S. 1060 f., para 227.

99 So Justice *Eady*, Speech at a seminar to celebrate the publication of *Privacy and the Media*, Gray's Inn, 12 December 2002, vgl. Homepage der *Five Raymond Buildings* , URL: http://www.5rb.co.uk/articles/121202-privacy.html. (Stand 23.11.2003).

100 Siehe *Lindsay* in: *Chancery Division* (**Douglas II**) (Anm. 21), S. 1061, para 229.

101 Siehe *Lindsay* in: *Chancery Division* (**Douglas II**) (Anm. 21), S. 1061, para 229: „I decline that invitation".

Begründung ging er zunächst auf die *Wainwright*-Entscheidung[102] ein. Der diesem Urteil zu Grunde liegende Sachverhalt ereignete sich zwar vor Inkrafttreten des HRA 1998, so dass dieser nicht anwendbar war, doch äußerten sich die Richter obiter zur Thematik der *Douglas I*-Entscheidung. Sie verneinten das Vorhandensein eines *tort of privacy*[103], sahen Schwierigkeiten in dessen Entwicklung und Anwendung voraus[104] und gaben Bedenken gegen die richterliche Entwicklung eines umfassenden „Blockbuster tort" kund:

> „As to the future I foresee serious definitional difficulties and conceptual problems in the judicial development of a ‚blockbuster' tort vaguely embracing such a potentially wide range of situations. I am not even sure that anybody – the public, Parliament, the press – really wants the creation of a new tort, which could give rise to as many problems as it is sought to solve".[105]

Gewissermaßen rügte Justice *Lindsay* den Vorstoß der *Douglas I*-Entscheidung sogar. Ein solcher sei nicht notwendig gewesen, da die klagenden Eheleute durch *the law of confidence* ausreichend geschützt waren, so dass schon keine gesetzliche Lücke vorhanden war, die der Court of Appeal zu füllen gehabt hätte[106]. Es sei Aufgabe des Gesetzgebers und nicht der Gerichte, das Recht in diesem Bereich zu entwickeln[107]. Aus der bisherigen Untätigkeit des Gesetzgebers könne nicht unbedingt darauf geschlossen werden, dass dieser auch in Zukunft die Dinge unverrichtet lasse. Weiterhin verweist er auf die Aufforderung des EGMR in der *Peck v. United Kingdom*-Entscheidung[108], in der der Schutz der Privatsphäre in England in einigen Bereichen für unzureichend befunden wurde. Aus diesen Gründen, so Justice *Lindsay*, muss das Parlament handeln, und zwar bald. Andernfalls werden die Gerichte vorhandene Lücken schließen müssen:

> „That inadequacy will have to be made good and if Parliament does not step in then the Courts will be obliged to...A glance at a crystal ball of, so to speak, only a low wattage suggests that if Parliament does not act soon the less satisfactory course, of the Courts

---

[102] Vgl. *Court of Appeal* vom 20.12.2001 (**Wainwright v. Home Office**), 3 WLR 2002, S. 405 ff.

[103] Vgl. *Mummery, LJ*, in: *Court of Appeal* (**Wainwright**) (Anm. 102), S. 419, para 57: „This claim fails, as there is no tort of invasion of privacy".

[104] Vgl. *Buxton, LJ*, in: *Court of Appeal* (**Wainwright**) (Anm. 102), S. 430, para 97 f., der davon ausgeht, dass nahezu alle Privatsphärenfälle mit Hilfe des *breach of confidence* gelöst werden könnten.

[105] Vgl. *Mummery* in: *Court of Appeal* (**Wainwright**) (Anm. 102), S. 419, para 60.

[106] Vgl. *Chancery Division* (**Douglas II**) (Anm. 21), S. 1061 f., para 229.

[107] Vgl. *Chancery Division* (**Douglas II**) (Anm. 21), S. 1061 f., para 229: „So broad is the subject of privacy and such are the ramifications of any free-standing law in the area that the subject is better left to Parliament which can, of course, consult interests far more widely than can be taken into account in the course of ordinary inter partes litigation. A judge should therefore be chary of doing that which is better done by Parliament".

[108] Vgl. *EGMR* vom 28.01.2003 (**Peck v. United Kingdom**), Homepage des EGMR, URL: http://www.echr.coe.int/Eng/Judgments.htm. (Stand: 15.01.2004).

> creating the law bit by bit at the expense of litigants and with inevitable delays and uncertainty, will be thrust upon the judiciary".[109]

Justice *Lindsay* sah sich im vorliegenden Fall jedoch nicht dazu veranlasst dies zu tun, da er sein Urteil auf den Tatbestand *breach of confidence* stützen konnte und somit keine Notwendigkeit zur Weiterentwicklung des *common law* sah[110].

c) Schlussbemerkung

Diese Entscheidung wirkt zunächst wie ein Rückfall. Wie schon oft zuvor, kritisiert ein Gericht die Untätigkeit des Gesetzgebers in dem Bereich des Privatsphärenschutzes. Die Drohung, die Dinge selbst in die Hand zu nehmen, wird nicht zum ersten Mal ausgesprochen. Die Verantwortung die auf den einzelnen Richtern liegt ist groß, die Rechtsauffassungen hinsichtlich eines *law of privacy* sehr unterschiedlich.

Dennoch kann man dieser Entscheidung (in Verbindung mit dem *Douglas I*-Urteil) eine Weiterentwicklung des Schutzes des Privatlebens abgewinnen. Diese ist insbesondere in der Anwendung des PCC Code über sec. 12 (4) (b) HRA zu sehen. Die im PCC Code enthaltene Normierung des Privatsphärenschutzes, welche zwar in ihrer gedachten Verwendung als Standesrecht kaum Wirkung entfaltet[111], kann aber in Verbindung mit sec. 12 (4) (b) HRA als Gegengewicht zur Meinungsfreiheit herangezogen werden. Dadurch wird zwar kein originäres Recht auf Achtung des Privatlebens begründet, aber eine Ausdehnung des *breach of confidence* erreicht, wodurch der Privatsphäreschutz quasi auf einem Umweg verstärkt wird. Weiterhin betonen die Richter in beiden Entscheidungen, dass dem Human Rights Act 1998 erhebliche Beachtung zu schenken ist. Die Implementierung der EMRK wird daher auf Grund der Ausstrahlungswirkung ihrer Konventionsgrundrechte langfristig dazu beitragen, dass dem Schutz des Einzelnen ein größerer Stellenwert eingeräumt werden wird.

Das Urteil des High Court vom 11.04.2003 fügt sich somit der Tradition des *common law*, die zwar eine im Tempo langsame, aber dennoch stetige und beständige Weiterentwicklung des Rechts vorsieht und getreu dem Motto verfährt „to appear not to be doing anything for the first time"[112].

---

109 So *Lindsay* in: *Chancery Division* (**Douglas II**) (Anm. 21), S. 1062, para 229.

110 Vgl. *Chancery Division* (**Douglas II**) (Anm. 21), S. 1062, para 229: „...this case now before me is not such a case and there is therefore no need for me to attempt to construct a law of privacy".

111 Vgl. dazu unten D. IV. 5. „Selbstregulierung der Medien".

112 Siehe *Sedley* in: *Court of Appeal* (**Douglas I**) (Anm. 41), S. 317, para 111.

IV. Weitere Schutzmechanismen

Neben den im letzten Kapitel vorgestellten Möglichkeiten, kennt das englische Recht weitere Mechanismen mit deren Hilfe die Privatsphäre (zumindest partiell) geschützt werden kann. Dazu gehören der Ehrenschutz (*defamation*), das unbefugte Eindringen (*trespass to land*), die Besitzstörung (*nuisance*), die vorsätzliche Falschbehauptung (*malicious falsehood*) und der Schutz vor Belästigungen (*Protection from Harassment*)[1]. Ein Recht am eigenen Bild wird in England – im –Gegensatz zu Frankreich[2] und Deutschland[3] – nicht anerkannt. Sieht sich jemand durch Veröffentlichungen seines Bildnisses in seiner Persönlichkeit verletzt, so wird ihm nur dann Schutz gewährt, wenn eine der eben genannten Anspruchsgrundlagen (zufällig) eingreift. Weiter wird vorausgesetzt, dass der Betroffene auf der Abbildung erkennbar, d. h. identifizierbar, ist[4].

Vorweggenommen sei, dass alle aufgezählten Schutzmechanismen primär nicht darauf angelegt sind, die Privatsphäre des Einzelnen zu schützen, weshalb im Folgenden eine grobe Skizzierung der einzelnen Tatbestände genügen soll. Wird in die Privatsphäre eingegriffen, so muss der Geschädigte im Prinzip darauf hoffen, dass die Verletzungshandlung einen anderen deliktsrechtlichen Tatbestand erfüllt und er auf diesem Wege mittelbaren Schutz erhält.

1. Defamation – Ehrenschutz

Im Rahmen der *action for defamation* unterscheidet man zwischen *libel* und *slander*. Der ausschließlich die mündliche, unverkörperte Diffamierung umfassende *slander* kommt in Fällen der Verletzung durch mediale Veröffentlichungen nicht in Betracht. Daher bezieht sich die vorliegende Erörterung nur auf den Tatbestand *libel*, der die Verkörperung der Ehrherabsetzung voraussetzt. *Libel* umfasst auch das gesprochene Wort, falls dieses in irgendeiner Art und Weise, beispielsweise auf einer Filmspule, manifestiert ist[5]. *Libel* müsste daher auch bei Veröffentlichungen im Internet uneingeschränkt Anwendung finden, da hier eine Verkörperung der Daten auf dem jeweiligen Rechner bzw. Server erfolgt[6].

---

1 Vgl. den Überblick bei *Zweigert, K./Kötz, H.*, Rechtsvergleichung, I, 1997, S. 704 ff.

2 Vgl. oben C. VII. „Das Recht am eigenen Bild – Le droit à l'image".

3 Vgl. unten unter E. VI. 1. „Das Recht am eigenen Bild".

4 Vgl. dazu *House of Lords* vom 29.06.1971 (**Morgan v. Odhams Press Ltd.**), 2 All ER 1971, S. 1156.

5 Vgl. *Nolte, N.*, Privatsphäre in England, 1999, S. 26. Auf spezielle Sondervorschriften wird hier nicht eingegangen. Zum Beispiel greift für Äußerungen im Rundfunk sec. 166 Broadcasting Act 1990 ein. Bei Theatervorführungen gilt sec. 4 Theatres Act 1968.

6 So auch *Gounalakis, G./Rhode, L.*, Persönlichkeitsschutz im Internet, 2002, S. 280.

Der *tort of defamation* setzt zunächst eine gegenüber Dritten erfolgte Äußerung bezüglich einer Person voraus, die geeignet ist, deren Ruf, Ehre oder allgemeine Wertschätzung zu beeinträchtigen[7]. Ob einer Darstellung beleidigender Charakter zukommt, entscheidet sich nach dem Verständnis des „*ordinary man*“[8]. Praktisch gesehen, ist hierfür letztlich die Bewertung der Geschworenen maßgeblich. Weiterhin muss die Äußerung erkennbar den Kläger betreffen. Dies ist dann der Fall, wenn er von einem vernünftigen Dritten als Gegenstand der Aussage identifiziert werden kann[9].

Ist der Tatbestand erwiesen, – wofür der Verletzte weder ein Verschulden des Verletzers noch seinen Schaden zu beweisen braucht[10] – so stehen dem Schädiger verschiedene Exkulpationsmöglichkeiten zur Verfügung. Im Bereich medialer Eingriffe kommt dafür zunächst der Wahrheitsbeweis (*justification*) in Betracht[11]. Sieht das Gericht die Äußerung – zumindest im Kern – als wahr an, so wird die Klage abgewiesen. Als beste Verteidigungsmöglichkeit der Medien gilt der *fair comment*, durch den die freie Meinungsäußerung geschützt werden soll. Ist die Darstellung – und zwar in der konkreten Art, in der sie erfolgte – sachlich und von öffentlichem Interesse, so gilt sie als gerechtfertigt[12]. Dabei wird das öffentliche Interesse, wegen dem überragenden Stellenwert der Presse, sehr großzügig bemessen. Es genügt, wenn die Angelegenheit das Interesse oder die Besorgnis einer größeren Anzahl Menschen erregt[13], weshalb die Exkulpation – insbesondere bei Darstellungen bekannter Persönlichkeiten – oft gelingt.

Bezüglich des Schutzes der Privatsphäre hat der *tort of defamation* doch einige Schwächen. Darstellungen, die (noch) nicht beleidigend sind, werden davon nicht erfasst und dem Schädiger stehen zahlreiche Exkulpationsmöglichkeiten zu Verfügung, welche großzügig angewandt werden. Im Übrigen sind Ehrenschutzverfahren überaus aufwendig und daher auch sehr teuer, weshalb man sich

---

7 Vgl. *Zweigert / Kötz* (Anm. 1), S. 705; *Ohly, A.*, Schutz der Persönlichkeit, in: RabelsZ 65 (2001), S. 42 f.; *Nolte* (Anm. 5), S. 27 ff., jeweils m. w. N.

8 Vgl. *Lord Devlin* in: *House of Lords* vom 26.03.1963 (**Rubber Improvements v. Daily Telegraph Ltd.**), AC 1964, S. 285. Vgl. dazu auch *Ohly* (Anm. 7), S. 42.

9 Vgl. *Ohly* (Anm. 7), S. 43.

10 Vgl. *Zweigert / Kötz* (Anm. 1), S. 705.

11 Vgl. *Brazier, M.*, Defamation, in: *Clerk, J. F./Lindsell, W.*, On Torts, 1989, Rn. 21-07.

12 Diese Exkulpationsmöglichkeit entspricht der *public interest defence* bei *breach of confidence*. Vgl. dazu oben D. III. 1. d) „Rechtfertigungsgrund: public interest“.

13 Vgl. *Lord Denning, MR*, in: *Court of Appeal* vom 10.12.1968 (**London Artist Ltd. v. Littler**), 2 QB 1969, S. 391: „Whenever a matter is such as to affect people at large, so that they may be legitimately interested in, or concerned at, what is going on; or what may happen to them or to others; then it is a matter of public interest on which everyone is entitled to make fair comment“. Vgl. dazu auch *Gounalakis, G./Glowalla, R.*, Reformbestrebungen zum Persönlichkeitsschutz, in: AfP 1997, S. 772.

nach Ansicht von *Sir Donaldson* nur darauf einlassen sollte, wenn man sehr reich, sehr dumm, sehr bösartig oder sehr überzeugt sei[14].

2. Trespass to land und Nuisance

Trespass to land und *nuisance* gewähren einen gewissen Schutz der räumlichen Privatsphäre. Unter *trespass to land* versteht man das unbefugte Eindringen in ein Grundstück, welches sich im (berechtigten) Besitz eines anderen befindet[15]. Der Tatbestand dient somit der Sicherung des Hausrechts und weist Ähnlichkeiten mit dem deutschen Straftatbestand des Hausfriedensbruchs auf. *Nuisance* bedeutet die rechtswidrige Störung der Nutzung von Grund und Boden[16]. Im Unterschied zu *trespass to land* setzt *nuisance* kein Eindringen in den fremden Besitz voraus, d. h., es handelt sich um Störungen von außen, zum Beispiel Lärmbelästigung, Telefonterror, aber auch Überwachungen. Erforderlich ist jedoch eine wiederholte und nachhaltige Störung des Grundstückfriedens[17].

Beide Rechte vermögen das Interesse des Einzelnen an Privatheit kaum durchzusetzen, da entweder ein Eindringen oder eine nachhaltige Störung, zum Beispiel durch hartnäckiges Auflauern, gefordert wird. Gegen gelegentliche oder von außen herrührende Beeinträchtigungen besteht dahingegen kein wirksamer Rechtschutz, vor allem da die gestellten Anforderungen sehr hoch sind. So wird beispielsweise von der *action of nuisance* das Fotografieren eines privaten Grundstücks aus einem Hubschrauber oder Flugzeug nur für den Fall erfasst, dass „a plaintiff was subjected to the harassment of constant surveillance of his house from the air, accompanied by the photographing of his every activity“ [18]. Mithin bestehen auch bei diesen *torts* zahlreiche Umgehungsmöglichkeiten, welche dem Störer der Privatsphäre sanktionslose Vorgehensweisen eröffnen.

3. Vorsätzliche Falschbehauptung – Malicious falsehood

Der Tatbestand *malicious falsehood* umfasst vorsätzliche falsche Behauptungen, durch die der Betroffene in seinem Vermögen geschädigt wird[19]. Der Äußernde

---

14 So *Donaldson, MR*, in: *Court of Appeal* vom 10.10.1984 (**Hasselblad Ltd. v. Orbinson**), QB 1985, S. 502.

15 Vgl. *Yale, D. E. C.*, Trespass to land, in: *Clerk / Lindsell* (Anm. 11), Rn. 23-01.

16 Vgl. *Yale, D. E. C.*, Nuisance, in: *Clerk / Lindsell* (Anm. 11), Rn. 24-01.

17 Vgl. *Gounalakis / Glowalla* (Anm. 13), S. 773.

18 So *Griffiths, J.* in: *Queens Bench Division* vom 10.02.1977 (**Bernstein of Leigh v. Skyviews & General Ltd.**), 1 QB 1978, S. 489.

19 Vgl. *Court of Appeal* vom 31.07.1992 (**Joyce v. Sengupta**), 1 WLR 1993, S. 337 ff., insb. S. 341; *Court of Appeal, Civil Division*, vom 16.03.1990 (**Kaye v. Robertson**), FSR 1991, S. 62 ff. Vgl. auch oben D. III. 2 „Kaye v. Robertson vom 16.05.1990“.

muss in Kenntnis der Unwahrheit oder mit Schädigungsabsicht gehandelt haben[20], wobei grobe Fahrlässigkeit, worunter auch Gleichgültigkeit bezüglich der Wahrheit fällt, ausreichend ist[21]. Problematisch ist hierbei, dass der Kläger die Beweislast für diese subjektiven Merkmale trägt, wodurch der Tatbestand deutlich an Wirkungskraft verliert, da der Beweis hinsichtlich der subjektiven Einstellung des Anspruchsgegners in aller Regel schwer zu führen ist[22].

Zu beachten ist, dass durch *malicious falsehood* ausschließlich materielle Schäden kompensiert werden. In der Regel handelt es sich dabei um den entgangenen Gewinn, den der Dargestellte wegen des Verlustes der Möglichkeit der anderweitigen Vermarktung seiner Person (seines Bildes, Namens etc.) erleidet. Insofern besteht ein wesentlicher Unterschied zum *tort of defamation*, der in erster Linie immaterielle Schädigungen auf Grund von Gefühlsverletzungen ausgleichen soll. Wird jemand durch eine vorsätzliche Falschbehauptung in seiner Ehre gekränkt und entsteht ihm gleichzeitig ein materieller Schaden, so stehen ihm beide Anspruchsgrundlagen nebeneinander zur Verfügung[23].

4. Protection from Harassment Act 1997

Das am 21. März 1997 erlassene Gesetz „Protection from Harassment Act 1997" [24] dient in erster Linie dem Schutz vor Belästigungen. Dem *harasser* drohen sowohl strafrechtliche als auch zivilrechtliche Sanktionen. Als Strafvorschrift sieht sec. 2 Freiheitsentzug bis zu sechs Monaten und / oder eine Geldstrafe vor[25]. Auf zivilrechtlicher Seite kann das Opfer gemäß sec. 3 neben den materiellen auch den Ersatz immaterieller Schäden verlangen[26]. Fraglich ist, ob sich daraus wesentliche Änderungen in Bezug auf den Schutz der Privatsphäre ergeben. Kernstück des neuen Gesetzes ist sec. 1 (1):

---

20 Vgl. *Court of Appeal, Civil Division*, vom 21.12.2000 (**Douglas and others v. Hello! Ltd.**), 2 All ER 2001, S. 327, para 155: „It must be shown, that the defendant published words which are false and that it was done maliciously, that is to say with the intention to injure the claimant without lawful excuse".

21 Vgl. *Ohly, A.*, Schutz der Persönlichkeit, in: RabelsZ 65 (2001), S. 48.

22 Vgl. *Ohly, A.*, Schutz der Persönlichkeit, in: RabelsZ 65 (2001), S. 48.

23 Vgl. *Court of Appeal* (**Joyce v. Sengupta**) (Anm. 19), S. 41.

24 „Harassment" = Belästigung, Beunruhigung.
Text von der Homepage von *Her Majesty's Stationary Office* (www.hmso.gov.uk), URL: http://www.hmso.gov.uk/acts/acts1997/97040--b.htm (Stand 10.06.2005).

25 Vgl. sec. 2 (2) Harassment Act: „A person guilty of an offence under this section is liable on summary conviction to imprisonment for a term not exceeding six months, or a fine not exceeding level 5 on the standard scale, or both".

26 Vgl. sec. 3 (2) Harassment Act: „On such a claim, damages may be awarded for (among other things) any anxiety caused by the harassment and any financial loss resulting from the harassment".

„A person must not pursue a course of conduct which amounts to harassment of another and which he knows or ought to know amounts to harassment of the other.“

Die Tragweite dieser Vorschrift ist maßgeblich von der Auslegung des Tatbestandsmerkmales *harassment* abhängig, welches gesetzlich jedoch nicht definiert wird. Lediglich in sec. 7 findet man Auslegungshilfen:

(1) This section applies fort he interpretation of section 1 to 5.

(2) References to harassing a person include alarming the person or causing the person distress.

Das Merkmal *harassment* ist demnach aus persönlichkeitsrechtlicher Sicht sehr großzügig zu interpretieren, da es bereits bei jeglicher Verursachung nervlicher Anspannung erfüllt ist. In Verbindung mit den angesprochenen zivil- und strafrechtlichen Rechtsfolgen könnte hieraus ein effektiver Persönlichkeitsschutz, zumindest in den Bereichen, die noch unter „Belästigung“ zu subsumieren sind, zum Tragen kommen. Dieser umfassende und sehr weitgehende Schutz wird jedoch durch andere Vorschriften des Harassment Act wieder eingeschränkt. Die wichtigste ergibt sich aus sec. 7 (3), der eine fortgesetzte Belästigung in mindestens zwei Fällen verlangt: „A 'course of conduct' must involve conduct on at least two occasions“. Daraus folgt, dass beispielsweise derart rabiates Vorgehen wie das der Reporter im Fall *Kaye v. Robertson* [27] auch nach dem Harassment Act 1997 nicht sanktioniert werden könnte. Eine weitere fühlbare Einschränkung des Privatsphärenschutzes ergibt sich aus sec. 1 (3) (c), wonach sich der Geschädigte nicht auf das neue Gesetz berufen kann, wenn „in the particular circumstances the pursuit of the course of conduct was reasonable“. Da der Gesetzgeber bei Erlass dieser Vorschrift speziell auch die Tätigkeit der Medien protegieren wollte[28], resultiert daraus eine Privilegierung der Medien. Betroffen davon sind insbesondere Personen des öffentlichen Lebens, denn an ihnen besteht ein verstärktes Informationsbedürfnis. Deshalb wird man Eingriffe der Medien gegenüber solchen Personen eher als „reasonable“ betrachten, da sie der Befriedigung des öffentlichen Informationsinteresses dienen.

Zusammenfassend ergibt sich, dass auch der Protection from Harassment Act 1997 keine nennenswerte Verbesserung des Privatsphärenschutzes Prominenter mit sich bringt. Aber immerhin können damit wiederholt stattfindende Belästigungen, wie zum Beispiel hartnäckiges Auflauern oder dergleichen, verfolgt werden.

---

[27] Vgl. *Court of Appeal, Civil Division*, vom 16.03.1990 (**Kaye v. Robertson**), FSR 1991, S. 62 ff. Vgl. dazu auch oben D. III. 2 „Kaye v. Robertson vom 16.05.1990“.

[28] Ausführlich dazu *Neill, B.*, Privacy, in: *Markesinis, B.* (Hrsg.), Protecting Privacy, 1999, S. 1, 7 f. (Fn. 19).

5. Selbstregulierung der Medien

Neben den vorgestellten Mechanismen wird in England der Versuch unternommen, die Privatsphäre auch durch Organe der Selbstkontrolle zu schützen, namentlich durch die Press Complaints Commission (PCC) und die Broadcasting Standards Commission (BSC). Beide Institutionen sind je zur Hälfte mit Medienvertreter und mit so genannten *Public Members* (Vertreter der Öffentlichkeit) besetzt[29]. Fühlt sich jemand durch Publikationen in seinen Rechten verletzt, kann er Beschwerde bei dem jeweils zuständigen Gremium einlegen. Die Kommission entscheidet dann anhand der Standesrichtlinien. In Angelegenheiten der Presse ist dies der Code of Practice[30], dessen wichtigste Vorschrift für den Privatsphärenschutz sich unter der Überschrift „3. Privacy" findet:

> (i) Everyone is entitled to respect for his or her private and family life, home, health and correspondence. A publication will be expected to justify intrusion into any individual's private life without consent.
>
> (ii) The use of long lens photography to take pictures of people in private places without their consent is unacceptable.
>
> Note – Private places are public or private property where there is a reasonable expectation of privacy.

Auch das Regelwerk der BSC, der Code on Fairness and Privacy[31], enthält in den sec. 14 ff. Vorschriften zum Schutz der Privatsphäre. Zwar sind diese sehr weit gefasst, doch lassen sich daraus zumindest Richtlinien ableiten. Sec. 17 des Code on Fairness and Privacy geht auf den Umgang mit Prominenten ein:

> „People in the public eye, either through the position they hold or the publicity they attract, are in a special position. However, not all matters which interest the public are in the public interest. Even when personal matters become the proper subject of enquiry, people in the public eye or their immediate family or friends do not forfeit the right to privacy, though there may be occasions where private behaviour raises broader public issues either through the nature of the behaviour itself or by the consequences of its becoming widely known. But any information broadcast should be significant as well as true. The location of a person's home or family should not normally be revealed unless strictly relevant to the behaviour under investigation."

Verletzungen des Code of Practice und des Code on Fairness and Privacy können durch ein überwiegendes öffentliches Interesse gerechtfertigt werden[32]. Da-

---

29 Vgl. die Angaben auf der Homepage der jeweiligen Institution, abrufbar im Internet unter http://www.pcc.org.uk für die PCC bzw. http://www.bsc.org.uk für die BSC.

30 Volltext im Internet unter www.pcc.org.uk/cop/cop.asp abrufbar (Stand 01.06.2005).

31 Volltext: http://www.bsc.org.uk/pdfs/research/Fairness%20Code.pdf (Stand 01.06.2005).

32 Im Code of Practice heißt: „There may be exceptions to the clauses marked where they can be demonstrated to be in the public interest". Im Code on Fairness and Privacy ist in sec. 14 niedergelegt: „An infringement of privacy has to be justified by an overriding public interest in disclosure of the information".

zu wird eine umfassende Interessenabwägung vorgenommen, wobei zumindest die Versuchung für die Kommission im Regelfall sehr hoch sein wird, die (Eigen-) Interessen der Medien stärker zu berücksichtigen. Weiterhin ist bei der Abwägung zu beachten, dass bereits der Meinungsfreiheit an sich ein öffentliches Interesse zugestanden wird (vgl. den Anhang des Code of Practice: „There is a public interest in freedom of expression itself. The Commission will therefore have regard to the extent to which material has, or is about to, become available to the public"). Dies ist insofern bedenklich, da nur eine von vornherein „unbefangene" Abwägung zwischen den Rechten des Einzelnen auf Wahrung seiner privaten Sphäre und den Publikationsfreiheiten einen vernünftigen Ausgleich zwischen den widerstreitenden Rechten herstellen kann.

Aber selbst wenn die Abwägung zu Gunsten des Beschwerdeführers ausgeht, erlangt dieser nur eine schwache Rechtsposition. Der Grund hierfür liegt in der Freiwilligkeit der Unterwerfung der Medien unter die genannten Gremien. Weder die PCC noch die BSC verfügen über adäquate Mittel zur Durchsetzung ihrer Entscheidungen. Vielmehr müssen die Betroffenen darauf hoffen, dass sich das gerügte Publikationsorgan freiwillig zu einer Gegendarstellung, Berichtigung etc. bereit erklärt. Einer Weigerung stehen die übrigen Beteiligten machtlos gegenüber. So war es beispielsweise in dem oben erwähnten Fall der heimlichen Aufnahmen von Lady Diana in einem Fitnessstudio[33]. Die PCC verurteilte den Kauf der Bilder und die weiteren geplanten Veröffentlichungen durch den *Sunday Mirror* und rief zu einem Boykott des Verlages *Mirror Group* auf. Daraufhin trat das Verlagshaus aus der PCC aus[34]. Zwar machte es diesen Schritt nur zwei Tage später rückgängig, doch zeigt dieser Vorfall die Machtlosigkeit der PCC hinsichtlich der Durchsetzbarkeit ihrer Entscheidungen.

Beide standesrechtliche Vorschriften, der Code of Practice und der Code on Fairness and Privacy, erfahren in jüngster Zeit jedoch eine beachtliche Aufwertung durch die Rechtsprechung. Ausgangspunkt ist sec. 12 (4) (b) HRA, wonach die Gerichte „any relevant privacy code" beachten müssen. Nach Auffassung von Justice *Lindsay* in der *Douglas II*-Entscheidung vom 11.04.2003[35] ist diese Vorschrift sehr weit auszulegen, weshalb darunter nicht nur förmliche Gesetze sondern auch standesrechtliche Vorschriften zu subsumieren sind. Im konkreten Fall gelangte Justice *Lindsay* so zur Anwendung von sec. 3 PCC Code[36]. Eine

---

[33] Vgl. oben D. III. 1. b) „Die Geheimhaltungspflicht". Vgl dazu auch die Besprechung von *Fenwick, H./ Phillipson, G.*, Confidence and Privacy, in: CLJ 55 (1996), S. 448 f. Ausführlich dazu auch *Brömmekamp, B.*, Pressefreiheit in England, 1996, S. 113 ff.

[34] Vgl. dazu *Brömmekamp* (Anm. 33), S. 245 f.

[35] Vgl. *Chancery Division*, vom 11.04.2003 (**Douglas and others v. Hello! Ltd**), 3 All ER 2003, S. 996 ff.

[36] Vgl. *Chancery Division* (**Douglas II**) (Anm. 35), S. 1055, para 204 f. und S. 1047, para 186. Ebenso schon im Verfahren der einstweiligen Verfügung *Court of Appeal* (**Douglas I**) (Anm. 41), S. 313, para 93 f. Vgl. auch oben D. III. 4. „Die Douglas II-Entscheidung".

derartige Auslegung von sec. 12 (4) (b) HRA verleiht den Selbstregulierungsrichtlinien – insbesondere hinsichtlich ihrer Außenwirkung und Durchsetzbarkeit – ein wesentlich stärkeres Gewicht. Es muss jedoch abgewartet werden, ob sich die in den *Douglas*-Urteilen herausgebildete Auffassung in der Rechtsprechung durchsetzen wird.

V. Zusammenfassung

1. Das englische Recht gewährt durch die jeweiligen *torts* einen nur sehr lückenhaften Schutz der Privatsphäre vor medialen Eingriffen. Es scheint immer etwas vom Glück, Geschick und Einfallsreichtum der Anwälte und Richter abzuhängen, ob eine passende Anspruchsgrundlage gefunden wird und ob diese dann eine entsprechende Auslegung zulässt. Die abgrenzbaren Tatbestände gewähren zwar größere Rechtssicherheit, können aber bei weitem nicht alle Fälle (zum Teil auch sehr starker) Persönlichkeitsverletzungen erfassen.

2. Die Rechtsprechung hat den Privatsphärenschutz in den letzten Jahren dadurch aufgewertet, dass sie bei *breach of confidence* kein „echtes" Vertrauensverhältnis mehr verlangt. Begünstigt wurde dies durch die Einführung des Human Rights Act 1998, wodurch den Richtern eine weitere Möglichkeit eröffnet wurde, bestehende festgefahrene Ansichten aufzubrechen. Die erweiterte Auslegung und Anwendung von *breach of confidence* führt jedoch zu einer Verwässerung des Tatbestandes, was letztlich zu Lasten der Rechtssicherheit geht. Die richterliche Rechtsfortbildung erfolgt zudem sehr langsam, so dass es noch einige Zeit dauern wird bis sich eine klare Abgrenzung zwischen dem geschützten und dem ungeschützten Teil des Privatlebens herausgebildet hat.

3. Vor diesem Hintergrund wäre ein *tort of privacy* sicherlich wünschenswert, denn eine klare gesetzliche Regelung könnte die bestehenden Zweifel auflösen und würde der Rechtsprechung die erforderliche Grundlage im Umgang mit dieser problematischen Materie zur Hand geben.

E. Die Rechtslage in Deutschland

Betrachtet man den Privatsphärenschutz in Deutschland vor dem Hintergrund von Internetpublikationen, so drängt sich zunächst die Frage auf, ob Grundrechte hier überhaupt die richtigen Bewertungsmaßstäbe liefern können, da Sachverhalte betroffen sind, die zur Zeit der Entstehung des Grundgesetzes noch nicht vorstellbar waren[1].

Die Etablierung des neuen Mediums Internet führte in Deutschland zu erheblichen rechtlichen Diskussionen. Während anfangs von einigen die Bildung eines rechtsfreien Raumes befürwortet wurde und viele ebendies befürchteten, so ist man sich doch heute weitestgehend einig, dass „traditionelle" Regelungen auch auf Internet-Sachverhalte Anwendung finden[2], was nicht zuletzt auch durch die E-Commerce-Richtlinie (ECRL)[3] und innerstaatliche Vorschriften wie beispielsweise das Teledienstgesetz (TDG) oder der Mediendienste-Staatsvertrag (MDStV) bestätigt wurde. Da es bis dato jedoch noch nicht gelungen ist ein klareres dogmatisches System des Informationsrechts zu begründen[4], stehen noch etliche Detailfragen zur Debatte, welche Gegenstand juristischer Auseinandersetzungen sind und sein werden.

Davon betroffen sind insbesondere die Meinungsäußerungsfreiheit und das allgemeine Persönlichkeitsrecht. Zurückzuführen ist dies auf die mit dem technischen Fortschritt verbundene Verbesserung der Möglichkeiten, Meinungen, Fakten oder Darstellungen bezüglich bestimmter Personen nicht nur zu äußern, sondern sie „geradezu in Sekundenschnelle um die Welt reisen" zu lassen , womit sie „prinzipiell fast jeden Menschen erreichen"[5]. Werden auf diesem Wege Bilder, Berichte oder Darstellungen von Personen veröffentlicht, so liegt es auf der Hand, dass durch die globale Verfügbarkeit ins Netz gestellter Daten, eine Spannungslage zwischen den Persönlichkeitsrechten der exponierten Personen und dem Recht auf freie Meinungsäußerung des Urhebers hervorgerufen wird. Möchte man die Kollision dieser teilweise „entgegengesetzt wirkenden Kräfte"

---

1 Vgl. *Riedel, E.*, Grundrechtssaat, in: *Wolter, J./Riedel, E./Taupitz, J.*, Einwirkungen der Grundrechte, 1999, S. 301 f., der exemplarisch auf die moderne Computertechnik (bzgl. Datenerfassung und Datenverknüpfung) und auf die Eingriffsmöglichkeiten der Gentechnologie eingeht.

2 Vgl. *Gounalakis, G./Rhode, L.*, Persönlichkeitsschutz im Internet, 2002, S. 2 f. Auch die sog. *Netiquette*, welche als Gemisch verschiedenster Verhaltengeboten anzusehen ist und das Verhalten der User im Internet regeln soll, kann keinesfalls als bindende Rechtsnorm verstanden werden

3 Exakt: Richtlinie 2000/31/EG des Europäischen Parlaments und des Rates vom 09.06.2000 „Richtlinie über den elektronischen Geschäftsverkehr", ABl. EG. vom 17.07.2000, Nr. L 178/1.

4 Vgl. *Hoeren, T.*, Internetrecht, 2002, S. 3.

5 So *Riedel, E.*, Einleitung, in: *Schwartländer, J./Riedel, E.*, Meinungsfreiheit, 1990, S. 1 f.

näher beleuchten, so ist es unumgänglich, vorab einen Blick auf die grundrechtliche Verortung von Internetpublikationen zu werfen, da diese sozusagen als Gegenpart zu den Rechten der dargestellten Personen fungiert.

I. Internetpublikationen und Art. 5 Abs. 1 GG

Art. 5 Abs. 1 GG gewährt in Satz eins jedem das Recht, seine Meinung in Wort, Schrift und Bild frei zu äußern und zu verbreiten (Kommunikatorenfreiheit[1]) und sich aus allgemein zugänglichen Quellen ungehindert zu unterrichten (Rezipientenfreiheit). Satz zwei gewährleistet die Medienfreiheit, also die Presse-, Rundfunk- und Filmfreiheit. Diese einzelnen Teilfreiheiten ergeben zusammen die umfassende grundrechtliche Garantie der freien Kommunikation[2]. Angesichts der „neuen Medien“ wird in diesem Zusammenhang auch der Ruf nach einer umfassenden „Kommunikationsfreiheit“ laut[3].

Bei der Frage, ob und inwieweit Internetaktivitäten vom Schutzbereich des Art. 5 Abs. 1 GG erfasst werden, muss die grundrechtliche Strukturierung der äußeren Kommunikation beachtet werden. Traditionell wird hierbei zwischen Individual- und Massenkommunikation unterschieden, wobei der Massenkommunikation ein größerer Einfluss auf die öffentliche Meinungsbildung zukommt[4]. Die Freiheit der Individualkommunikation ist dem Grundrecht der Meinungsäußerungs- und -verbreitungsfreiheit des Satzes eins zuzuordnen, während die Freiheit der Massenkommunikation in die Medienfreiheiten des Satzes zwei einzugliedern ist[5]. Es gilt nun zu prüfen, ob diese herkömmliche Trennlinie unter Beibehaltung der erforderlichen Trennschärfe angesichts der neuen Kommunikations- und Publikationsformen Bestand hat.

1. Online-Dienste zwischen Individual- und Massenkommunikation

Der Bereich der Individualkommunikation ist generell durch den direkten persönlichen Dialog zwischen zwei Personen oder aber einem überschaubaren Personenkreis gekennzeichnet und zwar unabhängig davon, welche Ausdrucksform (Wort, Schrift, Bild) oder welche Transportmittel (Telefon, Brief, usw.) benutzt

---

1 Vgl. eingehender zu dieser Terminologie *Hoffmann-Riem, W.*, in: *Wassermann, R.*, GG-Kommentar, 1984, Art. 5 Abs. 1, 2 Rdnr. 20; *Lorz, R. A.*, Kommunikationsfreiheit, in: *Schwartländer, J./Riedel, E.*, Meinungsfreiheit, 1990, S. 187.

2 Vgl. *Scheuner, U.*, Rundfunkfreiheit, 1982, S. 22.

3 Vgl. *Riedel, E.*, Einleitung, in: *Schwartländer, J./Riedel, E.*, Meinungsfreiheit, 1990, S. 2. Zum Begriff siehe auch *Siemann, W.*, Kommunikationsfreiheit in historischer Perspektive, in: *Schwartländer, J./Riedel, E.*, Meinungsfreiheit, 1990, S. 11 f.

4 Vgl. *Determann, L.*, Kommunikationsfreiheit, 1999, S. 108 ff.

5 Vgl. *Tettinger, P.*, Neuartige Massenkommunikation, in: JZ 1984, S. 405.

werden[6]. Es findet also ein individueller bzw. ein individualisierbarer Austausch von Inhalten und Meinungen statt, ohne dass eine breite Öffentlichkeit daran teilhaben kann. Im Gegensatz dazu kann man Massenkommunikation als eine für die Allgemeinheit, oder einen unüberschaubaren Teil von ihr, bestimmte und zugängliche Kommunikation verstehen, welche unter Einsatz besonderer, zum Erreichen der Allgemeinheit geeigneter Transportmittel (Fernsehstationen, Radios, Web-Seiten etc.) erfolgt[7]. Die beiden Kommunikationsformen unterscheiden sich somit sowohl in der Art der Verbreitung (Transportmittel), als auch bezüglich des angesprochenen Adressatenkreises.

Ein Blick auf die genannten Kriterien macht sofort deutlich, dass bei Internetsachverhalten das eingesetzte Transportmittel nicht zu einer tauglichen Abgrenzung herangezogen werden kann, da bei jedweder Kommunikation mittels des Internets die gleichen technischen Gegebenheiten zum Einsatz kommen und zwar unabhängig davon, welche Dienste in Anspruch genommen werden. Als entscheidendes Abgrenzungsmerkmal kann also nur der Adressatenkreis der Publikation dienen. Von Massenkommunikation im Internet kann man demnach nur dann sprechen, wenn die Veröffentlichung für die „Masse“ als Adressaten[8] bestimmt ist und diese auch erreichen kann.

a) E-Mail

E-Mail dient vornehmlich als Brief-, Telefon-, Faxersatz und wird typischerweise im direkten Kontakt untereinander und unter Ausschluss der Öffentlichkeit eingesetzt[9]. Demzufolge liegen bei der Benutzung dieses Dienstes die charakteristischen Merkmale des individuellen Meinungsaustausches vor, womit einer eindeutigen Zuordnung zur Individualkommunikation nichts ihm Wege steht.

b) Mailing-Lists, Internet-Chats und Newsgroups

Im Gegensatz dazu ist bei der Einordnung von Mailing-Lists und Internet-Chats eine differenzierende Betrachtungsweise geboten. Bei Mailing-Lists, die lediglich über einen begrenzten, überschaubaren Mitgliederkreis verfügen und in

---

6 Vgl. *Hoffmann-Riem, W.*, Kommunikationsfreiheit und Chancengleichheit, in: *Schwartländer, J./Riedel, E.*, Meinungsfreiheit, 1990, S. 38.

7 Vgl. *Hoffmann-Riem* (Anm. 6), S. 38 f.

8 Vgl. *Bamberger, H. G.*, Medienrecht, 1986, S. 1 f.

9 Etwas anderes kann unter Umständen jedoch dann gelten, wenn die Funktion E-Mail im Rahmen automatisierter Botschaften, zum Beispiel Werbebotschaften, eingesetzt wird, da hier viele Adressaten gleichzeitig und „unpersönlich“ (auf Grund des automatisieren Verfahrens) kontaktiert werden. Darauf kann und soll hier nicht näher eingegangen werden. Vgl. ausführlich zu diesem Thema: *Determann* (Anm. 4), S. 108.

Teilbereichen des Internet-Chats, in denen nur wenige Leute in so genannten „abgeschlossenen Räumen“ kommunizieren, sind die geäußerten Inhalte und deren Rezipienten zuordnungsbar. Hier werden die Informationen nicht der breiten Öffentlichkeit zugänglich gemacht, weshalb man in diesen Fällen noch von Individualkommunikation sprechen kann. Handelt es sich jedoch um so genannte „offene“ Mailing-Lists oder Chats in „offenen“ Räumen, so kann man wohl nur noch schwerlich individuelle Kommunikation annehmen. Hier hat faktisch jeder Internetnutzer Zugang, wodurch die Möglichkeit gegeben ist, einen nicht mehr bestimmbaren Rezipientenkreis einzubeziehen, dessen Teilnehmer dann nicht mehr individualisiert werden können.

Ähnlich verhält es sich mit den elektronischen „schwarzen Brettern“, den Newsgroups. Hier hinterlegte Informationen sind grundsätzlich der breiten Masse zugänglich, da sie weltweit abrufbar sind, womit an sich die geforderten Voraussetzungen der Massenkommunikation vorliegen würden.

Obwohl die eben genannten Dienste definitionsgemäß in die Sparte der Massenkommunikationsmittel eingeordnet werden können, bleiben doch erhebliche Zweifel an der Richtigkeit einer solchen pauschalen Einteilung. Häufig sind diese Dienste nur für einen kleinen, überschaubaren Adressatenkreis bestimmt, wodurch die ausgetauschten Informationen nur den „ausgesuchten“ Personen zugehen. So fördern beispielsweise kleine Vereine oder Wohnheime durch Mailing-Lists den Informationsfluss und Gedankenaustausch zwischen den Mitgliedern bzw. den Bewohnern. Newsgroups und Chat-Räume sind regelmäßig nach Interessengebieten so stark untergliedert[10] und teilweise durch Passwörter oder ähnliche Zugangshindernisse geschützt, dass sich auch hier oft nur eine geringe Anzahl gleich gesinnter Internetnutzer trifft. Zwar ließen sich ohne größere Mühe zahlreiche Gegenbeispiele finden, doch macht gerade dies deutlich, dass eine Teilung der aufgeführten Online-Dienste in Individual- bzw. Massenkommunikation nicht schon nur auf Grund des jeweiligen Dienstetypus vorgenommen werden kann. Wollte man demnach an der Einteilung der Kommunikationstypen in Individual- bzw. Massenkommunikation festhalten, so wäre – da eine allgemeingültige scharfe Grenzziehung nicht möglich ist – jeweils eine Einzelfallbeurteilung von Nöten, welche wohl aus Praktikabilitätsgründen scheitern müsste.

c) Die Homepage

Bedeutendstes Instrument der Publikation im Internet sind die im World Wide Web publizierten Web-Seiten. Grund hierfür ist zum einen die Möglichkeit auf diesen Seiten neben Texten auch Bilder, Bildsequenzen bis hin zu Videos und Audioinformationen zu präsentieren. Zum anderen nutzen mittlerweile praktisch

---

10 Vgl. *Lackerbauer, I.*, Internet, 1999, S. 280.

alle bedeutenden Fernseh- und Radiostationen, Zeitungen, Magazine etc. ihre Ressourcen zur Erstellung professionell eingerichteter Homepages. Da dem Nutzer die hinter der entsprechenden Web-Seite stehende Körperschaft regelmäßig bekannt ist, steht außer Frage, dass den so erlangten Informationen grundsätzlich eine größere Bedeutung beigemessen wird, als wenn sie in anonymisierter Form in Chats oder Newsgroups veröffentlicht werden. Auf Grund ihres hohen Bekanntheitsgrades erreichen diese Homepages - im Gegensatz zu vielen privaten Web-Seiten – auch eine beträchtliche Anzahl von Personen. So überschritt im Jahre 2002 in Deutschland die Anzahl der Nutzer pro Monat von Online-Angeboten regionaler Tageszeitungen die 5 Millionen-Marke[11] und war damit doppelt so hoch wie im Jahre 2000. Ebenfalls überdurchschnittlich wuchs der Online-Zugriff auf überregionale Zeitungen und wöchentlich erscheinende Magazine. So konnte zum Beispiel die „Süddeutsche Zeitung" 2002 monatlich ungefähr 1,33 Millionen Besucher ihrer Homepage verzeichnen, während „Bild" und das Magazin „Der Spiegel" monatlich jeweils ca. 2,20 Millionen Online-Leser erreichten[12]. Diese Zahlen stiegen 2003 noch einmal und stagnieren seither bzw. pendeln sich auf einem leicht niedrigeren Niveau ein[13].

Betrachtet man diese Zahlen, so liegt es nahe, bei Homepages allgemein von Massenpublikationen zu sprechen. Das erscheint auf den ersten Blick unzweifelhaft richtig, doch tauchen auch hier Probleme und Abgrenzungsschwierigkeiten auf, vergleichbar denen bei Mailing-Lists, Chaträumen und Newsgroups, die eine generelle Zuordnung von Web-Seiten zur Massenkommunikation in Frage stellen. Die Existenz zahlreicher Homepages ist oft nur wenigen Leuten bekannt und die Zahl derer, welche diese Seiten regelmäßig besuchen, ist als noch geringer einzustufen. Obwohl weltweit empfangbar, werden beispielsweise lediglich eine Hand voll Menschen die Neuigkeiten des Kegelvereins eines 800 Seelendorfes per Internet erfahren. Die auf dieser Homepage in Umlauf gebrachten Informationen sind weiterhin auch gar nicht an die breiten Masse gerichtet, sondern zielen lediglich auf die Mitglieder und örtlich nahe stehende Personen ab, dienen also der Kommunikation zwischen einem kleinen Kreis gleich gesinnter Menschen, was somit eher auf Individualkommunikation hindeutet. Dieses Beispiel verdeutlicht – repräsentativ für viele ähnliche Internetauftritte – dass hier, aus den gleichen Gründen wie bei den anderen dargestellten Online-Diensten, eine eindeutige Klassifizierung des Typus „Homepage" weder zur Individual- noch zur Massenkommunikation erfolgen kann.

---

11 Vgl. *Institut für Demoskopie Allensbach*, Allensbacher Computer- und Telekommunikations-Analysen, ACTA 2002, abrufbar im Internet unter: http://www.acta-online.de (Stand: 02.11.2002).

12 Vgl. *Institut für Demoskopie Allensbach* (Anm. 11).

13 Vgl. *Institut für Demoskopie Allensbach*, Allensbacher Computer- und Telekommunikations-Analysen, ACTA 2004, abrufbar im Internet unter: http://www.acta-online.de (Stand: 15.06.2005).

d) Abgrenzung Individual- und Massenkommunikation

Auf Grund der gezeigten Einordnungsproblemen wird teilweise der Versuch unternommen, nach „individualkommunikativen" Abrufdiensten einerseits und „massenkommunikativen" Verteil- und Zugriffsdiensten andererseits zu differenzieren[14]. Danach wäre beispielsweise die Homepage als Individualkommunikation, die Mailing-List (in der Verteildienstfunktion) als Massenkommunikation zu verstehen. Diese Einteilung führt jedoch zu willkürlichen Ergebnissen, da sie nicht auf der Wirkung der Publikation, sondern lediglich auf deren technischen Konzipierung beruht. Maßgebliches Charakteristikum der Massenkommunikation kann aber nur die Außenwirkung, d. h., die Bedeutung für die öffentliche Willensbildung sein. Es kann ebenfalls wohl kaum in Abrede gestellt werden, dass Homepages generell für die öffentliche Meinungsbildung relevanter sein können, als dies bei Mailing-Lists der Fall ist[15].

Nach alledem ist festzuhalten, dass im Internet die Grenzen zwischen Massen- und Individualkommunikation verschwimmen. Wie gezeigt, lassen sich mit sämtlichen Online-Diensten auf vielfältigen Wegen Informationen versenden, wobei jeweils sowohl ein einseitiger, als auch ein wechselseitiger Gedankenaustausch möglich ist. Dabei können Angebote an die Allgemeinheit und nichtöffentliche Kommunikation fließend ineinander übergehen. Eine Zuordnung der Online-Dienste zu Satz 1 oder Satz 2 des Art. 5 Abs. 1 GG ist demnach mit diesen Mitteln nicht möglich[16].

2. Die Homepage und Art. 5 Abs. 1 GG

Die Freiheit der Kommunikation wird in Art. 5 Abs. 1 GG nicht einheitlich, sondern durch die Gewährleistung einzelner Teilfreiheiten geschützt. Dazu zählen die Meinungs-, Informations-, Presse-, Rundfunk-, und Filmfreiheit, wobei Letztere hier keine Rolle spielt[17]. Zwischen diesen einzelnen Kommunikationsfreiheiten besteht ein funktionaler Zusammenhang: Freie Presse und freier Rundfunk bilden, basierend auf der freien Informationsmöglichkeit, die Grundlage der ungehinderten Verbreitung von Meinungen und tragen damit entscheidend zur freien Meinungsbildung bei[18]. Auch wenn man somit von der Gewähr-

---

14 Vgl. *Determann* (Anm. 4), S. 109 m. w. N.

15 Vgl. dazu auch *Determann* (Anm. 4), S. 109 f.

16 So im Ergebnis auch *Depenheuer, O.*, Informationsordnung, in: AfP 1997, S. 670.

17 Grund hierfür ist zunächst, dass die Filmausstrahlung über das Fernsehen der Rundfunkfreiheit zugeordnet wird. Weiterhin fallen viele Filme auch in den Schutzbereich der weitergehenden Kunstfreiheit. Im Übrigen spielen Filmausstrahlungen übers Internet bisher praktisch keine Rolle. Vgl. *Determann* (Anm. 4), S. 396.

18 Vgl. *Degenhart, C.*, in: Bonner Kommentar, 2002, Art. 5 Rdnr. 21 (88. Lfg. Februar 1999).

leistung *eines* „freien Kommunikationsprozesses" durch Art. 5 Abs. 1 sprechen kann[19], bleibt doch festzuhalten, dass Art. 5 GG seine Wirkung nur dann entfaltet, wenn der Schutzbereich einer der Teilfreiheiten tangiert ist. Zu prüfen ist nun, welche der angesprochenen Freiheiten bei Veröffentlichungen von Berichten auf einer Homepage in Frage kommen können und wie dies aus verfassungsrechtlicher Sicht zu beurteilen ist.

a) Die Homepage als Teil der Rundfunkfreiheit?

In Art. 5 Abs. 1 Satz 2 GG wird der Begriff Rundfunk vom Grundgesetzgeber nicht definiert, sondern schlicht vorausgesetzt. Ein Rückblick auf die Entstehungsgeschichte liefert ebenfalls keine tatbestandliche Beschreibung. Zu erkennen ist lediglich die Intention der Verfassungsväter, den verfassungsrechtlichen Schutz nicht auf den Bestand der seinerzeit vorhandenen Massenmedien zu beschränken[20]. Daraus lässt sich die Absicht herleiten, einen Rundfunkbegriff zu konstituieren, dem die Eigenschaft zu Grunde liegt, auch neuartige Kommunikationsmittel zu erfassen. Dies entspricht auch dem dynamischen Verständnis des Rundfunkbegriffs des Bundesverfassungsgerichts[21]. Die Karlsruher Richter führten im ersten Rundfunkurteil[22] zwar aus, dass Rundfunk sowohl Fernsehen als auch Hörfunk umfasse, lieferten im Folgenden jedoch – trotz zahlreicher und grundlegender Entscheidungen zur Rundfunkfreiheit – keine präzise Definition. Vielmehr bestätigten sie die Entwicklungsoffenheit des Rundfunkbegriffs:

> „Der verfassungsrechtliche Begriff des Rundfunks lässt sich nicht abschließend definieren. Sein Gehalt kann sich vielmehr bei tatsächlichen Veränderungen in dem von Art. 5 Abs. 1 Satz 2 GG geschützten Sozialbereich wandeln. Soll die Rundfunkfreiheit unter den Bedingungen raschen technischen Wandels ihre normative Kraft bewahren, dann darf bei der Bestimmung von Rundfunk nicht nur an eine bereits eingeführte Technik angeknüpft werden. Andernfalls könnte sich die grundrechtliche Gewährleistung nicht auf jene Bereiche erstrecken, in denen gleichfalls die Funktion des Rundfunks, wenn auch mit neuen Mitteln, erfüllt würde"[23].

Trotz der Offenheit des Rundfunkbegriffs haben sich in Rechtsprechung und Literatur diverse Merkmale der Präzisierung herausgebildet: die fernmeldetech-

---

19 So zum Beispiel *Degenhart* (Anm. 18), Art. 5 Rdnr. 21.

20 Vgl. *Gersdorf, H.*, Rundfunkbegriff, 1995, S. 88. Ausführlich zur Entstehungsgeschichte: *Wieland, J.*, Freiheit des Rundfunks, 1984, S. 97-108.

21 Vgl. *Jarass, H. D.*, Rundfunkbegriffe, in: AfP 1998, S. 133.

22 Vgl. *BVerfG* vom 28.02.1961 (Rundfunk I) – 2 BvG 1,2/60, BVerfGE 12, S. 205, 260.

23 Vgl. *BVerfG* vom 05.02.1991 (NRW; WDR-Gesetz) – 1 BvF 1/85, 1/88, BVerfGE 83, S. 238, 302. In die gleiche Richtung tendiert bereits der Beschluss des *BVerfG* vom 24.03.1987 (LMG BW) – 1 BvR 147, 478/86, BVerfGE 74, S. 297, 350.

nische Verbreitung, der Allgemeinheitsbezug, das massenkommunikative Element und die redaktionelle Darbietung[24].

aa) Fernmeldetechnische Verbreitung

Die „fernmeldetechnische“ oder „rundfunkspezifische Verbreitung“ stellt das technische Charakteristikum des Rundfunkbegriffs dar[25]. Sie setzt sich begriffsnotwendig aus den Teilaspekten des „Verbreitens“ und der „Fernmeldetechnik“ zusammen. Diese Elemente dienen der Abgrenzung der Rundfunkfreiheit von den beiden anderen Freiheiten des Art. 5 Abs. 1 Satz 2 GG[26], wobei hier insbesondere die Pressefreiheit im Mittelpunkt stehen soll.

Bei genauerer Betrachtung stellt man jedoch fest, dass dem Merkmal des „Verbreitens“ keine ausschlaggebende Rolle zukommen kann, da die weitflächig angelegte Publikation allen massenmedialen Erscheinungsformen immanent ist[27]. Denn ebenso wie der Rundfunk, strebt auch die Presse einen möglichst breit gefächerten Vertrieb ihre Erzeugnisse an. Die massenhafte Verbreitung kann daher lediglich der Grenzziehung zu den Individualkommunikationen des Art. 5 Abs.1 Satz dienen.

Folglich kommt es entscheidend auf das Publikationsmittel an, d. h. auf die Art und Weise der Übertragung. Im Gegensatz zur Presse, die eine verkörperte Verbreitung in Form von Druckwerken erfordert[28], erfolgt die Informationsübermittlung im Rahmen des Rundfunks mit Hilfe fernmeldetechnischer Anlagen, wobei elektromagnetische Schwingungen als Übertragungsmedium genutzt werden[29]. Zurzeit kommen dazu neben terrestrischen Frequenzen, Satellitenkanälen, breitbandigen Kabelnetzen, schmalbandigen Telefonnetzen auch die für optische Nachrichtenübertragung konzipierten Glasfaserkabel zum Einsatz[30]. Diese vielfältige Aufzählung verdeutlicht die Notwendigkeit der vom Bundes-

---

24 Vgl. allgemein zum Rundfunk *Bullinger, M.*, in: *Isensee, J./Kirchhof, P.*, Staatsrecht VI, 2001, S. 669 f. Rdnr. 4 und S. 698 ff. Rn. 87 ff.; *Janik, V.*, Rundfunkbegriff, in: AfP 2000, S. 7 ff.; *Kannengießer, C.*, in: *Schmidt-Bleibtreu, B./Klein, F.*, GG-Kommentar, 2004, Art. 5, Rn. 16 ff.; *Starck, C.*, in: *v. Mangoldt, H./ Klein, F./Starck, C.*, GG I, 1999, Art. 5 Abs. 1, 2 Rdnr. 91 ff.; *Müller, K.*, in: *Model, O./Müller, K.*, GG-Kommentar, 1996, Art. 5 Rdnr. 16 ff.

25 Vgl. *Ricker, R.*, Nutzung des Internets, in: ZUM 2001, S. 30.

26 Vgl. *Starck* (Anm. 24), Art. 5 Abs. 1, 2 Rdnr. 92.

27 Vgl. *Jarass* (Anm. 21), S. 136.

28 Vgl. *Bullinger* (Anm. 24), S. 670 Rn. 5; *Löffler, M./Ricker, R.*, Presserecht, 2000, S. 4 Rdnr. 15.

29 Vgl. *Herzog, R.*, in: *Maunz, T./Dürig, G.*, Kommentar zum GG, 2002, Art. 5 I, II Rdnr. 195 (28. Lfg. Dezember 1989); *Müller* (Anm. 24), Art. 5 Rdnr. 16.

30 Vgl. *Gersdorf* (Anm. 20), S. 120 f.

verfassungsgericht geforderten Offenheit des Rundfunkbegriffs, auch und vor allem in technischer Hinsicht[31]. Legt man weiterhin zu Grunde, dass der Rundfunkbegriff fortwährend an die Entwicklung neuer Technologien angepasst werden musste, kommt man zu dem Schluss, dass allein die Anwendung einer neuen Technik noch kein hinreichender Ausschlussgrund sein kann. Somit steht das Kriterium der „fernmeldetechnischen Verbreitung" dem Einbezug von Homepages unter den Rundfunkbegriff nicht im Wege[32].

bb) Merkmal der Allgemeinheit

Rundfunk ist nach allgemeinem Verständnis in der Lage, großen Einfluss auf den Prozess der öffentlichen Meinungsbildung auszuüben, da die rundfunkmäßige Verbreitung von Informationen eine immense Breitenwirkung[33] entfaltet. Um diese Funktion erfüllen zu können, müssen sich die jeweiligen Rundfunkprogramme zwingend an eine beliebige, unbestimmbare Öffentlichkeit wenden[34], d. h., von Rundfunk im verfassungsmäßigen Sinne kann nur dann gesprochen werden, wenn Adressatenkreis der Publikation „die Allgemeinheit" ist. Was in diesem Sinne unter „Allgemeinheit" zu verstehen ist, lässt sich am besten negativ dahingehend umschreiben, dass man nicht mehr von „Allgemeinheit" sprechen kann, „wenn sich der Adressatenkreis vorher in der Weise bestimmen [lässt], dass es sich hierbei ausschließlich um Personen handelt, die durch gegenseitige Beziehungen oder durch Beziehungen zum Veranstalter persönlich untereinander verbunden sind"[35]. Der Allgemeinheitsbezug eignet sich also zur Abgrenzung der Rundfunkfreiheit von den Individualfreiheiten des Art. 5 Abs. 1 Satz 1 GG, weshalb hier die gleichen Grundsätze wie bei der Unterscheidung von Individual- und Massenkommunikation Anwendung finden[36].

---

31 Das *BVerfG* (LMG BW) (Anm. 23), S. 297, 350 f. spricht davon, dass die Rundfunkfreiheit in „ einer sich wandelnden Zukunft" nicht „nur an ältere Technik" anknüpfen kann. Vielmehr muss „sie ihre Funktion auch angesichts der neuen technischen Möglichkeiten erfüllen können".

32 So im Ergebnis u. a. auch *Gersdorf* (Anm. 20), S. 120 f.; a. A. *Ricker* (Anm. 25), S. 30, der bei Internetpublikationen die „rundfunkspezifische Verbreitung" auf Grund einer teleologischen Auslegung des Begriffs „Verbreitung" als nicht gegeben ansieht.

33 Das BVerfG misst hierbei insb. der Breitenwirkung des Fernsehens eine große Bedeutung bei, da die Suggestionswirkung des Fernsehmediums über die der Presse und Hörfunk hinausgeht. Vgl. *BVerfG* vom 05.06.1973 (Lebach) – 1 BvR 536/72, BVerfGE 35, S. 202, 226 f.; *BVerfG* vom 03.06.1980 (Böll) – 1 BvR 797/78, BVerfGE 54, S. 208, 217.

34 Vgl. *Janik* (Anm. 24), S. 8 m. w. N.; *Gersdorf, H.*, Datennetze, in: *Becker, J.*, Rechtsprobleme, 1996, S. 90.

35 Abdruck des *Schliersee-Papiers*, B. II. 1. a), bei *Ring, W.-D./Wittmann, H./Zölch-Balmer, F. A.*, Medienrecht, 2001, Bd. III, D-I, S. 2.

36 Vgl. die Ausführungen zur Abgrenzung von Individual- und Massenkommunikation, oben unter E. I. 1. „Online-Dienste zwischen Individual- und Massenkommunikation".

An dieser Stelle werden bereits Schwierigkeiten deutlich, kleine private Homepages grundsätzlich unter den Rundfunkbegriff zu fassen. Die Rezipienten dieser Seiten zählen regelmäßig zum engeren persönlichen Bekanntenkreis des Web-Seiteninhabers. Darüber hinaus ist die Beziehung zwischen „Sender“ und „Empfänger“ in der Regel durch Teilung der Interessen oder sonstigen Gemeinsamkeiten gekennzeichnet, so dass man, nach eben genannter Definition, diesen Homepages den Allgemeinheitsbezug im Regelfall wohl absprechen muss.

Etwas anderes gilt jedoch für die oben aufgeführten Web-Seiten der Medienunternehmen. Die dort präsentierten Informationen sind für eine unbestimmte Vielzahl von Personen bestimmt, welche weiterhin auch in keinerlei Beziehungen untereinander oder zum Herausgeber der Homepage stehen. Folglich sprechen diese Homepages die so genannte breite Öffentlichkeit an, womit das Merkmal der Allgemeinheit erfüllt wäre[37].

cc) Massenkommunikatives Element

Der eben festgestellte Allgemeinheitsbezug ist zwar eine notwendige, aber keine hinreichende Voraussetzung für die Anwendung der Rundfunkfreiheit auf Homepages von Medienunternehmen. Weiterhin ist es erforderlich, dass die Publikationen in Form einer redaktionellen Darbietung erfolgen, d. h., sie müssen das Ergebnis einer redaktionellen Tätigkeit sein[38]. Davon kann man sprechen, wenn aus anderen Quellen stammende Informationen bearbeitet und zu einem von den Rezipienten nutzbaren Produkt zusammengefasst werden[39]. Dies dürfte bei Web-Seiten von Medienunternehmen generell der Fall sein. Auf diesen Seiten finden sich thematisch breit gefächerte Angebote, welche – ähnlich den in Presse, Hörfunk oder Fernsehen veröffentlichten Berichten – redaktionell aufbereitet sind. Die beim Sender eingehenden Informationen werden nicht „eins zu eins“ wiedergegeben, sondern vor ihrer Veröffentlichung weiterverarbeitet. Sollte dies gelegentlich nicht der Fall sein, zum Beispiel aus Gründen der Dringlichkeit, so findet jedenfalls eine Selektierung der erhaltenen Informationen statt.

Ein weiteres notwendiges rundfunkspezifisches Merkmal, das „massenkommunikative Element“, ergibt sich aus der verfassungsrechtlichen Funktion des Rundfunks. Diese liegt in der Herstellung eines allgemeinen Meinungsmarktes[40]. Fraglich ist also, ob den besagten Internetauftritten die gleiche Meinungsmacht,

---

37 So im Ergebnis u. a. auch: *Starck* (Anm. 24), Art. 5 Abs. 1, 2 Rdnr. 97; *Jarass* (Anm. 21), S. 134 m. w. N.; *Michel, E.-M.*, Rundfunk und Internet, in: ZUM 1998, S. 352.

38 Vgl. *Michel* (Anm. 37), S. 351.

39 Vgl. *Jarass* (Anm. 21), S. 135.

40 Vgl. *BVerfG* (NRW; WDR-Gesetz) (Anm. 23), S. 296 f. Ebenso *BVerfG* (LMG BW) (Anm. 23), S. 349.

und somit die gleiche Massenwirkung, wie dem klassischen Rundfunk zukommt. Publikationen im Internet unterscheiden sich in zwei Aspekten wesentlich von Rundfunksendungen. Zum einen fehlt es an der *Gleichzeitigkeit* der Informationsübertragung, da es dem Empfänger frei steht, wann er auf das vom Web-Seiteninhaber (für einen gewissen Zeitraum) bereitgehaltene Informationsangebot zugreift. Zum anderen hat der Rezipient beim Besuch einer Homepage eine ungleich größere *Auswahlfreiheit* zwischen den angebotenen Themen, verbunden mit einer großen individuellen Steuerungsmöglichkeit.

(1) Das Merkmal der Gleichzeitigkeit

Bei der Untersuchung der „Gleichzeitigkeit" wird teilweise ins Feld geführt, es könne keine Rolle spielen, ob ein Bericht ein bestimmtes Publikum in Rahmen einer Fernsehsendung erreicht oder ob dasselbe Publikum die Information zu unterschiedlichen Zeiten im Wege des Einzelabrufs vermittelt bekommt[41]. Dieses Argument wird jedoch abgeschwächt, führt man sich vor Augen, dass es hinsichtlich massenkommunikativer Wirkung sehr wohl einen Unterschied macht, ob viele Menschen zur gleichen Zeit Kenntnis eines bestimmten Umstandes erlangen, oder ob ihnen die Nachricht nur peu à peu, innerhalb mehrerer Tage, vielleicht sogar Wochen, zugeht. Denn die Gleichzeitigkeit der Informationserlangung fördert die Kommunikation untereinander in stärkerem Maße und trägt dadurch zur weiteren Verbreitung der aufgenommenen Information bei. Das jeweilige Thema wird in der gesellschaftlichen Diskussion nachhaltiger präsent sein und somit größeren Einfluss auf die öffentliche Meinungsbildung ausüben.

(2) Die Dispositionsfreiheit des Rezipienten

Bezüglich der Dispositionsfreiheit des Rezipienten muss in Betracht gezogen werden, dass der Informationskonsument im Internet, neben der Möglichkeit der gezielten Auswahl von Beiträgen, auch die Gelegenheit hat, zusätzlich diejenigen Informationen anzufordern, welche ausschließlich seine individuellen Interessen befriedigen[42]. Damit einher geht logischerweise ein Verlust an Meinungsmacht im Vergleich zu den Fernseh- und Rundfunkanstalten. Bei diesen nimmt der Programmgestalter durch die Platzierung der Information innerhalb der Sendung und durch die zur Verfügung gestellte Sendezeit erheblichen Einfluss auf die Suggestivkraft der Nachricht, denn die Wirkung von bestimmten Inhalten auf die öffentliche Meinungsbildung basiert nicht zuletzt auf dem in vorgegebener Reihenfolge planmäßigen Ablauf des Gesamtprogramms[43]. Bei

---

41 Vgl. *Hesse, A.*, Rundfunkrecht, in: BayVBl 1997, S. 135.

42 Vgl. *Degenhart, C.*, Programmauftrag, in: MMR 1998, S. 138.

43 Vgl. *Bullinger, M./Mestmäcker, E.-J.*, Multimediadienste, 1997, S. 53 f.

Präsentationen im Internet hingegen, hat der Einzelne die Möglichkeit, durch Navigation den Ablauf des Informationsflusses zu bestimmen. Der Rezipient nimmt somit erheblichen Einfluss auf die Gestaltung „seines individuellen Programms". Er kann gezielt auswählen und ist nicht gezwungen, den gesamten Inhalt zu übernehmen[44]. Er ist in der Lage, Dokumente ganz oder nur Ausschnittsweise herunterzuladen, sie zu speichern und gegebenenfalls selbst weiterzubearbeiten. Es besteht die Möglichkeit, sich einzelne Programmpunkte wiederholte Male anzusehen und innerhalb dieser nach Belieben hin und her zu springen. Folglich stehen dem Empfänger beim Informationskonsum mittels einer Homepage wesentlich andere und vielfältigere Optionen zur Verfügung, die deutlich über den Möglichkeiten liegen, die sich ihm beim Gebrauch herkömmlichen Rundfunks bieten. Denn da beschränkt sich die Möglichkeit der Einflussnahme hauptsächlich auf das Ein- und Ausschalten[45].

Durch die aufgeführten Gestaltungsmöglichkeiten ist der Konsument, im Gegensatz zum klassischen Rundfunk, nicht mehr in dem Maße der Faszinationskraft eines kontinuierlich ablaufenden Programms unterworfen, welches ihn fesselt, einbindet und ihn gerade durch den festgelegten Zeitablauf beeinflusst[46]. Damit kann das mittels des Internets verbreitete Programm nur eine deutlich geringere „Breitenwirkung, Aktualität und Suggestivkraft"[47] entfalten, als dies beim klassischen Rundfunk der Fall ist.

(3) Fazit

In der Gesamtschau bleibt festzuhalten, dass sich die Nutzung einer Homepage deutlich von Rundfunkprogrammen unterscheidet und zwar sowohl hinsichtlich des zeitlichen Ablaufs, der vorgegebenen Folge, als auch bezüglich der Gestaltungsmöglichkeiten des Rezipienten. Diese signifikanten Unterschiede stehen einer Gleichbehandlung der beiden Publikationsformen entgegen. Daher kann ein genereller Einbezug von Internetpublikationen einer Homepage unter die Rundfunkfreiheit des Art. 5 Abs. 1 Satz 2 GG nicht befürwortet werden[48].

---

44 Vgl. *Ricker* (Anm. 25), S. 29.

45 Vgl. *BVerfG* (LMG BW) (Anm. 23), S. 297, 352.

46 Vgl. *Bullinger, M.*, Multimediadienste, in: JZ 1996, S. 387.

47 S. *BVerfG* vom 22.02.1994 (Rundfunkgebühr) – 1 BvL 30/88, BVerfGE 90, S. 87. Vgl. auch *Oppermann, T.*, Anm. zum Urt. des BVerfG vom 22.02.1994, in: JZ 1994, S. 499 ff.

48 So im Ergebnis u. a.: *Flechsig, N. P.*, Datennetze, in: *Becker, J.*, Rechtsprobleme, 1996, S. 66 f.; *Degenhart* (Anm. 42), S. 138; *ders* (Anm. 18), Art. 5 Rdnr. 682 ff.; *ders.*, Funktionsauftrag, in: K&K 2001, S. 332; *Ricker* (Anm. 25), S. 30. A. A. insb. *Eberle, C.-E.*, Neue Übertragungstechniken, in: ZUM 1995, S. 249 ff., der sich für eine uneingeschränkte Zuordnung aller Internetdienste zum Rundfunkbegriff ausspricht. *Michel* (Anm. 37), S. 350-357; *Jarass* (Anm. 21), S. 133-141; *Hesse* (Anm. 41), S. 135.

dd) Ausnahme

Von dem hier vertretenen Grundsatz muss jedoch eine Ausnahme gemacht werden. Nutzen Rundfunkanstalten das Internet, um im klassischen Rundfunk übertragene Programme in voller Länge zu senden, so liegt Rundfunk i. S. d. Art. 5 Abs. 1 Satz 2 GG vor. Denn hier wird das Internet lediglich als Übertragungsmedium, sozusagen als „Transportweg“[49], für das Rundfunkprogramm benutzt. Dies gilt insbesondere für Direktübertragungen, muss aber auch Anwendung finden, wenn eine im Rundfunk ausgestrahlte Sendung auf einem Server komplett und unverändert gespeichert wird und hierfür die Möglichkeit des Abrufs besteht[50].

An dieser Stelle soll noch kurz auf die Entscheidung des Bundesverfassungsgerichts zum LMG Baden-Württemberg[51] eingegangen werden, welche in der Literatur teilweise herangezogen wird, um sämtliche Internetauftritte von Sendeanstalten unter die Rundfunkfreiheit zu fassen. Diese Argumentation geht jedoch fehl, da es bei der genannten Entscheidung nur um die Speicherung eines vollständigen, unveränderten öffentlich-rechtlichen Programms ging. Wie gezeigt, handelt es sich hierbei jedoch um einen Sonderfall, so dass eine generelle Anwendung dieser Grundsätze auf Publikationen im Internet verfehlt wäre[52].

b) Die Homepage als Presseerzeugnis?

Der Begriff der Presse umfasst alle zur Verbreitung geeigneten und bestimmten Druckerzeugnisse[53]. Darunter fallen sowohl periodische als auch „einmalig“ erscheinende Druckwerke (Bücher, Flugblätter, Plakate usw.)[54]. Im Gegensatz zur körperlosen Kundgabe des Rundfunks, ist die Pressefreiheit demnach an die Verbreitung verkörperter Gedankeninhalte gebunden[55].

---

49 Vgl. *Degenhart* (Anm. 18), Art. 5 Rdnr. 696.

50 Vgl. *Determann* (Anm. 4), S. 455, der auf das vergleichbare Manipulationspotenzial hinweist, falls Bilder und Ton eingesetzt werden.

51 Vgl. *BVerfG* (LMG BW) (Anm. 23), S. 297 ff.

52 Ob (öffentlich-rechtliche) Rundfunkanstalten im Wege einer Annexkompetenz als Rundfunkanbieter im Internet auftreten können und wie weit diese Kompetenz reicht, kann und muss hier nicht näher behandelt werden.

53 Vgl. *Paschke, M.*, Medienrecht, 2001, S. 78 Rdnr. 194. Vgl. zur Pressefreiheit auch *Bullinger* (Anm. 24), S. 672 ff. Rdnr. 10 ff.; *Starck* (Anm. 24), Art. 5 Abs. 1, 2 Rdnr. 59 ff.; *Schmeinck, S.*, Meinungsfreiheit, in: *Bleckmann, A.*, Staatsrecht II, 1997, S. 810 ff.; *Schmid, M.*, Die Pressefreiheit nach dem GG, 1992.

54 Vgl. *Pieroth, B./Schlink B.*, Grundrechte, 2005, S. 142 Rn. 567 m. w. N.

55 Vgl. *Löffler / Ricker* (Anm. 28), S. 3 f. Rn. 9 und 15; *Bullinger* (Anm. 24), S. 670 Rn. 5.

Fraglich ist nun, ob man Web-Seiten unter den vorgestellten Pressebegriff subsumieren kann. Dagegen lässt sich vortragen, dass bei der Übertragung einer Homepage die Informationen nicht in Form von Druckwerken übermittelt werden. Zu dem gleichen Ergebnis gelangt man auch dann, wenn man eine sehr weite begriffliche Bestimmung heranzieht und unter Druckwerken auch Tonträger, Schallplatten, Filmstreifen, CD-ROMs usw. versteht[56], welche ja auch – wenngleich technisch auf vollkommen unterschiedliche Art und Weise – „gepresst" werden und somit eine plastische Verwirklichung erfahren. Im Gegensatz dazu fehlt es bei der Homepage am Merkmal der stofflichen Verkörperung der abgebildeten Informationen, was deutlich gegen eine Subsumtion unter die Pressefreiheit spricht.

Gegen diese Ansicht wird der Einwand erhoben, die Homepage werde auf dem heimischen PC „Seite für Seite" wiedergegeben und ihre Inhalte könnten weiterhin beliebig ausgedruckt werden, so dass es an der stofflichen Verkörperung nicht fehle. Der Rezipient hätte die Möglichkeit frei zu entscheiden, welche Informationen er ausdrucken und lesen möchte, womit er sich in einer mit dem Zeitungsleser vergleichbaren Situation befände[57].

Diese Einwände schlagen jedoch nicht durch. Die in Rede stehenden Informationen werden nicht in Form von körperlicher Substanz vertrieben, sondern mittels elektromagnetischer Schwingungen[58]. Die bloße Möglichkeit, die Daten im Anschluss an die Übermittlung mit Hilfe eines Druckers stofflich zu fixieren, ändert nichts an dem Übertragungsvorgang, welcher letztlich für die Einordnung relevant ist.

Etwas anderes kann nur dann gelten, wenn es sich funktionell um so genannte „Pressesurrogate" handelt. Ein solcher Sonderfall liegt vor, wenn Zeitungen, Zeitschriften oder Bücher dem Kunden elektronisch zugestellt werden und die Werke sich in einem – gegenüber der gedruckten Fassung – unveränderten Zustand befinden[59]. Dabei muss es ohne Belang sein, ob der Ausdruck vor, zeitgleich oder erst nach der elektronischen Übermittlung erfolgt. Die fernmeldetechnische Übertragung ersetzt hier allein die Zustellung einer gedruckten Ausgabe, so dass man in diesen Fällen noch von „Presse" i. S. d. Art 5 Abs.1 Satz 2 GG sprechen kann. An dieser Stelle wird auch eine Parallele zur Rundfunkfreiheit sichtbar. Hier wie dort ist eine Zuordnung der Online-Publikationen zum jeweiligen verfassungsrechtlichen Begriff geboten, wenn es sich um die vollständige und unveränderte Wiedergabe des originären Dokuments, respektive Programms, handelt.

---

56 Vgl. *Löffler / Ricker* (Anm. 28), S. 2 Rdnr. 7.

57 Vgl. *Flechsig* (Anm. 48), S. 68 f.

58 Vgl. *Degenhart* (Anm. 18), Art. 5 Rdnr. 410.

59 Vgl. *Bullinger / Mestmäcker* (Anm. 43), S. 62 m. w. N.

c) Die Homepage als Teil der Freiheiten des Art. 5 Abs.1 GG?

Art. 5 Abs. 1 Satz 1, 1. Halbs. GG schützt die freie Meinungsäußerung. Meinung ist ein Werturteil[60], also die Äußerung einer Ansicht zu bestimmten Tatsachen. Bestimmend für den Begriff der Meinung ist „das Element der Stellungnahme, des Dafürhaltens, des Meinens im Rahmen einer geistigen Auseinandersetzung“[61]. Erfasst werden auch Tatsachenbehauptungen soweit sie als Voraussetzung für die Bildung von Meinungen in Betracht kommen[62]. Nur erwiesen falsche Tatsachenbehauptungen sowie die Übermittlung reinen Zahlenmaterials fallen aus dem Schutzbereich von Art. 5 Abs. 1 Satz 1, 1. Halbs. GG heraus[63].

Als Form der Meinungskundgabe nennt das Grundgesetz die Äußerung und Verbreitung „in Wort, Schrift und Bild“. Unabhängig davon, ob man hierbei von einer beispielhaften und daher nicht abschließenden Aufzählung ausgeht[64], oder – im Rahmen einer weiten Auslegung – praktisch jede denkbare Mitteilungsform unter die genannten Tatbestandsmerkmale subsumiert[65], gelangt man zu dem Ergebnis, dass sämtliche Formen der Meinungskundgabe geschützt werden. Dies muss dementsprechend auch für Internetpublikationen gelten. Sofern die im Einzelfall getätigten Äußerungen die Voraussetzungen des Meinungsbegriffes erfüllen, steht einem Schutz durch Art. 5 Abs. 1 Satz 1, 1. Halbs. GG nichts entgegen[66].

Diese Grundsätze finden auch bei der Informationsfreiheit des Art. 5 Abs. 1 Satz 1, 2. Halbs. Anwendung, welche die ungehinderte Unterrichtung aus allgemein zugänglichen Quellen garantiert. Der Begriff „Informationsquelle“ ist dabei weit zu verstehen. Er umfasst zum einen jeden denkbaren Träger von Informationen, zum anderen aber auch den Gegenstand der Information selbst[67]. Allgemein zugänglich ist eine Informationsquelle dann, wenn sie „technisch geeignet und bestimmt ist, der Allgemeinheit, d. h., einem individuell nicht bestimmbaren Personenkreis, Informationen zu verschaffen“[68]. Diese technische Eignung ist beim

---

60 Vgl. *BVerfG* vom 11.01.1994 (Wahrheit für Deutschland) – 1 BvR 434/87, BVerfGE 90, S. 1, 14 f.

61 So das *BVerfG* vom 22.06.1982 (Wahlkampfäußerung) – 1 BvR 1376/79, BVerfGE 61, S. 1, 8.

62 Vgl. *BVerfG* vom 09.10.1991 (Bayer-Flugblatt) – 1 BvR 1555/88, BVerfGE 85, S. 1, 15.

63 Vgl. *Pieroth / Schlink* (Anm. 54), S. 139 Rn. 554 f.; *Determann* (Anm. 4), S. 392 f. m. w. N. aus der Rspr.; *Ossenbühl, F.*, Medienfreiheit, in: Bitburger Gespräche 1999/I, S. 81.

64 So z. Bsp. *Bamberger* (Anm. 8), S. 74; *Pieroth / Schlink* (Anm. 54), S. 139 Rn. 556.

65 Vgl. *Wendt, R.*, in: *v. Münch, I./Kunig, P.*, GGK I, 2000, Art. 5 Rdnr. 15 m. w. N.

66 Vgl. auch *Gounalakis, G./Rhode, L.*, Persönlichkeitsschutz im Internet, 2002, S. 158.

67 Vgl. statt vieler nur *Herzog* (Anm. 29), Art. 5 I, II Rdnr. 87.

68 So das *BVerfG* vom 03.10.1969 (Überwachungsgesetz) – 1 BvR 46/65, BVerfGE 27, S. 71, 83.

Internet auf Grund der weltweiten Abrufbarkeit gegeben, so dass Homepages und sonstige Internetpublikationen grundsätzlich als „allgemein zugängliche Informationsquellen" angesehen werden können, womit eine Zuordnung zur Informationsfreiheit gegeben ist.

d) Internetfreiheit als neues Grundrecht?

Vereinzelt wird in der Literatur die Einführung einer neuen Kommunikationsfreiheit in Form der Internetfreiheit gefordert[69], der alle Internetdienste zugeordnet werden sollen. Begründet wird dies vor allem mit dem technischen Aufbau des Internets, welcher sich in erheblichem Maße von den herkömmlichen Medien unterscheide. Aufgrund dieser strukturellen Differenzen sei es nicht möglich, Online-Dienste unter die Grundfreiheiten des Art. 5 Abs. 1 GG zu fassen. Hieraus ergebe sich eine grundrechtliche Regelungslücke, welche nur durch die „Internetfreiheit" als neues Grundrecht geschlossen werden könne[70].

Dieser Ansicht kann nicht gefolgt werden. Kommunikation und Publikation im Internet geschieht auf derart vielfältige Weise, sodass eine pauschale Betrachtung fehl am Platz wäre. Das Internet ist zwar in Struktur und hinsichtlich des technischen Aufbaus von den traditionellen Kommunikationsformen verschieden, doch stellt es lediglich eine Plattform für diverse Dienste dar, die voneinander abgrenzbar sind und die – wenn auch unter Überwindung einiger Schwierigkeiten – den einzelnen Freiheiten des Art. 5 GG zugeordnet werden können. Da somit keine grundrechtliche Regelungslücke vorliegt, ist kein Raum für ein neues Kommunikationsgrundrecht, die „Internetfreiheit", gegeben[71].

3. Zusammenfassung

1. Im Internet verschwimmen die Grenzen der Massen- und Individualkommunikation. Daher kann mit diesen Mitteln eine präzise Zuordnung verschiedener Online-Dienste nicht vorgenommen werden.

2. Internetauftritte können grundsätzlich nicht der Rundfunkfreiheit zugeordnet werden. Eine Ausnahme gilt für die zeitgleiche oder zeitnahe Übertragung eines vollständigen Programms des herkömmlichen Rundfunks.

---

69 So vor allem *Mecklenburg, W.*, Internetfreiheit, in: ZUM 1997, S. 525 ff.

70 Vgl. *Mecklenburg* (Anm. 69), S. 530.

71 So im Ergebnis u. a. auch *Degenhart* (Anm. 18), Art. 5 Rdnr. 20 m. w. N.; *Gounalakis / Rhode* (Anm. 66), S. 156 m. w. N.; *Schröder, G.*, Meinungsäußerung, 1999, S. 106 f.

3. Internetpublikationen werden dann von der Pressefreiheit erfasst, wenn es sich funktionell um „Pressesurrogate" handelt. Hier ersetzt die fernmeldetechnische Übertragung lediglich die Zustellung der gedruckten Ausgabe.

4. Auf Grund der möglichen Einordnung von Internetdiensten unter die verschiedenen Freiheiten des Art. 5 Abs. 1 GG kann mangels Regelungslücke auf die „Internetfreiheit" als neues Kommunikationsgrundrecht verzichtet werden.

5. Außerhalb der aufgeführten Ausnahmen werden Publikation und Kommunikation im Internet von der Meinungsäußerungsfreiheit und der Informationsfreiheit des Art. 5 Abs. 1 Satz 1 GG erfasst, sofern im Einzelfall deren Voraussetzungen vorliegen. Im Ergebnis erfolgt demnach eine nach der Funktion der Internetseite differenzierende Analyse.

II. Die Prominenz

Schaltet man den Fernseher ein, surft im Internet oder stöbert in Zeitschriften, Magazinen und Zeitungen, so trifft man sie immer wieder: Die Prominenten, die Stars, die Diven, die Reichen und Schönen, oder wie auch immer der Volksmund jene bekannten Personen aus Politik, Wissenschaft, Kunst, Film, Sport etc. bezeichnet, deren Konterfei uns tagtäglich in den verschiedenen Medien begegnet. Diese Omnipräsenz führt zu Spannungslagen gegenläufiger Interessen. Während die eine Seite an Geschichten, Enthüllungen und die Auflage steigernden Details interessiert ist, wollen die anderen auch mal in Ruhe gelassen werden bzw. sich für ihre Präsenz fürstlich entlohnen lassen. Diese divergierenden Standpunkte und Wünsche enden daher nicht selten im Streit und müssen letztlich vor Gericht ausgefochten werden. So wundert es denn auch wenig, dass die genannten Persönlichkeiten auch in Deutschland Eingang in die Rechtswissenschaft erhalten haben, in der sie gemeinhin „Personen der Zeitgeschichte" oder „Personen des öffentlichen Lebens" genannt werden.

Der Ausdruck „Person der Zeitgeschichte" ist zwar eng an den Ausdruck „Bildnis aus dem Bereich der Zeitgeschichte" des § 23 Abs. 1 Kunsturhebergesetz[1] (KUG) angelehnt, findet jedoch auch über den Bildnisschutz hinaus Verwendung[2]. Die verschiedenen Begrifflichkeiten werden bereits in den Motiven zum KUG erwähnt[3]. Nach damaliger Vorstellung sollten allerdings nur diejenigen zu

---

1 Eigentlich: Gesetz betreffend das Urheberrecht an Werken der bildenden Künste und der Photographie.

2 Vgl. nur *Helle, J.*, Besondere Persönlichkeitsrechte, 1991, S. 130.

3 Vgl. *Verhandlung des Deutschen Reichstages*, 11. Legislaturperiode, II. Session 1905/06, 2. Anlagenband, Nr. 30, S. 1540: „Die Veröffentlichung des Bildnisses von Personen, die

(Fortsetzung nächste Seite)

Personen der Zeitgeschichte avancieren, die dies beabsichtigten, also über ein entsprechendes Bewusstsein verfügten. Ein unbewusstes Eintreten wurde als nicht ausreichend erachtet. Diese Vorstellung hat sich im Laufe der Zeit stark gewandelt. Ein wie auch immer geartetes Bewusstsein zur Zeitgeschichte gehören zu wollen, wird heute von der ganz herrschenden Meinung nicht mehr verlangt[4]. Weiterhin wird seit einem 1960 verfassten Aufsatz von *Neumann-Duesberg*[5] in Literatur und Rechtsprechung zwischen *relativen* und *absoluten* Personen der Zeitgeschichte unterschieden[6]. Klärungsbedürftig ist zunächst jedoch, was unter „Zeitgeschichte" zu verstehen ist.

1. Der Begriff der Zeitgeschichte

Bei der Untersuchung des Begriffes ist an erster Stelle darauf hinzuweisen, dass der juristische Sprachgebrauch nicht im Einklang mit der Definition steht, die der Ausdruck im Rahmen der Geschichtswissenschaft erfahren hat. Diese versteht unter *Zeitgeschichte* gemeinhin „die der unmittelbaren Gegenwart vorangehende geschichtliche Epoche (als »jüngste Phase der Neuzeit«) und die historische Disziplin, die sich deren Erforschung widmet"[7]. Dahingegen ist, nach den Gesetzesmaterialien zum KUG und deren Anwendung durch die Rechtsprechung und die Rechtslehre, der rechtswissenschaftliche Begriff *Zeitgeschichte* im weitesten Sinne zu verstehen[8] und umfasst nicht nur Angelegenheiten von historischer Tragweite oder Vorgänge des politischen Lebens, sondern auch gesellschaftliche, wirtschaftliche und kulturelle Ereignisse[9]. In diesem Zusammenhang stellte bereits das Reichsgericht fest:

> „Zur Zeitgeschichte gehören dabei alle Erscheinungen im Leben der Gegenwart, die von der Öffentlichkeit beachtet werden, bei ihr Aufmerksamkeit finden und Gegenstand der Teilnahme oder Wißbegier weiter Kreise sind, wobei es nur darauf ankommt, was

---

im öffentlichen Leben stehen...". Vgl. auch *Obermayer, L.*, in: *Stenglein, M.*, Strafrechtliche Nebengesetze, 1928, § 23 KUG Anm. 1. Zum Teil wird die Wortschöpfung *Neumann-Duesberg, H.*, Personen der Zeitgeschichte, in: JZ 1960, S. 114 ff. gutgeschrieben (vgl. z. B. *Neumann-Klang, S.*, Recht am eigenen Bild, 1999, S. 28).

4 Vgl. *BVerfG* vom 15.12.1999 (Caroline v. Monaco) – 1 BvR 653/96, BVerfGE 101, S. 361, 383. Vgl. dazu auch *Helle* (Anm. 2), S. 133 m. w. N.

5 Siehe *Neumann-Duesberg* (Anm. 3), S. 114 ff.

6 Vgl. nur *Wenzel, K. E.*, Wort- und Bildberichterstattung, 1994, S. 354 Rdnr. 8.4.

7 Quelle: *Brockhaus multimedial*, 2003, Suchwort: „Zeitgeschichte".

8 Vgl. *Verhandlung des Deutschen Reichstages*, 11. Legislaturperiode, II. Session 1905/06, 6. Anlagenband, Nr. 448, S. 4685. Vgl. auch *OLG Karlsruhe* vom 27.11.1981 (Politsatire) – 10 W 72/81, NJW 1982, S. 647; *v. Gamm, O.-F.*, Urheberrechtsgesetz, 1968, Einf., Rn. 116; *Löffler, M./Ricker, R.*, Presserecht, 2000, S. 369 Rdnr. 13; *Rehbock, K./Schmidt, A.*, Person der Zeitgeschichte, in: FS Schweizer, 1999, S. 124 ff.

9 Vgl. *Gass, W.*, in: *Möhring, P./Nicolini, K.*, Urheberrecht, 2000, § 60 UrhG/Anh. § 22 KUG, Rn. 3; *v. Gamm* (Anm. 8), Einf., Rn. 116.

Geschmack und Empfinden der Zeit mit sich bringen, und Dauer über den Tag hinaus in beträchtlicher Zukunft nicht wahrscheinlich zu sein braucht“ [10].

Zusammenfassend kann also festgestellt werden, dass *Zeitgeschichte* im juristischen Sinne alle Geschehnisse erfasst, die in den Fokus der Öffentlichkeit geraten und von dieser hinreichend beachtet werden.

2. Relative Personen der Zeitgeschichte

Relativ mit der Zeitgeschichte verbunden sind solche Personen, die nur im Zusammenhang mit einem bestimmten Geschehen in das Blickfeld der Öffentlichkeit treten[11]. Dies ist beispielsweise bei einem überlebenden Zugführer eines großen Zugunglücks der Fall. Ebenso können Täter schwerer, erhebliches Aufsehen erregender Straftaten[12] oder Anwälte in besonders spektakulären Prozessen[13] derart aus der Anonymität heraustreten, dass sie als relative Personen der Zeitgeschichte einzustufen sind. Dies gilt insbesondere auch für ständige Begleiter, Lebensgefährten oder Angehörige absoluter Personen der Zeitgeschichte, sofern sie zusammen öffentlich auftreten und auf diese oder andere Weise der Öffentlichkeit bekannt wurden und in dieser auch weiterhin präsent sind[14].

Zu beachten ist, dass der Qualifizierung als relative Person der Zeitgeschichte sowohl eine zeitliche als auch eine gegenständliche Begrenzung entgegenstehen kann[15]. Die temporäre Schranke bezieht sich auf die Aktualität und garantiert eine bestimmte zeitliche Nähe zu dem betreffenden Ereignis. Ist diese nicht mehr vorhanden, dürfen personenbezogene Publikationen, insbesondere Bildberichterstattungen, nur mit Zustimmung des Dargestellten erfolgen (vgl. § 22 KUG: „mit Einwilligung des Abgebildeten“[16]), da dieser nicht mehr als zeitgeschichtlich einzustufen ist. Der gegenständliche Bezug verbietet Veröffentlichungen, welche die Person in einem anderen als dem ursprünglichen, das zeitgeschichtliche Ereignis konstituierenden, Zusammenhang zeigen. Ohne diese Einengung wäre die Abgrenzung zwischen *relativer* und *absoluter* Zeitgeschichtlichkeit nicht möglich[17]. Weiterhin dient die Begrenzung dem Schutz des

---

10 Siehe *RG* vom 26.06.1929 (Tull Harder) – I 97/29, RGZ 125, S. 80, 81 f.

11 Vgl. *Neumann-Duesberg* (Anm. 3), S. 114 ff.; *Wenzel* (Anm. 6), S. 354 Rdnr. 8.4.; *Engels, S./Schulz, W.*, Bildnis der Zeitgeschichte, in: AfP 1998, S. 577.

12 Vgl. z. B. *BVerfG* vom 05.06.1973 (Lebach) – 1 BvR 536/72, BVerfGE 35, S. 202, 240.

13 Vgl. *OLG Hamburg* vom 10.12.1981 (Michael Kühnen) – 3 U 76/81, AfP 1982, S. 177, 178.

14 Vgl. *LG Köln* vom 09.03.1994 (Harald Schmidt) – 28 0 11/94, AfP 1994, S. 168 m. w. N. aus der Rspr.

15 Vgl. *Helle* (Anm. 2), S. 146; *Engels / Schulz* (Anm. 11), S. 577.

16 Vgl. dazu unten E. VI. 1. d) „Die Einwilligung nach § 22 KUG“.

17 Vgl. *Engels / Schulz* (Anm. 11), S. 577.

Einzelnen und ist der Sache nach zutreffend, da viele ohne eigenes Zutun ins Blickfeld der Öffentlichkeit gelangen und schon aus diesen Gründen schutzbedürftig sind. Zur Verdeutlichung soll folgender Fall aus der Rechtsprechung dienen[18]:

Eine Frau erlangte zeitgeschichtlichen Status, indem sie in einem spektakulären Strafprozess als wichtige Zeugin auftrat. Sechs Monate später druckte eine Zeitung ihr Bildnis in einem ganz anderen Kontext. Die Zeitung argumentierte, die Frau sei eine relative Person der Zeitgeschichte, sodass es zur rechtmäßigen Publikation ihres Fotos nicht ihrer Zustimmung bedürfe. Der BGH sah die Bildnisveröffentlichung jedoch als unzulässig an, da ein zeitgeschichtlicher Zusammenhang fehle.

Der BGH nahm in diesem Fall zwar keine ausdrückliche Stellung zur zeitlichen und/oder gegenständlichen Begrenzung, doch dürften im Ergebnis beide Kriterien erfüllt sein. Ein halbes Jahr nach Beendigung eines Strafprozesses kann man diesen wohl kaum noch als „aktuell“ bezeichnen, zumindest nicht bezüglich einer Zeugin. Weiterhin stand der betreffende Artikel in keinem Zusammenhang mit dem besagten Strafprozess und es handelte sich auch nicht um ein ähnliches Strafverhalten. Demnach war die Veröffentlichung des Berichtes nicht gerechtfertigt.

Zusammenfassend lässt sich also sagen, dass zur relativen Zeitgeschichtlichkeit ein wie auch immer gearteter Vorgang gehört, welcher die Berichterstattung derart dominieren muss, so dass nicht die jeweilige Person, sondern das betreffende Ereignis im Vordergrund steht.

3. Absolute Personen der Zeitgeschichte

Als *absolut* zeitgeschichtlich sind diejenigen Personen einzustufen, die unabhängig von bestimmten Einzelereignissen im öffentlichen Leben stehen[19] und an denen ein absolutes Informationsinteresse der Öffentlichkeit zu bejahen ist[20]. Das Informationsinteresse findet seinen Ursprung regelmäßig in dem Status der Personen, in ihrer Funktion und der daraus resultierenden Bedeutung für die Allgemeinheit. Als Beispiele für absolute Personen der Zeitgeschichte können aus der Rechtsprechung aufgeführt werden: Persönlichkeiten des politischen Lebens (*Willy Brandt*[21], *Erich Honecker*[22]), Sportler (*Tull Harder*[23], *Boris Becker*[24],

---

18 Vgl. *BGH* vom 09.06.1965 (Spielgefährtin) – I b ZR 126/63, NJW 1965, S. 2148 ff.

19 Vgl. *BGH* vom 19.12.1995 (Caroline v. Monaco IV) – VI ZR 15/95, BGHZ 131, S. 332, 336 m. w. N. aus der Rspr.; *Löffler / Ricker* (Anm. 8), S. 369 Rdnr.13. Zum Begriff der „absoluten Peson der Zeitgeschichte“ vgl. auch *Fricke, M.*, in: *Wandtke, A.-A./Bullinger, W.*, UrhG-Kommentar, 2002, § 23 KUG, Rdnr. 8 ff.; *Gass* (Anm. 9), § 60 UrhG/Anh. § 23 KUG, Rn. 6 ff.; *Helle* (Anm. 2), S. 130 ff.

20 Vgl. *Neumann-Duesberg* (Anm. 3), S. 114, 115.

21 Vgl. *BGH* vom 14.11.1995 (Willy Brandt) – VI ZR 410/94, NJW 1996, S. 593 ff.

22 Vgl. *BVerfG* vom 11.11.1992 (Honecker) – 1 BvR 1595, 1606/92, NJW 1992, S. 3289.

23 *Tull Harder* war seinerzeit ein bekannter Fußballspieler. Vgl. *RG* (Tull Harder) (Anm. 10), S. 80 ff.

Katharina Witt[25]), berühmte Schauspieler (*Joachim Fuchsberger*[26], *Marlene Dietrich*[27]), erfolgreiche Musiker (*Bob Dylan*[28], *Roy Black*[29]), Personen des religiösen Lebens (*Therese Neumann*[30]) und Angehörige regierender Fürstenhäuser und des Hochadels (*Caroline v. Monaco*[31], *Ernst August v. Hannover*[32]) wobei es bei Letzteren zu erwähnen gilt, dass allein die Zugehörigkeit zum Adelsgeschlecht für die Einordnung als zeitgeschichtliche Person nicht ausreicht[33].

a) Rechtsfolgen der Einordnung als „absolut zeitgeschichtlich"

Die Einordnung einer Person als *absolut zeitgeschichtlich* hat für diese weitreichende Folgen. Publikationen über absolute Personen der Zeitgeschichte sind nämlich regelmäßig ohne deren Einwilligung zulässig[34] (vgl. insbesondere § 23 Abs. 1 Nr. 1 KUG für die Verbreitung von Bildnissen). Das öffentliche Interesse an Berichten über diese Personen entsteht praktisch aus der Personengruppe selbst[35], d. h., der Grund der Veröffentlichung ist (gegebenenfalls) allein die Tatsache, dass es sich um eine Person des öffentlichen Lebens handelt. Im Gegensatz zu den relativen Personen der Zeitgeschichte wird demnach eine gegenständliche Begrenzung auf bestimmte Themen oder Ereignisse nicht vorgenommen. Eine Einengung erfährt dieser Grundsatz nur, wenn besondere berechtigte Interessen der dargestellten Person entgegenstehen (vgl. § 23 Abs. 2 KUG zum Bildnisschutz). Als derartige Schranken dienen beispielsweise das „Privat- und

---

24 Vgl. *OLG Frankfurt* vom 21.01.1988 (Bucheinband) – 6 U 153/86, AfP 1988, S. 62 ff.

25 Vgl. *OLG Frankfurt* vom 21.09.1999 (Katharina Witt) – 11 U 28/99, NJW 2000, S. 594.

26 Vgl. *BGH* vom 14.04.1992 (Brillenwerbung) – VI ZR 285/91, NJW 1992, S. 2084 f.

27 Vgl. *BGH* vom 01.12.1999 (Marlene Dietrich) – I ZR 49/97, BGHZ 143, S. 214 ff.

28 Vgl. *BGH* vom 01.10.1996 (Bob Dylan) – VI ZR 206/95, NJW 1997, S. 1152 ff.

29 Vgl. *OLG Hamburg* vom 13.07.1989 (Roy Black) – 3 U 30/89, AfP 1991, S. 437 f.

30 Vgl. *AG München* vom 04.11.1927 (Therese Neumann) – IV C 3407/27, JW 1928, S. 376. *Therese Neumann* blieb nach einem schweren Unfall von 1918 gelähmt und verlor dadurch vollständig ihre Sehfähigkeit. Im Jahre 1925 trat eine plötzliche Heilung ein und im folgenden Jahr wurden an ihrem Körper Stigmatisationszeichen sichtbar (medizinisch nicht nachgewiesen); (Quelle: *Killy, W.*, *Vierhaus, R.*, Deutsche Biographische Enzyklopädie, 1998, Bd. 7).

31 Vgl. *BVerfG* (Caroline v. Monaco) (Anm. 4), S. 361 ff.

32 Vgl. *BGH* vom 29.06.1999 (August v. Hannover) – VI ZR 264/98, AfP 1999, S. 350 f.

33 Vgl. *BGH* (August v. Hannover) (Anm. 32), S. 350 f.; *OLG Hamburg* vom 20.05.1992 (E. v. Hohenzollern) – 1 U 20/92, AfP 1992, S. 376 f.; *EGMR* vom 24.06.2004 (Hannover / Deutschland) – 59320/00, ZUM 2004, S. 651 ff. Vgl. auch *Fricke*, (Anm. 19), § 23 KUG, Rdnr. 8 ff.; *Helle* (Anm. 2), S. 132 und *Wenzel* (Anm. 6), S. 355 Rdnr. 8.5., jeweils m. w. N.

34 Vgl. stellvertretend für viele *Löffler / Ricker* (Anm. 8), S. 369 Rdnr.13. m. w. N.

35 Vgl. *Schulz, W./Jürgens, U.*, Recht am eigenen Bild, in: JuS 1999, S. 771.

Familienleben kraft des besonderen Persönlichkeitsrechts auf Wahrung der Diskretion"[36], worauf an späterer Stelle noch ausführlich Bezug genommen wird.

Ein relativ geringfügiges Interesse wird der Frage beigemessen, ob die Eigenschaft der *absoluten Zeitgeschichtlichkeit* einer zeitlichen Schranke unterliegt oder nicht. Die wenigen sich zu diesem Thema äußernden Stimmen zeigen unterschiedliche Lösungsansätze auf. Die einen gehen – ohne nähere Begründung – davon aus, dass auch absolute Personen der Zeitgeschichte diesen Status verlieren, wenn sie nicht mehr die gleiche Bedeutung innehaben[37]. Andere wiederum sprechen sich für eine temporale Unbegrenztheit aus[38], d. h., ist die Schwelle zur *absoluten* Zeitgeschichtlichkeit erst einmal überschritten, so haftet dieses Charakteristikum den jeweiligen Personen bis zu deren Lebensende an, und gegebenenfalls sogar noch darüber hinaus[39]. Diese Ansicht ist nicht unbedenklich, da sie den Status Quo einer Person über Jahrzehnte hinweg festlegt und dieser jegliche Einflussnahme darauf abspricht. Daher soll die angesprochene Auffassung im Folgenden kritisch beleuchtet werden.

b) Kritik an der Rechtsfigur

Als Erstes soll hier das eben erwähnte Problem der zeitlichen Unbegrenztheit aufgegriffen werden. Es führt zu einer starren Handhabung, was im Einzelfall, wie folgendes konstruierte Beispiel verdeutlichen wird, zu wenig sachgerechten Ergebnissen führt.

> Fallbeispiel:
>
> XY startet bereits mit elf Jahren eine beispiellose Karriere als jugendliche Sängerin. In den folgenden Jahren gelingen ihr unzählige Hits. Weiterhin tritt sie in zahlreichen Fernsehshows auf, die sich allgemein größter Beliebtheit erfreuen. Als 19-jährige erreicht ihr Bekanntheitsgrad ca. 75 % der Bevölkerung. Als sie kurze Zeit später, in Folge eines Tumors, Verletzungen der Stimmbänder erleidet und kurzzeitig ihre Stimme verliert, fasst sie den Entschluss, ihr weiteres Leben in völliger Abgeschiedenheit auf einem entlegenen Bauernhof fortzusetzen.
>
> Auf Grund eines Wandels der musikalischen Interessen des Publikums werden in der Folgezeit die Hits der XY zunächst seltener, dann gar nicht mehr gespielt. Gut 20 Jahre später veröffentlicht ein Magazin eine mit Bildern unterlegte Reportage über die jetzige Lebensweise der XY. Auf Anfrage hatte diese zuvor ein Interview verweigert und deutlich ihren Unwillen zu einem derartigen Bericht bekundet. Das Magazin erachtet die

---

[36] So *Neumann-Duesberg* (Anm. 3), S. 114, 116.

[37] Vgl. *Neumann-Duesberg* (Anm. 3), S. 114, 115; *Gass* (Anm. 9), § 60 UrhG/Anh. § 23 KUG, Rn. 6.

[38] Vgl. *Engels / Schulz* (Anm. 11), S. 577. In diese Richtung tendiert wohl auch *Helle* (Anm. 2), S. 145.

[39] Vgl. *BGH* (Willy Brandt) (Anm. 21), S. 593 ff.

Veröffentlichung als zulässig, da es sich bei XY um eine absolute Personen der Zeitgeschichte handeln würde.

Dieses Beispiel verdeutlicht die Problematik der zeitlosen Zugehörigkeit zur Kategorie der absolut zeitgeschichtlichen Personen. Obwohl jemand seit vielen Jahren keinen nennenswerten Anlass bietet öffentlich dargestellt zu werden und auch seine vergangenen Errungenschaften auf keinerlei aktuelles Interesse mehr stoßen, muss er – nach oben vorgestellter Ansicht – Veröffentlichungen bezüglich seiner Person auch gegen seinen Willen hinnehmen. Dabei kann man im vorliegenden Beispiel wohl kaum noch davon sprechen, XY stünde „im öffentlichen Leben" und die Öffentlichkeit hätte ein „absolutes Informationsinteresse" an ihr. Es liegt vielmehr der Schluss nahe, das Magazin wolle sie wieder der Öffentlichkeit präsentieren und so ein gegebenenfalls nicht vorhandenes Interesse an ihrer Person wecken.

Auf der anderen Seite kann man sich jedoch nicht ohne weiteres für eine konkrete zeitliche Begrenzung einsetzen, da sich kaum eine sachgerechte temporale Schranke definieren lässt. Auch wenn ein Prominenter sich aus dem Metier zurückzieht, welches ihn berühmt und bekannt gemacht hat, muss dies noch lange nicht ein Abebben des Interesses der Allgemeinheit an seiner Person zur Folge haben. In vielen Fällen ist noch lange nach Einstellung der ehemals ausgeübten „öffentlichen Tätigkeit" Achtung und Beachtung der jeweiligen Person sowie ein immer noch vorhandener Wissensdurst über deren Aktivitäten zu beobachten. Andere Prominente wiederum verschwinden relativ schnell aus dem Blickfeld der Öffentlichkeit. Die Dauer während derer die Allgemeinheit Interesse an personenbezogenen Darstellungen zeigt, hängt maßgeblich von verschiedenen Kriterien ab, wie z. B. Funktion, Bekanntheitsgrad, Beliebtheit, Status, Bedeutung für die Gesellschaft etc. Auf Grund der vielfältigen Arten der Prominenz ist es somit nicht möglich, eine für alle Fälle gültige konkrete zeitliche Begrenzung festzulegen. Die Lösung des angesprochenen Problems muss daher auf anderer Ebene gesucht werden.

Die mangelnde Flexibilität der in Rede stehenden Rechtsfigur offenbart sich weiterhin auch in anderen Bereichen. Wie in den vorstehenden Abschnitten gezeigt, fasst die Rechtsprechung die verschiedenartigsten Personengruppen unter den Begriff der absoluten Zeitgeschichtlichkeit zusammen. Dabei wird kein Unterschied zwischen der Funktion, dem Status und der Bedeutung des Einzelnen für die Gesellschaft gemacht. Nach Meinung der Rechtsprechung besteht an allen absolut zeitgeschichtlichen Personen das gleiche Recht auf Information. Daraus ergibt sich folgerichtig das Ergebnis, dass alle absoluten Personen der Zeitgeschichte in gleichem Umfang in der Ausübung ihres Persönlichkeitsrechts eingeschränkt sind. Dies erscheint auf den ersten Blick als eine logische Folge und wenig zweifelhaft. Betrachtet man aber die einzelnen Personen, so findet man höchst unterschiedliche Typen: Politiker, Schauspieler, Entertainer, Führungskräfte der Wirtschaft, Sportler, Musiker usw. Sie stehen aus den verschiedensten Gründen und mit ungleicher Intensität im Blickpunkt der Öffentlichkeit. Daher stellt sich die Frage, ob eine starre Gleichbehandlung noch zu gerechten Ergebnissen führen kann, oder ob nicht eine Lösung gefunden werden muss, die den Besonderheiten der jeweiligen Person und des konkreten Sachverhaltes besser Rechung tragen kann. Dabei wird nicht an eine „andere Klassifizierung" der Personen gedacht, da dies das Problem nicht lösen, sondern lediglich verschieben würde. Vielmehr wird nach einer Möglichkeit geforscht, welche durch flexible, bewegliche Handhabung zu gerechteren Resultaten führt, aber dennoch auf festen Grundsätzen aufbaut, um so die erforderliche Rechtssicherheit zu gewähren.

c) Vorschlag: Restriktive Anwendung durch flexible Gestaltung

In den vorhergehenden Ausführungen wurde festgestellt, dass nach allgemeiner Ansicht diejenigen Personen als absolut zeitgeschichtlich einzuordnen sind, die unabhängig von Einzelereignissen im öffentlichen Leben stehen und an denen ein absolutes Informationsinteresse der Öffentlichkeit zu bejahen ist. Zum besseren Verständnis der hier diskutierten Problematik ist es jedoch notwendig, einen Schritt zurückzugehen und bei der Frage anzusetzen, wie und wodurch das absolute Informationsinteresse an einer Person entsteht und auf Grund welcher Kriterien es bestimmbar bzw. „messbar" ist.

aa) Die Bestimmung des öffentlichen Informationsinteresses

Das öffentliche Informationsinteresse ist zweifelsohne eng mit der Nachfrage der Gesellschaft an bestimmten Themen und / oder Personen verknüpft. Einziger Gradmesser für dieses Informationsbedürfnis kann nur das Selektionsergebnis der massenmedialen Redaktionstätigkeit sein. Die Redakteure und Journalisten versuchen unter unzähligen Ereignissen diejenigen herauszufiltern, die bestmöglich abgesetzt werden können, an denen also eine entsprechende Nachfrage besteht. Genau genommen lässt sich demnach das öffentliche Informationsinteresse an einem konkreten Thema oder einer konkreten Person erst nachträglich bestimmen und zwar durch den am Markt erzielten Absatz, welcher den Bedarf an den jeweiligen Inhalten widerspiegelt. Daher lässt sich sagen, die Feststellung des öffentlichen Informationsinteresses basiert nicht auf normativer, sondern auf empirischer Grundlage[40].

Damit ist jedoch noch nichts darüber ausgesagt, wie sich das Informationsinteresse der Allgemeinheit *vor* der Selektion durch die Massenmedien messen lässt. Hierüber kann aber auch keine genaue Beurteilung erfolgen. Zum einen sind die

---

[40] Vgl. dazu und zum Bildnisschutz *Engels / Schulz* (Anm. 11), S. 581 m. w. N.

Vorlieben und Bedürfnisse der breiten Masse der Informationskonsumenten aus praktischen Gründen nur vage bestimmbar[41], so dass eine abschließende Einschätzung wenig sinnvoll wäre. Zum anderen ist es nicht möglich, ein konkretes Interesse an Sachen, Personen oder Ereignissen festzustellen, von deren Existenz die Öffentlichkeit zum fraglichen Zeitpunkt – mangels entsprechender Publikation – ja noch gar keine Kenntnis erlangt hat. Das Informationsinteresse der Bevölkerung ist in diversen Bereichen wenig spezifiziert, d. h., das Interesse der Allgemeinheit an verschiedenen Themengebieten ist teilweise kaum ausdifferenziert und daher nicht von vornherein bestimmbar. Es drückt sich beispielsweise durch Sensationslust, Neugierde, in eine bestimmte Richtung gehende Wissbegier usw. aus. Wie diese Interessen letztendlich konkret befriedigt werden, entscheiden Journalisten, Redakteure, Programmgestalter etc., welche somit gewissermaßen den vom Publikum vorgegebenen Rahmen ausfüllen. Ebenso haben Medien die Möglichkeit, durch reißerische Schlagzeilen und der entsprechenden Aufmachung, ein (gegebenenfalls „falsches“ bzw. nicht vorhandenes) Informationsinteresse zu wecken. Folglich haben es die Massenmedien bis zu einem bestimmten Grad in der Hand, das öffentliche Informationsinteresse zu lenken, womit sie zu einem gewissen Teil selbst definieren können, wer als Person der Zeitgeschichte gilt[42].

Dies ist vor dem Hintergrund der stetig wachsenden Zahl der Medienunternehmer und dem damit verbundenen zunehmenden Wettbewerb[43] bedenklich. Es steht zu befürchten, dass im Kampf um Einschaltquoten, Leser oder Homepagebesucher, auf der Suche nach Schlagzeilen und Sensationen, die Konkurrenten mit unlauteren Mitteln, wie beispielsweise Publikationen von Un- oder Halbwahrheiten agieren, welche verstärkt zu Beeinträchtigungen des Persönlichkeitsrechts des Einzelnen führen können. Weiterhin besteht die Gefahr, dass sich Reportagen und Berichte zukünftig verstärkt nicht nur um „bekannte“ Persönlichkeiten drehen, sondern dass in ihrem Mittelpunkt – aus dem eigenen Interesse heraus, möglichst frei und ungehindert berichten zu können – „bekannt gemachte“ Personen stehen.

Aus diesen Gründen wird hier vorgeschlagen, Einordnungen unter den Begriff der absoluten Person der Zeitgeschichte sehr restriktiv vorzunehmen. Zunächst müssen Kinder und Jugendliche – auf Grund der weit reichenden Rechtsfolgen – zu ihrem eigenen Schutze von der absoluten Zeitgeschichtlichkeit ausgeklammert werden. Weiterhin sollte Anknüpfungspunkt der Subsumtion nicht nur der

---

41 Auch *Helle* (Anm. 2), S. 135 f. hält demoskopische Gutachten als Mittel zur Feststellung des Interesses der Allgemeinheit aus praktischen Gründen für nicht sinnvoll. Im Übrigen muss das Informationsinteresse schon vor dem Streitfall festlegbar sein.

42 Vgl. auch *Engels / Schulz* (Anm. 11), S. 579.

43 Vgl. zur Konkurrenzsituation nur *Papier, H.-J.*, Medien und Persönlichkeitsrechte, in: Bitburger Gespräche 1995/II, S. 27 f. und *Stadler, A.*, Kommerzialisierung des Persönlichkeitsrechts, 1999, S. 14.

tatsächliche Bekanntheitsgrad der jeweiligen Person sein. Der Schwerpunkt muss verstärkt auf ihrer Funktion, Status und Bedeutung für die Allgemeinheit liegen. Ebenso muss die „öffentliche Tätigkeit" von gewisser Dauer sein. Diese Kriterien müssen zueinander in einem beweglichen komparativen Verhältnis stehen, wodurch eine flexiblere, von der bisher starren Handhabung losgelöste, Anwendung gestattet wäre. Was hierunter im Einzelnen zu verstehen ist, wird der folgende Abschnitt näher erläutern.

bb) Flexibilität durch bewegliche Komparation

Bevor man sich näher der vom Verfasser vorgeschlagenen Lösung widmet, ist eine Beschäftigung mit dem Hintergrund, der Entwicklung und der Dogmatik beweglicher Systeme sinnvoll, um die Gegensätzlichkeit zu absoluten, klassifizierenden Rechtssätzen und Rechtsregeln zu verdeutlichen.

(1) Einschub: Das Wilburg'sche bewegliche System

Der ursprüngliche Gedanke eines beweglichen Systems geht auf *Walter Wilburg* zurück und wurde von diesem zunächst nur in Bezug auf das Schadensersatzrecht entwickelt und 1941 in seinem Buch „Die Elemente des Schadensrechts"[44] vorgestellt. *Wilburgs* Idee war es zu zeigen, dass die verschiedenartigen Interessen bei Schadensersatzfällen am besten durch den Einbezug mehrerer Faktoren[45] ausgeglichen werden könnten. Mit Hilfe dieser Faktoren (Elemente) kann im Einzelfall die Haftung des Schädigers bestimmt werden. Im Gegensatz zu den „normalen" Tatbestandsvoraussetzungen sollten diese Elemente keine feststehenden, sondern variable Größen darstellen. Weiterhin verlangte *Wilburg* auch nicht, dass die vorgestellten Kriterien kumulativ vorliegen und ordnete ihnen auch keine, nach Gewichtung zu bestimmende, Rangfolge zu[46]. Seiner Ansicht nach soll sich die Schadenshaftung aufgrund des Zusammenspiels von insgesamt vier Faktoren bestimmen lassen, die er als „bewegende Kräfte" verstanden wissen wollte:[47]

1. Ein für das Schadensereignis kausaler Mangel, der auf Seiten des Haftenden liegt. Dieser Mangel wiegt unterschiedlich schwer, je nachdem, ob er vom Haftenden oder von dessen Gehilfen verschuldet oder überhaupt ohne Verschulden, so z. B. bei einem unerkennbaren Materialfehler einer Maschine, entstanden ist.

---

44 Vgl. *Wilburg, W.*, Elemente des Schadensrechts, 1941.

45 Vgl. dazu sogleich unten.

46 Vgl. *Wilburg* (Anm. 44), S. 29. Siehe insb. auch *Wilburg, W.*, Entwicklung eines beweglichen Systems, 1951, S. 13: „Tritt ein Element in besonderer Stärke auf, so kann es allein ausreichen, um eine Schadenshaftung zu rechtfertigen".

47 Vgl. *Wilburg* (Anm. 45), S. 28 f.; *ders.*, (Anm. 46), S. 12.

2. Eine Gefährdung, die der Schädiger durch ein Unternehmen oder den Besitz einer Sache geschaffen hat und die zum Eintritt des Schadens führte.
3. Die Nähe des Kausalzusammenhanges, der zwischen den haftungsbegründenden Ursachen und dem eingetretenen Schaden besteht.
4. Die soziale Abwägung der Vermögenslage des Beschädigten und des Schädigers.[48]

In seiner Rektoratsrede von 1950[49] dehnte er die Möglichkeit der Verwendung seiner Erkenntnisse aus und machte sich für die Anwendbarkeit seines Vorschlags auf das gesamte Privatrecht stark. Er versuchte dies unter anderem mit Beispielen aus dem Konkursrecht, dem Schadensersatzrecht und dem Vertragsrecht zu untermauern. Seine Vision war es, das Privatrecht „so zu gestalten, dass es ohne Verlust seines inneren Haltes die Eignung erlangt, die vielfältigen Kräfte des Lebens in sich aufzunehmen“[50].

Wilburgs Gedanken könnten in etwa dahingehend zusammengefasst werden, dass er versuchte die Notwendigkeit aufzuzeigen, das gesamte bürgerliche Recht beweglicher zu gestalten. Die von ihm geforderte Elastizität sollte durch gesetzgeberische Generalklauseln verwirklicht werden, welche im Streitfall einer umfassenden Wertung durch den Richter unterliegen. Bei der Anwendung der Generalklauseln muss das Gericht alle Umstände des Einzelfalles berücksichtigen[51]. Der Einbezug sämtlicher Besonderheiten des konkreten Sachverhaltes sollte zur Erzielung gerechterer Entscheidungen führen. Der Richter würde also nach „gelenktem Ermessen“[52] urteilen. *Wilburgs* System entfernt sich demnach von der „herkömmlichen“ Gesetzessystematik des bürgerlichen Rechts, welche in den einzelnen Vorschriften regelmäßig eine bestimmte Rechtsfolge an das Vorliegen eines spezifischen Tatbestandes knüpft. Die Rechtsfolge tritt nur – aber auch immer dann – ein, wenn der zu Grunde liegende Tatbestand voll erfüllt ist. Demgegenüber läuft *Wilburgs* Ansicht auf eine wertende Gesamtwürdigung des konkreten Sachverhaltes hinaus.

(2) Anwendbarkeit und Inhalt des beweglichen Systems

Ob, inwieweit und unter welchen Voraussetzungen *Wilburgs* Systemversuch der Reformierung des gesamten (bürgerlichen) Rechts sinnvoll und nicht zuletzt

---

48 Siehe *Wilburg* (Anm. 46), S. 12 f.

49 Vgl. *Wilburg* (Anm. 46).

50 Siehe. *Wilburg* (Anm. 46), S. 22.

51 Vgl. *Wilburg* (Anm. 46), S. 16. Vgl. dazu auch *Hücking, E.*, Systemversuch Wilburgs, 1982, S. 6.

52 Siehe *Wilburg* (Anm. 46), S. 22.

auch praktikabel ist[53], muss hier ebenso wenig näher erläutert werden, wie die Voraussetzungen unter denen ein solches System verfassungskonform wäre. Tatsache ist, dass das bewegliche System dort Lösungsansätze liefern kann, wo das Gesetz Wertungen zulässt oder sogar verlangt. Dies ist beispielsweise in der Strafzumessung ebenso der Fall wie bei allen Normen die eine Güter- oder Interessenabwägung erfordern[54]. Weiterhin kann das bewegliche System aber auch bei der Ermittlung einzelner Tatbestände Hilfe leisten, wenn sich bestimmte Tatbestandsmerkmale nur auf Grund von mehreren, verschiedenartigen Kriterien, Indizien oder Umständen zuverlässig ermittelt lassen und eine abschließende Beurteilung ausschließlich im Rahmen einer Gesamtschau des jeweiligen Sachverhaltes möglich ist. So finden die Grundsätze des beweglichen Systems unter anderem im Wettbewerbs- und Markenrecht Anwendung[55]. Dort werden Begriffe wie „Verwechslungsgefahr“, „Verwässerung“, oder die „Sittenwidrigkeitsklauseln“ mit Hilfe des beweglichen Systems analysiert und konkretisiert[56]. Bezüglich der konkreten Inhalte und Lösungsvorschlägen des beweglichen Systems wurde durch den Aufsatz von *Gerhard Otte* „Komparative Sätze im Recht. Zur Logik eines beweglichen Systems“[57] fundamentale Vorarbeit geleistet, die als Grundlage der folgenden Ausführungen dient.

Bewegliche Systeme können nur dann zur Anwendung kommen, wenn mehrere Merkmale miteinander verglichen werden und sie derart in Verbindung gebracht werden können, dass eine Zusammenfassung in einem „Satz“ erfolgen kann. Bei der Einstufung der einzelnen Merkmale ist von folgenden Grundwerten auszugehen[58]:

1. Der Grad der Intensität eines Merkmals (*mehr* oder *weniger*).

2. Der Grad der Wahrscheinlichkeit eines Merkmals (*eher* oder mit *geringerer Wahrscheinlichkeit*).

3. Das Zutreffen eines Merkmals (*Vorliegen* oder *Nichtvorliegen*).

---

53 Vgl. dazu die umfassende Erörterung von *Hücking* (Anm. 51), S. 127, der die Praktikabilität in Frage stellt.

54 Vgl. dazu die ausführliche und grundlegende Abhandlung von *Otte, G.*, Komparative Sätze, in: *Maihofer, W./Schelsky, H.* u. a. (Hrsg.), Jahrbuch für Rechtssoziologie und Rechtstheorie II (1972), S. 301 ff., insb. S. 318. Darauf Bezug nehmend und bestätigend, *Fischer, F. O.*, Das bewegliche System, in: AcP 197 (1997), S. 605.

55 Vgl. nur *Sack, R.*, Bewegliche Systeme, in: *Winkler, G.* u .a. (Hrsg.), FS Wilburg, 1986, S. 177 ff.

56 Statt vieler *Sack* (Anm. 55), S. 180 ff.; *ders.*, Verwässerung, in: WRP 1985, S. 460 f.; *ders.*, Farbmarken, in: WRP 2001, S. 1026 f.; *ders.*, Markenschutz im Ähnlichkeitsbereich, in: WRP 1998, S. 1132 f.; *ders.*, Sittenwidrigkeitsklausel, in: WRP 1985, S. 9 ff.

57 Siehe *Otte* (Anm. 54), S. 301 ff.

58 Vgl. *Otte* (Anm. 54), S. 303.

Eine Kombination dieser Bewertungen führt zu acht verschiedenen Grundformen kombinatorischer Sätze, die in folgender Matrix dargestellt werden[59]:

1. Wenn mehr, dann mehr (= je mehr, desto mehr[60]).
2. Wenn mehr, dann eher (= je mehr, desto eher).
3. Wenn mehr, dann liegt Merkmal x vor.
4. Wenn eher, dann mehr (= je eher, desto mehr).
5. Wenn eher, dann eher (= je eher, desto eher).
6. Wenn eher, dann trifft Merkmal x zu.
7. Wenn Merkmal x zutrifft, dann mehr.
8. Wenn Merkmal x zutrifft, dann eher[61].

Bei der Anwendung des beweglichen Systems muss man zunächst all jene Kriterien (Elemente) aufspüren, die zur Lösung des angegebenen Problems beitragen können. Im Anschluss daran erfolgt die Bewertung der einzelnen Kriterien, wobei sie zueinander in Relation gesetzt werden. Ein wichtiger Gesichtspunkt dabei ist, dass nicht alle zusammengetragenen Elemente tatsächlich vorliegen müssen[62]. Unter bestimmten Umständen können bereits einzelne Faktoren durch eine besondere Intensität die jeweilige Rechtsfolge begründen[63].

> So spielt nach *Wilburgs* System in Fällen der Gefährdungshaftung das Verschulden des Schädigers deshalb keine Rolle, weil hier regelmäßig die beiden Elemente „Gefährdung durch den Schädiger" und „Nähe des Kausalzusammenhanges" derart intensiv vorliegen, dass es auf das Verschuldenselement nicht mehr ankommt[64].

---

59 Vgl. *Otte* (Anm. 54), S. 303 f. Vgl. auch *Koller, P.*, Bewegliches System, in: *Posch, W.* (Red.), FS Wilburg zum 30. September 1975, S. 20 ff.

60 Wie oben erwähnt, kann an die Stelle von *mehr* auch *weniger* und an die Stelle von *eher* auch *mit geringerer Wahrscheinlichkeit* gesetzt werden, ohne dass die Matrix ihre Gültigkeit verliert. Der neunte Satz der Matrix (Wenn Merkmal x zutrifft, dann liegt Merkmal y vor) kann hier außen vor bleiben, da er nicht komparativ, sondern klassifikatorisch ist.

61 Auf eine ausführlichere Darstellung der Matrix komparativer Sätze kann hier ebenso verzichtet werden wie auf die explizite Erläuterung der einzelnen Gleichungen. Vgl. hierzu die ausführliche Analyse von *Otte* (Anm. 54), S. 303 ff. und *Koller* (Anm. 59), S. 20 ff., jeweils m. w. N.

62 Vgl. *Wilburg* (Anm. 44), S. 29. Siehe auch *Wilburg* (Anm. 46), S. 13: „Tritt ein Element in besonderer Stärke auf, so kann es allein ausreichen, um eine Schadenshaftung zu rechtfertigen".

63 Vgl. neben den vorstehend genannten auch *Larenz, K.*, Wertorientiertes Denken, in: *Baltl, H.* (Hrsg.), FS Wilburg zum 70. Geburtstag, 1975, S. 226.

64 Vgl. *Wilburg* (Anm. 44), S. 28 f.; *ders.* (Anm. 46), S. 12. Vgl. dazu auch *Larenz* (Anm. 63), S. 226 f. Siehe auch oben E. II. 3. c) bb) (1) „Einschub: Das Wilburg'sche bewegliche System".

Gerade dies zeichnet das bewegliche System aus. Im Gegensatz zu den klassifikatorischen Rechtssätzen müssen im Einzelfall nicht alle Voraussetzungen erfüllt sein. Vielmehr kann das Fehlen oder das *Weniger* eines Elements durch ein *Mehr* eines anderen Elementes kompensiert werden. Diese Einzelwerte „vereinigen sich zu einem Gesamtwert"[65], welcher dann den gesuchten Lösungswert ergibt.

(3) Zeitgeschichtlichkeit und bewegliches System

Nachdem die Grundzüge des beweglichen Systems vorgestellt wurden, soll an dieser Stelle die Möglichkeit der Anwendbarkeit dieser Regeln auf das Merkmal der Zeitgeschichtlichkeit überprüft werden. Die Zeitgeschichtlichkeit bestimmt sich in ihren unterschiedlichen Abstufungen (*absolute* und *relative* Zeitgeschichtlichkeit) auf Grund verschiedener Eigenschaften der in Rede stehenden Person. Dazu gehören neben Funktion, Status und der Bedeutung für die Gesellschaft auch der tatsächliche Bekanntheitsgrad, die mediale Präsenz und eine gewisse Dauerhaftigkeit der öffentlichen Tätigkeit[66]. Die jeweilige Person muss sich also durch herausragende Leistungen, Fähigkeiten, Ämter oder aber auch auf Grund ihrer Geburt aus der Allgemeinheit hervorheben[67].

Es ist offensichtlich, dass die genannten Kriterien wohl nur selten kumulativ vorliegen. Ob man im Einzelfall von einer absoluten Person der Zeitgeschichte sprechen kann, lässt sich nur in einer Gesamtschau aller zur Verfügung stehenden Merkmale beurteilen. Unter Umständen reichen einzelne Indizien nicht aus. So soll beispielsweise *alleine* durch starke mediale Präsenz keine Zeitgeschichtlichkeit begründet werden können[68]. Gleiches gilt für Adlige. Auch hier macht die bloße Zugehörigkeit zum Hochadel (Statuszugehörigkeit auf Grund der Geburt[69]) den Betreffenden nicht zur Person der Zeitgeschichte[70]. Obwohl die genannten Merkmale für sich genommen keine (absolute) Zeitgeschichtlichkeit bedingen, liegt es aber auf der Hand, dass sie die Beurteilung erheblich beeinflussen. So bewirkt die mediale Präsenz einen höheren Bekanntheitsgrad und weckt das Interesse der Allgemeinheit an der jeweiligen Person. Ebenso wird ein

---

65 Siehe *Wilburg* (Anm. 44), S. 29. Vgl. dazu auch *Hücking* (Anm. 51), S. 8.

66 Vgl. oben E. II. 3. b) „Kritik an der Rechtsfigur".

67 Vgl. *BGH* vom 12.12.1995 (Wiederholungsveröffentlichung) – VI ZR 223/94, NJW 1996, S. 985 f.; *BGH* vom 10.05.1957 (Spätheimkehrer) – I ZR 234/55, BGHZ 24, S. 200, 208; *Gerstenberg, E./Götting, H.-P.*, in: *Schricker, G.*, Urheberrecht, 1999, § 60 UrhG/§ 23 KUG, Rn. 10; *Gass* (Anm. 9), § 60 UrhG/Anh. § 23 KUG, Rn. 6.

68 Weder eine *absolute* noch eine *relative* Zeitgeschichtlichkeit; vgl. *Gass* (Anm. 9), § 60 UrhG/Anh. § 23 KUG, Rn. 6 , 14 m. w. N.

69 Vgl. *Gass* (Anm. 9), § 60 UrhG/Anh. § 23 KUG, Rn. 5.

70 Vgl. *OLG Hamburg* (E. v. Hohenzollern) (Anm. 33), S. 376 f.; *Wenzel* (Anm. 6), S. 355 Rdnr. 8.5. Siehe auch oben E. II. 3. „Absolute Personen der Zeitgeschichte".

gesteigertes Informationsinteresse an Personen des Adelsstandes angenommen, weshalb diese auch als absolut zeitgeschichtlich eingestuft werden können[71]. So führte beispielsweise der BGH aus:

> „Im Streitfall kommt hinzu, dass der Kläger **nicht nur wegen seiner Abstammung**, sondern auch als Begleiter der ständig im Licht der Öffentlichkeit stehenden Prinzessin Caroline von Monaco (BGHZ, 131, 332, 336 f.) die Aufmerksamkeit einer breiten Leserschaft auf sich zieht".[72]

Dadurch wird deutlich, dass einzelne Kriterien weder zwingend notwendig sind noch eine hinreichende Begründung für die entsprechende Rechtsfolge liefern, aber dennoch in der Bewertung eine maßgebliche Rolle spielen. In komparative Sätze eingebettet, könnte man die Gewichtigkeit der aufgeführten Kriterien beispielsweise wie folgt beschreiben:

1. Je stärker die mediale Präsenz einer Person, desto eher wird ein öffentliches Informationsinteresse vorliegen (womit es sich mit höherer Wahrscheinlichkeit um eine Person der Zeitgeschichte handelt) (entspricht Satz Nr. 2 in der obigen Aufzählung).

2. Liegt Merkmal *Zugehörigkeit zum Hochadel* vor, ist die Wahrscheinlichkeit größer (= je eher), dass ein öffentliches Informationsinteresse besteht und somit die Person als absolut zeitgeschichtlich einzustufen ist (entspricht Satz Nr. 8 in der obigen Aufzählung).

Die Betrachtung der Merkmale verdeutlicht deren Bindung miteinander. Diese Relation entspricht der des beweglichen Systems. Weiterhin trifft es zu, dass einzelne, überragende Kriterien das *Fehlen* oder das *Weniger* eines anderen Elementes kompensieren können[73]. So sind beispielsweise die Anforderungen an den Bekanntheitsgrad, die mediale Präsenz oder die Dauerhaftigkeit der Tätigkeit umso geringer anzusetzen, wenn der Person auf Grund ihres Amtes oder ihres sonstigen Wirkens große Bedeutung für die Gesellschaft zukommt.

Nach alledem ist festzuhalten, dass die Beurteilung der Zeitgeschichtlichkeit ohne weiteres auch mit Hilfe des beweglichen Systems erfolgen könnte. Diese Lösung erscheint vorzugswürdiger, denn dadurch wäre es möglich, die einzelnen Eigenschaften angemessen zur Geltung kommen zu lassen. Die Rechtsfigur Person der Zeitgeschichte würde somit eine flexiblere Gestalt annehmen, was

---

[71] So ausdrücklich *BGH* (August v. Hannover) (Anm. 32), S. 351. Vgl. auch *BGH* (Caroline IV) (Anm. 19), S. 332, 336. Vgl. auch *Gass* (Anm. 9), § 60 UrhG/Anh. § 23 KUG, Rn. 9 und *Wenzel* (Anm. 6), S. 355 Rdnr. 8.5.

[72] Siehe *BGH* (August v. Hannover) (Anm. 32), S. 351 (Hervorhebung vom Verfasser).

[73] Vgl. oben E. II. 3. c) bb) (2) „Anwendbarkeit und Inhalt des beweglichen Systems".

insbesondere – wie später noch gezeigt werden wird[74] – bei der Abwägung der Persönlichkeitsrechte des Betroffenen mit den Äußerungsfreiheiten des Veröffentlichenden Niederschlag finden und zu sachgerechteren Ergebnisse führen würde.

Zusammenfassend gilt es nun diejenigen Faktoren hervorzuheben, die maßgeblich zur Einschätzung einer Person als absolut zeitgeschichtlich beitragen. Diese sind:

1. Die Bedeutung für die Gesellschaft.

2. Der tatsächliche Bekanntheitsgrad.

3. Die Dauer der öffentlichen Tätigkeit (von wann bis wann).

4. Das öffentliche Informationsinteresse.

In diesen vier Punkten sind alle oben erwähnten Merkmale bezüglich der Bestimmung der Zeitgeschichtlichkeit eingebettet. Die Bedeutung des Einzelnen für die Gesellschaft (Nr. 1) wird maßgeblich durch sein Wirken bestimmt. Sie ergibt sich aus seiner Funktion, seinem Amt, seinen Fähigkeiten und/oder seinen erbrachten Leistungen. Der tatsächliche Bekanntheitsgrad (Nr. 2) knüpft vor allem an die mediale Präsenz an, kann daher auch bis zu einem gewissen Grad von der jeweiligen Person selbst gesteuert werden, da diese ihre medialen Auftritte verstärken bzw. reduzieren kann. Daneben wird der tatsächliche Bekanntheitsgrad aber auch von den unter Nr. 1 genannten Kriterien und von der Dauer der öffentlichen Tätigkeit (Nr. 3) beeinflusst. Das öffentliche Informationsinteresse (Nr. 4) findet seinen Ursprung in allen unter Nr. 1-3 aufgeführten Eigenschaften und daneben auch in dem Status der jeweiligen Person.

Durch das bewegliche Zusammenspiel dieser Faktoren ist es möglich ein Ergebnis darüber zu erzielen, ob es sich bei dem Betreffenden um eine Person der Zeitgeschichte handelt, womit wichtige Anhaltspunkte darüber geliefert werden, inwiefern eine Berichterstattung über diese Person als zulässig angesehen werden kann. Die gewonnene Beweglichkeit bei dem Begriff der Zeitgeschichtlichkeit erlaubt eine präzisere „Gewichtung" der Prominenz, da sie nicht allen zeitgeschichtlichen Personen die gleiche Bedeutung zumisst. Daher müsste im Prinzip die formale Unterscheidung zwischen *absoluten* und *relativen* Personen der Zeitgeschichte nicht mehr aufrechterhalten werden[75]. Da diese (formale) Terminologie sich aber nun mal in Literatur und Rechtsprechung durchgesetzt hat und

---

74 Vgl. unten E. V. „Die grundrechtlichen Abwägungskriterien".

75 Für den Bildnisschutz im Rahmen des § 23 KUG im Ergebnis ebenso z. Bsp. *Rehbock / Schmidt* (Anm. 8), S. 128 ff.

durch die entsprechende Gewichtung in der Abwägung keine anderen Ergebnisse erzielt werden, soll auch in der folgenden Darstellung an den Begrifflichkeiten festgehalten werden.

Im Einzelfall fließt der durch das bewegliche System herausgearbeitete „Grad" an Prominenz in die Interessenabwägung zwischen den Rechten des Einzelnen und den Publikationsinteressen mit ein. Hieraus geht dann die endgültige Entscheidung der Rechtmäßigkeit personenbezogener Publikationen hervor. Die hierzu erforderlichen Kriterien sind Gegenstand der Abhandlung des nächsten Kapitels.

4. Ein Blick nach Frankreich und England

Nach den Ausführungen zu dem Begriff *Person des öffentlichen Lebens* in Deutschland soll ein kurzer Blick auf den rechtlichen Umgang mit der Prominenz in England und Frankreich geworfen werden.

Zuerst fällt auf, dass im Prinzip in allen drei Länder in etwa der gleiche Personenkreis gemeint ist, wenn man von *personnes publiques*[76], *public figures (celebrities)* [77] oder *Personen der Zeitgeschichte* spricht. Im Regelfall handelt es sich um Politiker, Schauspieler, berühmte Sportler, Models usw. Weder im englischen noch im französischen Recht wird – im Gegensatz zu Deutschland – eine nochmalige Unterteilung in *absolute* und *relative* Personen der Zeitgeschichte vorgenommen[78]. Die Frage nach der Ursache lässt sich mit einem Blick auf die Rechtsfolgen beantworten.

In England fließt die Eigenschaft der Person als *public figure* in die Abwägung zwischen dem *öffentlichen* Informationsinteresse und dem allgemeinen *öffentlichen* Interesse an der Erhaltung der Vertraulichkeit mit ein[79]. Das öffentliche Informationsinteresse an den *public figures* wird höher bewertet als dies bei den

---

76 Vgl. eingehend zu dem Begriff oben C. VI. 3. b „Personnes publiques und Personnes privées" und C. VI. 3. c) bb) „Klassifizierung der betroffenen Person".

77 Vgl dazu oben D. III. 1. d) „Rechtfertigungsgrund: public interest".

78 Auf die Mindermeinung in der französischen Literatur, die insb. ranghohe Politiker aus dem Bereich der *personnes publiques* ausklammern und als eigene Fallgruppe (*hommes politiques*) darstellen will (vgl. *Kayser, P.*, La vie privée, 1995, Nr. 154, S. 287 ff. und *Bertrand, A.*, Vie privée, 1999, S. 26 ff., Nr. 52 ff.) muss hier mangels praktischer Relevanz nicht noch einmal eingegangen werden (vgl. dazu bereits oben unter C. VI. 3. b) „Personnes publiques und Personnes privées").

79 Vgl. nur *Lindsay, J*, in: *Chancery Division* vom 11.04.2003 (**Douglas and others v. Hello! Ltd**), 3 All ER 2003, S. 1044, para 181: „There is a public interest in the maintenance of confidences". Vgl. dazu auch die Ausführungen oben unter D. III. 1. d) „Rechtfertigungsgrund: public interest".

„ordinary men“ der Fall ist[80]. Zwar könnte daher die Prominenz prinzipiell eine entscheidende Rolle hinsichtlich der Rechtmäßigkeit einer Publikation einnehmen, doch ist dies regelmäßig nicht der Fall. Das englische Recht stellt zahlreiche andere Vorraussetzungen an den jeweiligen verletzten *tort*. Sind diese Voraussetzungen erfüllt, so tritt die jeweilige Rechtsfolge (Schadensersatz, Verbot der Publikation, Widerruf, Richtigstellung etc.) unabhängig von dem Status der Person ein, weshalb diesem keine allzu große rechtliche Aufmerksamkeit zuteil wird.

In Frankreich richtet sich die Zulässigkeit von Veröffentlichungen primär nach der im konkreten Fall ausgeübten Tätigkeit, nämlich ob es sich um eine *activité privée* oder um eine *activité publique* handelt[81]. Der Umfang der öffentlichen Aktivitäten ist zwar bei einer *personne publique* weitergehend als bei einer *personne privée*, da hier ein stärkeres berechtigtes Interesse der Allgemeinheit angenommen wird[82], doch spielt alleine die Zugehörigkeit zur Gruppe der *personnes publiques* nicht die entscheidende Rolle, da auch Prominente den Schutz aus Art. 9 Code Civil genießen[83].

In beiden Rechtskulturen ist die Klassifizierung der dargestellten Person demnach zwar nicht ohne Bedeutung, doch stellt sie lediglich eines von mehreren Merkmalen dar, weshalb ihr keine überragende Funktion zukommt. Anders hingegen gestaltet sich die Rechtslage in Deutschland. Hier spielt die Einordnung als zeitgeschichtlich eine sehr entscheidende Rolle bei der Frage der Rechtmäßigkeit von Veröffentlichungen, da die herrschende Meinung von dem Grundsatz ausgeht, an diesen Personen bestehe bereits von vornherein immer ein relevantes Informationsinteresse der Allgemeinheit und zwar unabhängig von dem

---

80 Vgl. z. Bsp. *Lord Denning, MR*, in: *Court of Appeal* vom 19.04.1977 (**Woodward v. Hutchins**), 1 WLR 1977, S. 751; *Brömmekamp, B.*, Pressefreiheit in England, 1996, S. 111 m. w. N. Vgl. dazu auch die Ausführungen oben unter D. III. 1. d) „Rechtfertigungsgrund: public interest“.

81 Vgl, dazu oben C. VI. 3. c) „Activité privée und activité publique“.

82 Vgl, dazu oben C. VI. 3. c) bb) „Klassifizierung der betroffenen Person“.

83 Siehe *TGI Paris* vom 14.05.1985 (G. d'Estaing c/ Michel Lafon et a.), D. 1986, S. C., S. 52: „La circonstance que la personne visée exerce une activité d'homme public ne saurait autoriser ni justifier une intrusion quelconque dans ce qui constitue la vie privée au respect de laquelle **chacun** a droit“ (Hervorhebung vom Verfasser). Ebenfalls in diesem Sinne u. a. *TGI Paris* vom 04.04.1970 (Georges Pompidou c/ L'Express), JCP 1970, II, 16328; *Cour d'appel Paris* vom 27.02.1981 (Adjani c/ Journal *L'Aurore* et a.), D. 1981, J., S. 457; *Cour d'appel Paris* vom 20.02.1986 (G... c/ D...), D. 1986, I. R., S. 447. Vgl dazu auch *Kayser* (Anm. 78), Nr. 153, S. 286 ff. und *Bertrand* (Anm. 78), S. 26 ff., Nr. 52. ff. und S. 35, Nr. 69.

Ausführlich dazu und m. w. N. oben unter C. VI. 3. c) bb) „Klassifizierung der betroffenen Person“.

Inhalt der konkreten Berichterstattung[84]. Im Prinzip verlieren Prominente daher außerhalb ihrer Wohnräume – wie im nächsten Kapitel noch eingehend gezeigt werden wird – fast jeglichen Privatsphäreschutz. Um diese Rechtsfolge bezüglich der Personen, die nur vorübergehend oder unverhofft ins Blickfeld der Öffentlichkeit geraten sind abzumildern, wird die Unterteilung in relative und absolute Personen der Zeitgeschichte vorgenommen.

Der oben vorgeschlagene Lösungsansatz, auch in Deutschland auf die Differenzierung zwischen absoluter und relativer Zeitgeschichtlichkeit zu verzichten, stellt eine Annäherung an die Rechtslage in England und Frankreich dar. Die Betrachtung der dortigen Ergebnisse eröffnet die Chance, eine kurze Prognose der Praktikabilität des unterbreiteten Lösungsvorschlages aufzustellen. Dabei erweist sich jedoch das *Common Law* leider als wenig hilfreich, da es auf diesem Feld aufgrund der Eigenarten der verschiedenen einzelnen *torts* keinen zuverlässigen Vergleichsansatz mit dem deutschen Rechtssystem des Schutzes des Privatlebens bietet. Anders verhält es sich mit dem französischen Recht. Dieses nimmt im Bereich des Privatsphärenschutzes, ebenso wie das deutsche Recht, in jedem Einzelfall eine umfassende Abwägung der widerstreitenden Rechtspositionen vor, wobei eines der Abwägungskriterien[85] „die zeitgeschichtliche Wertigkeit" der betroffenen Person ist[86].

Die Erfahrungen in der französischen Rechtsprechung zeigen, dass der Verzicht einer statischen Einteilung in verschiedene Personengruppen zunächst nicht zu einem Verlust an Rechtssicherheit führt, so dass diese Befürchtung ausgeschlossen werden kann. Die Beurteilung der Position der jeweiligen Person in der Gesellschaft und die Bedeutung des Dargestellten für die Gesellschaft bewirken aber vor allem stärker ausdifferenzierte Ergebnisse und somit größere Einzelfallgerechtigkeit. Der Status einer Person und die daraus resultierende Wertigkeit für die Gemeinschaft sind im Allgemeinen verhältnismäßig einfach zu bestimmen. Daraus ergibt sich dann – bei Anwendung des französischen Modells – ohne weiteres das Tätigkeitsfeld, über das rechtmäßige Publikationen erlaubt sind. Der größte Vorteil dieses Systems ist, dass es nicht starr, sondern sehr flexibel auf alle denkbaren Einzelfälle reagieren kann und dennoch von derart festen Grenzen umgeben und von Richtlinien geleitet wird, dass auch die Gefahr von Willkürentscheidungen praktisch gebannt ist. Diese Erkenntnisse jahrzehntelanger Rechtsprechung aus unserem Nachbarland stützen somit den

---

[84] Vgl. *BGH* (Caroline IV) (Anm. 19), S. 332, 336 m. w. N. aus der Rspr.; *Löffler / Ricker* (Anm. 8), S. 369 Rdnr.13; *Schulz / Jürgens* (Anm. 35), S. 771.

[85] Zur Erinnerung: Die anderen Kriterien sind: der betroffene persönliche Bereich, der Ort der Handlung und der Charakter der Tätigkeit (vgl. oben C. VIII. „Zusammenfassung").

[86] Vgl. dazu oben C. VI. 3. c) bb) „Klassifizierung der betroffenen Person" und C. VIII. „Zusammenfassung".

hier vertretenen Lösungsansatz eines beweglichen Systems und belegen vor allem auch dessen Umsetzbarkeit in der Praxis.

5. Zusammenfassung und Ergebnis

Entscheidungen, die die Rechtmäßigkeit personenbezogener Publikationen zum Gegenstand haben, werden regelmäßig auf Grund einer Interessenabwägung zwischen den Persönlichkeitsrechten des Dargestellten einerseits und den Äußerungsrechten des Veröffentlichenden andererseits gefällt. Im Rahmen dieser Abwägung ist auch der Status des Betreffenden (zeitgeschichtlich oder nicht zeitgeschichtlich) von großer Bedeutung. Gewichtet man in diesem Zusammenhang alle prominenten Personen gleich, so vergrößert sich die Gefahr unzureichend ausdifferenzierter Ergebnisse.

Daher wird hier die Anwendung eines beweglichen Systems vorgeschlagen, dessen Praktikabilität durch die Erfahrungen der französischen Rechtsprechung gestützt wird. Dadurch kann der Status der Person und damit auch die Gewichtigkeit bei der Abwägung besser den tatsächlichen Gegebenheiten angepasst werden. Demzufolge kann das Ergebnis der Abwägung bei gleich bleibendem Sachverhalt variieren, je nachdem, wie die betreffende Person einzustufen ist, denn: Je größer die Bedeutung des Einzelnen für die Gesellschaft und je stärker das allgemeine Informationsbedürfnis einzuschätzen ist, desto eher muss diese Person Eingriffe in ihre Persönlichkeitssphären hinnehmen und umgekehrt. Die entscheidenden komparativen Faktoren sind:

1. Die Bedeutung für die Gesellschaft.

2. Der tatsächliche Bekanntheitsgrad.

3. Die Dauer der öffentlichen Tätigkeit (von wann bis wann).

4. Das öffentliche Informationsinteresse.

Inwiefern sich diese Elemente in die Abwägung einfügen und im Einzelfall Ergebnisse beeinflussen können, wird Gegenstand der Ausführungen zu den Kriterien der Interessenabwägung sein[87].

---

[87] Vgl. unten E. V. „Die grundrechtlichen Abwägungskriterien“.

III. Die Privatsphäre

Bevor man sich eingehend den Problemen des grundrechtlichen Privatsphärenschutzes von Prominenten widmet, muss man einen kurzen Blick auf die „Wirkungsweise" der Grundrechte werfen, um insbesondere die Grundrechtsbindung von privaten Rechtssubjekten zu erörtern, da diese Problematik – trotz der eindeutigen Stellungnahme des Bundesverfassungsgerichts[1] gegen die unmittelbare Drittwirkung der Grundrechte – immer noch kontrovers diskutiert wird[2].

1. Die horizontale Geltung der Grundrechte

Die überwiegende Zahl von Medienunternehmen befindet sich zurzeit in nichtstaatlicher Hand. Daher sind Streitverhältnisse zwischen Medienproduzenten und Personen des öffentlichen Lebens regelmäßig privatrechtlicher Natur. Zu klären ist daher die Relevanz grundrechtlicher Gewährleistungen bei Rechtsverhältnissen zwischen Privaten. Die im Folgenden kurz angerissene Thematik wird allgemein unter dem Stichwort „Drittwirkung der Grundrechte" erfasst, wobei man zwischen „unmittelbarer" und „mittelbarer" Drittwirkung unterscheidet[3].

a) Unmittelbare Drittwirkung der Grundrechte

Teile der Rechtsprechung[4] und eine Mindermeinung im Schrifttum[5] sprechen sich für eine unmittelbare Drittwirkung der Grundrechte aus. Nach dieser Lehre zählen nicht nur der Staat, sondern auch Privatrechtssubjekte zu den Adressaten der Grundrechte, womit Grundrechtsbindungen auch im privaten Rechtsverkehr der Bürger untereinander gelten sollen. Diese Ansicht knüpft an die soziale Macht gesellschaftlicher Organisationen wie Konzernen, Gewerkschaften, Verbänden usw. an, die vergleichbare Kräfte wie der Staat entwickeln können. Dadurch entstehen Ungleichgewichtverhältnisse denen der Einzelne häufig machtlos gegenübersteht und die demgemäß Freiheitsbedrohungen darstellen. Weiterhin führt die genannte Ansicht Art. 1 Abs. 2 GG ins Feld, wonach die Menschenrechte „Grundlage jeder menschlichen Gemeinschaft" sind und somit auch bei Streitigkeiten zwischen Privaten unmittelbare Anwendung finden müssen.

---

1 Vgl. *BVerfG* vom 25.01.1984 (Wallraff) – 1 BvR 272/81, BVerfGE 66, S. 116, 135.

2 Zum Streitstand siehe *Diederichsen, U.*, Das BVerfG, in: AcP 198 (1998), S. 171, 199 ff.; *Canaris, C.-W.*, Grundrechte und Privatrecht, in: AcP 184 (1984), S. 201 ff.

3 Dazu ausführlich *Pieroth, B./Schlink B.*, Grundrechte, 2005, S. 43 ff. Rn. 173 ff.

4 Eingehend dazu *BAG* vom 03.12.1954 – 1 AZR 150/54, BAGE 1, S. 185, 193. Vgl. dagegen aber *BAG* vom 20.12.1984 – 2 AZR 436/83, JZ 1985, S. 1108 ff.

5 Vgl. u. a. *Nipperdey, H. C.*, Grundrechte und Privatrecht, 1961, insb. S. 17 f.; *Leisner, W.*, Grundrechte, 1960, S. 378 ff.

Gegen eine solche Interpretation der Wirkung von Grundrechten spricht zunächst der eindeutige Wortlaut des Art. 1 Abs. 3 GG, der die Grundrechtsbindung nur in Bezug auf die „Gesetzgebung, vollziehende Gewalt und Rechtsprechung als unmittelbar geltendes Recht“ ansieht. Mit dieser Formulierung hat sich der Gesetzgeber entschieden nur die öffentliche Gewalt unmittelbar durch die Grundrechte zu verpflichten. Dies belegt auch die Entstehungsgeschichte. Die Väter des Grundgesetzes gingen von der Schaffung klassischer Grundrechte aus, die das Verhältnis des Einzelnen zum Staat regeln sollen[6]. Nur ausnahmsweise behandelt das Grundgesetz ausdrücklich die Verhältnisse zwischen privaten Rechtssubjekten (beispielsweise Art. 9 Abs. 3 S. 2, Art. 20 Abs. 4, Art. 38 Abs. 1 S. 1 i. V. m. Art. 48 Abs. 2). Weiterhin würden, bei uneingeschränkter unmittelbarer Geltung der Grundrechte, die umfassenden Freiheitsrechte des Individuums zu Pflichten gegenüber allen Mitbürgern, was die gegenseitige Aufhebung der kollidierenden Rechte zur Folge hätte[7] und im Ergebnis zu einem Weniger an Freiheit führen würde. Auf Grund dieser Argumentation kann der Ansicht der unmittelbaren Drittwirkung nicht gefolgt werden[8].

b) Mittelbare Drittwirkung der Grundrechte

Lehnt man die Theorie der unmittelbaren Drittwirkung ab, so gelangt man zu der von *Dürig* begründeten Lehre der mittelbaren Drittwirkung der Grundrechte[9], der sich auch das Bundesverfassungsgericht[10] und die überwiegende Meinung in der Literatur[11] angeschlossen haben: Die Grundrechte stehen an der Spitze der Normenpyramide und beeinflussen als objektiv-rechtliche Wertentscheidungen des Verfassungsgebers alle niederrangigen Rechtsvorschriften und damit mittelbar auch jedes Rechtsverhältnis.

Eine Folge davon ist, dass alle Gesetze gem. Art. 1 Abs. 3 GG mit dem Grundrechten vereinbar sein müssen. Ausgenommen davon sind lediglich dispositive Normen, da der Einzelne über diese frei verfügen kann und sie somit keine Eingriffe in grundrechtliche Freiheiten darstellen[12].

---

6 Vgl. *v. Mangoldt*, Schriftlicher Bericht über die Grundrechte, S. 5 ff.

7 Vgl. auch *Pfeifer, K.-N.*, Eigenheit oder Eigentum, in: GRUR 2002, S. 495 ff. m. w. N.

8 So im Ergebnis auch die h. L. Vgl. nur *Looschelders, D.*, Ausstrahlung, in: *Wolter, J./Riedel, E./Taupitz, J.*, Einwirkungen der Grundrechte, 1999, S. 93 ff. m. w. N.

9 Vgl. *Dürig, G.*, Grundrechte, 1956, in: FS für Nawiasky, S. 176 ff.; *ders.*, Urteilsbesprechung, in: DöV 1958, S. 194, 196 f.

10 Vgl. *BVerfG* vom 23.04.1986 (Tarifvertrag) – 2 BvR 487/80, BVerfGE 73, S. 261, 269 f. m. w. N. aus der höchstrichterlichen Rechtsprechung.

11 Vgl. dazu z. Bsp. *Looschelders* (Anm. 8), S. 93 ff. m. w. N. aus Lit. und Rspr.

12 Vgl. *Pieroth / Schlink* (Anm. 3), S. 45 Rn. 178 ff.

Weiterhin müssen bei bürgerlichrechtlichen Streitigkeiten die maßgebenden Vorschriften im „Geiste“[13] des Grundgesetzes ausgelegt werden. Dieser Gedanke kommt insbesondere bei unbestimmten Rechtsbegriffen und Generalklauseln zum Tragen, da hier die Freiräume des entscheidenden Gerichts am größten sind und gegebenenfalls eine Interessenabwägung unter Beachtung der einschlägigen Grundrechte zulassen bzw. erfordern. Auf diese Weise können auch Probleme der „sozialen Machtstellung“ einflussreicher gesellschaftlicher Organisationen zufrieden stellend gelöst werden. Durch umfassende Interessenabwägungen kann und muss die Rechtsprechung die von den Grundrechten gebotene Chancengleichheit durch Herstellung faktischer Symmetrie wahren[14], wodurch der Einzelne auch gegenüber großen Organisationen nicht schutzlos gestellt ist.

Da die ausgeführten Darlegungen sowohl in der Argumentation als auch im Ergebnis überzeugen, wird im Folgenden vom Grundsatz der mittelbaren Drittwirkung der Grundrechte ausgegangen.

2. Privatsphärenschutz und Persönlichkeitsrecht

Untersucht man die Reichweite des Privatsphärenschutzes so kommt man nicht umhin, den Blick auch auf das allgemeine Persönlichkeitsrecht zu richten, welches verfassungsrechtlich in Art. 2 Abs. 1 i. V. m. Art. 1 Abs. 1 GG verankert ist[15]. Dabei stellt man fest, dass das allgemeine Persönlichkeitsrecht weder vom Gesetzgeber noch im Rahmen der Kasuistik eine abschließende Definition erfahren hat[16]. Eine solche ist auch nicht zwingend erstrebenswert, da eine daraus resultierende Verengung des Tatbestandes die weitere Entwicklung erschweren würde. Vielmehr hat die Rechtsprechung im Laufe der Jahre zahlreiche Einzelaspekte des Persönlichkeitsrechts herausgearbeitet und in Fallgruppen unterteilt[17]. Dazu zählt insbesondere die Privatsphäre[18], welche auch teilweise das Recht am eigenen Bild und der Darstellung der eigenen Person umfasst[19]. Zu beachten ist noch, dass die einzelnen Teilaspekte nicht exakt voneinander abgrenzbar sind, da sie sich überschneiden und ineinander übergehen. Eine genaue Zuordnung ist letztlich aber auch weder erforderlich noch geboten, da nur über das „Auffangbecken“ des allgemeinen Persönlichkeitsrechts ein möglichst lückenloser Schutz gewährt werden kann. Aus diesen Gründen kann häufig auf eine genaue Subsumtion unter die einzelnen (Teil-) Rechte verzichtet werden. In

---

13 Vgl. *BVerfG* vom 15.01.1958 (Lüth) – 1 BvR 400/51, BVerfGE 7, S. 198, 205 f.

14 Vgl. *BVerfG* vom 07.02.1990 (Handelsvertreter) – 1 BvR 26/84, BVerfGE 81, S. 261 ff.

15 Ausführlich dazu *Degenhart, C.*, Persönlichkeitsrecht, in: JuS 1992, S. 361 ff.

16 Vgl. *Starck, C.*, in: *v. Mangoldt, H./Klein, F./Starck, C.*, GG I, 1999, Art. 1 I Rn. 100.

17 Vgl. *Wenzel, K. E.*, Wort- und Bildberichterstattung, 1994, S. 129 Rdnr. 5.15 m. w. N.

18 Vgl. *BVerfG* vom 16.07.1969 (Mikrozensus) – 1 BvL 19/63, BVerfGE 27, S. 1, 6.

19 Vgl. *BVerfG* vom 05.06.1973 (Lebach) – 1 BvR 536/72, BVerfGE 35, S. 202, 220.

mehrdeutigen Fällen ist es vielmehr ausreichend auf den „Überbegriff" des (allgemeinen) Persönlichkeitsrechts zurückzugreifen.

Da nach alledem der Privatsphärenschutz untrennbar mit dem allgemeinen Persönlichkeitsrecht verbunden ist, wird dieses im Folgenden sowohl in die geschichtliche Entwicklung als auch in die übrige Darstellung einbezogen werden.

a) Entwicklung des Persönlichkeitsrechts

Die Anerkennung des allgemeinen Persönlichkeitsrechts des Einzelnen, d. h., die freie Entfaltung der Persönlichkeit als grundlegendes, absolutes Recht der Achtung der eigenen Individualität, wurde bereits ausgangs des 19. Jahrhunderts vereinzelt befürwortet[20], ohne jedoch die notwendige Beachtung und Bestätigung durch die Rechtsprechung und den Gesetzgeber zu erfahren. Erst die Einführung des Grundgesetzes im Jahre 1949 – und hierbei insbesondere Art. 1 und Art. 2 GG – ebneten den Weg zur Anerkennung dieser Rechtsfigur.

aa) Das Persönlichkeitsrecht in der Gesetzgebung

Obwohl das allgemeine Persönlichkeitsrecht in Deutschland in den Grundrechten angelegt ist, hat es keinen ausdrücklichen Eingang in die einfache Gesetzgebung gefunden. Zu Buche stehen lediglich zwei gescheiterte Kodifikationsvorhaben. Ein Entwurf aus dem Jahre 1959 sah die Niederlegung des Persönlichkeitsrechts in den §§ 823, 847 BGB vor, welche wie folgt lauten sollten:

> **§ 823 BGB**: Wer vorsätzlich oder fahrlässig einen anderen in seiner Persönlichkeit oder wer vorsätzlich oder fahrlässig das Eigentum oder ein sonstiges Recht eines anderen widerrechtlich verletzt, ist ihm zum Ersatz des daraus entstehenden Schadens verpflichtet.
>
> **§ 847 BGB** Wer in seiner Persönlichkeit verletzt wird, kann auch wegen des Schadens, der nicht Vermögensschaden ist, eine angemessene Entschädigung in Geld einschließlich einer Genugtuung für die erlittene Unbill verlangen; ...[21].

Vorgeschlagen wurde außerdem eine Änderung von § 12 BGB, der um einen Beseitigungsanspruch für widerrechtliche Beeinträchtigungen der Persönlichkeit ergänzt werden sollte.

---

[20] Vgl. *Gierke, O.*, Deutsches Privatrecht I., 1895, S. 702 ff.; *Kohler, J.*, Recht an Briefen, in: Archiv für bürgerliches Recht Bd. 7 (1893), S. 94 ff. Ausführlich: *Leuze, D.*, Persönlichkeitsrecht, 1962 m. w. N.

[21] Vgl. *Verhandlung des Deutschen Bundestages*, 3. Wahlperiode, Anlagen zu den stenographischen Berichten Bd. 63, Drucksache 1237, S. 4.

Diese Vorhaben scheiterte ebenso wie der zweite Kodifikationsversuch von 1967 vor allem an den starken Protesten seitens der Presse, die darin eine Beschränkung der Pressefreiheit über das zulässige Maß hinaus sah[22].

bb) Das Persönlichkeitsrecht in der Rechtsprechung

Dem Gesetzesentwurf von 1959 ging zunächst die Anerkennung des allgemeinen Persönlichkeitsrechts durch die zivilgerichtliche Rechtsprechung in der *Leserbriefentscheidung* des Bundesgerichtshofes von 1954 voraus[23]. In dieser Entscheidung leitete der Bundesgerichtshof das allgemeine Persönlichkeitsrecht als ein verfassungsmäßig gewährleistetes Grundrecht aus Art. 1 und Art. 2 GG ab und verurteilte eine ungenehmigte Veröffentlichung privater Aufzeichnungen. Im Jahre 1958 gewährte der Bundesgerichtshof in der *Herrenreiterentscheidung*[24] erstmals Schadensersatz bei immateriellen Beeinträchtigungen hervorgerufen durch schwerwiegende Persönlichkeitsrechtsverletzungen. Das Gericht begründete die Ersatzansprüche – unter Berufung auf die Art. 1 und 2 GG – mit einer analogen Anwendung des § 847 BGB a. F[25]. Bereits drei Jahre später gab der Bundesgerichtshof diese aus dogmatischer Sicht zumindest diskutable Haltung auf. Geklagt hatte ein Professor für Völker- und Kirchenrecht, mit dessen Namen für ein sexuelles Präparat geworben wurde. Das Gericht bejahte einen immaterielleren Schadensersatzanspruch direkt aus der Wertentscheidung des Grundgesetzes unter Berufung auf Art. 1 Abs. 1 und Art. 2 Abs. 1 GG[26] und distanzierte sich somit schließlich von der Analogie zu § 847 BGB a. F., der an sich ja nur körperliche Schäden umfasste. In den darauf folgenden Jahren bestätigte und festigte der Bundesgerichtshof diese Marschroute. Erwähnenswert ist noch vor allem der *Soraya-Fall*[27], der die Verbreitung eines erfundenen Interviews über private Angelegenheiten in der Presse zum Gegenstand hatte. Das Gericht sprach Prinzessin Soraya 15.000 DM Schadensersatz für erlittene seelische Schmerzen zu und begründete auch dieses Urteil mit der Wertentscheidung der Grundrechte, welche sich aus den Art. 1 Abs. 1 und Art. 2 Abs. 1 GG ergebe.

---

22 Vgl. dazu *BVerfG* vom 14.02.1973 (Soraya) – 1 BvR 112/65, BVerfGE 34, S. 269, 272 f.

23 Vgl. *BGH* vom 25.05.1954 (Leserbrief) – I ZR 211/53, BGHZ 13, S. 334 ff.

24 Vgl. *BGH* vom 14.02.1958 (Herrenreiter) – I ZR 151/56, BGHZ 26, S. 349 ff.

25 **§ 847 BGB a. F. [Schmerzensgeld]** (1) Im Falle der Verletzung des Körpers oder der Gesundheit sowie im Falle der Freiheitsentziehung kann der Verletzte auch wegen des Schadens der nicht Vermögensschaden ist, eine billige Entschädigung in Geld verlangen.

26 Vgl. *BGH* vom 19.09.1961 (Ginseng) – VI ZR 259/60, BGHZ 35, S. 363, 367: „Die unter dem Einfluss der Wertentscheidung des Grundgesetzes erfolgte Ausbildung des zivilrechtlichen Persönlichkeitsschutzes wäre aber lückenhaft und unzureichend, wenn eine Verletzung des Persönlichkeitsrechts keine der ideellen Beeinträchtigung adäquate Sanktion auslösen würde".

27 Vgl. *BGH* vom 08.12.1965 (Soraya) – VI ZR 201/63, NJW 1965, S. 685 ff.

Interessant ist die letztgenannte Entscheidung vor allem auch deshalb, weil sie dem Bundesverfassungsgericht die Gelegenheit eröffnete, sich zu der viel diskutierten Rechtsfortbildung des Bundesgerichtshofes zu äußern[28]. Die Verfassungsrichter billigten die Rechtsprechung des Zivilgerichts und erachteten diese Weiterentwicklung sogar als zwingend geboten. Durch die Rechtsfigur des allgemeinen Persönlichkeitsrechts könnten Lücken des Persönlichkeitsschutzes geschlossen werden, weshalb es verfassungsrechtlich nicht zu beanstanden ist, das allgemeine Persönlichkeitsrecht als Recht i. S. d. § 823 Abs. 1 BGB anzusehen. Nur wenige Monate später nutzte das Bundesverfassungsgericht in der *Lebach*-Entscheidung[29] erneut die Gelegenheit zur Stellungnahme bezüglich des Persönlichkeitsrechts und verankerte es ausdrücklich in Art. 2 Abs. 1 i. V. m. Art. 1 Abs. 1 GG. Spätestens dieses Urteil brachte demnach die Bestätigung der Verfassungskonformität der Rechtsauslegung bzw. Rechtsfortbildung des Bundesgerichtshofes.

Zusammenfassend kann also festgehalten werden, dass das allgemeine Persönlichkeitsrecht entscheidend von der Rechtsprechung – und hierbei insbesondere von der Zivilrechtsprechung des Bundesgerichtshofes – entwickelt und geprägt wurde. Der große Anteil des Bundesgerichtshofes an der Schöpfung dieser Rechtsfigur wundert wenig, da es sich bei der Mehrheit der Streitälle um Drittwirkungsfälle handelt, d. h., um private Streitigkeiten, welche eine Kollision von Äußerungsfreiheit und Persönlichkeitsschutz zum Gegenstand hatten bzw. immer noch haben[30].

b) Entwicklung des Privatsphärenschutzes

Parallel zur Entstehung, Entwicklung und Festigung des allgemeinen Persönlichkeitsrechts kreierte das Bundesverfassungsgericht eine Reihe von Einzelaspekten dieser Rechtsfigur, wie beispielsweise das Recht auf informationelle Selbstbestimmung, Schutz vor Unwahrheit, Schutz der Ehre, Schutz vor Indiskretion usw., welche häufig unter dem Titel der so genannten „besonderen" Persönlichkeitsrechte behandelt werden[31]. Diese Einzelrechte darf man nicht als voneinander isoliert begreifen, sondern vielmehr als ineinander übergehende, mit fließenden Grenzen ausgestattete Teilstücke eines sie umfassenden Persönlichkeitsrechts.

---

[28] Vgl. *BVerfG* (Soraya) (Anm. 22), S. 269 ff.

[29] Vgl. Urteil des *BVerfG* (Lebach) (Anm. 19), S. 202.

[30] Ausführlich zur Entwicklung des Persönlichkeitsrechts: *Wenzel* (Anm. 17), S. 121 ff. Rdnr. 5.1 ff. m. w. N.

[31] Auf eine exakte Differenzierung und Behandlung der „besonderen" Persönlichkeitsrechte kann hier verzichtet werden. Vgl. dazu statt vieler nur die umfangreiche Darstellung bei *Wenzel* (Anm. 17), S. 130 ff. Rdnr. 5.18 ff. m. w. N.

Der Entwicklung des Privatsphärenschutzes ging die Anerkennung der Intimsphäre voraus. Das Bundesverfassungsgericht gebrauchte 1957 im *Elfes-Urteil*[32] erstmals den Begriff des „unantastbaren Bereichs privater Lebensgestaltung", der jedem Bürger zusteht und der sozusagen einen letzten Bereich menschlicher Freiheit darstellt, jeglicher Einwirkung von außen entzogen ist[33] und den man gemeinhin als Intimsphäre bezeichnen kann. In der Folgezeit bildete das Gericht neben der Intimsphäre einen weiteren Bereich privater Lebensführung, welcher über eine geringere Schutzintensität verfügt und hinsichtlich der Einschränkbarkeit dem Grundsatz der Verhältnismäßigkeit unterliegt[34]. Diese Unterteilung geschah aus der Erkenntnis heraus, dass die privaten Tätigkeiten eines Menschen zu breit gefächert sind, um sie einer pauschalen Beurteilung unterziehen zu können. Die Gliederung des Privatlebens in diverse Partitionen wird allgemein unter den Stichworten „Sphärentheorie", „Sphäreneinteilung" o. ä. behandelt.

3. Die verschiedenen Bereiche des Privatlebens

Seit dem *Volkszählungsurteil* wird in der Lehre lebhaft diskutiert, ob das Bundesverfassungsgericht von seiner „Sphärentheorie" ganz[35], gar nicht[36] oder doch nur teilweise[37] Abschied genommen hat. Unabhängig davon welcher der genannten Ansichten man sich letztlich anschließt, bleibt jedoch festzuhalten, dass sich private Aktivitäten von einem intimen Rahmen bis hin in die Öffentlichkeit abspielen können, wobei Ersteren eine sehr hohe und Letzteren eine niedrigere Schutzbedürftigkeit zuzugestehen ist. Daher ist es im Umgang mit der Materie einfach zweckmäßig, die private Lebensgestaltung in diverse Bereiche einzuteilen und diese so zu wählen, dass die Schutzintensität von innen nach außen abnimmt. Dabei kann die Gliederung nicht durchweg als eine strikte Trennung verstanden werden. Vielmehr ist die Einteilung in Sphären der Sache nach eine abgestufte Verhältnismäßigkeitsprüfung. Betrachtet man die verschiedenen Sphären etwas genauer, so erweisen sich sowohl der innerste als auch der äußerste Bereich persönlicher Aktivitäten in der rechtlichen Behandlung als unproblematisch, weshalb im Folgenden eine kurze Darstellung genügen soll.

---

32 Vgl. *BVerfG* vom 16.01.1957 (Elfes) – 1 BvR 253/56, BVerfGE 6, S. 32, 41.

33 Vgl. *BVerfG* vom 10.05.1957 (Homosexualität) – 1 BvR 550/52, BVerfGE 6, S. 433.

34 Vgl. *BVerfG* vom 15.01.1970 (Scheidungsakte) – 1 BvR 13/68, BVerfGE 27, S. 351. Allgemein zum Verhältnismäßigkeitsgrundsatz und dabei insbesondere zur Abwägung *Ossenbühl, F.*, Abwägung, in: *Erbguth, W.* (Hrsg.), Abwägung im Recht, 1996, S. 25 ff.

35 Vgl. *Gounalakis, G.*, Persönlichkeitsschutz, AfP 1998, S. 10, 13 f.

36 Vgl. dazu *Degenhart, C.*, in: Bonner Kommentar, 2002, Art. 5 Rdnr. 178 (88. Lfg. Februar 1999).

37 Jedenfalls soweit es um den „Schutz von Informationen bzw. um Informationseingriffe" geht, vgl. *Pieroth / Schlink* (Anm. 3), S. 89 Rn. 377.

a) Der Kernbereich

Gegenstand des Kernbereichs sind die Geheim- und Intimsphäre[38]. Die Intimsphäre umfasst „den letzten unantastbaren Bereich menschlicher Freiheit", sozusagen einen „Innenraum" in dem man „sich selbst besitzt und in den die Umwelt keinen Zutritt hat"[39], also ein Bereich, in den selbst nahe stehenden Personen regelmäßig keinen Einblick haben. Zu dieser Sphäre gehören insbesondere Vorgänge aus dem Sexualbereich sowie äußerlich nicht wahrnehmbare körperliche Gebrechen[40]. Ob eine Handlung die Intimsphäre oder „nur" die Privatsphäre tangiert, hängt vom konkreten im Einzelfall ab. So sind beispielsweise die Anfang Januar 2003 auf der Internetseite des Magazins „Focus"[41], unter Bezugnahme auf die britische Sonntagszeitung „Mail on Sunday", erschienenen Berichte über eine mögliche Affäre des deutschen Bundeskanzlers dessen Privatsphäre zuzurechnen. Hätte sich der Urheber des Artikels jedoch detailliert über intime Einzelheiten dieser behaupteten außerehelichen Beziehung ausgelassen, so wäre davon die Intimsphäre des Kanzlers betroffen[42].

Zur Geheimsphäre zählt der Bereich menschlichen Lebens, der der Öffentlichkeit bei verständiger Würdigung nicht preisgegeben werden soll[43]. Dazu sind neben Tagebuchaufzeichnungen[44] auch persönliche Briefe[45] und vertrauliche Telefonate[46] zu zählen. Da viele Ereignisse der Geheimsphäre ebenso gut der Intimsphäre zugerechnet werden können, wird teilweise auf eine Unterteilung der beiden Bereiche verzichtet[47], was jedoch zu keinen anderen Ergebnissen führt.

Eindrücke und Bilder aus diesen Sphären dürfen ohne Zustimmung des Abgebildeten grundsätzlichen nicht veröffentlicht werden. Nur ausnahmsweise, wenn ein überragendes Informationsinteresse der Allgemeinheit besteht und es in der Sache um hoch einzustufende Rechtsgüter geht, sind Eingriffe überhaupt einer

---

38 Vgl. etwa die Einteilung von *Degenhart* (Anm. 36), Art. 5 Rdnr. 177 ff. (88. Lfg. Februar 1999) m. w. N.; *Wenzel* (Anm. 17), S. 121 ff. Rdnr. 5.29 ff.

39 Vgl. *BVerfG* (Mikrozensus) (Anm. 18), S. 1, 6.

40 Vgl. *Wenzel* (Anm. 17), S. 141 ff. Rdnr. 5.39 ff. m. w. N.

41 Internetadresse: http://www.focus.de.

42 Nicht diskutiert werden muss an dieser Stelle über den Unterschied, ob es sich bei der Publikation um eine wahre oder eine erwiesen unwahre Behauptung handelte. Zum Thema der Zuordnung im Einzelfall zu den verschiedenen Sphären siehe auch die Entscheidung des *BGH* vom 05.05.1964 (Sittenrichter) – VI ZR 64/63, NJW 1964, S. 1471 ff.

43 Vgl. *Wenzel* (Anm. 17), S. 141 ff. Rdnr. 5.39 ff. m. w. N.

44 Vgl. *BGH* vom 21.02.1964 (Tagebuchaufzeichnung) – 4 StR 519/63, BGHSt 19, S. 325.

45 Vgl. *BGH* (Leserbrief) (Anm. 23), S. 334 ff.

46 Vgl. *BGH* vom 19.12.1978 (Kohl/Biedenkopf) – VI ZR 137/77, BGHZ 73, S. 120 ff.

47 Vgl. z. B. *Löffler, M./Ricker, R.*, Presserecht, 2000, S. 337 Rdnr. 17 f. Für eine Differenzierung u. a.: *Degenhart* (Anm. 36), Art. 5 Rdnr. 178 (88. Lfg. Februar 1999); *Wenzel* (Anm. 17), S. 121 ff. Rdnr. 5.29 ff.

Abwägung zugänglich. Im Übrigen findet, unabhängig davon, ob es sich um eine Person des öffentlichen Lebens handelt oder nicht, keine Prüfung der Verhältnismäßigkeit statt[48].

b) Die engere Privatsphäre

Entfernt man sich von dem absoluten Kern des Privatlebens so stößt man auf die hier so genannte „engere Privatsphäre", die alle Aktivitäten innerhalb der häuslichen und familiären Umgebung zum Inhalt hat. Dazu gehören Vorkommnisse in der Ehe und Partnerschaft, Eltern-Kind-Beziehung und private Gespräche[49], aber auch die Einkommens- und Vermögensverhältnisse, jedenfalls dann, wenn es sich um schlechte wirtschaftliche Verhältnisse handelt[50].

Die „engere Privatsphäre" erfasst somit eine Umgebung in die sich der Einzelne, im Vertrauen darauf unbeobachtet und ungestört zu bleiben, zurückziehen kann, was überaus wichtig für die Entwicklung und das Wohlbefinden des Menschen ist. Daher hat jeder Anspruch auf den Schutz eines verfassungsrechtlich garantierten Bereichs, in dem er allein bleiben kann und Schonung vor Eingriffen jeglicher Art erfährt[51]. Dies muss auch für absolute Personen der Zeitgeschichte gelten und folgt aus „dem allgemeinen Persönlichkeitsrecht, das jede Person gegen alle Verletzungen ihrer Eigensphäre schützt"[52]. Daher dürfen auch häusliche und familiäre Ereignisse regelmäßig nur mit Zustimmung der Betroffenen publik gemacht werden. Dennoch muss an dieser Stelle betont werden, dass die „engere Privatsphäre", im Gegensatz zur Intim- und Geheimsphäre, nicht absolut geschützt ist. Ungenehmigte Veröffentlichungen können nämlich dann zulässig sein, wenn ein besonders gewichtiges Informationsinteresse der Öffentlichkeit besteht[53] und eine alle Umstände des konkreten Einzelfalles berücksichtigende Interessenabwägung zu dem Ergebnis gelangt, dass das allgemeine Informationsinteresse gegenüber den persönlichen Belangen des Betroffenen überwiegt[54]. *Allein* das Informationsinteresse der Allgemeinheit an der Darstellung einer Person der Zeitgeschichte an sich, reicht dazu jedoch nicht aus[55].

---

48 Vgl. *Degenhart* (Anm. 36), Art. 5 Rdnr. 178 (88. Lfg. Februar 1999).

49 Vgl. *BGH* vom 20.01.1981 (Wallraff II) – VI ZR 163/79, NJW 1981, S. 1366 ff.

50 Vgl. *OLG Hamburg* vom 20.05.1992 (E. v. Hohenzollern) – 1 U 20/92, AfP 1992, S. 376, LS 3.

51 Vgl. *BVerfG* (Soraya) (Anm. 22), S. 269, 281. Vgl. dazu auch *Gerstenberg, E./Götting, H.-P.*, in: *Schricker, G.*, Urheberrecht, 1999, § 60 UrhG/§ 23 KUG, Rn. 35.

52 So *BGH* vom 10.05.1957 (Spätheimkehrer) – I ZR 234/55, BGHZ 24, S. 200, LS 2.

53 Vgl. *BGH* vom 26.01.1965 (Gretna Green) – VI ZR 204/63, GRUR 1965, S. 256, 257.

54 Vgl. *BVerfG* (Lebach) (Anm. 19), S. 202, 221.

55 Vgl. *BGH* (Spätheimkehrer) (Anm. 52), S. 200, LS 2.

c) Die Öffentlichkeitssphäre

Die Öffentlichkeitssphäre stellt den äußersten Bereich persönlicher Aktivitäten dar. In sie tritt der Betroffene bewusst und gewollt ein, d. h., er verlässt seine Privatsphäre, um sich der breiten Öffentlichkeit zu stellen. Dies kann beispielsweise in der Ausübung eines Amtes bzw. Berufes, bei öffentlichen Auftritten oder sonstigen öffentlichen Ereignissen geschehen.

Teilweise wird von der Öffentlichkeitssphäre noch die so genannte Sozialsphäre unterschieden, welche einen Bereich darstellt, der jenseits des Privaten liegt, jedoch nicht zwingend bewusst der Öffentlichkeit zugekehrt ist. Als Beispiele werden berufliche Tätigkeit, Teilnahme an Veranstaltungen, Aufhalten auf der Straße usw. genannt[56]. Andere wiederum verzichten auf eine solche Unterteilung und gehen von einer einheitlichen, auch die Sozialsphäre umfassende, Öffentlichkeitssphäre aus[57]. Eine Streitentscheidung kann an dieser Stelle jedoch dahinstehen, denn jedenfalls bei den hier allein interessierenden Personen des öffentlichen Lebens ist die Sozialsphäre derart eng und untrennbar mit dem Öffentlichkeitsbereich verbunden, dass eine Differenzierung beider Bereiche wenig sinnvoll erscheint. Daher werden sie im Folgenden als eine Einheit angesehen.

Berichterstattungen aus dem Öffentlichkeitsbereich sind grundsätzlich zulässig, da ein berechtigtes Informationsinteresse an Auftritten zeitgeschichtlicher Personen anzuerkennen ist, wenn sich diese erkennbar an die Öffentlichkeit wenden[58]. Hier ist kein Raum für persönlichkeitsrechtlichen Schutz vor Indiskretion. Im Übrigen dürfte es sich regelmäßig um Fälle handeln, in denen bereits eine ausdrückliche oder konkludente Einwilligung des Dargestellten vorliegt. Eine Ausnahme kann höchstens nur dann greifen, wenn jemand in diffamierender, die Ehre oder den Ruf verletzender Art und Weise gezeigt wird[59]. Als anschauliches Beispiel sei hier die zerrissene Hose eines Sportlers erwähnt. Die dadurch entstandene und fotografisch festgehaltene Blöße darf nicht ohne dessen ausdrückliche Einwilligung veröffentlicht werden[60].

---

56 Vgl. *BGH* vom 20.01.1981 (Wallraff I) – VI ZR 162/79, NJW 1981, S. 1091; *Wenzel* (Anm. 17), S. 147 ff. Rdnr. 5.54 ff.

57 Vgl. beispielsweise *Löffler / Ricker* (Anm. 47), S. 332 Rdnr. 7: „Die Öffentlichkeitssphäre bzw. Sozialsphäre...". Vgl. auch die Kommentierung von *Steffen, E.*, in: *Löffler, M.*, Presserecht, 1997, § 6 LPG Rdnr. 70.

58 Vgl. *Wenzel* (Anm. 17), S. 149 f. Rdnr. 5.60 ff.

59 Ausführlich dazu *Gass, W.*, in: *Möhring, P./Nicolini, K.*, Urheberrecht, 2000, § 60 UrhG/Anh. § 23 KUG, Rdnr. 34 ff. m. w. N.

60 Vgl. *OLG Hamburg* vom 06.07.1970 (Zerrissene Hose) – 3 U 64/72, ArchPR 17 (1972), S. 150 f.

d) Problemfall: Das Privatleben im weiteren Sinne

Als problematisch stellen sich die Fälle heraus, welche sich nicht – oder zumindest nicht ohne weiteres – in eine der eben vorgestellten Sphären einordnen lassen. Darunter fallen Situationen und Vorgänge, die zwar privater Natur sind, sich jedoch abseits des häuslichen Bereichs abspielen, weshalb sie nicht mehr der engeren Privatsphäre zugerechnet werden können. Eine Zuordnung zur Öffentlichkeitssphäre ist aber auch nicht ohne weiteres möglich, da die in Rede stehenden Tätigkeiten aus privatem Anlass erfolgen und die betreffende Person sich nicht von vornherein an die Öffentlichkeit richtet. Dieses so genannte „Privatleben im weiteren Sinne" umfasst insbesondere Dinge des alltäglichen Lebens, wie zum Beispiel Joggen, Spaziergänge, Einkäufe, Restaurantbesuche, Ausflüge ins Grüne etc., also Situationen, in denen der Betroffene nicht in seiner „öffentlichen Funktion" tätig wird.

Damit stellt sich also die Frage, ob Privatsphärenschutz auch außerhalb der häuslichen Umgebung gewährt werden kann. Dies hängt zunächst von der Reichweite der Privatsphäre ab. Um diese bestimmen zu können, ist es notwendig, sie von dem nicht mehr geschützten Öffentlichkeitsbereich abzugrenzen.

aa) Abgrenzung der Privat- zur Öffentlichkeitssphäre

Um sich dem Problem der Abgrenzung von Privat- und Öffentlichkeitssphäre sinnvoll nähern zu können, ist es zuallererst erforderlich, sich einen Überblick über die derzeitige Rechtslage zu verschaffen. Allgemein anerkannt ist, dass der Privatsphärenschutz (auch von Personen der Zeitgeschichte) nicht erst an der Schlafzimmertür, sondern schon an der Haustür einsetzt[61]. Daraus wurde und wird im Umkehrschluss vielfach geschlossen, dass die Privatsphäre prominenter Personen außerhalb der eigenen Räumlichkeiten nicht geschützt wird[62]. Dieser Ansicht hat der Bundesgerichtshof[63], in einer vom Bundesverfassungsgericht bestätigten Entscheidung[64], jedoch eine Absage erteilt und den Schutzbereich der Privatsphäre explizit auch auf Örtlichkeiten außerhalb der eigenen vier Wände ausgedehnt:

---

61 Vgl. *Soehring, J.*, Presserecht, 2000, S. 384 Rdnr. 19.15.

62 Vgl. u. a. *Vinck, K.*, Anmerkung, in: BGH LM, Art. 2 GG, Nr. 66, Bl. 6 und *Wenzel* (Anm. 17), S. 149 f. Rdnr. 5.46, 5.60.

63 Vgl. Urteil des *BGH* vom 19.12.1995 (Caroline v. Monaco IV) – VI ZR 15/95, BGHZ 131, S. 332 ff.

64 Vgl. *BVerfG* vom 15.12.1999 (Caroline von Monaco) – 1 BvR 653/96, BVerfGE 101, S. 361 ff.

> „Der Schutz der Privatsphäre, der sich auch auf die Veröffentlichung von Bildaufnahmen erstreckt, ist nicht auf den häuslichen Bereich beschränkt“[65].

Weiterhin äußerte sich das Gericht an gleicher Stelle über die Voraussetzungen des Schutzes in der Öffentlichkeit:

> „Außerhalb des eigenen Hauses kann eine schützenswerte Privatsphäre gegeben sein, wenn sich jemand in eine örtliche Abgeschiedenheit zurückgezogen hat, in der er objektiv erkennbar für sich allein sein will und in der er sich in der konkreten Situation und im Vertrauen auf die Abgeschiedenheit so verhält, wie er es in der breiten Öffentlichkeit nicht tun würde“.[66]

Demnach sind den Entscheidungsgründen zwei Abgrenzungskriterien zur Unterscheidung der Privatsphäre vom Öffentlichkeitsbereich zu entnehmen. Die eine bezieht sich auf die Örtlichkeit der Handlung (räumliche Komponente), während die andere den Anlass und die Umstände der Tätigkeit beinhaltet (thematische Komponente).

(1) Räumliche Abgrenzung

Das Gericht untersucht den Begriff der „Öffentlichkeit“ und unterteilt diesen in die so genannten „breite Öffentlichkeit“ und in die „abgeschiedene Öffentlichkeit“. Zur „breiten Öffentlichkeit“ werden allgemein zugängliche Lokalitäten gezählt, welche regelmäßig von vielen Menschen frequentiert werden. Dazu gehören beispielsweise belebte Straßen und Plätze sowie Großveranstaltungen jeglicher Art. An solchen Orten kann kein Privatsphärenschutz beansprucht werden. Etwas anderes kann aber – nach Ansicht des Bundesgerichtshofes – in der so genannten „abgeschiedenen Öffentlichkeit“ gelten. Davon umfasst werden öffentliche Örtlichkeiten, welche eine erkennbare Abgrenzung aufweisen, so dass der Betroffene nicht uneingeschränkt den Blicken anderer ausgesetzt ist. Beispiele dafür sind Séparées in Restaurants oder Hotels, sonstige abgeschiedene Räumlichkeiten, unter Umständen aber auch die freie Natur[67].

(2) Thematische Abgrenzung

Weiterhin verlangt die Rechtssprechung, dass der betreffenden Situationen ein typisch privater Charakter anhaftet[68]. Diese Voraussetzung soll ausschließlich dann erfüllt sein, wenn sich der Betroffene vor den Blicken der Öffentlichkeit

---

65 Vgl. *BGH* (Caroline IV) (Anm. 63), S. 332, LS. b).

66 Vgl. *BGH* (Caroline IV) (Anm. 63), S. 332, LS. c).

67 Vgl. *BGH* (Caroline IV) (Anm. 63), S. 332, 339 ff.

68 Vgl. *BGH* (Caroline IV) (Anm. 63), S. 332, 340.

sicher fühlt. In der Gewissheit unbeobachtet zu sein, neigt man am ehesten dazu, sich zu entspannen und sich gehen zu lassen. Wer sich in solchen Situationen persönlichen, nicht für die Öffentlichkeit bestimmten, Regungen hingibt, ist schutzwürdig. Veröffentlichungen aus diesem Bereich können den Betroffenen bloßstellen, Peinlichkeiten enthüllen und stellen regelmäßig einen Eingriff in das Selbstdarstellungsrecht dar. Dies ist insbesondere dann der Fall, wenn es sich um heimliche Aufnahmen handelt und der Dargestellte sich unbeobachtet wähnt. Aber auch „offene" Aufnahmen können unzulässig sein, insbesondere dann, wenn sie in einer überrumpelnden Art und Weise geschehen, da sich der Abgebildete nicht schnell genug auf die veränderte Situation einstellen kann[69].

Als weiteres Abgrenzungscharakteristikum fordert der Bundesgerichtshof die objektive Erkennbarkeit des „Alleinseinwollens" der betreffenden Personen[70]. Diese muss also nicht nur den Willen haben allein zu sein, sondern sich in einer Art und Weise verhalten, dass Dritte in der Lage sind, dies zu erkennen.

bb) Stellungnahme

Diese auf den ersten Blick durchaus plausible Unterteilung bereitet bei genauerem Hinsehen jedoch einige Schwierigkeiten. Beizupflichten ist dem Bundesgerichtshof, dass in der breiten Öffentlichkeit kaum Privatsphärenschutz gewährt werden kann. Wer solche Orte aufsucht, um an den stattfindenden Ereignissen teilzunehmen oder sich den Menschenmassen zu zeigen, setzt sich bewusst den Blicken einer großen Vielzahl von Personen aus. Er muss daher ständig damit rechnen, beobachtet und gegebenenfalls sogar fotografiert oder gefilmt zu werden, bzw. Gegenstand einer Reportage zu sein.

Soweit sich der Bundesgerichtshof auf die „örtliche Abgeschiedenheit" bezieht, ist anzumerken, dass öffentliche Orte von dem Einzelnen nicht für sich allein beansprucht werden können, da sie grundsätzlich für jedermann zugänglich sind und dies auch bleiben müssen[71]. Abgrenzungsprobleme bereitet auch der Hinweis des BGH auf den „konkreten Zeitpunkt" in dem es sich „um eine von der breiten Öffentlichkeit abgeschiedene Örtlichkeit"[72] handeln muss. So manch abgeschiedener Platz ist manchmal mit Menschen überflutet, während er zu einem anderen Zeitpunkt wiederum fast menschenleer ist. Irgendwo dazwischen endet die „breite Öffentlichkeit" und es beginnt die „abgeschiedene Öffentlichkeit", in

---

69 Vgl. *BVerfG* (Caroline v. Monaco) (Anm. 64), S. 361, 368 f.

70 Vgl. *BGH* (Caroline IV) (Anm. 63), S. 332, LS c).

71 In diese Richtung tendiert auch *Heldrich*, der sich entschieden gegen eine Ausweitung der Privatsphäre von prominenten Persönlichkeiten auf „öffentliche Orte" ausspricht (vgl. *Heldrich, A.*, Privates Glück in der Medienwelt, in: FS Schweizer, 1999, S. 39 f.).

72 Vgl. *BGH* (Caroline IV) (Anm. 63), S. 332, 339.

der sich der Einzelne unbeobachtet fühlen kann und einen Anspruch auf das Recht in Ruhe gelassen zu werden hat.

Bedenklich an diesen Kriterien ist vor allem ihre Unbestimmtheit. Es ist sicherlich schwer zu entscheiden, welche Plätze man als „abgeschieden" betrachten kann, wie „blickfest" die geforderte Abgrenzung sein muss, wie viele Personen anwesend sein dürfen. So soll ein Nebenzimmer eines Restaurants mit wenigen Gästen diesen Anforderungen genügen[73], was bei einem großen Ballsaal mit mehreren hundert Leuten ganz bestimmt nicht mehr der Fall sein kann. Unklar ist nur, wo letztlich die Grenze verlaufen soll. Hier bleibt die Rechtsprechung schärfere Abgrenzungsmerkmale schuldig, was insbesondere unter dem Aspekt der Rechtssicherheit bedenklich erscheint.

Wenig überzeugen kann auch das Kriterium des „Alleinseinwollens" der betreffenden Person, da es zu stark subjektiv geprägt ist. Es hätte zur Folge, überspitzt formuliert, dass man mit dem erkennbaren Willen allein zu sein, sich praktisch an jedem Ort seine eigene Privatsphäre schaffen könnte[74]. Damit wäre der Einzelne in der Lage, sich auch in der Öffentlichkeit einen Raum zu kreieren, in welchem er die Möglichkeit hätte, andere davon dauerhaft auszuschließen. Dies würde unterm Strich wohl zu wenig sinnvollen Ergebnissen führen, da man so anderen den Zugang zu öffentlichen Orten verbieten könnte. Im Übrigen kann auf dieses subjektive Abgrenzungsmerkmal verzichtet werden. Jede Person, die sich in eine – den oben genannten Ansprüchen genügende – Abgeschiedenheit zurückzieht, bringt dadurch deutlich zum Ausdruck, dass sie allein, unbeobachtet und damit ungestört sein möchte. Folglich dürfte in allen Fällen in denen die Voraussetzungen der räumlichen Abgeschiedenheit erfüllt sind, auch das Kriterium der „objektiven Erkennbarkeit des Alleinseinwollens" gegeben sein. Ein Rückgriff darauf ist demnach nicht erforderlich.

Auch wenn hier Kritik an der Entscheidung des Bundesgerichtshofs geübt wurde, so ist doch anzumerken, dass sie jedenfalls einen Schritt in die richtige Richtung darstellt, indem sie bei prominenten Personen einen Schutz der Privatsphäre auch außerhalb der eigenen Räumlichkeiten anerkennt.

An dieser Stelle drängt sich jedoch noch eine entscheidende Frage auf: Ist es überhaupt möglich, eine klare Trennlinie zwischen „abgeschiedener" und „breiter" Öffentlichkeit zu ziehen? Diese Frage muss nach eben Gesagtem verneint werden. Zwar kann man ohne weiteres Orte definieren, die entweder eindeutig „abgeschieden" oder aber der „breiten Öffentlichkeit" zuzuordnen sind, doch ist der Übergang zwischen den beiden Bereichen fließend und von vielen Einzelfallumständen abhängig, so dass keine allgemeingültige Definition einer Ab-

---

73 So der *BGH* (Caroline IV) (Anm. 63), S. 332, 341.

74 So auch *Vinck* (Anm. 62), Art. 2 GG, Nr. 66, Bl. 6.

grenzung möglich ist. Diese Aussage wird auch von den Erfahrungen und Ergebnissen der französischen Rechtsprechung gestützt, worauf im Folgenden kurz eingegangen wird.

cc) Ähnlichkeit zu der französischen Problematik

Die vom Bundesgerichthof aufgeworfene Unterscheidung der „breiten" und der „abgeschiedenen" Öffentlichkeit weist eine starke Ähnlichkeit zur der Abgrenzungsproblematik zwischen *lieu privé* und *lieu public* in Frankreich auf. Auch dort versuchte die Rechtsprechung plausible Differenzierungskriterien herauszuarbeiten, ohne jedoch zu einem befriedigenden Ergebnis zu gelangen[75].

Zur Erinnerung wird hier noch einmal ein kurzer Überblick über die Rechtslage in Frankreich hinsichtlich dieses Themenkreises gewährt. Die französischen Gerichte verstehen unter einem *lieu privé* einen Ort, an dem sich jemand dauernd oder auch nur vorübergehend aufhält und der ohne seine Erlaubnis nicht von Dritten aufgesucht werden darf[76]. Bei der Beurteilung des Ortes wird in Frankreich – ebenso wie bei der Rechtsprechung des Bundesgerichtshofes – auch auf ein subjektives Kriterium zurückgegriffen: Der Verfügungsinhaber muss objektiv seinen Willen zum Ausdruck bringen, dass er andere von dem Ort an dem er sich gerade aufhält ausschließen möchte[77].

Somit ist in beiden Ländern die gleiche Vorgehensweise festzustellen: Zuerst wird der Bereich festgelegt, der unstreitig der „abgeschiedenen" oder der „breiten" Öffentlichkeit (respektive dem *lieu privé* oder dem *lieu public*) zuzuordnen ist. Hilft dies in einem konkreten Fall nicht weiter, so geht man dazu über, zwischen beiden Bereichen eine Grenze zu ziehen. Dabei bedient man sich neben den objektiven Kriterien (die Eigenheit des fraglichen Ortes) auch der subjektiven Einstellung des Betroffenen, welche für außenstehende Dritte feststellbar zum Ausdruck gebracht werden muss (Äußerung des Willens in objektiv erkennbarer Weise). Trotz der aufgestellten Kriterien ist es bislang jedoch weder der französischen noch der deutschen Rechtsprechung gelungen, eine klare und praxistaugliche Definition dieser Grenze zu entwickeln. Dies führt in den nicht

---

75 Vgl. dazu ausführlich oben unter C. VI. 3. a) „Lieu privé und lieu public" und unter C. V. 2. „Der strafrechtliche Schutz".

76 Vgl. stellvertretend *Cour d'appel Besançon* vom 05.01.1978 (Proc. général c/ X...), D 1978, J., S. 357: „...un lieu accessible à tous sans autorisation spéciale de quiconque alors que le lieu privé doit être conçu comme un endroit qui n'est ouvert à personne sauf autorisation de celui qui l'occupe d'une manière permanente ou temporaire".

77 Vgl. *Kayser, P.*, La vie privée, 1995, Nr. 228, S. 399. Vgl. dazu auch oben C. VI. 3. a) „Lieu privé und lieu public".

eindeutig einzuordnenden Bereichen[78] zu einem nicht hinnehmbaren Mangel an Rechtssicherheit.

dd) Die Lösung des Problems in Frankreich

Die zivilgerichtliche Rechtsprechung in Frankreich hat die Abgrenzungsschwierigkeiten zwischen privaten und öffentlichen Orten letztlich sehr pragmatisch gelöst, indem sie auf den Ort der Handlung als Kriterium zur Bestimmung der Verletzung der Privatsphäre verzichtet. Die Gerichte gehen auf den *lieu privé* allenfalls dann noch ein, wenn es sich um eindeutig zu klassifizierende Fälle handelt. Dem Ort der Handlung kommt demnach bei Verletzungen der Privatsphäre nur eine Indizfunktion zu. Entscheidendes Merkmal ist die Art der Aktivität (öffentlich oder privat) [79].

Diese Lösung erscheint angesichts der schier unmöglichen Abgrenzung von privaten zu öffentlichen Orten vorzugswürdig. Ob die französische Rechtsprechung zu gegebener Zeit dennoch eine schärfere Trennung von *lieu privé* und *lieu public* liefern wird, bleibt abzuwarten. Was die Zivilgerichte anbelangt, so muss die Wahrscheinlichkeit hierfür mangels konkreter Notwenigkeit als sehr gering angesehen werden. Allenfalls die strafrechtliche Rechtsprechung könnte in Zugzwang geraten, da *lieu privé*, wie oben dargelegt, Tatbestandmerkmal von Art. 226-1 Nr. 2 Code pénal ist[80]. Da strafrechtliche Entscheidungen in Zusammenhang mit Art. 226-1 Code pénal jedoch äußerst selten sind, kann die Klärung des strittigen Elements noch für längere Zeit ausbleiben.

Ob und inwieweit der Lösungsansatz der französischen Rechtsprechung auf den Privatsphärenschutz in Deutschland übertragen werden kann, wird im Rahmen der Darstellung der Abwägungselemente erörtert werden[81], da im derzeitigen Stadium der Untersuchung keine abschließende Stellungnahme erfolgen kann.

IV. Das öffentliche Informationsinteresse

Wie bereits an mehreren Stellen angedeutet, muss bei der Beurteilung der Zulässigkeit von Publikationen über Personen der Zeitgeschichte nicht nur deren persönliches Interesse am Schutz ihrer Privatsphäre, sondern auch das öffentliche

---

78 Zu den eindeutigen Fällen, dem *lieu public / lieu privé par nature même* vgl. oben C. V. 2. „Der strafrechtliche Schutz". Vgl. auch *Tribunal correctionnel d'Aix-en-Provence* vom 16.10.1973 (Ministère public c/ Luizet et a.), JCP 1974, II, 17623.

79 Vgl. dazu oben C. VI. 3. „Abgrenzung vie privée und vie publique".

80 Vgl. oben C. V. 2. „Der strafrechtliche Schutz". Die Norm ist im Anhang abgedruckt.

81 Vgl. unten unter E. V. 4. „Der Informationswert".

Informationsinteresse der Allgemeinheit Berücksichtigung finden. Das öffentliche Informationsinteresse bildet sozusagen den Gegenpart zur Privatsphäre. Es ist Grundlage jeglicher Legitimierung von medialen Eingriffen in die Rechte des Einzelnen, da es ohne ein berechtigtes Interesse nicht möglich wäre, auch nur die geringste Penetration des Schutzbereiches des Persönlichkeitsrechts zu rechtfertigen. Daher muss zunächst festgestellt werden, worin das Interesse der Allgemeinheit auf Information seine verfassungsrechtliche Grundlage findet.

1. Die Eigeninteressen der Medien

Vorab erscheint hier der Hinweis geboten, dass das öffentliche Informationsinteresse der Allgemeinheit nicht mit dem Eigeninteresse der Medien verwechselt werden darf. Zwar sind beide in vielen Fällen annähernd deckungsgleich, doch belegen zahlreiche Beispiele, dass die Medien teilweise eigene Interessen verfolgen, die kontraproduktiv zu den Allgemeinheitsinteressen wirken. So reagieren die Medien besonders dann sensibel, wenn sie die Pressefreiheit tangiert sehen, auch wenn deren Grundlagen unberührt bleiben und die Regelungen im Interesse der Allgemeinheit gerechtfertigt wären[1]. In diesen Fällen bildet sich regelmäßig sehr schnell eine nahezu einheitliche Pressemeinung, welche mit markigen Schlagzeilen („Massiver Angriff auf die Pressefreiheit", „Demokratie in Gefahr", o. ä.) versucht, Einfluss auf bestimmte Entwicklungen zu nehmen[2].

Zwar kann eine umfangreiche Auseinandersetzung mit diesem Thema innerhalb der vorliegenden Bearbeitung nicht erfolgen[3], doch ist der Hinweis auf dieses differenzierende Vorverständnis deshalb wichtig, da in einigen Diskussionsbeiträgen die ureigenen Interessen der Massenmedien als „Allgemeininteressen" dargestellt werden, um so den vorgetragenen Argumenten mehr Gewicht zu verleihen. Umgekehrt instrumentalisieren die Medien die Stellungnahmen derjenigen, deren Ansichten den ihrigen entsprechen, indem sie sie verstärkt publizieren und so versuchen, die öffentliche Meinung zu beeinflussen[4].

---

1 So z. B. beim Erlass des „Gesetzes zum besseren Schutz höchstpersönlicher Lebensbereiche vor Bildaufnahmen", *Verhandlung des Deutschen Bundestages*, 15. Wahlperiode, 105. Sitzung, 29. April 2004, Stenografischer Bericht, S. 9533 ff. (vgl. dazu unten E. VI. 3. c) „Strafrechtsänderungsgesetz"). Hierzu titelte beispielsweise die *taz* am 17.11.2003, Seite 19: „Im Bundestag soll ein Gesetz verabschiedet werden, das die Privatsphäre schützt - und auch seriöse Fotografen ins Gefängnis bringen könnte". Vgl. auch die unten unter E. VII. „Art. 8 EMRK und die Rechtsprechung des EGMR" vorgetragenen Pressekommentare bzgl. der *Caroline*-Entscheidung des EGMR vom 24.06.2004.

2 Vgl. auch die einleuchtenden und gut belegten Beispiele bei *Kepplinger, H. M.*, Verletzung der Persönlichkeitsrechte, in: Bitburger Gespräche 1999/I, S. 18 ff.

3 Ausführlich zu diesem Thema *Kepplinger* (Anm. 2), S. 16 ff. m. w. N.

4 Vgl. nur die Darstellung und Nachweise bei *Kepplinger* (Anm. 2), S. 18.

2. Verfassungsrechtliche Grundlage

Das Informationsinteresse wird verfassungsrechtlich durch Art. 5 Abs. 1 GG geschützt, welcher der öffentlichen Meinungsbildung dient. Diese ist nicht ausschließlich auf den politischen Bereich beschränkt[5]. Ebenso wenig hängt der Publizitätsschutz nach Ansicht der Rechtsprechung vom Informationswert[6] ab, d. h., weder Niveau noch die Eigenart der Berichterstattung untergraben die Anwendbarkeit des Art. 5 Abs. 1 GG[7].

Wie oben dargestellt[8], findet Art. 5 Abs. 1 GG auch auf Internetpublikationen Anwendung und gewährt somit den Urhebern verfassungsrechtlichen Schutz, unabhängig davon, ob es sich um Wort- oder Bildberichterstattungen handelt. Diese Rechte kollidieren zwangsläufig mit dem Recht auf Achtung der Privatsphäre aus Art. 2 Abs.1 i. V. m. Art 1 Abs. 1 GG. Die Lösung der dadurch entstehenden Spannungslage kann nur durch eine umfassende Abwägung der gegensätzlichen Interessen gefunden werden.

3. Das öffentliche Informationsinteresse bei Prominenten

Um im Rahmen eines Streitentscheids jedoch eine Abwägung vornehmen zu können, muss zunächst überhaupt ein öffentliches Informationsinteresses vorhanden sein. Läge ein solches in einem konkreten Fall nämlich nicht vor, so wäre eine Abwägung mit der Privatsphäre mangels entsprechendem „Gegengewicht" entbehrlich und die Beeinträchtigung der Privatsphäre unzulässig.

Somit stellt sich die Frage, wann man denn ein öffentliches Informationsinteresse annehmen kann. Die Rechtsprechung hat hierfür – jedenfalls wenn Prominente beteiligt sind – eine simple und in der Praxis gut zu bedienende Antwort gefunden: Haben mediale Veröffentlichungen Personen der Zeitgeschichte zum Inhalt, so wird in ständiger Rechtsprechung pauschal von einem allgemeinen öffentlichen Informationsinteresse ausgegangen[9]. Die Öffentlichkeit hat damit grundsätzlich das Recht zu wissen, wann und wie sich diese Personen zeigen[10]. Auch diese Aussagen der Rechtsprechung werden im Folgenden kritisch beleuchtet und einer eingehenden Untersuchung unterzogen.

---

5 Vgl. *BVerfG* vom 17.02.1998 (WDR – Köln) – 1 BvF 1/91, BVerfGE 97, S. 228, 257.

6 Der Informationswert der Publikation erlangt erst im Rahmen der Interessenabwägung Bedeutung für die Rechtmäßigkeit von Veröffentlichungen. Vgl. dazu die nachstehenden Ausführungen unter E. V. „Die grundrechtlichen Abwägungskriterien".

7 Vgl. u. a. *BVerfG* vom 14.02.1973 (Soraya) – 1 BvR 112/65, BVerfGE 34, S. 269, 283.

8 Vgl. oben E. I. „Internetpublikationen und Art. 5 Abs. 1 GG".

9 Vgl. *BVerfG* vom 16.06.1981 (FRAG-Urteil) – 1 BvL 89/78, BVerfGE 57, S. 295, 319.

10 So *AG Ahrensböck* vom 09.03.1920 (Ebert und Noske am Badestand), DJZ 1920, S. 596.

V. Die grundrechtlichen Abwägungskriterien

Liegt auf tatbestandlicher Seite ein Eingriff in die Privatsphäre vor, so hängt die Rechtmäßigkeit der Berichterstattung in den Medien davon ab, wie der Konflikt der widerstreitenden Grundrechtspositionen gelöst wird. Konkret handelt es sich also um eine Abwägung zwischen den Persönlichkeitsrechten des Dargestellten und den Interessen der Allgemeinheit (bzw. der Medien) an einer möglichst ungehinderten und umfassenden Informationsvermittlung[1]. Dabei sollte man – wie stets bei Grundrechtskonflikten – darauf bedacht sein, keinem der gegensätzlichen Standpunkte von vornherein einen Vorrang einzuräumen[2]. Vielmehr müssen die Reibungspunkte im Rahmen der praktischen Konkordanz bzw. einer umfassenden Güterabwägung möglichst schonend aufgelöst werden. Somit stellt sich die Frage, wie das öffentliche Informationsinteresse an dem Privatleben Prominenter im Verhältnis zu deren Persönlichkeitsrechten zu bewerten ist. Weiterhin ist zu klären, inwieweit bei der Behandlung von Konflikten im Rahmen von Internetpublikationen anderweitige Lösungswege angezeigt sind.

In der höchstrichterlichen Rechtsprechung haben sich im Laufe der Jahre Abwägungskriterien herausgebildet, welche neben den Persönlichkeitssphären und der prominenten Eigenschaft der Dargestellten, auch Neuigkeit, Informationswert und Wahrheitsgehalt der Nachricht sowie die Bedeutung der Pressefreiheit umfassen[3]. Diese Merkmale werden im Folgenden analysiert und hinsichtlich ihrer Tauglichkeit – auch bezüglich Publikationen im Internet – überprüft. Ausgangspunkt sind die von der Rechtsprechung des Bundesverfassungsgerichts und des Bundesgerichtshofs aufgestellten Prüfungskriterien zur Lösung von Streitigkeiten auf Grund von Veröffentlichungen in den „traditionellen" Medien.

1. Die Persönlichkeitssphären und die Prominenz

Die Entscheidung darüber welche Persönlichkeitssphäre betroffen ist und ob sich die Veröffentlichung auf eine absolute oder relative Person der Zeitgeschichte bezieht, stellt die Weichen für den weiteren Verlauf der Abwägung, da sich aus der verletzten Sphäre und dem Bekanntheitsgrad des Dargestellten der Maßstab der Rechtmäßigkeit des Eingriffes ergibt (so genannte „abgestufte Ver-

---

1 Vgl. nur *BVerfG* vom 14.02.1973 (Soraya) – 1 BvR 112/65, BVerfGE 34, S. 269, 283.

2 Vgl. statt vieler *v. Münch, I.*, in: *v. Münch, I./Kunig, P.*, GGK I, 2000, Vorb. Art. 1-19, Rdnr. 47 m. w. N. aus Lit. und Rspr. Für den Konflikt zwischen Persönlichkeitsecht und öffentlichem Informationsinteresse vgl. *BVerfG* (Soraya) (Anm. 1), S. 269, 282 und *BVerfG* vom 05.06.1973 (Lebach) – 1 BvR 536/72, BVerfGE 35, S. 202, 225.

3 Vgl. u. a. *BVerfG* vom 15.12.1999 (Caroline von Monaco) – 1 BvR 653/96, BVerfGE 101, S. 361 ff.; *BGH* vom 29.06.1999 (August v. Hannover) – VI ZR 264/98, AfP 1999, S. 351; *BGH* vom 19.12.1995 (Caroline v. Monaco IV) – VI ZR 15/95, BGHZ 131, S. 332 ff.; *BVerfG* (Soraya) (Anm. 1), S. 269 ff.

hältnismäßigkeitsprüfung"[4]). An dieser Stelle kann auf das oben Gesagte zur Prominenz und zur Sphärentheorie verwiesen werden[5]. Klarstellend soll noch einmal festgehalten werden, dass zur Rechtfertigung von Publikationen jeglicher Art, das öffentliche Informationsinteresse umso größer sein muss, je näher der Eingriff an den Kern der Persönlichkeit heranragt. Das öffentliche Informationsinteresse wird wiederum maßgeblich von der Eigenschaft des Dargestellten (zeitgeschichtlich oder nichtzeitgeschichtlich) beeinflusst.

2. Die Neuigkeit der Nachricht

Persönlichkeitsrechtsverletzungen können bei Berichten, welche längst allseits bekannte Informationen enthalten, logischerweise nicht mehr den Grad an Beeinträchtigung erreichen, wie dies bei absolut neuen „Enthüllungen" der Fall ist. Daher muss in der Abwägung zunächst der Neuigkeitswert der verbreiteten Nachricht berücksichtigt werden[6]. Dieser hängt maßgeblich davon ab, ob die veröffentlichten Tatsachen schon anderweitig bekannt gemacht worden sind. Die Beurteilung der Neuigkeit von Nachrichten ist insbesondere im Zusammenhang mit Publikationen im Internet von Bedeutung, da sie sich in der Problematik von den traditionellen Publikationsformen unterscheiden. Klärungsbedürftig ist dabei zunächst, unter welchen Bedingungen eine Nachricht als „anderweitig bekannt geworden" anzusehen ist. Hierbei ausschlaggebend sind sowohl Publikationsort, Publikationszeit als auch die Anzahl der Personen, die potentiell über das Ereignis informiert sind.

a) „Anderweitige Bekanntmachung" durch traditionelle Medien

Die „Neuwertigkeit" oder die „anderweitige Bekanntmachung" von Nachrichten bedeuten in diesem Zusammenhang, dass sie vorher von keiner anderen Quelle verbreitet wurden[7]. Mit anderen Worten: Wurden die im Streit stehenden Informationen bereits irgendwo veröffentlicht, so stellt dies ein bedeutendes Gewicht in der Waagschale zu Gunsten der Publikationsinteressen dar, da eine geringere Beeinträchtigung des Dargestellten angenommen wird. Ob dieser Ansicht uneingeschränkt zu folgen ist, kann hier vorerst dahingestellt bleiben. Jedenfalls eröffnet dies den Presseorganen vom Grundsatz her die Möglichkeit der Erst-

---

4 Vgl. oben E. III 3. „Die verschiedenen Bereiche des Privatlebens".

5 Vgl. dazu oben E. II. „Die Prominenz" und E. III. 3. „Die verschiedenen Bereiche des Privatlebens".

6 Vgl. u. a. *BGH* (August v. Hannover) (Anm. 3), AfP 1999, S. 351.

7 Dies ergibt sich aus den Ausführungen des *BGH* (August v. Hannover) (Anm. 3), AfP 1999, S. 351.

veröffentlichung in einem anderen Land[8] (idealerweise in einem mit niedrigerem Schutzstandard), um im Anschluss daran in Deutschland persönlichkeitsrechtliche Bedenken mit der Begründung abzublocken, es handle sich nicht um eine neuwertige Nachricht. Die Tatsache, dass ein solches Verhalten nicht Usus ist, liegt weniger an den (im Einzelfall ohnehin schwer nachzuweisenden) Arglisteinwänden[9], sondern eher an praktischen Schwierigkeiten. So muss man zum einen mit dem Verlust an Aktualität im Inland rechnen, wodurch man Gefahr läuft, im Kampf der Konkurrenten an Boden zu verlieren[10]. Eine weitere Behinderung stellen die Ressourcenknappheit und die unterschiedlichen Informationsinteressen der einzelnen Regionen dar. Sendezeit und die Möglichkeit der Veröffentlichungen in Druckerzeugnissen stehen nur begrenzt zur Verfügung. Daher ist –insbesondere da im Ausland häufig kein Interesse an der entsprechenden Nachricht besteht – eine nur zum Zwecke der Legitimierung hiesiger Veröffentlichungen gemachte Publikation im Regelfall wenig rentabel.

b) „Anderweitige Bekanntmachung" bei Internetpublikationen

Die aufgeführten praktischen Probleme der Umgehung des Neuwertigkeitskriteriums greifen jedoch nicht Platz, wenn man sich den Mitteln des World Wide Web bedient. Ressourcenknappheit ist absolut kein Thema, da ausreichende Speicherkapazitäten zur Verfügung stehen. Ebenso bereitet der Rückgriff auf ausländische Server wenig Mühe und verursacht nur minimale Kosten. Weiterhin sind im Internet veröffentlichte Nachrichten weltweit abrufbar. Aus diesen Gründen ist es ohne nennenswerte Schwierigkeiten möglich, das Kriterium der Neuwertigkeit zu umgehen. Daher ist es im Zusammenhang mit Internetpublikationen notwendig, die hergebrachten Grundsätze zur „Neuwertigkeit" zu überdenken.

Möglicher Ansatzpunkt dabei ist eine *lokale Begrenzung* der „anderweitigen Bekanntmachung". Ist der Ort der Bekanntmachung bei den üblichen Presse- und Rundfunkprodukten relativ einfach zu bestimmen, so bereitet dies bei Internetpublikationen deutlich mehr Schwierigkeiten. Bei Ersteren ist es entscheidend, in welchen Ländern und Regionen der Presseartikel vertrieben bzw. das

---

8 Zahlreiche Verlage und Presseorgane sind über die Landesgrenzen hinaus tätig, so dass grundsätzlich die Möglichkeit für derartige Machenschaften eröffnet wäre. Im Übrigen bestünde auch die Möglichkeit, sich anderer partnerschaftlicher Medienanstalten zu bedienen bzw. sich diese „Dienste" zu erkaufen.

9 Allgemeiner Arglisteinwand des § 242 BGB; vgl. auch Rechtsgedanke des § 162 Abs. 2 BGB („Wird der Eintritt der Bedingung von der Partei, zu deren Vorteil eher gereicht, wider Treu und Glauben herbeigeführt, so gilt der Eintritt als nicht erfolgt").

10 Vgl. *Rehm, G.*, Persönlichkeitsschutz, in: AfP 1998, S. 419.

entsprechende Rundfunkprogramm empfangen wird[11], was ohne weiteres feststellbar ist. Publiziert jemand hingegen im World Wide Web, so kann darauf weltweit zugegriffen werden. Dies legt auf den ersten Blick den Schluss nahe, dass Veröffentlichungen im Internet in allen Ländern mit einem bestimmten Prozentsatz potenzieller Internetuser als „bekannt gemacht" angesehen werden könnten, was folglich das Neuwertigkeitskriterium erheblich beeinflussen und letztlich auch gänzlich aushebeln würde. Eine starre Anwendung dieser Ansicht geht jedoch an den tatsächlichen Gegebenheiten der Internetnutzung vorbei. Denn trotz globaler Verfügbarkeit werden einzelne Web-Seiten größtenteils nur von Nutzern bestimmter Regionen bzw. Länder abgerufen. Gründe hierfür sind zum einen sprachliche Barrieren, zum anderen aber auch unterschiedliche Interessen, welche sich regelmäßig auf das eigene Land bzw. den eigenen Kulturkreis beschränken. So dürften beispielsweise die Eskapaden eines ungarischen Folkloresängers hierzulande keinerlei Aufmerksamkeit erregen, auch wenn man sie detailliert im Internet in deutscher Sprache präsentiert bekäme. Daher wäre eine pauschale Feststellung verfehlt, dass im Internet publizierte Informationen weltweit als „bekannt gemacht" gelten müssten.

Auf der anderen Seite darf man jedoch nicht übersehen, dass sehr wohl Internet-Seiten vorhanden sind, die Informationskonsumenten auch jenseits der eigenen Landesgrenzen finden[12] und somit eine wesentlich größere – sogar über den eigenen Kontinent hinausreichende – Interessengemeinschaft erreichen. Auch wenn diese Homepages zahlenmäßig den „territorial begrenzten" Web-Seiten deutlich unterlegen sind, dürfen sie bei der Beurteilung von Internetpublikationen nicht außer Acht gelassen werden, da sie auf Grund der globalen Präsenz mit großer Meinungsmacht und daher mit beachtlichem „Eingriffspotential" ausgestattet sind.

Der Unterschied zwischen den einzelnen Web-Seiten besteht in der hier so genannten „Zugriffsreichweite" der Internetbenutzer. Die „Zugriffsreichweite" ist dabei als Synonym für das Gebiet zu verstehen, in welchem der betreffende Internetauftritt von dem User *tatsächlich wahrgenommen* wird. Es kommt also nicht auf die abstrakte weltweite Verfügbarkeit an, sondern auf jene konkreten Orte, an denen eine Mehrzahl von Leuten von den veröffentlichten Informationen erreicht werden und die Nachrichten somit in der Lage sind, publizistische Wirkung zu entfalten. Die „Zugriffsreichweite" muss in jedem konkreten Einzelfall festgestellt werden, was jedoch auf Grund verschiedener Merkmale wie Sprache, Inhalt, Themenreichweite und Adressatenbezug im Regelfall keine

---

11 Auf die Möglichkeit des weltweiten Empfangs durch Satellitenübertragungen muss hier nicht näher eingegangen werden, da die Anzahl derer, die Sender außerhalb des „regulären" Sendegebietes empfangen gering ist, weshalb sie auf den im Prozess der öffentlichen Meinungsbildung kaum Einfluss nehmen.

12 Aus dem Bereich der Medien beispielsweise http://www.cnn.com. Aus dem Sport: http://www.fifa.com; http://www.nfl.com.

größere Schwierigkeit bereiten sollte. Die Grenzen des durch die „Zugriffsreichweite" charakterisierten Gebietes geben dann exakt das Territorium an, innerhalb dessen die betreffenden Informationen als „bekannt gemacht" gelten.

Wie gezeigt, erweist sich eine lokale Begrenzung der „anderweitigen Bekanntmachung" auch bei Veröffentlichungen im Internet als durchaus praktikabel. Die restriktive Handhabung dient dem Schutz vor Umgehungen durch im Ausland lancierte Meldungen und hilft somit unverhältnismäßigen Persönlichkeitsrechtsverletzungen vorzubeugen. Dies führt zu sachgerechteren Ergebnissen, was durch folgendes, an eine tatsächliche Gegebenheit angelehntes Beispiel noch einmal verdeutlicht werden soll:

> Ein ehemaliger deutscher Fußball-Profi (P.) trainierte von 1994 bis 1997 mit beachtlichem Erfolg einen japanischen Verein in der dortigen höchsten Spielklasse, was ihm in Japan großen Ruhm einbrachte. Von 1995 an war er mit einer japanischen Sängerin liiert. Die Beziehung endete 1997 mit seiner Rückkehr nach Deutschland, wo seine Trainertätigkeit kaum und die besagte Liaison überhaupt nicht wahrgenommen wurde. Im Jahre 2000 veröffentlichte die japanische Sängerin aus PR-Gründen auf ihrer in japanischer und englischer Sprache gehaltenen Homepage eine allwöchentlich erneuerte Reihe mit dem Titel: „Mein Leben mit P.". Dabei hielt sie sich weder mit Erzählungen aus dem gemeinsamen Privat- noch aus dem Intimleben zurück. Da P. in Japan immer noch sehr beliebt war, erreichte die Homepage eine sehr beachtliche Anzahl von Besuchern.
>
> Als Ende 2003 eine deutsche Zeitung auf ihrer Homepage im Rahmen der Reihe „Deutsche Fußballstars im Ausland" in einem Bericht auch das Liebesleben des P. darstellt, möchte dieser dagegen vorgehen. Der Herausgeber beruft sich u. a. darauf, die von ihm publizierten Geschichten seien bereits anderweitig bekannt gemacht geworden, weshalb allenfalls eine sehr untergeordnete Verletzung des Persönlichkeitsrechts vorläge.

Beurteilt man diesen Sachverhalt unter Zugrundelegung der oben dargestellten „herkömmlichen" Kriterien der Neuwertigkeit (bei den „traditionellen Medien"), so liegt diese hier nicht vor, da die privaten Details bereits anderweitig bekannt geworden sind. Nach hier vertretenem Vorschlag wäre die „Bekanntmachung" jedoch lediglich auf Japan beschränkt und könnte daher in der Abwägung nicht zu Ungunsten des P. in die Waagschale geworfen werden.

Dieses Ergebnis erscheint überzeugender und entspricht insbesondere auch dem Sinn und Zweck des Neuwertigkeitskriteriums. Wie oben bereits erwähnt, beinhaltet die Publikation allseits bekannter Informationen ein deutlich niedrigeres Verletzungspotential als neue Nachrichten. Werden aber in Deutschland Tatsachen veröffentlicht, welche zwar im Ausland bekannt, im Inland jedoch völlig unbekannt waren, so stellt dies eine erneute bzw. eine intensivere Persönlichkeitsrechtsverletzung dar, denn die betreffende Person wird nämlich in einer „anderen" Öffentlichkeit bloßgestellt. Die Verletzung der Privatsphäre wird ja nicht dadurch abgemildert, dass bestimmte Informationen bereits in einem anderen Land offenbart wurden. Der Grad der Beeinträchtigung entspricht vielmehr dem von Veröffentlichungen neuer Informationen. Daher ist es nicht einzusehen, warum die Verteidigungschancen bei einer im Inland überhaupt nicht wahrgenommen ausländischen Veröffentlichung geringer sein sollen.

Aus diesen Gründen wird hier eine restriktive Auslegung und Handhabung des Begriffes der „anderweitigen Bekanntmachung" befürwortet, da nur auf diesem Wege eine Gleichbehandlung ähnlich gelagerter Fälle möglich ist. Zu beachten ist ferner, dass bei konsequenter Befolgung der vorgeschlagenen Grundsätze, diese ebenfalls bei Konflikten betreffend die traditionellen Medien Anwendung finden müssen. Denn auch im Rahmen der Veröffentlichung herkömmlicher Medien ist eine Umgehung der „Neuwertigkeit" durch vorgeschaltete Internetpublikationen im Ausland möglich.

c) Weitere Kriterien der Neuwertigkeit

Ob eine Tatsache allgemein als „anderweitig bekannt gemacht" angesehen werden kann, hängt weiterhin von der zeitlichen Dauer der Veröffentlichung und von der Anzahl der Personen ab, die davon Kenntnis erhalten haben. Es liegt auf der Hand, dass diese Kriterien nicht isoliert betrachtet werden können, da sich die Zahl der erreichten Konsumenten regelmäßig proportional zur Publikationsdauer verhält, d. h., je länger eine Nachricht im Umlauf ist, desto mehr Personen wird sie letztlich erreichen.

Wie sich bereits aus dem sprachlichen Sinn des Wortes „Bekanntheit" ergibt, ist es nicht ausreichend, dass ein Ereignis lediglich publiziert wird, sondern es ist erforderlich, dass eine hinreichende Anzahl von Personen Kenntnis von dem in Rede stehenden Umstand erlangt. Es wäre jedoch verfehlt und im Streitfall unpraktikabel, würde man hier konkrete Zahlen verlangen. Vielmehr muss im Einzelfall eine Einschätzung anhand von Indizien erfolgen. Kriterien hierfür sind Auflagen, Einschaltquoten oder die Besucherzahl einer Internet-Seite. Auf Grund dieser Indizien kann dann entschieden werden, ob die entsprechende Tatsache einen Faktor in der öffentlichen Meinungsbildung spielt und sie somit als „bekannt" anzusehen ist. Dies kann grundsätzlich immer angenommen werden, wenn bereits andere Publizisten das Thema aufgegriffen haben, da dann regelmäßig davon auszugehen ist, dass die Nachricht ein breit gefächertes Publikum erreichen wird.

Der Publikationsdauer kommt speziell bei Internetpublikationen eine gesteigerte Bedeutung zu, da sich hier gravierende Unterschiede zu den traditionellen Medien aufzeigen lassen. Die Informationen einer Web-Seite gehen der Gesamtheit der Konsumenten nur peu à peu zu, nämlich mit dem Aufruf der jeweiligen Seite durch den User. Dementsprechend vergrößert sich mit anhaltender Präsentationsdauer auf der Homepage die Anzahl derer, welche die Berichterstattung zur Kenntnis nehmen. Deshalb hat der Herausgeber einer Internet-Seite außer der – den herkömmlichen Medien identische – Entscheidung, ob er eine Nachricht publizieren will oder nicht, noch zusätzlich die Option, die Dauer der Veröffentlichung zu bestimmen.

Abschließend gilt es noch daran zu erinnern, dass das Kriterium der „Bekanntheit" nicht als „absolut" in dem Sinne verstanden werden darf, dass in jedem Fall eine genaue und abschließende Beurteilung erfolgen kann. Vielmehr fließen die gemachten Erkenntnisse im Rahmen eines beweglichen Systems in die Abwägung mit ein, d. h., je nachdrücklicher die Anzeichen in Richtung einer „anderweitigen Bekanntheit" deuten, desto geringer ist die Schutzbedürftigkeit des Dargestellten einzustufen.

3. Wahrheitsgehalt und Wahrheitspflicht

Ein weiteres Kriterium bei der Abwägung ist der Wahrheitsgehalt der getätigten Äußerungen[13], denn die Verbreitung von Unwahrheiten wird zu den massivsten Beeinträchtigungen der Persönlichkeit gezählt[14]. Von Unwahrheiten muss man bloße Meinungen oder Wertungen unterscheiden, die nicht unwahr, sondern lediglich falsch sein können[15]. Das ist beispielsweise der Fall, wenn man einen Profischauspieler auf Grund der gezeigten Leistung als „Amateur" bezeichnet.

Verbreitet jemand unrichtige Informationen oder verfälscht Tatsachen derart, dass sie mit der Realität nichts mehr zu tun haben, so kann er sich im Streitfall nicht auf Art. 5 GG berufen. Dieser dient zwar der Äußerungsfreiheit, doch kann davon nur die „zutreffende" Meinungsbildung umfasst sein, da die Unwahrheit kein verfassungsrechtlich schützenswertes Gut darstellt[16]. Die Begründung dafür fasst der Bundesgerichtshof treffend zusammen, in dem er ausführt, an der Verbreitung von unwahren Behauptungen könne „nie, auch nicht im Blick auf das Grundrecht der Meinungsfreiheit ein schutzwürdiges Interesse bestehen"[17].

---

13 Vgl. *Hager, J.*, Schutz der Ehre, in: AcP 196 (1996), S. 168, 186.

14 Vgl. *BVerfG* vom 25.01.1961 (Schmid-Spiegel) – 1 BvR 9/57, BVerfGE 12, S. 130 f.; *Wenzel, K. E.*, Wort- und Bildberichterstattung, 1994, S. 150 Rdnr. 5.63.

15 Vgl. *Wenzel* (Anm. 14), S. 153 Rdnr. 5.69.

16 Vgl. u. a. *BVerfG* (Schmid-Spiegel) (Anm. 14), S. 130; *BVerfG* vom 03.06.1980 (Böll) – 1 BvR 797/78, BVerfGE 54, S. 219; *BGH* vom 09.07.1974 (Arbeitsrealitäten) – VI ZR 112/73, NJW 1974, S. 1710 ff.

17 So der *BGH* vom 22.06.1982 (Klinikdirektoren) – VI ZR 251/80, NJW 1982, S. 2246. Vgl. dazu auch oben unter E. I. 2. c) „Die Homepage als Teil der Freiheiten des Art. 5 Abs.1 GG?". Ist es von vornherein ersichtlich, dass die Veröffentlichung erwiesen unwahre Tatsachen beinhaltet, so können die Schutzrechte des Art. 5 Abs. 1 GG schon mangels Eröffnung des Schutzbereiches keine Wirkung entfalten (vgl. *BVerfG* vom 09.10.1991 (Bayer-Flugblatt) – 1 BvR 1555/88, BVerfGE 85, S. 1, 15; *Pieroth, B./Schlink B.*, Grundrechte, 2005, S. 139 Rn. 555 m. w. N.). Auf eine Abwägung kommt es daher nicht mehr an.

Der Wahrheitspflicht der Medien müssen aber auch Schranken gesetzt sein. Die Medien wären in ihrer Funktion gelähmt, wenn ihre Berichterstattung von Anfang an vollständig beweisbar sein müsste[18]. Die Notwendigkeit von Aktualität sowie die sachlichen und personellen Mittel erlaubten es den Medien kaum, die Öffentlichkeit über politisch, gesellschaftlich oder wirtschaftlich brisante Themen zu informieren, wären sie einer Pflicht unterworfen, die nur die Verbreitung *objektiver* Wahrheiten zuließe. Daher verlangt die Rechtsprechung vielmehr nur, dass die Medien einen Sachverhalt mit der größtmöglichen Umsicht erforschen, welche von ihren vorhandenen Mitteln zugelassen wird[19]. Diese Obliegenheit wird gemeinhin unter dem Stichwort „publizistische Sorgfaltspflicht" zusammengefasst.

Die publizistische Sorgfaltspflicht verlangt eine gewissenhafte Sachverhaltsprüfung. Dabei muss der Journalist mit der im Verkehr erforderlichen Sorgfalt vorgehen[20], d. h., er muss das nach verkehrsüblichen Maßstäben Erforderliche beachten. Die Sorgfaltspflicht orientiert sich stets an den konkreten Umständen des Einzelfalles[21]. Sie ist abhängig von dem Aktualitätsbedürfnis, der Zuverlässigkeit der Quelle und dem Informationswert des Berichtes. Mit anderen Worten: Je dringender das Aktualitätsbedürfnis, je zuverlässiger die Informationsquelle und je höher der Informationswert des Berichtes einzustufen sind, desto niedrigere Anforderungen sind an den Journalisten zu stellen. Weiterhin hängt der Grad der erforderlichen Sorgfalt auch von dem Eingriffspotenzial der Nachricht in fremde Rechte ab. Mit zunehmender Möglichkeit der Verletzungsintensität fordert die Rechtsprechung einen höheren Sorgfaltsmaßstab[22].

Zusammenfassend kann also festgestellt werden, dass keine übertriebenen Anforderungen an die journalistische Wahrheitspflicht gestellt werden sollten, um das Funktionieren der Medien weiterhin zu gewährleisten. Vergröberungen, Ausschmückungen und Übertreibungen sind hinzunehmen, solange sie kein falsches Lebensbild des Dargestellten zeichnen und die Informationen zumindest im Kern wahr sind[23]. Weiterhin darf man nicht dem (Umkehr-) Trugschluss unterliegen, wahre Berichte würden die Rechte der Dargestellten stets unangetastet

---

18 Vgl. dazu *BVerfG* (Böll) (Anm. 16), S. 208, 220; *BVerfG* vom 14.01.1998 (Gegendarstellung) – 1 BvR 1861/93, 1864/ 96, 2073/97, BVerfGE 97, S. 125, 149. Vgl. auch *Ossenbühl, F.*, Medienfreiheit, in: Bitburger Gespräche 1999/I, S. 79 f.

19 Vgl *BGH* vom 12.05.1987 (Chemiegift) – VI ZR 195/86, NJW 1987, S. 2225.

20 Vgl. § 276 BGB, § 6 der LPG (ohne Hessen und Bayern), in Berlin § 3 II. Näher dazu *Wenzel* (Anm. 14), S. 318 ff. Rdnr. 6.107 ff.

21 Vgl. *Soehring, J.*, Presserecht, 2000, S. 14 Rdnr. 2.13.

22 Vgl. u. a. *BVerfG* (Böll) (Anm. 16), S. 208, 217 ff.; *BGH* vom 03.05.1977 (Abgeordnetenbestechung) – VI ZR 36/74, BGHZ 68, S 331, 339. Vgl. ausführlich zur „publizistischen Sorgfaltspflicht" und m. w. N. aus Lit. und Rspr. *Soehring* (Anm. 21), S. 12 ff. Rdnr. 2.8 ff.; *Wenzel* (Anm. 14), S. 318 ff. Rdnr. 6.106 ff.

23 Ausführlich zu allen Einzelheiten vgl. *Wenzel* (Anm. 14), S. 153 ff. Rn. 5.70 ff. m. w. N.

lassen. Denn auch die richtige Wiedergabe privater Lebensgeschichten und Bildnissen kann zu einer Verletzung der Privatsphäre oder des Verfügungsrechts über die Darstellung der eigenen Person führen[24].

4. Der Informationswert

Sehr kontrovers diskutiert wird die Frage, welches Gewicht dem Informationswert von Ereignissen aus der Privatsphäre Prominenter beizumessen ist. Dabei ist zunächst zu klären, ob der Informationswert an sich überhaupt als taugliches Abwägungskriterium zum Ausgleich der widerstreitenden Interessen, Persönlichkeits- und Meinungsäußerungsrechte, herangezogen werden kann. Ist dies der Fall, so muss anschließend näher auf die Rechtfertigungsfähigkeit und die Wertigkeit von Informationen aus der Privatsphäre eingegangen werden.

a) Der Informationswert als taugliches Abwägungskriterium

Nur in wenigen Entscheidungen hat die höchstrichterliche Rechtsprechung zur Beachtlichkeit des Informationswertes von Veröffentlichungen Stellung bezogen[25]. Dabei differenzierten die Gerichte danach, ob die im jeweiligen Fall betroffene Publikation „eine Angelegenheit von öffentlichem Interesse ernsthaft und sachbezogen erörtert, damit den Informationsanspruch des Publikums erfüllt und zur Bildung der öffentlichen Meinung beiträgt, oder ob sie lediglich das Bedürfnis einer mehr oder minder breiten Leserschicht nach Unterhaltung befriedigt“[26]. Die Gerichte nahmen also eine Klassifizierung nach unterschiedlichen Motiven vor und unterschieden zwischen „ernsthaften“ Themen und reiner Unterhaltung. Letzteren messen die Richter grundsätzlich einen geringen Informationswert bei:

> „Im Streitfall kommt den Fotografien,..., allenfalls ein geringer Informationswert zu. Es überwiegen bloße Neugier und Sensationslust sowie ein bloßes Interesse an Unterhaltung. Solche Motive, insbesondere das bloße Unterhaltungsinteresse der Leser, das hier an rein privaten Vorkommnissen aus dem Leben der Klägerin befriedigt werden soll, können aber, wie in der Rechtsprechung stets betont worden ist, nicht als schützenswert anerkannt werden“.[27]

---

24 Vgl. *Papier, H.-J.*, Medien und Persönlichkeitsrechte, in: Bitburger Gespräche 1995/II, S. 27 f.

25 Vgl. *BGH* (Caroline IV) (Anm. 3), S. 332, 342: „Bei der beiderseitigen Interessenabwägung spielt ferner der Informationswert des abgebildeten Vorgangs eine erhebliche Rolle“.

26 So das *BVerfG* (Soraya) (Anm. 1), S. 269, 283.

27 So der *BGH* (Caroline IV) (Anm. 3), S. 332, 342.

Im Gegensatz dazu wird im Schrifttum teilweise die Ansicht vertreten, der Informationswert dürfe nicht als Abwägungsmerkmal dienen[28]. Bei der Heranziehung des Informationswertes werden Entscheidungen nicht auf „rechtlich relevante Wertungskriterien" gestützt, weshalb es an einer „juristisch fundierten Begründung" fehle. Weiterhin sei eine Unterscheidung nach dem Inhalt der Publikation, d. h., nach höher- oder geringwertigeren Zwecken auch aus systematischen Gründen fehl am Platz, da „die Intensität des Grundrechtsschutzes nicht vom ‚Wert' des mit der Grundrechtsausübung verbundenen Ziels abhängig gemacht" werden dürfe[29]. Daher stelle der Informationswert einer Publikation kein taugliches Kriterium der Abwägung unterschiedlicher Rechtspositionen dar.

Diese Schlussfolgerung kann nicht überzeugen. Die Kollision gleichwertiger Rechte muss im Rahmen der praktischen Konkordanz[30] so schonend wie möglich aufgelöst werden. Dabei gilt es zu beachten, dass kein Grundrecht von vornherein hinter einem anderen zurücktreten muss. Um dieses Ziel zu erreichen, müssen beide Positionen Einschränkungen erfahren und Eingriffe in das eine Grundrecht müssen mit Hilfe eines anderen, „entgegenwirkenden" Grundrechts gerechtfertigt werden können[31]. Dabei kommen die allgemeinen Kriterien der verfassungsrechtlichen Verhältnismäßigkeitsprüfung zum Tragen, d. h., der erstrebte Zweck muss in einem angemessenen Verhältnis zum eingesetzten Mitteln stehen[32]. Überträgt man dies auf das vorliegende Problem, so gelangt man zu nachstehender Schlussfolgerung: Um verfassungsrechtlich gerechtfertigt zu sein, muss das Ziel einer Publikation umso höherwertiger und gewichtiger sein, je gravierender die Einschnitte in die Persönlichkeit des Dargestellten sind. Bei der Feststellung des Zweckes der Veröffentlichung und bei der Prüfung der gegenläufigen Interessen hat das Gericht eine umfassende Güter und Interessen-

---

28 Vgl. *Rehm* (Anm. 10), S. 420. In diese Richtung tendiert auch *Lerche, P.*, Einschränkung der Pressefreiheit, in: FS Schweizer, 1999, S. 52 ff. und S. 61.

29 Vgl. *Rehm* (Anm. 10), S. 420.

30 Ausführlicher zur praktischen Konkordanz *Maurer, H.*, Staatsrecht, 1999, S. 26 Rn. 62 und S. 291 Rn. 61; *Sachs, M.*, Verfassungsrecht II, 2000, S. 131 Rdnr. 44; *Pieroth / Schlink* (Anm. 17), S. 75 ff. Rn. 325 ff.

31 Ob man Grundrechtskollisionen am besten durch Übertragung von Schranken, durch Schutzbereichsbegrenzung oder mit Hilfe von Eingriffsrechtfertigungen durch kollidierendes Verfassungsrecht (h. M.) löst, muss hier nicht näher behandelt werden. Während die erste Auffassung von der ganz h. M. zu Recht abgelehnt wird (vgl. *BVerfG* vom 24.02.1971 (Mephisto) – 1 BvR 435/68, BVerfGE 30, S. 173, 192; *Pieroth / Schlink* (Anm. 17), S. 73 f. Rn. 315 ff.), laufen die beiden anderen Ansichten auf ähnliche Ergebnisse hinaus, da jeweils die Umstände des Einzelfalles gegeneinander abgewägt werden. Das Ergebnis der Abwägung nutzt die zweite Auffassung zur Begrenzung des Schutzbereiches, während die h. M. den Schutzbereich unberührt lässt und das Ergebnis der Abwägung im Rahmen der Rechtfertigung berücksichtigt.

32 Vgl. zu diesem Thema nur die umfassende Darstellung von *Schmeinck, S.*, Grundrechtsbeschränkungen, in: *Bleckmann, A.*, Staatsrecht II, 1997, S. 447 ff. Rdnr. 113 ff. mit zahlreichen Ergänzungen und m. w. N.

abwägung vorzunehmen[33]. Dabei sind *alle* Umstände des Einzelfalles zu berücksichtigen[34]. Die urteilenden Richter müssen sich also bezüglich der Veröffentlichung fragen, welche Informationen sie beinhaltet, wer dadurch angesprochen wird, ob und inwieweit sie relevant für die öffentliche Meinungsbildung ist, usw. Dies läuft zweifelsohne auf eine Bewertung der betreffenden Publikation hinaus, die aber auch notwendig ist, da sie zu einer gerechteren Ergebnisfindung beiträgt.

Nach alledem bleibt festzuhalten, dass der Informationswert von Berichterstattungen als taugliches Abwägungskriterium dienen kann[35]. Er muss im Rahmen der Abwägung herangezogen werden und einen spürbaren Einfluss auf das Ergebnis der Abwägung ausüben.

b) Bestimmung des Informationswertes

Folgt man diesem Ansatz, so muss weiterhin erörtert werden, wie der Informationswert von Nachrichten zu bestimmen ist. Hierfür liefern bisher weder die Rechtsprechung noch die Wissenschaft gut verwertbare Ansatzpunkte[36]. Insbesondere die Rechtsprechung beschränkt sich regelmäßig lediglich auf eine kurze Feststellung, ob dem streitgegenständlichen Bericht ein hoher oder ein geringer Informationswert beizumessen ist[37]. Dies ist nicht zuletzt aus Gründen der Rechtsklarheit und Rechtssicherheit kein optimaler Zustand. Daher wird im Folgenden der Versuch unternommen, Grundsätze und Leitlinien zu entwickeln, „welche die Entscheidung des Einzelfalls normativ zu leiten im Stande sind“[38], um so den bestmöglichen Ausgleich zwischen Einzelfallgerechtigkeit und dem rechtsstaatlichen Gebot der Rechtsklarheit und Rechtssicherheit durch Vorhersehbarkeit von Entscheidungen zu verwirklichen[39]. Die dabei aufgestellten Richtlinien müssen bei der Abwägung der widerstreitenden Positionen sowohl

---

33 Vgl. oben E. V. „Die grundrechtlichen Abwägungskriterien“.

34 So grundlegend das *BVerfG* vom 15.01.1958 (Lüth) – 1 BvR 400/51, BVerfGE 7, S. 198, 210. Zur Einzelfallabwägung im Verfassungsrecht siehe *Ossenbühl, F.*, Abwägung, in: *Erbguth, W.* (Hrsg.), Abwägung im Recht, 1996, S. 25 ff. und dort insb. S. 29 ff.: „III. Zur Grundlage und Struktur der Abwägung“. Vgl. auch *Martins, L.*, Die Grundrechtskollision, 2001.

35 So u. a. auch: *BGH* (August v. Hannover) (Anm. 3), S. 350, 351; *BGH* (Caroline IV) (Anm. 3), S. 332, 342; *BVerfG* (Soraya) (Anm. 1), S. 269, 283. So im Ergebnis u. a. auch *Heldrich, A.*, Privates Glück in der Medienwelt, in: FS Schweizer, 1999, S. 37; *Wenzel* (Anm. 14), S. 297 Rdnr. 6.62.

36 Vgl. nur *Heldrich* (Anm. 35), S. 37.

37 Vgl. nur *BGH* (Caroline IV) (Anm. 3), S. 332, 342.

38 So zur Problematik der Güterabwägung das *BVerfG* vom 25.01.1984 (Wallraff) – 1 BvR 272/81, BVerfGE 66, S. 116, 138.

39 Vgl. dazu auch *Wenzel* (Anm. 14), S. 5 f. Rdnr. 0.13, der dieses Ziel als nicht verwirklicht ansieht.

den elementaren Interessen der Gesellschaft und der Massenkommunikation als auch den Interessen der Betroffenen ausreichend Rechung tragen.

Die Wertigkeit von Informationen kann an sich nur anhand der darin enthaltenen Aussage festgestellt werden. Die Aussage einer Nachricht ist dann als werthaltig anzusehen, wenn sie nach objektiven Gesichtspunkten geeignet ist, das Wissen des Informationsempfängers in einem gesellschaftlich relevanten Bereich zu erweitern und / oder ihm Anhaltspunkte und Richtlinien liefert, nach denen er sein zukünftiges Handeln ausrichten kann. Mit anderen Worten: Die Botschaft der Information muss in der Lage sein, das Verhalten des Informationskonsumenten zu beeinflussen. An dieser Stelle muss man sich in Erinnerung rufen, dass Publikationen im Rahmen der Massenkommunikation nicht an einzelne Personen, sondern an die breite Öffentlichkeit gerichtet sind. Der Wertgehalt von Masseninformationen bestimmt sich demnach nicht nach dem „Beeinflussungspotential“ des Einzelnen, sondern er orientiert sich vielmehr nach der Relevanz der Nachricht für die breite Masse, also nach der auf die Gesellschaft ausgeübten Wirkung.

Bei der Bewertung von Berichten darf man jedoch nicht vordergründig nur danach unterscheiden, ob es sich um unterhaltende Beiträge oder sachbezogene Erörterungen handelt. Grund hierfür ist, dass in der Medienwelt die scharfen Grenzen zwischen Information und Unterhaltung verschwimmen[40]. Vielmehr muss man untersuchen, ob den jeweiligen Publikationen eine Aussage zu Grunde liegt, welche über den bloßen Unterhaltungswert hinausgeht. Dies entspricht auch den Erkenntnissen des Bundesverfassungsgerichts, welches – wenngleich in einem anderen Zusammenhang[41] – zu diesem Thema ausführte:

> „Meinungsbildung und Unterhaltung sind keine Gegensätze. Auch in unterhaltenden Beiträgen findet Meinungsbildung statt. Sie können die Meinungsbildung unter Umständen sogar nachhaltiger anregen oder beeinflussen als ausschließlich sachbezogene Informationen. Zudem läßt sich im Medienwesen eine wachsende Tendenz beobachten, die Trennung von Information und Unterhaltung... auch in den einzelnen Beiträgen aufzuheben und Information in unterhaltender Form zu verbreiten oder mit Unterhaltung zu vermengen (‚Infotainment')“.[42]

Die gewonnenen Erkenntnisse führen zu folgender Schlussfolgerung: Zur Bestimmung des Informationswertes von Publikationen ist zu prüfen, ob die entsprechenden Berichte eine – über die tatsächliche Schilderung von Handlungen, Vorfällen, Zuständen etc. hinausgehende – Aussage beinhalten, welche nicht

---

40 Vgl. *Janisch, W.*, Die legitime Neugier, in: AfP 2000, S. 32.

41 In der Entscheidung des *BVerfG* (Caroline v. Monaco) (Anm. 3), S. 361, 389 f. ging es vordergründig um die meinungsbildende Funktion der Presse. An angegebener Stelle wurde begründet, dass auch unterhaltende Beiträge vom Schutzbereich der Pressefreiheit des Art. 5 Abs. 1 GG umfasst werden können.

42 So das *BVerfG* (Caroline v. Monaco) (Anm. 3), S. 361, 389 f.

ausschließlich der bloßen Unterhaltung, Ablenkung oder Zerstreuung dient, sondern von einiger Relevanz für die Gesellschaft ist. Eine Aussage ist dann als „gesellschaftlich relevant" anzusehen, wenn sie Informationen beinhaltet, die in der Lage sind, gesellschaftliches Verhalten zu beeinflussen.

Somit bleibt erörterungsbedürftig, anhand welcher Kriterien der Informationswert zu messen ist. Es müssen also Indizien gefunden werden, die es erlauben die „gesellschaftliche Relevanz" einer Nachricht zu bestimmen. Dabei erweist sich der Blick auf die Rechtslage in Frankreich als hilfreich, da die dort gewonnen Erkenntnisse, Lösungsansätze für die Behandlung des hier aufgeworfenen Problems liefern können.

aa) Indizierungswirkung: Der Charakter der Tätigkeit

Zur Feststellung des Informationswertes wird hier vorgeschlagen, die „gesellschaftliche Relevanz" der Information (als Indikator des Informationswertes) an dem Charakter Aktivität zu messen, über die berichtet wird. Dabei soll zwischen „öffentlichen" und „privaten" Aktivitäten unterschieden werden. Die Art der Tätigkeit dient dann als Indiz für den Aussagegehalt der Nachricht. Der so vorgenommenen Klassifizierung der Vorkommnisse, die Gegenstand einer Dokumentation sind, kommt demgemäß eine Indizierungswirkung zu, die wie folgt zu verstehen ist: Bezieht sich eine Reportage auf eine öffentliche Aktivität einer prominenten Person, so ist die „gesellschaftliche Relevanz" indiziert und man kann – sofern keine gegenteiligen Anhaltspunkte ersichtlich sind – von einem entsprechend hohen Informationswert ausgehen. Dreht sich der Bericht hingegen in der Hauptsache um rein private Vorkommnisse, so ist der Informationswert dementsprechend als niedrig anzusehen.

Somit stellt sich nur noch das Problem, in welchen Fällen eine Aktivität als „öffentlich" und wann sie als „privat" einzustufen ist. Da bei der Beantwortung der aufgeworfenen Frage auf die Erkenntnisse der französischen Rechtsprechung zurückgegriffen wird, wird diese im Folgenden noch einmal in einem kurzen Überblick zusammengefasst. Im Anschluss daran wird die Übertragbarkeit der dortigen Ergebnisse auf das deutsche Recht überprüft.

bb) Die Erkenntnisse in Frankreich: Activité privée / publique

In Frankreich wird die Privatsphäre in erster Linie durch Art. 9 Code civil geschützt. Wichtigstes Tatbestandsmerkmal dieser Norm ist *vie privée*, das Privatleben. Das Gegenstück dazu bildet das so genannte „öffentliche Leben", *la vie publique*, welches keinerlei Schutz vor Veröffentlichungen erfährt. *Vie privée* und *vie publique* werden maßgeblich durch die Art der vorgenommenen Tätigkeit abgegrenzt (*activité privée* und *activité publique* [43]). Der Charakter der Tätigkeit bestimmt sich allein danach, ob sie dem „inneren" oder dem „äußeren" Bereich der persönlichen Aktivitäten zuzurechnen ist. Zu dem „inneren Bereich" gehören alle höchstpersönlichen Angelegenheiten, d. h., das Gefühls- und Intimleben (*la sphère d'intimité*)[44], der Gesundheitszustand (*l'état de santé*)[45], das Familienleben und der häusliche Bereich (*la vie familiale et le domicile*)[46] sowie sonstige persönliche Bereiche[47]. Der „äußere Bereich" der Persönlichkeit umfasst insbesondere jene Aktivitäten, die Teil des beruflichen, sozialen, kulturellen oder politischen Wirkens sind[48]. Handelt es sich bei der fraglichen Tätigkeit um eine *activité publique*, so ist davon lediglich die (ungeschützte) *vie publique* betroffen. Ist die Tätigkeit dagegen privater Natur, so stellt die Verletzungshandlung einen rechtswidrigen Eingriff in die *vie privée* dar. Die französische Rechtsprechung begründet dieses Ergebnis mit dem Erfordernis des berechtigten öffentlichen Informationsinteresses. Dieses ist nur dann berechtigt wenn die Veröffentlichung (zumindest auch) zu Informationszwecken geschieht, was regelmäßig dann der Fall ist, wenn sich die Publikation mit der öffentlichen Funktion des Betroffenen auseinandersetzt[49].

cc) Anwendbarkeit des französischen Modells in Deutschland

Abschließend muss nun noch erörtert werden, ob – und wenn ja, unter welchen Voraussetzungen – die in Frankreich entwickelten Grundsätze auf das deutsche Recht übertragen werden können. Wie eben kurz dargestellt, fußt die Differenzierung von *activité privée* und *activité publique* in Frankreich auf der Unterteilung der persönlichen Lebensgestaltung in verschiedene Bereiche, nämlich dem „inneren" und dem „äußeren" Bereich. Eine derartige Sphärenbestimmung erleichtert nicht nur die Klassifizierung in „private" und in „öffentliche" Tätigkeiten, sondern sie ist praktisch deren Voraussetzung.

---

[43] Vgl. dazu oben C. VI. 3. c) „Activité privée und activité publique".

[44] Umfasst werden hauptsächlich das Sexual- und das Liebesleben. Vgl. oben unter C. VI. 1. „Das Gefühls- und Intimleben – La sphère d'intimité".

[45] Der Gesundheitszustand betrifft die gesamte körperliche Sphäre. Vgl. oben C. VI. 1. b) „Der Gesundheitszustand – L'état de santé".

[46] Vgl. dazu oben unter C. VI. 1. c) „Der häusliche Bereich– Le domicile".

[47] Dazu gehören neben der Persönlichkeit als solches, insbesondere auch religiöse, philosophische und politische Ansichten sowie die Freizeitgestaltung und sonstigen Gewohnheiten. Vgl. dazu ausführlich oben unter C. VI. 1. d) „Sonstige persönliche Bereiche".

[48] Vgl. *Malaurie, P./Aynès, L.*, Cours de droit civil II, 1994, Nr. 325, S. 124. Vgl. dazu auch oben unter C. VI. 2. „Der äußere Bereich – La vie publique".

[49] Ausführlich dazu oben unter C. VI. 3. c) cc) „Das öffentliche Informationsinteresse / Die Abwägung".

Blickt man auf den Schutz des Privatlebens in Deutschland, so stellt man fest, dass auch hier eine Gliederung in Sphären vorgenommen wird und zwar unabhängig davon, ob man die (klassische) Sphärentheorie noch ganz[50], teilweise[51] oder gar nicht mehr[52] aufrechterhalten will[53]. Vergleicht man die gewählten Einteilungen in beiden Ländern, so treten große Gemeinsamkeiten zu Tage. Der die Intim- / Geheimsphäre umfassende „Kernbereich der Privatsphäre“[54] in Deutschland entspricht weitestgehend der französischen *sphère d'intimité*. Zu der hier so genannten „engeren Privatsphäre“ [55] gehören alle Aktivitäten innerhalb der häuslichen und familiären Umgebung, private Gespräche[56] sowie Einkommens- und Vermögensverhältnisse[57]. Die „engere Privatsphäre“ weist somit keine signifikanten Abweichungen zu dem Bereich auf, der in Frankreich als *la vie familiale et le domicile* bezeichnet wird. Ob man den in Frankreich als eigenständige Fallgruppe auftretende Gesundheitszustand (*l'état de santé*) in Deutschland dem Kernbereich oder der engeren Privatsphäre zuordnet, kann offen bleiben, da in beiden Fällen ein hohes Schutzniveau erforderlich ist.

Auch bei dem äußersten Bereich persönlicher Aktivitäten stehen die Gemeinsamkeiten zwischen beiden Rechtsordnungen deutlich im Vordergrund. *Vie publique* in Frankreich und die „Öffentlichkeitssphäre“ in Deutschland[58] erfassen im Wesentlichen die gleichen Geschehnisse, nämlich alle Tätigkeiten im beruflichen und gesellschaftlichen Bereich, sowie diejenigen Aktivitäten, im Rahmen derer der Betroffene sich bewusst und zielgerichtet an die Öffentlichkeit wendet.

Die Voraussetzungen für eine Übertragung des französischen Modells in die deutsche Rechtsordnung liegen somit vor. Die Bestimmung der „gesellschaftlichen Relevanz“ und damit des Informationswertes mit Hilfe der Unterteilung der persönlichen Lebensgestaltung in „öffentliche“ und „private“ Aktivitäten steht folglich nichts mehr im Wege. Aufgrund der insgesamt sehr guten Erfahrungen der französischen Rechtsprechung mit diesem – in der Handhabe relativ

---

50 Vgl. *Gounalakis, G.*, Persönlichkeitsschutz, AfP 1998, S. 10, 13 f.

51 Jedenfalls soweit es um den „Schutz von Informationen bzw. um Informationseingriffe“ geht (siehe *Pieroth / Schlink* (Anm. 17), S. 89 Rn. 377).

52 Vgl. *Degenhart, C.*, in: Bonner Kommentar, 2002, Art. 5 Rdnr. 178 (88. Lfg. Februar 1999).

53 Vgl. dazu oben E. III. 3. „Die verschiedenen Bereiche des Privatlebens“.

54 Vgl. dazu oben E. III. 3. a) „Der Kernbereich“.

55 Ausführlich dazu oben unter E. III. 3. b) „Die engere Privatsphäre“.

56 Vgl. *BGH* vom 20.01.1981 (Wallraff II) – VI ZR 163/79, NJW 1981, S. 1366 ff.

57 Vgl. dazu *OLG Hamburg* vom 20.05.1992 (E. v. Hohenzollern) – 1 U 20/92, AfP 1992, S. 376, LS 3.

58 Vgl. dazu oben E. III. 3. c) „Die Öffentlichkeitssphäre“.

einfachen – Lösungsansatz, wird ein solcher hier ausdrücklich auch für den Schutz der Privatsphäre in Deutschland angeregt.

c) Der Informationswert von privaten Ereignissen

Unter Beachtung der Indizierungswirkung lässt sich also feststellen, dass privaten Ereignissen regelmäßig ein geringer Informationswert zuzusprechen ist. Dieses Ergebnis soll im Folgenden mit Hilfe einer kurzen Analyse von Veröffentlichungen aus dem privaten Bereich noch einmal überprüft und bestätigt werden.

Dienen Publikationen aus der privaten Lebenssphäre ausschließlich der Bloßstellung, Beleidigung, Preisgabe von intimen Geheimnissen oder der Lebensweise des Dargestellten usw., so kann man sie von vornherein wohl kaum als bedeutend für die Gesellschaft bezeichnen. Denn bei Berichten über Scheidungen, Affären, schwere Erkrankungen, Trunksucht, Drogenkonsum o. ä. geht es regelmäßig ebenso wenig wie bei Reportagen über besondere private Glücksmomente der Liebe, Ehe, Geburt usw. um Information, sondern um Sensation und Affekthascherei. Diese Medienerzeugnisse werden vielfach durch reißerische Überschriften in großem, farbtechnisch auffallendem Layout angepriesen, um unter Benutzung von positiven und negativen Schlagwörtern wie beispielsweise „Glück", „Freude", „Tragödie", „Drama", „Leid" etc. in Verbindung mit Superlativen das Interesse der Konsumenten zu wecken[59]. Ähnliches gilt für jene zahlreichen Berichte, welche die Verrichtung alltäglicher Tätigkeiten durch prominente Persönlichkeiten zum Inhalt haben. Derartige Publikationen enthalten oft keinerlei verwertbare Aussagen, was sich häufig schon dadurch bestätigt, dass sie regelmäßig mit Bildmaterial ausgestaltet werden müssen, um überhaupt „publikationsfähig" zu sein. Beispiele hierfür finden sich in vielfältiger Art und Weise sowohl im Internet als auch in den Printmedien und im Fernsehen. Hier werden Prominente beim Einkaufen, Spaziergang, Jogging, Baden, Fahrradfahren, Besuch eines Restaurants etc. beobachtet und fotografiert[60]. Daraus entstehen dann Fotoreportagen mit regelmäßig kargen Untertiteln.

---

59 Aus dem schier unendlichen Repertoire soll hier nur das Titelblatt der *Bunten* Nr. 25, 2003 dienen: „Jürgen Möllemann: Wie seine Frau jetzt leidet". Außerdem auf dem Titelblatt: Hillary Clinton: Die bittere Abrechnung mit ihrem Mann. Weiterhin wurde noch Franz Beckenbauer erwähnt, der sich (nach *Bunte* Nr. 25, 2003, „wegen seines Babys") scheiden lässt.

60 Aus der unübersichtlichen Flut der Boulevardpresse, werden hier nur einige wenige Beispiele erwähnt, welche bereits Gegenstand juristischer Auseinandersetzungen waren: *LG Köln* vom 09.03.1994 (Harald Schmidt) – 28 0 11/94, AfP 1994, S. 166 (Kläger werden beim Einkaufsbummel abgebildet); *BGH* (Caroline IV) (Anm. 3), S. 332, 333 (Fotos der Klägerin beim Reiten, Spaziergang, Radfahren, auf dem Markt, mit ihren Kindern). Vgl. auch *Prinz, M.*, Schutz der Persönlichkeitsrechte, in: NJW 1995, S. 820 f. m w. N. aus der Rspr.

In einem anderen Licht können Publikationen aber in den Fällen erscheinen, in denen sich ihr Inhalt – bei gleich bleibender oder ähnlicher Verletzungsintensität des Dargestellten – um Themen wie beispielsweise Politik, Wissenschaft, Kultur, Wirtschaft etc. dreht, die der öffentlichen Diskussion und Meinungsbildung Vorschub leisten. Diesen Berichten liegen nämlich regelmäßig Aussagen zu Grunde, welche nach oben genannten Kriterien als „gesellschaftlich relevant" eingestuft werden können. Persönlich sind hiervon insbesondere Politiker betroffen. Als Vertreter des Volkes leiten und repräsentieren sie dieses. Daher ist den Bürgern, jedenfalls in den Fällen, in denen die Fähigkeit zu regieren in Frage steht oder Aspekte beleuchtet werden, welche die Integrität des jeweiligen Politikers betreffen, ein erhöhtes Informationsinteresse zuzugestehen.

Zur abschließenden Verdeutlichung der unterschiedlichen Wertungsmöglichkeit von Ereignissen, gemessen an den elementaren Interessen der Gesellschaft, sollen folgende Beispiele dienen:

Fallbeispiele:

1. Lädt der Bundeskanzler im Anschluss an eine Preisverleihung für Schriftsteller einen der Preisträger zu einem rein privaten Gespräch ein, so kommt dieser Einladung zweifelsfrei ein anderes Gewicht zu, wenn der Besucher beispielsweise nicht nur Schriftsteller, sondern zugleich Botschafter eines anderen Landes ist. Denn in diesem Falle kann der Empfang, wenngleich er privater Natur ist und auf die Einhaltung des Protokolls verzichtet wurde, zumindest mittelbar das Verhältnis der beiden Staaten zueinander betreffen. Dadurch werden Belange der Bürger berührt, welchen daher ein erhöhtes Informationsinteresse zuzugestehen ist.

2. Veröffentlichungen betreffend den Gesundheitszustand von prominenten Personen ist grundsätzlich lediglich ein geringer Informationswert beizumessen[61]. Etwas anderes kann jedoch gelten, wenn es sich bei der Person beispielsweise um einen hohen Politiker oder den Vorstandsvorsitzenden eines „Volksaktienunternehmens" handelt und zu befürchten steht, dass der Gesundheitszustand dauerhaft die ordnungsgemäße Wahrnehmung der jeweiligen Aufgaben erschwert oder sogar unmöglich macht. In solchen Fällen ist der Informationswert der Nachricht entsprechend höher, da der Gesellschaft die Möglichkeit eröffnet wird, sich auf die neue Situation einzustellen und der Einzelne aus dem Bericht die für ihn maßgeblichen Schlussfolgerungen ziehen kann.

3. Bei Anwendung der oben herausgestellten Grundsätze kommt Berichten über die Lebensweise von prominenten Personen grundsätzlich kein gesteigerter Informationswert zu, da hierin keine über die entsprechende Nachricht hinausgehende ver-

---

61 Zu einem ähnlichen Ergebnis gelangt wohl auch die h. M., wonach der Gesundheitszustand zum unmittelbaren Kernbereich der Privatsphäre gehört, weshalb der Allgemeinheit diesbezüglich kein berechtigtes Informationsinteresse eingeräumt wird. Vgl. dazu insb. *BVerfG* vom 24.06.1993 (Medizinisches Gutachten) – 1 BvR 689/92, BVerfGE 89, S. 69, 82 f.; *BVerfG* vom 08.03.1972 (Patientenkartei) – 2 BvR 28/71, BVerfGE 32, S. 373, 379; *OLG Oldenburg* vom 13.01.1983 (Krankengeschichte) – 6 U 107/82, AfP 1983, S. 401; *Pieroth / Schlink* (Anm. 17), S. 88 Rn. 375; *Wenzel* (Anm. 14), S. 141 ff. Rdnr. 5.39 ff. m. w. N. Vgl. auch oben E. III. 3. a) „Der Kernbereich".

wertbare Aussage enthalten ist. Hier stehen regelmäßig Klatsch und Tratsch im Vordergrund. Das Gegenteil ist jedoch der Fall, wenn es sich bei dem Prominenten um den Kanzlerkandidaten einer Partei handelt, dessen tatsächliche Lebensverhältnisse in krassem Widerspruch zu den nach außen propagierten Werten stehen. Hier erhält der Bürger Informationen, welche ihm die Person des Kanzlerkandidaten näher bringen und die daher sein Wahlverhalten entscheidend beeinflussen können.

d) Zusammenfassung

Der Informationswert von Berichterstattungen ist in die Abwägung einzubeziehen und entsprechend zu gewichten. Dabei muss gegebenenfalls auch eine Bewertung des Inhalts der Publikation vorgenommen werden. Der Maßstab der Bewertung sollte sich an der Art der dargestellten Aktivität orientieren. Handelt es sich um eine *öffentliche* Tätigkeit, so ist grundsätzlich von einem *hohen Informationswert* auszugehen. Bei rein *privaten* Aktivitäten ist der Informationswert regelmäßig als *gering* anzusehen. Folglich ist Publikationen, die lediglich der Zerstreuung des Konsumenten dienen und keinerlei gesellschaftlich relevante Aussagen beinhalten, allenfalls ein geringer Informationswert beizumessen.

Gegen diese Anschauung wird teilweise der Vorwurf erhoben, sie mache Grundrechtsschutz vom „Wert des mit der Grundrechtsausübung verbundenen Ziels abhängig“[62]. Dadurch wird die Sorge ausgedrückt, die verschiedenen Äußerungsfreiheiten würden von vornherein bestimmte Meinungen und Äußerungen aus ihrem Schutzbereich ausklammern.

Davon kann jedoch keine Rede sein, da bei der Beurteilung des Schutzbereiches von Art. 5 Abs. 1 GG keinerlei Anforderungen an das Niveau der Berichterstattung gestellt werden. Dies steht auch im Einklang mit der herrschenden Meinung[63] und der höchstrichterlichen Rechtsprechung:

> „Von der Eigenart oder dem Niveau des Presseerzeugnisses oder der Berichterstattung im einzelnen hängt der Schutz nicht ab [...]. Jede Unterscheidung dieser Art liefe am Ende auf eine Bewertung und Lenkung durch staatliche Stellen hinaus, die dem Wesen dieses Grundrechts gerade widersprechen würde“.[64]

Da für Publikationen im Internet prinzipiell nichts anderes gelten kann, fallen also auch hier Unterhaltungs- und Sensationsberichterstattungen in den Schutzbereich des Art. 5 Abs. 1 GG. Weiterhin entspricht es der verfassungsrechtlichen

---

62 Vgl. *Rehm* (Anm. 10), S. 420.

63 Vgl. *Herzog, R.*, in: *Maunz, T./Dürig, G.*, Kommentar zum GG, 2002, Art. 5 I, II Rdnr. 128 (28. Lfg. Dezember 1989); *Heldrich* (Anm. 35), S. 37. Nachweise zur Rspr. in der folgenden Fußnote.

64 So das *BVerfG* (Caroline v. Monaco) (Anm. 3), S. 361, 387 unter Hinweise auf u. a.: *BVerfG* (Soraya) (Anm. 1), S. 269, 283 und *BVerfG* (Lebach) (Anm. 2), S. 202, 222.

Lehre und Praxis, dass die Grundrechtsausübung dort ihre Schranken findet, wo Rechte anderer betroffen sind, denn grenzenloser Freiheitsgebrauch würde die Gewährleistung der Grundrechte ad absurdum führen. Bestimmte Informationen sind ihrem Inhalt nach geeignet andere Menschen zu verletzen. Daher ist es auch legitim und sinnvoll sie einer Überprüfung zu unterziehen. Dabei geht es nicht um die Beurteilung einzelner, bestimmter Werte, sondern um die Wichtigkeit der Information gemessen an den Belangen der Öffentlichkeit.

5. Gewichtung der einzelnen Grundrechte durch die Rechtsprechung

Kollidieren Äußerungsrechte mit Persönlichkeitsrechten, so sind die in Art. 5 Abs. 1 GG garantierten Freiheiten in die Abwägung mit einzubeziehen[65]. Die zu diesem Thema gemachten Äußerungen des Bundesverfassungsgerichts beziehen sich zwar häufig nur auf die Tatbestände der Presse- oder Rundfunkfreiheit, doch spricht nichts dagegen, die aufgestellten Grundsätze wechselseitig auch auf die jeweils anderen Alternativen des Art. 5 Abs. 1 GG anzuwenden, da bei allen Publikationsformen eine vergleichbare Interessenlage vorliegt, welche eine gleiche Behandlung gebietet[66]. Denn es kann für das hier im Mittelpunkt stehende Problem des Privatsphärenschutzes keinen Unterschied machen, ob Informationen durch Printmedien verbreitet werden, oder ob man sich zur Veröffentlichung den Einrichtungen des Rundfunks, Fernsehens oder Internets bedient.

a) Die Äußerungsfreiheiten in der Rechtsprechung des BVerfG

Einer der vom Bundesverfassungsgericht aufgestellten Grundsätze bezüglich der Äußerungsfreiheiten ist, dass Presse und Rundfunk „der freien individuellen und öffentlichen Meinungsbildung"[67] dienen, was nur dann der Fall sein kann, wenn ausreichende Bedingungen für eine ungehinderte Berichterstattung gegeben sind[68]. Weiterhin hebt das Gericht hervor, zur grundrechtlichen Gewährleistung des Art. 5 GG gehöre das Recht, Art, Ausrichtung, Inhalt und Form eines Publikationsorgans frei zu bestimmen[69]. Die Rechtsprechung betont darüber hinaus

---

65 Ausdrücklich zur Pressefreiheit im Rahmen der „Auslegung und Anwendung von §§ 22, 23 KUG" *BVerfG* (Caroline v. Monaco) (Anm. 3), S. 361, 388 f.

66 Auch das Bundesverfassungsgericht spricht sich für eine „Gleichbehandlung" der Freiheiten des Art. 5 Abs. 1 GG aus. Siehe *BVerfG* vom 16.06.1981 (FRAG-Urteil) – 1 BvL 89/78, BVerfGE 57, S. 295, 319: „Die Rundfunkfreiheit dient der gleichen Aufgabe wie alle Garantien des Art. 5 Abs. 1 GG: der Gewährleistung freier individueller und öffentlicher Meinungsbildung". Vgl. auch *Kriele, M.*, Ehrenschutz, in: NJW 1994, S. 1902.

67 So das *BVerfG* (FRAG-Urteil) (Anm. 66), S. 295, 319.

68 Vgl. *BVerfG* (Caroline v. Monaco) (Anm. 3), S. 361, 389.

69 Vgl. u. a. *BVerfG* vom 05.08.1966 (Spiegel-Urteil) – 1 BvR 586/62, 610/63, 512/64, BVerfGE 20, S. 162, 174 ff.; *BVerfG* vom 06.11.1979 (Kölner Stadt-Anzeiger) – 1 BvR 81/76, BVerfGE 52, S. 283, 296; *BVerfG* (Wallraff) (Anm. 38), S. 116, 133 f.; *BVerfG*

(Fortsetzung nächste Seite)

stets, dass die Meinungsfreiheit „für die freiheitlich-demokratische Grundordnung schlechthin konstituierend“ sei[70], weshalb ihr im Interesse einer funktionierenden Demokratie besondere Bedeutung zukommen müsse. Damit wird der Meinungsfreiheit somit neben der subjektiv-individuellen Seite auch ein objektives Element zugeordnet. Der Grundgedanke des Art. 5 Abs. 1 GG wird somit als „Voraussetzung eines freien und offenen politischen Prozesses“ bezeichnet und zum „objektiven Prinzip der Gesamtrechtsordnung“ erhoben[71].

b) Die (unzureichende) Gewichtung des Persönlichkeitsrechts

Das vom Bundesverfassungsgericht geäußerte Verständnis vom überragend hohen Wert der Meinungsfreiheit führt zu einer grundsätzlichen „Vermutung zu Gunsten der freien Rede“[72]. Dies bewirkt eine Verschiebung der Argumentations- und Beweislast zum Nachteil derer, die von entsprechenden Berichten betroffen sind. Der den Äußerungsfreiheiten zugeordnete Stellenwert birgt somit in sich die Gefahr der unangemessenen Benachteiligung des Persönlichkeitsschutzes, da im Rahmen der Abwägung den Persönlichkeitsrechten ein deutlich „leichteres“ Gewicht als den Äußerungsfreiheiten beigemessen wird[73]. Folge davon ist eine, nach hier vertretener Ansicht nicht mehr zulässige, Privilegierung der Medien zu Lasten des Bürgers. Dabei soll keinesfalls in Abrede gestellt werden, dass die Publikationsfreiheiten des Art. 5 Abs. 1 GG konstituierend für die demokratische Ordnung sind und es daher legitim ist, ihnen einen besonderen Stellenwert einzuräumen. Vielmehr soll darauf aufmerksam gemacht werden, dass dem Persönlichkeitsschutz mit all seinen Facetten, wie dem Schutz der Intim- und Privatsphäre, Schutz des Rufes und der Ehre etc., ebenfalls eine herausragende Bedeutung für das Miteinander in einer demokratischen und offenen Gesellschaft zukommt. Denn zur freien Entfaltung seiner persönlichen Möglichkeiten braucht der Mensch regenerative Phasen, in denen er sich zurückziehen und Unternehmungen tätigen kann, für die er sich nicht vor der breiten Allgemeinheit zu verantworten braucht. Dazu gehören insbesondere private Tätigkeiten, welche der Einzelne vornehmen können muss, ohne dabei Gefahr zu laufen,

---

vom 08.10.1996 (Werkszeitung) – 1 BvR 1183/90, BVerfGE 95, S. 28, 35 f.; *BVerfG* (Caroline v. Monaco) (Anm. 3), S. 361, 389.

70 So das *BVerfG* (Lebach) (Anm. 2), S. 202, 221. Vgl. auch den Kommentar von *Rehm* (Anm. 10), S. 419.

71 So das *BVerfG* (FRAG-Urteil) (Anm. 66), S. 295, 319 f. Vgl. dazu auch *Ossenbühl* (Anm. 18), S. 75 f.

72 Vgl. *BVerfG* (Lüth) (Anm. 34), S. 198, 208; *BVerfG* vom 22.06.1982 (Wahlkampfäußerung) – 1 BvR 1376/79, BVerfGE 61, S. 1, 11. Vgl. auch *Ossenbühl* (Anm. 18), S. 77 f.; *ders.* (Anm. 34), S. 27 f.: „Die Meinungsfreiheit erhält dabei von Anfang an nicht nur einen Bonus, sondern eine bis heute durchschlagende Dominanz und Präponderanz“.

73 Zu diesem Schluss gelangen auch *Papier* (Anm. 24), S. 41 f.; *Ossenbühl, F.*, Medien, in: Bitburger Gespräche 1995/II, S. 24; *Kriele* (Anm. 66), S. 1897 ff.

die volle Prangerwirkung der Massenmedien zu spüren zu bekommen, welche häufig erhebliche Einschnitte in die private und berufliche Existenz nach sich zieht[74]. Insbesondere Affären oder anderes privates „Fehlverhalten" führen nicht selten zu einer Hetzjagd der dargestellten Personen[75], welche sich unter Umständen über mehrere Wochen hinweg, mit teils unwahren, teils wahren aber „ausgeschmückten" Berichten über ihr Privatleben in den Medien wiederfinden.

Die Folgen der „leichteren" Gewichtung des Persönlichkeitsrechts gegenüber den Publikationsfreiheiten sind absehbar und wenig wünschenswert. Sie münden in einen unzureichenden Persönlichkeitsschutz. Wird dieser aber nicht mehr gewährleistet, so besteht die Gefahr, dass Personen sich zurückziehen, die Öffentlichkeit und die öffentliche Diskussion meiden, was zu einem Verlust an Demokratie führt. Zutreffend formuliert in diesem Zusammenhang *Papier*: „Man kann im Grunde nicht erwarten, daß sich Persönlichkeiten in den für staatliche und gesellschaftliche Entwicklungen wichtigen Bereichen der Politik, Administration, Wirtschaft, Wissenschaft, Kultur, Publizistik etc. engagieren, wenn das mit dem Risiko verbunden ist, weitestgehend des Schutzes ihrer Intim- und Privatsphäre, ihres Rufes und ihrer Ehre durch die Rechtsordnung verlustig zu gehen. Der Persönlichkeitsschutz ist in keinem Fall in geringerem Maße als die Meinungs- und Pressefreiheit eine konstitutive Bedingung für die rechtsstaatliche Demokratie"[76]. Ebenfalls ist an dieser Stelle noch darauf hinzuweisen, dass die freie und ungehinderte Entwicklung einer Gesellschaft ihr Fundament nicht zuletzt auch in der Entfaltungsmöglichkeit jedes ihrer Mitglieder hat.

Die praktische Notwendigkeit beide grundrechtlichen Freiheiten auf eine Stufe zu stellen, wird noch offensichtlicher, führt man sich vor Augen, dass mittlerweile hinter vielen publizierenden Organen einflussreiche Medienkonzerne stehen. Diese ungleichen Machtverhältnisse erschweren dem einzelnen Bürger von vornherein die Durchsetzung seiner Rechte. Dies würde zwar weiterhin auch im Falle der Herstellung einer absoluten „Waffengleichheit" auf rechtlicher Ebene gelten, doch erhöhten sich dadurch die Chancen, gerichtlich gegen illegitime Berichte vorzugehen. So lange sich in der Praxis die Waagschale jedoch regelmäßig zu Gunsten der Medien senkt, befinden sich die in den Fokus der Berichterstattung geratenen Personen wegen der beschriebenen „doppelten Benachteiligung" (ungleiche Machtverhältnisse und rechtliche Benachteiligung) in einer wenig aussichtsreichen Position[77].

---

74 Vgl. beispielsweise zur Skandalierung von Politiker die Ausführungen bei *Kepplinger, H. M.*, Verletzung der Persönlichkeitsrechte, in: Bitburger Gespräche 1999/I, S. 25 f.

75 Sehr drastisch *Kriele* (Anm. 66), S. 1903, der von „Menschenjagd" spricht.

76 Siehe *Papier* (Anm. 24), S. 41 und ihm vergleichbar *Kriele* (Anm. 66), S. 1897 f.

77 So zum Ehrenschutz auch *Kriele* (Anm. 66), S. 1904: „*Konrad Redeker*, einer der führenden Anwälte in Deutschland, warnt, man könne von einem Ehrenschutzprozeß ‚nur noch abraten' und spricht damit aus, was alle Sachkenner bestätigen".

c) Zusammenfassung

Die gemachten Ausführungen lassen erkennen, dass die Rechtsprechung des Bundesverfassungsgerichts, aber auch die des Bundesgerichtshofes, den Kommunikationsfreiheiten grundsätzlich ein größeres Gewicht als dem Schutz der Persönlichkeit beimessen und zwar auch in jenen Bereichen, welche – aufgrund eines niedrigen Informationswertes – für die öffentliche Meinungsbildung wenig relevant sind.

Diese prinzipielle Privilegierung der Medien ist jedoch abzulehnen. Sie belastet den Bürger unangemessen und kann letztlich zu einem Verlust an Demokratie führen. Weiterhin ist noch zu beachten, dass das allgemeine Persönlichkeitsrecht gemäß Art. 2 Abs. 1 i. V. m. Art. 1 Abs. 1 GG seinen Ursprung nicht zuletzt auch in der Würde des Menschen findet, deren Schutz gemeinhin als oberstes Verfassungsgebot anerkannt ist. Der Schutz der Privatsphäre als Teil des Persönlichkeitsrechts darf daher im Rang nicht hinter die Kommunikationsfreiheiten geraten, denn *beide* Rechte sind unersetzliche Grundpfeiler einer demokratischen Grundordnung. Diesem Umstand muss durch eine grundsätzlich gleichförmige und gleichgewichtige Bewertung Rechnung getragen werden[78].

d) Exkurs: Selbstreferentialität der Medien

Zur Verdeutlichung der rechtlichen und tatsächlichen Auswirkungen von Medienberichten auf den Einzelnen, wird an dieser Stelle auf die so genannte „Selbstreferentialität“ der Medien[79] eingegangen. Unter dem aus den Sozialwissenschaften stammenden Begriff versteht man in diesem Zusammenhang die gegen- und wechselseitige Bezugnahme der Medien untereinander. Die Ursachen hierfür sind vielfältig. So benutzen viele Journalisten die gleichen Nachrichtendienste (Agenturen, Pressedienste usw.) und greifen auf die Archive anderer Medien zu. Weiterhin beobachten sie die Berichterstattung der anderen Medienunternehmen, was zweifelsfrei die eigenen Publikationen beeinflusst. Dies bewirkt beispielsweise, dass *viele* Medienvertreter einen bestimmten Gegenstand aufgreifen, wenn zuvor auch nur *ein* Publikationsorgan diesem Thema größere Aufmerksamkeit schenkte. Denn zum einen erachtet man die Materie als „publikationsgeeignet“ (immerhin ist sie ja Gegenstand einer umfangreicheren Darstellung anderer Publisher) und zum anderen möchte man keinesfalls das

---

[78] Vgl. dazu auch die Aussage von *Dieter Grimm*, Bundesverfassungsrichter a. D., in einem Interview des *Evangelischen Pressedienstes (ep d)* vom 15.08.1999: „Persönlichkeitsschutz und Medienfreiheit sind gleich wichtig“ (vgl. Homepage des *Evangelischen Pressedienstes* (http://www.epd.de) unter der URL: http://epd.de/medien/1999/65leiter.htm). (Stand 01.06.2005).

[79] Ausführlich zu diesem Phänomen *Kepplinger* (Anm. 74), S. 20 ff. m. w. N.

Risiko eingehen, den Konkurrenten das gesamte Feld zu überlassen. Folge der Selbstreferentialität ist häufig das Hochschaukeln von Ereignissen, welche – ohne das dargestellte Phänomen – nie diesen Grad an Aufmerksamkeit erreichen würden[80]. Dadurch erscheint das veröffentlichte Geschehen in einem anderen Licht. Auf Grund der mannigfaltigen Berichterstattung in verschiedenen Medientypen wirkt das Ereignis intensiver, realer, letztlich auch glaubhafter und damit umso verletzender für die ins Schussfeld geratene Person, obwohl es sich oft nur um *einen* Sachverhalt handelt, der jedoch auf vielfältige Art und Weise der Öffentlichkeit präsentiert wird.

Als Beispiel soll hier die Reaktion der Medien auf die (tatsächliche oder angebliche) Affäre des deutschen Nationaltorhüters im Jahre 2003 dienen. Dieser war von einem Reporter beim nächtlichen Spaziergang mit seiner „Geliebten" fotografiert worden. Die recht unscharfen Bilder beherrschten tagelang die Boulevardpresse und ebenfalls die ihr entsprechenden Berichterstattungen im Internet[81]. Dabei wurden in verschiedenen Medien die gleichen Fotografien mit jeweils anderer Textfassung präsentiert. Obwohl im Folgenden keine nennenswerten neuen Tatsachen recherchiert wurden, bestimmte das Privatleben des Torhüters noch über Wochen die Schlagzeilen. Dabei hatte es den Anschein, er werde auf Schritt und Tritt beobachtet und jegliches Verhalten seinerseits werde analysiert und in Bezug auf seine Affäre interpretiert.

Die Selbstreferentialität der Medien erlangt, neben den beschriebenen tatsächlichen Auswirkungen, in zweierlei Hinsicht auch rechtliche Bedeutung. Zum einen erhöht sich dadurch die Belastung der Betroffenen bezüglich der Verletzung ihrer Persönlichkeitsrechte (siehe dazu das folgende Kapitel). Ein weiterer Anknüpfungspunkt ist die Beachtung der journalistischen Sorgfaltspflicht[82]. Dieser ist nach Ansicht des Bundesverfassungsgerichts bereits Genüge getan, wenn sich der Veröffentlichende auf unwidersprochene Presseberichte bezieht: „Vielmehr werden die Anforderungen an die Darlegungspflicht überspannt, wenn jemand, der eine herabsetzende Behauptung über Dritte aufstellt, die nicht seinem eigenen Erfahrungsbereich entstammt und seine eigene Überprüfungsmöglichkeit übersteigt, sich zur Begründung seiner Behauptung nicht auf unwidersprochene Pressemitteilungen beziehen darf"[83]. Aus dieser Argumentation heraus folgt aber eine unangemessene Benachteiligung des Dargestellten, denn er ist einerseits quasi verpflichtet, die täglichen Publikationen zu verfolgen, was angesichts der umfangreichen Medienlandschaft kaum zu bewältigen und ihm schon gar nicht zuzumuten ist. Andererseits wird er im Falle des Falles praktisch genötigt, gegen

---

80 Vgl. zur Wirkung verschiedener Ereignisse *Kepplinger, H. M./Habermeier, J.*, Ereignis-Serien, in: *Mast, C.*, Markt, Macht, Medien, 1996, S. 261 ff.

81 Als Beispiele unter vielen: http://www.bild.de, http://www.gala.de, http://www.bunte.de.

82 Zur journalistischen Sorgfaltspflicht siehe auch oben E. V. 3. „Wahrheitsgehalt und Wahrheitspflicht".

83 Vgl. *BVerfG* (Bayer-Flugblatt) (Anm. 17), S. 1, 21 f. Vgl. auch *Ossenbühl* (Anm. 73), S. 17; *Kepplinger* (Anm. 74), S. 22. Sehr drastisch *Kriele* (Anm. 66), S. 1902, der aus diesem Grund von „Abschaffung der Sorgfaltspflicht" spricht.

die missbilligende Berichterstattung vorzugehen, da die Gefahr besteht, dass sich die Auswirkungen auf Grund nachfolgender Veröffentlichungen potenzieren. Weiterhin werden die Journalisten – zwar nicht ausdrücklich, aber letztlich in der praktischen Konsequenz – sozusagen von einer weiteren Recherchepflicht entbunden, wodurch die Wahrscheinlichkeit der Korrektur von Falsch- oder Fehlmeldungen sinkt, was beispielsweise durch intensivere Erforschung der Tatsachen vermieden werden könnte[84].

6. Die Belastung der Betroffenen

Ziel des Persönlichkeitsrechtsschutzes kann es nur sein, unzumutbare Belastungen des Einzelnen zu verhindern oder zu beseitigen und, falls dies nicht gelungen ist, ihm im Verletzungsfalle eine angemessene Entschädigung zu gewähren. Beeinträchtigungen des Persönlichkeitsrechts entfalten ihre Folgen vor allem im psychischen bzw. seelischen Bereich und die Intensität der Auswirkungen ist letztlich auch ein Maßstab für die Schwere des Eingriffs. Es liegt aber auf der Hand, dass die Beurteilung der eben aufgeführten Kriterien nur anhand eines objektivierten Maßstabes erfolgen kann, da gleiche oder zumindest ähnliche Eingriffe, auf Grund der mannigfaltigen Persönlichkeitsstrukturen, auf subjektiver Ebene unterschiedlich einschneidend empfunden werden.

Beim Studium der höchstrichterlichen Rechtsprechung zum Persönlichkeitsrecht fällt jedoch auf, dass der Aspekt der persönlichen Kränkung, mit den negativen psychischen, seelischen sowie sozialen Effekten, kaum Eingang in die jeweiligen Gerichtsurteile gefunden hat[85]. Der Grund für diese Ausblendung kann hier weder festgestellt noch nachvollzogen werden. Möglicherweise erachten die Gerichte die tatsächlichen Beeinträchtigungen der Dargestellten als wenig relevant und messen ihnen deshalb kein Gewicht bei. Diese Praxis ist jedoch rechtlich zweifelhaft, denn nach allgemeiner Ansicht – und insbesondere auch nach Meinung des Bundesverfassungsgerichts – sollen im Rahmen einer Abwägung die überwiegenden Interessen „auf Grund *aller* Umstände"[86] festgestellt werden. Demnach müssen sämtliche Fakten des Einzelfalles[87] mit in die Waagschale geworfen werden. Werden einzelne Tatsachen der persönlichen immateriellen

---

84 Vgl. dazu auch *Kriele* (Anm. 66), S. 1902 f.; *Ossenbühl* (Anm. 18), S. 79 f.; *Papier* (Anm. 24), S. 33.

85 Vgl. zur Sozialschädlichkeit auch *Kepplinger* (Anm. 74), S. 15 und *Kriele* (Anm. 66), S. 1904 f., der von „Ausblendung der Wirklichkeit" spricht und hinzufügt: „Zur Wirklichkeit gehört in diesem Zusammenhang das menschliche Schicksal der ehrlos Gemachten: ihr buchstäbliches Gekränktsein, ihre Vereinsamung, ihre Bitterkeit, ihre Ängste, ihre Verzweiflung, ihre Tränen, ihre durchwachten Nächte und Selbstmordgedanken".

86 So grundlegend das *BVerfG* (Lüth) (Anm. 34), S. 198, 210.

87 Zur Einzelfallabwägung im Verfassungsrecht vgl. *Ossenbühl* (Anm. 34), S. 25 ff. und dort insb. S. 29 ff. Vgl. auch *Martins, L.*, Die Grundrechtskollision, 2001.

Schädigung nicht – oder nicht hinreichend – berücksichtigt, so kann dies zu einer Verschiebung der Gewichtung führen, welche zwangsläufig eine unsachgemäße Vernachlässigung des Schutzes der Rechte des Einzelnen nach sich zieht.

Im Folgenden werden nun die Kriterien der persönlichen Betroffenheit näher erläutert und deren Wertigkeit hinsichtlich der Abwägung untersucht. Um den richtigen Einblick in dieses Thema zu bekommen, werden verschiedene sozialwissenschaftliche Befunde herangezogen und deren Erkenntnisse kurz vorgestellt.

a) Der Reziproke Effekt

Berichterstattungen der Massenmedien üben einen bestimmten Einfluss auf die Informationskonsumenten aus. Verstärkt werden diese Einwirkungen jedoch von den Personen wahrgenommen, die Gegenstand der entsprechenden Darstellung in den Medien sind. Dieses Phänomen bezeichnet man als „Reziproken Effekt“[88]. Der intensivere Sinneseindruck findet seinen Ursprung in dem Bewusstsein darüber, dass „man selbst Gegenstand der Beobachtung und Beurteilung von Tausenden oder Millionen ist, gegen deren Sichtweisen und Reaktionen man zumindest aktuell nicht das Geringste unternehmen kann“[89]. Der Betroffene analysiert nicht nur sein persönliches Erscheinungsbild, sondern kreiert gedanklich eine Vorstellung darüber, wie die Öffentlichkeit und sein Umfeld den Bericht – und damit ihn selbst – wahrnehmen. Das Ergebnis dieser analytischen Gedankengänge wirkt sozusagen wie ein Verstärker der persönlichen Empfindungen. Bei negativen Schlagzeilen fühlt sich der Dargestellte, zunächst auf Grund der für ihn ungünstigen Reportage, gekränkt. Diese Sinnesempfindung wird durch das Bewusstsein verstärkt, dass der verletzende Bericht nicht nur ihm selbst, sondern der breiten Öffentlichkeit bekannt gemacht worden ist. Eine weitere Steigerung der psychischen Beeinträchtigung besteht in dem Ohnmachtgefühl, welches aus der Erkenntnis der momentanen Machtlosigkeit gegenüber diesen Ereignissen und den davon hervorgerufenen Reaktionen resultiert. Hervorzuheben ist noch, dass der beschriebene Effekt nicht nur bei der Darstellung von einem wie auch immer gearteten Fehlverhalten eintritt, sondern dass es sich um ein allgemeines Phänomen handelt, welches seine Wirkung nicht nur bei einer „skandalösen“ Darstellung des Betroffenen, sondern bei jedweder Berichterstattung über die eigene Person entfaltet[90].

---

[88] Der Begriff „reciprocal effect“ geht in diesem Zusammenhang wohl auf *Lang, K./Engel Lang, G.*, Perspective of Television, in: American Sociological Review 1953 (Vol. 18, Nr. 1), S. 10 zurück.
„Reciprocal“ (engl.) = wechselseitig, gegenseitig, reziprok, umgekehrt.

[89] Siehe *Kepplinger* (Anm. 74), S. 23 f.

[90] Vgl. *Kepplinger* (Anm. 74), S. 25.

In diesem Zusammenhang muss außerdem beachtet werden, dass derjenige über den berichtet wird, die Medien mit anderen Augen begutachtet. Berichte, in denen man sich selbst wieder findet, „überfliegt“ man nicht, „hört mal eben kurz rein“ oder ignoriert sie sogar vollständig[91] (wie dies bei einer beträchtlichen Anzahl von Konsumenten der Fall ist), sondern man studiert sie regelmäßig entsprechend intensiv und gegebenenfalls sogar mehrmals. Hierbei kann – und in vielen Fällen wird – sich bei dem Dargestellten das Gefühl entwickeln, die breite Masse der Informationskonsumenten halte die Beiträge für ebenso bedeutend wie er selbst, weshalb die Leser, Zuschauer, Hörer ihm große Aufmerksamkeit zukommen lassen.

Diese von dem Betroffenen angestellten Überlegungen kann man freilich als Fehlreaktion abtun, doch würde man dabei den „zwanghaften Charakter der Wirkungsmechanismen verkennen“[92]. Ein weiterer gedanklicher Reflex, welcher zwar ebenfalls zu Fehleinschätzungen führen kann, jedoch auf jeden Fall als Verstärker der persönlichen Empfindungen wirkt, ist der so genannte „Third Person-Effekt“.

b) Der „Third Person-Effekt“

Der „Third Person-Effekt“ wurde von *W. Phillips Davison*[93] in mehreren Experimenten näher analysiert und bestätigt[94]. Die Kernaussage des untersuchten Phänomens könnte man kurz etwa dahingehend beschreiben, dass der Einzelne fest davon überzeugt ist, er selbst werde kaum oder gar nicht von den Massenmedien beeinflusst, während (zumindest fast) alle anderen deren Suggestionswirkung erliegen[95]. Ein Grund hierfür liegt in der grundlegenden Unterschätzung der anderen (der „Dritten“). *Davison* führt dazu aus, dass wir uns – jedenfalls bezüglich der Dinge, die uns interessieren oder gar persönlich betreffen – für Experten halten, da wir nach unserer Vorstellung über Kenntnisse verfügen, die

---

91 Häufig gelingt es, trotz des entgegengesetzten Willens nicht, die öffentliche Darstellung vollständig zu ignorieren: „Die vornehme Verteidigung, meine Taktik, nicht weiterzulesen, sobald ich merke, daß ich einem unbedachten oder böswilligen Rezensenten in die Hände gefallen bin, gelingt mir nur unvollkommen“, so *Begley, L.*, in: *FAZ* vom 25.04.1997, „Mein widerlicher Held“.

92 Siehe *Kepplinger* (Anm. 74), S. 25, der sich intensiv und mit weiteren Nachweisen mit dem hier in Rede stehenden Themenkomplex auseinandersetzt und sich dabei vor allem auch auf Statistiken, Umfragen und andere Erhebungen stützt.

93 *Davison* ist Journalismus- und Soziologieprofessor an der *Columbia University*.

94 Vgl. *Davison, P. W.*, The Third-Person Effect, in: Public Opinion Quaterly 1983, Vol. 47, S. 1 ff.

95 Siehe *Davison* (Anm. 94), S. 1: “A person exposed to a persuasive communication in the mass media sees this as having a greater effect on others than on himself or herself. Each individual reasons: ‘I will not be influenced, but **they** (**the third persons**) may well be persuaded.’” (Hervorhebung vom Verfasser).

anderen fehlen. Aufgrund dieses „Sonderwissens" halten wir uns dann für weniger beeinflussbar hinsichtlich medialer Veröffentlichungen. Aus der Befürchtung, dass die anderen nicht über dieses Wissen verfügen und nicht die gleichen Informationen besitzen wie wir, entsteht dann die Überzeugung, Dritte würde mehr unter dem Eindruck der Medien stehen und ihr Verhalten sowie ihre Gedanken davon stärker beeinflussen lassen[96].

Ein ergänzender Gedanke hierzu ist folgender: Selbst dann wenn wir der Meinung sind, die anderen verfügten auch über den gleichen Kenntnis- und Informationsstand wie wir, so neigen wir doch zum Zweifel, ob sie denn daraus auch die richtigen Schlussfolgerungen und Erkenntnisse ziehen (so wie wir es selbstverständlich tun).

c) Wirkung der Effekte

Die Ausführungen zum „Reziproken Effekt" und zum „Third Person-Effekt" belegen die Möglichkeit der massiven psychischen Beeinträchtigung der Dargestellten[97], hervorgerufen durch massenmediale Berichte. Dies tritt insbesondere dann ein, wenn die Betroffenen die entsprechenden Inhalte als negativ qualifizieren. Die Ursachen der seelischen Verletztheit können derart vielfältiger Natur sein, dass allenfalls eine beispielhafte Aufzählung möglich ist. Zu nennen sind vor allem Scham, Ehrverletzungen und das Gefühl der breiten Öffentlichkeit in einem sehr persönlichen Bereich und in einer Art und Weise präsentiert zu werden, welche sich zwar weder unter Scham- noch Ehrverletzungen subsumieren lässt, aber dennoch einen Angriff auf die seelische Integrität darstellen kann.

Diese Voraussetzungen liegen regelmäßig bei Berichten aus dem Umfeld der Privatsphäre vor. Jeder Mensch braucht einen Bereich in den er sich zurückziehen kann, um ungestört, unbeobachtet und vor allem um allein zu sein. Hier kann er sich entspannen, sich gehen lassen und sich persönlichen Regungen hingeben[98]. Werden derartige Verhaltensweisen, Umstände, Situationen etc. durch heimliche oder überrumpelnde[99] Aufnahmen publik gemacht, so fühlt sich der

---

96 Siehe *Davison* (Anm. 94), S. 9 und 11.

97 Zur tatsächlichen Auswirkung, die öffentliche Schmach und Schande hervorrufen können, sei nur erwähnt, dass es im Mittelalter nicht selten vorkam, dass Menschen am Pranger bereits nach wenigen Minuten bewusstlos in sich zusammensackten, obwohl ihnen körperlich kein Leid zugefügt worden war. Vgl. dazu auch die treffenden Ausführungen von *Noelle-Neumann, E.*, Doppelte Natur, in: FS Schweizer, 1999, S. 67.

98 Vgl. zur Darstellung des privaten Rückzugsbereiches auch *BGH* (Caroline IV) (Anm. 3), S. 332, LS c) und S. 337 ff. Vgl. ebenfalls die Ausführungen oben unter E. III. 3. d) aa) (2) „Thematische Abgrenzung" und E. III. 3. d) bb) „Stellungnahme".

99 Zur „Heimlichkeit" und zum „Überrumplungseffekt" vgl. *BGH* (Caroline IV) (Anm. 3), S. 332, LS c) und S. 339. Vgl. auch oben E. III. 3. d) aa) (2) „Thematische Abgrenzung".

Betroffene regelmäßig bloßgestellt. Auch in den Fällen, in denen die Darstellungen nach objektiven oder aber auch nach subjektiven Gesichtspunkten weder peinlich noch bloßstellend wirken oder den Anschein erwecken, das Persönlichkeitsrecht in irgendeiner Art und Weise zu tangieren, muss man sich vor Augen führen, dass bereits der dadurch stattfindende bloße Entzug der Privatheit, der Rückzugsmöglichkeit, zu einem Gefühl der seelischen Verletztheit führen kann und regelmäßig auch führt. Denn schon alleine das Eindringen fremder Personen in diesen höchstpersönlichen Bereich – ob vom Leidtragenden bemerkt oder unbemerkt – macht das erstrebte Alleinseinwollen zunichte und erst recht muss dies für die (anschließende) Publikation in den Massenmedien gelten.

An dieser Stelle erscheint es angebracht, im Rahmen eines Exkurses, auf ein weiteres empirisch untersuchtes Phänomen hinzuweisen. Hierbei handelt es sich um eine Art „Dunkelziffer" im Bereich des Persönlichkeitsschutzes, d. h. um solche Fälle, in denen sich Personen, trotz vorliegender Verletzung ihres Persönlichkeitsrechts nicht gegen das publizierende Organ zur Wehr gesetzt haben[100]. Eine im Sommer 1997 durchgeführte Umfrage des Instituts für Publizistik der Universität Mainz[101], an der 184 Bundestagsabgeordnete aller Parteien sowie 237 Pressesprecher der wichtigsten Verbände und Unternehmen aus verschiedenen Bereichen teilnahmen, ergab, dass 71 Prozent der Bundestagsabgeordneten und 44 Prozent der Pressesprecher *mindestens*[102] eine Person kennen, die nach Verletzung ihres Persönlichkeitsrechts, trotz guter rechtlicher Voraussetzungen, auf presserechtliche Maßnahmen verzichtet hat. Weiterhin wurde der Grund für das Unterlassen rechtlicher Schritte erforscht[103]. Gut ein Drittel der Befragten nannten hierfür Angst vor weiterer Publizität. Ein weiteres Drittel hielt das Verhältnis von Aufwand und Ertrag für unangemessen. Rund ein Viertel bezog sich auf die ihrer Meinung nach geringe Wirkung von Gegendarstellungen[104].

---

100 Vgl. zu diesem Thema die bereits 1971 durchgeführte Untersuchung von *Kepplinger* (Anm. 74), S. 33 ff.

101 Vgl. *Peter, S.*, Expertenurteile, Magisterarbeit 1998, S. 52 ff. Die konkrete Fragestellung zur Untersuchung einer möglichen Dunkelziffer in dem hier angesprochenen Themenkreis lautete: „Kennen Sie Personen, die nach falschen und ehrverletzenden Berichten auf presserechtliche Maßnahmen verzichtet haben, obwohl die rechtlichen Voraussetzungen nach Ihrer Kenntnis gut dafür waren?", siehe *Peter, S.*, a. a. O., S. 115.

102 Zu beachten ist hierbei noch, dass 61 Prozent der Bundestagsabgeordneten und 37 Prozent der Pressesprecher angaben, sogar mehr als nur eine Person zu kennen (vgl. *Peter* (Anm. 101), S. 115 ff.).

103 Hierbei handelte es sich um eine „offene" Frage: „Was waren die Gründe für den Verzicht auf presserechtliche Maßnahmen wie z. B. den Anspruch auf Gegendarstellung, Unterlassung oder Widerruf?" (siehe *Peter* (Anm. 101), S. 115 ff.). Die Ergebnisse werden tabellarisch a. a. O., S. 117, Tabelle 20, dargestellt.

104 Die Ergebnisse werden tabellarisch bei *Peter* (Anm. 101), S. 120, Tabelle 20 dargestellt und erläutert.

Diese Untersuchung zeigt im Ergebnis weitere Ursachen der oben[105] angesprochenen (zumindest gefühlten) Machtlosigkeit und des hieraus resultierenden Ohnmachtgefühls der Betroffenen. Beachtenswert ist, dass ein beträchtlicher Teil der Personen hier Verzichtsgründe anführt, die ihren Ursprung in der Rechtsordnung bzw. in deren Anwendung durch die Rechtsprechung haben.

d) Die soziale Kontrolle und die Zwanghaftigkeit der Effekte

Eine der Hauptursachen der eben beschriebenen Wirkungen liegt in der sozialen Natur des Menschen, welche ihn nicht als allein stehendes, isoliertes Wesen begreift, sondern als eines, welches entsprechend seines Naturells auf Gemeinschaft hin angelegt ist[106]. Dies führt zu dem Bestreben des Einzelnen nach gesellschaftlicher Akzeptanz und Anerkennung, oder doch zumindest nach Eingliederung in die Gesellschaft. Folge davon ist, dass das persönliche Erscheinungsbild einem ständigen Vergleich unterzogen wird, welcher das Selbstbildnis der eigenen Vorstellung in Kontrast zu dem von dem Individuum wahrgenommenen Bild der Gesellschaft über das eigene „Ich" setzt. *Immanuel Kant* geht in diesem Zusammenhang sogar weiter und konstatiert eine Neigung des Menschen, sich in der Meinung anderer einen Stellenwert zu verschaffen. Dieser Drang resultiert *Kants* Meinung nach daraus, dass man das persönliche Glück oder Unglück nur im Vergleich mit anderen zu beurteilen vermag[107], so dass erst die Gegenüberstellung des „Ichs" mit der Umwelt letztlich den Maßstab für das eigene Empfinden liefert.

Im Umkehrschluss der Intention und der Zielsetzung eine möglichst positive Resonanz des Umfeldes zu erhalten, folgt zwangsläufig, dass der Einzelne sich selbst die Verpflichtung auferlegt, sich möglichst gesellschaftskonform zu verhalten oder doch zumindest nicht die „äußeren Grenzen" der Akzeptanz zu übertreten. Vereinfacht ausgedrückt kann man sagen, dass die Gesellschaft einen unterschwelligen Druck auf den Menschen aus übt, wodurch sie ihm eine Richtschnur für sein Betragen setzt. Hieraus resultiert in gewissem Maße eine „soziale Kontrolle", welche normabweichende Verhaltensweisen durch Missbilligung

---

105 Vgl. oben E. V. 6. a) „Der Reziproke Effekt".

106 Vgl. *Kriele* (Anm. 66), S. 1897, der an gleicher Stelle zu den Wirkungen von ehrverletzenden Eingriffen ausführt: „Ein Rufmord, der ihn seines sozialen Umfelds beraubt, gehört neben Mord, Körperverletzung und Raub seiner gesamten Habe zum Schlimmsten, was einem Menschen angetan werden kann".

107 Vgl. *Kant, I.*, Grenzen der Vernunft, 1793, Hrsg. *Vorländer, K.*, 1956, S. 26: „Die Anlagen für die Menschheit können auf den allgemeinen Titel der zwar physischen, aber doch vergleichenden Selbstliebe (wozu Vernunft erfordert wird) gebracht werden; sich nämlich nur in Vergleichung mit anderen als glücklich oder unglücklich zu beurteilen. Von ihr rührt die Neigung her, sich in der Meinung anderer einen Wert zu verschaffen; und zwar ursprünglich bloß den der Gleichheit...".

bestraft[108]. Interessant ist die in zahlreichen Versuchen getroffene Feststellung, dass der so genannten sozialen Kontrolle eine interne, persönliche Kontrolle vorgeschaltet ist: „Die Isolationsdrohung von außen wird in der Vorstellung vorweggenommen. So bedrückend ist schon der Gedanke, wie unangenehm eine Situation sein wird, dass das Individuum bereits ein Verhalten der Regelverletzung oder des Verstoßes gegen die öffentliche Meinung korrigiert, bevor das Kollektiv, die soziale Kontrolle von außen tätig geworden ist, ja, bevor das Kollektiv überhaupt von der Absicht des Regelverstoßes erfahren hat“[109].

Es stellt sich nun die Frage nach der Verknüpfung der „sozialen Kontrolle“ mit dem Privatsphärenschutz prominenter Personen. Dabei muss in allererster Linie in Betracht gezogen werden, dass Personen des öffentlichen Lebens eine weitaus größere Aufmerksamkeit auf sich ziehen als der viel zitierte Otto Normalverbraucher[110]. Dieses gesteigerte Interesse der Öffentlichkeit führt zwangsläufig zu einer intensiveren und kritischeren Beobachtung. Die Folge davon ist häufig, dass auch Kleinigkeiten aufgebauscht und mittels massenmedialer Kommunikation einer Vielzahl von Menschen präsentiert werden[111]. Dadurch finden Handlungen Prominenter eine weit über das normale Maß hinausgehende Resonanz innerhalb der Gesellschaft und nicht selten über die eigenen Landesgrenzen hinaus.

Je größer die Aufmerksamkeit bezüglich einer Person ist, je mehr deren Aktionen begutachtet und analysiert werden, desto stärker wirkt auch die „soziale Kontrolle“. Weiterhin ist zu erwähnen, dass, je umfangreicher der Personenkreis ist, dem das Verhalten des Prominenten sozusagen präsentiert wird, desto stärker wird der durch die Gesellschaft ausgeübte Druck empfunden, sich sozialadäquat zu benehmen. Daher ist es für den Einzelnen wichtig einen Rückzugsbereich zu haben, innerhalb dessen er den „Blicken“ der Öffentlichkeit entzogen ist. Dieser Bereich ist letztlich die Privatsphäre. Wird nun von außen in diese Domäne eingedrungen, so stellt dies zum einen eine empfindliche Störung der ureigenen

---

108 Ausführlich dazu, unter Einbeziehung einer Reihe von Versuchen, *Noelle-Neumann* (Anm. 97), S. 68.

109 Siehe *Noelle-Neumann* (Anm. 97), S. 68 f. Teilweise wird vorgetragen, dass auf Grund der „Entwurzelung des Menschen aus dörflicher oder familiärer Bindung“ die Kontrolle durch soziale Sanktionen entwertet worden wäre (vgl. *Pfeifer, K.-N.*, Eigenheit oder Eigentum, in: GRUR 2002, S. 496. m. w. N.). Dem kann, zumindest in dieser Rigorosität, wohl nicht zugestimmt werden. Darüber hinaus belegen die Versuche von *Noelle-Neumann* das Gegenteil.

110 So bezeichnet man den statistischen Durchschnittsmenschen. Die Bezeichnung wurde durch die gleichnamige Hauptfigur des Films »Berliner Ballade« aus dem Jahre 1948 bekannt und gebräuchlich. Der von Gert Fröbe gespielte Durchschnittsbürger erlebt in dem satirischen Film die Nachkriegswirklichkeit in Deutschland. Quelle: *Brockhaus multimedial*, 2003, Suchwort: „Normalverbraucher“.

111 Auf konkrete Beispiele wird hier bewusst verzichtet, da sich diese in der Regenbogenpresse und in beinahe jeder Illustrierten in schier unzähliger Anzahl finden lassen.

Sphäre dar. Zum anderen aber – und das ist insbesondere bei einer gezielten Infiltration (mit der Absicht das Vorgefundene publik zu machen) der Fall – sieht sich der Betroffene plötzlich wieder der sozialen Kontrolle durch die Gesellschaft ausgesetzt, und das in einem Bereich, in dem diese, salopp gesagt, an sich nichts verloren hat, wodurch sie eine größere Wirkungskraft entfaltet. Besonders gravierend sind Eingriffe aber auch dann, wenn sie heimlich erfolgen, beispielsweise mit Hilfe eines weit reichenden Teleobjektivs, durch Heranschleichen oder durch versteckte optische oder akustische Aufzeichnungsgeräte. In diesen Fällen weiß der Betroffene nicht, dass er beobachtet wird. Dementsprechend kann die so genannte „interne persönliche Kontrolle“[112] nicht funktionieren, weshalb sozialinadäquates Verhalten zumindest wahrscheinlicher ist (dies stellt ja in vielen Fällen den eigentlichen Grund des heimlichen Beobachtens prominenter Personen dar). Häufig erfährt der Ausgespähte davon erst durch die entsprechende Berichterstattung. Dagegen kann er dann nichts mehr unternehmen und sieht sich folglich schutz- und machtlos dem Urteil der breiten Öffentlichkeit ausgesetzt.

Wie stark und mit welcher Nachhaltigkeit der jeweilige Dargestellte davon belastet wird, hängt mit seinem individuellen Naturell zusammen. Die Tatsache, dass er belastet ist, steht nach sozialwissenschaftlichen Erkenntnissen außer Zweifel[113]. Dazu sagte bereits *John Locke*: „Nicht einer unter zehntausend ist so unempfindlich, dass er die Missachtung seiner Umwelt erträgt“[114].

Gegen die Argumentation der „sozialen Kontrolle“ sowie gegen den „Reziproken Effekt“ und den „Third Person-Effekt“ ließe sich einwenden, dass es offensichtlich Leute gibt, bei denen die beschriebenen Phänomene nicht in der dargestellten Art und Weise wirken. Bei einem Blick in die entsprechenden Medien lassen sich nämlich ohne weiteres zahlreiche Beispiele von Personen finden, die bereitwillig Einblicke in ihr Innerstes gewähren, Peinlichkeiten von sich und anderen enthüllen und dabei selbst vor der Angabe intimer Details nicht zurückschrecken. Dies erweckt den Anschein, hier versage die soziale Kontrolle, da diesen Menschen die öffentliche Diskreditierung gleichgültig zu sein scheint und sie die gesellschaftliche Missbilligung ihrer Personen in Kauf nehmen, sei es aus persönlichen oder materiellen Gründen, oder einfach nur der Schlagzeile wegen, um so „im Gespräch“ und dadurch „im Geschäft“ zu bleiben[115].

---

112 Vgl. dazu oben den zweiten Absatz in diesem Kapitel.

113 Vgl. nur die oben zitierten Untersuchungen von *Noelle-Neumann* (Anm. 97), S. 63 ff. und *Kepplinger* (Anm. 74), S. 15 ff., jeweils mit zahlreichen weiteren Nachweisen.

114 Siehe *Locke, J.*, Human Understanding, 1690, zitiert nach *Noelle-Neumann* (Anm. 97), S. 63, 67.

115 Bei der Beobachtung des Verhaltens mancher Prominenter drängt sich förmlich der Gedanke auf, dass in ihren Augen, „schlechte Publicity“ gegenüber „gar keiner Publicity“ auf jeden Fall bevorzugt wird.

Diese Gedanken gehen vom Grundsatz her in die richtige Richtung, dürfen aber keinesfalls zu einer verallgemeinernden Betrachtung der Berichte von und über Personen der Zeitgeschichte führen. Sie legen aber letztlich die Schlussfolgerung nahe, dass Personen die derartige Verhaltensweisen an den Tag legen, im Ergebnis einen geringeren Persönlichkeitsrechtsschutz beanspruchen können, da sie gegen unliebsame Publikationen wohl kaum mit der Begründung vorgehen können, sie werden dadurch seelisch belastet und in ihrem Persönlichkeitsrecht verletzt. Zusammenfassend kann man (vereinfacht) feststellen, dass nicht geschützt werden soll, was nicht schützenswert ist. Was nun schützenswert ist und was nicht, und wer sich darauf berufen kann und wer nicht, gilt es anhand objektiver Kriterien herauszufiltern.

e) Der objektive Maßstab der Belastung

Die dargestellten sozialwissenschaftlichen Erkenntnisse belegen die Verletzbarkeit des Menschen auf Grund der Wahrnehmung seiner Person durch das gesellschaftliche Umfeld. Die Auswirkungen des „Reziproken Effekts", des „Third Person-Effekts" und der so genannten „Sozialen Kontrolle" wirken geradezu zwanghaft, d. h., der Betroffene kann sich ihnen regelmäßig nicht entziehen[116]. Seine Reaktion tritt – im Moment der Kenntnisnahme der jeweiligen Publikation – sozusagen reflexartig ein. Auf Grund dieser Zwanghaftigkeit und der daraus resultierenden Reflexwirkung kann man ohne weiteres auf die objektive Geeignetheit der Beeinträchtigung durch mediale Veröffentlichungen schließen. Dies gilt insbesondere für Negativberichterstattungen. Als Maßstab dient die Anschauung der Gesellschaft in dem Umfeld, innerhalb dessen die Publikation erfolgt. Bedient sich der Publisher des Internets, so ist, wegen der weltweiten Empfangbarkeit, primär jedoch nur auf den Raum abzustellen, in dem der entsprechende Bericht gesellschaftlich wahrgenommen wird, da er nur dort publizistische und persönlichkeitsrechtliche Wirkung entfalten kann. Insofern gelten hier die gleichen Grundsätze, die im Rahmen der Erörterung der „Anderweitigen Bekanntmachung" von Internetpublikationen vorgestellt wurden[117]. Demnach liegen objektive Negativberichterstattungen dann vor, wenn sie in dem gesellschaftlichen Umfeld innerhalb dessen sie publiziert werden, in der Lage sind, das Ansehen des Dargestellten zu mindern. Das Prestige des Betroffenen ist zumindest immer dann geschmälert, wenn die Art und Weise der Darbietung seiner Person jenseits der Akzeptanz- und Toleranzgrenze des jeweiligen sozialen Radius liegt.

---

[116] Vgl. auch *Kepplinger* (Anm. 74), S. 25. Siehe oben E. V. 6. a) „Der Reziproke Effekt".

[117] Vgl. oben E. V. 2. b) „'Anderweitige Bekanntmachung' bei Internetpublikationen". Dort wird auf die sog. „Zugriffsreichweite" von Webseiten abgestellt, d. h., maßgeblich ist das Gebiet, in dem die Internetpublikation *tatsächlich wahrgenommen* wird, da sie nur an diesem Ort publizistische Wirkung entfalten kann. Dieses Gebiet wird auf Grund verschiedener Merkmale (Sprache, Inhalt, Themenreichweite, etc. eingegrenzt.

Jedoch lassen nicht alle Berichte aus dem Bereich der Privatsphäre den betreffenden Prominenten in einem negativen und für ihn ungünstigen Licht erscheinen. Viele der Veröffentlichungen beziehen sich auf alltägliche Situationen und sind insgesamt als „wertneutral" einzustufen[118]. Zu klären bleibt daher, ob – und wenn ja, in welchem Maße – die hier so genannten „Neutralen Darstellungen" zu einer persönlichkeitsrechtlich relevanten Belastung führen können. Wie bereits in den vorhergehenden Abschnitten[119] erläutert wurde, ist es für den inneren Ausgleich und die eigene Persönlichkeit unerlässlich, sich zurückziehen zu können, um allein, ungestört und unbeobachtet zu sein. Dabei ist zu bedenken, dass viele– an sich der Erholung dienende – Aktivitäten, sei es im sportlichen oder kulturellen Bereich, Spaziergänge oder der Aufenthalt am Badestrand, zwingend außerhalb der eigenen vier Wände stattfinden müssen. Das Gleiche gilt für andere notwendige Dinge des alltäglichen Lebens, wie beispielsweise Einkäufe, Friseurbesuche etc.[120] Bekannte Persönlichkeiten müssen immer und insbesondere dann, wenn sie vor die Tür gehen, mit lauernden Fotografen rechnen, um sich auch bei den alltäglichsten Tätigkeiten „begutachten" zu lassen. Ein unbekümmertes Bewegen außerhalb der eigenen vier Wände ist somit kaum möglich. Das Gefühl „nie allein zu sein", ständig auf der Hut sein zu müssen, stellt zweifelsfrei eine erhebliche Einschränkung für die Betroffenen dar[121]. Art. 2 Abs. 1 GG spricht nicht von dem *Recht auf freie Entfaltung der Persönlichkeit innerhalb der eigenen vier Wände oder in dem nichtöffentlichen Raum*, sondern von dem *Recht auf freie Entfaltung der Persönlichkeit*. Es steht außer Frage, dass dies auch außerhalb der eigenen Räumlichkeiten gelten muss.

Unerwünschtes Eindringen in die „engere" oder auch in die „weitere" Privatsphäre beraubt den Betroffenen seiner Rückzugsmöglichkeit und engt ihn daher in seinem höchstpersönlichen Freiheitsbereich ein und zwar unabhängig davon, ob der Eingriff offen, heimlich oder überrumpelnd erfolgt. Die Störung des Privatlebens wirkt darüber hinaus deutlich stärker und nachhaltiger, falls eine Dokumentation der persönlichen Situationen mit Hilfe der Massenmedien erfolgt und dadurch einem großen Kreis präsentiert wird. Jedermann hat das Verlangen und auch das Recht auf Privatheit und daraus resultierend ein Recht in Ruhe ge-

---

118 Vgl die Bsp. oben unter E. V. 4. c) „Der Informationswert von privaten Ereignissen".

119 Siehe oben E. V. 6. c) „Wirkung der Effekte" und E. V. 6. d) „Die soziale Kontrolle und die Zwanghaftigkeit der Effekte".

120 Hierbei handelt es sich um das Privatleben bzw. die Privatsphäre „im weiteren Sinne". Diese umfasst insb. Dinge des alltäglichen Lebens, wie zum Beispiel Joggen, Spaziergänge, Einkäufe, Restaurantbesuche, Ausflüge ins Grüne etc., also Situationen, in denen der Betroffene nicht in seiner „öffentlichen Funktion" tätig wird. Ausführlich oben unter E. III. 3. d) „Problemfall: Das Privatleben im weiteren Sinne".

121 Vgl. dazu auch *Forkel, H.*, Anm. zum Urt. des BGH vom 19.12.1995 (Caroline v. Monaco IV) – VI ZR 15/95, in: JZ 1997, S. 45, der in diesem Zusammenhang sogar von „Verletzungen der seelischen Unversehrtheit" spricht.

lassen zu werden[122]. Daher stellt bereits das Eindringen, d. h., der bloße Entzug dieser Möglichkeit, wodurch dieser persönliche Anspruch zunichte gemacht wird, eine nicht zu vernachlässigende Belastung für den Betroffenen dar, was bei fehlender Rechtfertigungsmöglichkeit zu einer sanktionierbaren Persönlichkeitsrechtsverletzung führen muss.

f) Indizierung der individuellen Verletztheit – Das Vorverhalten

Abschließend stellt sich noch die Frage, anhand welcher Kriterien der Grad der *tatsächlichen* individuellen Verletztheit beurteilt werden kann. Dies erweist sich bei immateriellen Schäden naturgemäß als schwierig. Da ein Rückgriff auf äußerlich sichtbare Anzeichen nicht möglich ist, muss die subjektive Beeinträchtigung anhand objektiver Indizien ermittelt werden.

Das erste Indiz hierfür ist dem Bericht selbst zu entnehmen. Die Publikation muss aufgrund ihrer Art und Weise zunächst einmal überhaupt in der Lage sein, den jeweiligen Prominenten zu schädigen. Ansatzpunkt dabei ist die vorstehend erläuterte objektive Geeignetheit der Beeinträchtigungsmöglichkeit. Diese liegt nicht erst dann vor, wenn die konkrete Darstellung des Betroffenen, auf Grund der Maßstäbe seines gesellschaftlichen Umfelds, als negativ zu qualifizieren ist. Vielmehr muss eine Belastung der Person bereits in dem Eindringen in die Privatsphäre und dem dadurch verursachten Entzug dieses höchstpersönlichen Bereichs gesehen werden.

Weiterhin müssen die Verhaltensweisen des Dargestellten im Allgemeinen begutachtet werden, da sie Rückschlüsse auf die Verletztheit seiner Person zulassen. Anhaltspunkte hierfür lassen sich insbesondere in dem „Vorverhalten" der einzelnen Prominenten finden. „Vorverhalten" bedeutet in diesem Zusammenhang den bisherigen Umgang mit persönlichkeitsrechtlich relevanten Inhalten in den Medien. Als Hilfestellung zur Erlangung eines Gesamteindrucks dient dabei die Beantwortung folgender Fragen:

1. Wie hat der Betroffene auf frühere persönlichkeitsrechtsverletzende Publikationen reagiert (hierbei sind insb. Verletzungen der Privatsphäre zu berücksichtigen)? Ist er dagegen vorgegangen? Wenn ja: Wie und mit welchen Mitteln? Falls nein: Warum wurde darauf verzichtet (jedenfalls so weit dies glaubhaft nachvollziehbar ist)?

---

[122] Vgl. dazu das amerikanische „Right to be let alone" als wesentlicher Bestandteil des „Right to privacy". Grundlegend *Warren, S./Brandeis, L.*, Right to privacy, in: Harvard Law Review 1890-91, S. 193 ff. (Anm.: Das amerikanische „right to privacy" geht auf den zitierten Aufsatz der Rechtsanwälte *Warren* und *Brandeis* von 1890 zurück, der heute noch von vielen als einer der einflussreichsten Beiträge bezeichnet wird. Vgl. dazu auch *Götting, H.-P.*, Right of Publicity, in: GRUR Int. 1995, S. 656 f. m. w. N.).

2. Welches waren die Gründe für die früheren Eingriffe in das Privatleben? Inwieweit wurden die Ursachen dafür von dem Betroffenen selbst gesetzt? Hat er derartige Publikationen provoziert bzw. veranlasst?

3. Hat der Betroffene früher Dinge aus seinem Privatleben von sich aus preisgegeben bzw. durch Dritte veröffentlichen lassen? Betrafen die Angaben die Intimsphäre, den häuslichen Bereich oder das Privatleben im weiteren Sinne? Worin könnten die Gründe dafür liegen (z. Bsp.: unmittelbarer Profit durch ein Entgelt des Publishers; mittelbarer Profit: Steigerung des Bekanntheitsgrades durch Schlagzeilen, Erinnerung der Medien und des Publikums an die eigene Person etc.)?

Gegen den letzten Fragenkomplex ließe sich zwar einwenden, dass es für die Verletzung der Persönlichkeit sehr wohl einen Unterschied machen kann und regelmäßig auch macht, ob Dinge freiwillig oder unfreiwillig an die Öffentlichkeit geraten. Bei der absichtlichen Preisgabe entscheidet nämlich der Betreffende selbst, in welchem Ausmaß er der Allgemeinheit persönliche Dinge zugänglich macht. Weiterhin ist er in diesen Fällen auch mental auf die Situation vorbereitet. In den Fällen der Unfreiwilligkeit wird er dahingegen überrascht und kann sich weder im Vorfeld auf die Sachlage einstellen, noch den Umfang oder Inhalt der Publikation beeinflussen.

Diese Argumentation ist zwar im Ansatz richtig, sie kann jedoch nicht vollständig überzeugen. Liefert jemand einem breiten Medienpublikum persönliche Details aus seinem Privat- oder Intimleben, so ist dies in allererster Linie als Indiz einer gewissen „Dickhäutigkeit" und Gleichgültigkeit über die Wahrnehmung der eigenen Person in der Öffentlichkeit anzusehen. Wer nämlich derartige Veröffentlichungen (insb. in den nicht selten vorkommenden Wiederholungsfällen) bewusst veranlasst, dem kann die wie auch immer geartete Reaktion der Öffentlichkeit nicht allzu nahe gehen. Weiterhin würde die Privilegierung der selbst herbeigeführten Publikationen die zunehmende Kommerzialisierung des Persönlichkeitsrechts[123] fördern, was aber nach herrschendem Verständnis weder dem Sinn noch dem Zweck des Persönlichkeitsschutzes entspricht[124]. Ebenso ist es wenig glaubwürdig, wenn jemand sein Innerstes gegen Entgelt preisgibt, aber

123 Vgl. allgemein zur Kommerzialisierung des Persönlichkeitsrechts im deutschen und amerikanischen Recht *Götting* (Anm. 122), S. 656 ff. Vgl. auch *Stadler, A.*, Kommerzialisierung des Persönlichkeitsrechts, 1999.

124 Vgl. *BVerfG* (Caroline v. Monaco) (Anm. 3), S. 361, LS 2. Vgl. auch *Pfeifer* (Anm. 109), S. 495 ff. mit weiteren Nachweisen. Ob und inwieweit dieses Verständnis auch zukünftig von der herrschenden Meinung aufrechterhalten bleibt, wird abzuwarten sein. Anzeichen für eine wechselnde Auffassung sind jedenfalls (schon) erkennbar. So formulierte beispielsweise der 1. Zivilsenat des *BGH* vom 01.12.1999 (Marlene Dietrich) – I ZR 49/97, BGHZ 143, S. 214, LS a): „Das allgemeine Persönlichkeitsrecht und seine besonderen Erscheinungsformen...dienen dem Schutz nicht nur ideeller, sondern auch kommerzieller Interessen der Persönlichkeit".

andererseits streng gegen jeden Eingriff von außen vorgeht, falls dieser nicht durch eine entsprechende Gegenleistung honoriert wird. Prominente die ein derartiges Verhalten an den Tag legen zeigen damit deutlich, dass es ihnen hauptsächlich nicht auf den Schutz ihrer Persönlichkeit ankommt, sondern dass vorrangig finanzielle Interessen befriedigt werden sollen. Diesen Personen geht es nicht um die Verwirklichung ihrer grundrechtlichen Positionen, was sich allein schon daran zeigt, dass sie gegen ein entsprechendes Entgelt regelmäßig auf den grundrechtlich gewährten Schutz ihrer Persönlichkeitsrechte verzichten. Aus diesen Gründen sind sie daher im Ergebnis auch weniger schutzwürdig, was durch folgendes Beispiel verdeutlicht werden soll:

> Der Produzent, Komponist und Sänger *Dieter Bohlen* veröffentlichte 2002 ein Buch über sein persönliches Leben[125]. Ihm tat zirka ein Jahr später der bekannte Fußballer *Stefan Effenberg* gleich, indem er der Öffentlichkeit seine Version der „Wahrheit" präsentierte[126]. Beiden Werken ist gemein, dass nicht (nur) der jeweilige Beruf im Mittelpunkt steht, sondern ihr Privatleben und hierbei insbesondere auch ihr Liebesleben. Dabei wurden auch intimste Bereiche angesprochen und mit großer Liebe zum Detail dargestellt. Zur Steigerung der Verkaufszahlen traten beide in zahlreichen Fernsehsendungen auf und gaben eine Reihe von exklusiven Interviews. Dabei kokettierten sie häufig mit einzelnen peinlichen und intimen Vorkommnissen, um so die Neugierde des Publikums weiter anzuregen.

Wer derart das Interesse der Öffentlichkeit und der Medien an seinem Privatleben weckt, der darf sich im Anschluss nicht wundern, wenn Letztere versuchen werden, noch weitere private Geheimnisse zu veröffentlichen. Im Verletzungsfalle dürfte es den Betreffenden schwer fallen, glaubhaft zu begründen, wie sehr sie durch den medialen Eingriff tatsächlich belastet sind und warum sie – vielleicht in noch wesentlich drastischeren Fällen – vorher auf den grundrechtlichen Schutz ihres Privatlebens und des Persönlichkeitsrechts verzichteten, nun aber genau diese Rechtspositionen wieder voll ausschöpfen wollen. Denn der Schutz der Privatsphäre dient nicht der Sicherung persönlicher Angelegenheiten zum Zwecke der späteren entgeltlichen Vermarktung derselben.

Abschließend kann also festgestellt werden, dass im Rahmen der Abwägung bei Eingriffen in die Privatsphäre, die in ihrer Intensität und der Art und Weise nicht wesentlich über das hinausgehen was der Betreffende selbst von sich aus veröffentlicht hat, der konkreten Belastung des Dargestellten nur eine sehr geringe bis gar keine Bedeutung beizumessen ist. Dies führt zu dem Schluss, dass sich die Schutzwürdigkeit des Einzelnen demnach auch – jedoch nicht ausschließlich – nach dessen zurechenbarem Vorverhalten richtet.

---

125 Siehe *Bohlen, D./Keßler, K.*, Wahrheit, 2002.

126 Siehe *Effenberg, S.*, Ich hab's allen gezeigt, 2003.

g) Zusammenfassung

1. Die sozialwissenschaftlichen Erkenntnisse belegen, dass (insbesondere negative) Berichterstattungen regelmäßig eine psychische Belastung für den Dargestellten nach sich ziehen. Die Ursachen liegen in psychologischen Phänomenen, nämlich dem „Reziproken Effekt", dem „Third Person-Effekt" und in der „sozialen Kontrolle" durch das gesellschaftliche Umfeld. Gemeinsam ist diesen Erscheinungen eine gewisse Zwanghaftigkeit, derer sich der Einzelne nicht entziehen kann.

2. Die Zwanghaftigkeit der aufgezählten Effekte und die daraus resultierende Reflexwirkung führen zu dem Schluss, dass der Betreffende neben negativen Publikationen auch durch das bloße Eindringen in seinen privaten Bereich – in objektiv messbarer Weise – beeinträchtigt wird.

3. Die tatsächliche Verletztheit des Dargestellten kann nur anhand von Indizien erörtert werden. Dabei ist sowohl auf die Qualität der jeweiligen Publikation, als insbesondere auch auf das *Vorverhalten* des Beteiligten in Bezug auf vorgelagerte mediale Eingriffe in die Privatsphäre abzustellen.

4. Diese Aspekte finden in der Rechtsprechung keine hinreichende Berücksichtigung.

7. Das bewegliche System in der Abwägung

In den vorangegangenen Abschnitten wurden die wesentlichen Kriterien zusammengetragen und vorgestellt, die im Rahmen der Abwägung zwischen dem Persönlichkeitsrecht und den Meinungsäußerungsfreiheiten zum Tragen kommen und die durch das „bewegliche System komparativer Elemente"[127] miteinander in Verbindung gebracht werden können: 1. Die betroffene Persönlichkeitssphäre, 2. Der Status der jeweiligen Person (Zeitgeschichtlichkeit), 3. Der Neuigkeitswert der Nachricht, 4. Wahrheitsgehalt und Wahrheitspflicht (Journalistische Sorgfaltspflicht), 5. Der Informationswert der Nachricht, 6. Die Belastung des Dargestellten und 7. Die grundsätzliche Gewichtung der Grundrechtspositionen.

Im Folgenden wird nun das Zusammenspiel dieser Elemente untersucht. Zunächst wird aber die Anwendung des Systems durch Zusammenfassung einzelner Kriterien vereinfacht.

---

[127] Vgl. dazu oben E. II. 3. c) bb) „Flexibilität durch bewegliche Komparation".

a) Die relevanten Elemente

Eine genauere Betrachtung der aufgezeigten Faktoren verdeutlicht, dass einige für das bewegliche System im Rahmen des Persönlichkeitsschutzes an sich entbehrlich sind, da sie in anderen Elementen aufgehen oder keine Relevanz in der Abwägung entfalten können, weshalb sie in dieser keine Berücksichtigung finden müssen. Im Einzelnen handelt es sich dabei um folgende Kriterien:

1. Die *grundsätzliche Gewichtung der entgegenstehenden Rechtspositionen.* Die in Rede stehenden Grundrechte müssen grundsätzlich gleich gewichtet werden, weshalb keinem der beiden ein Vorrang vor dem anderen einzuräumen ist[128]. Dieses Kriterium liefert also sozusagen nur die Grundlage der Abwägung und „greift nicht in diese ein", weswegen es in der Abwägung selbst außen vor bleiben kann.

2. Der *Wahrheitsgehalt der Nachricht.* Die Anforderungen an die Wahrheitspflicht der Journalisten dürfen nicht überspitzt werden, da ansonsten die Gefahr der Lähmung der Medien besteht[129]. Daher orientiert sich die Wahrheitspflicht an der Einhaltung der journalistischen Sorgfaltspflicht. Wurde diese im Einzelfall grob verletzt, so ist der Zugang zu Art. 5 Abs. 1 GG mangels schutzwürdigen Interesses verwehrt[130], womit auch keine Abwägung stattfindet. Wurde die publizistische Sorgfaltspflicht eingehalten, so steht einer Gegenüberstellung der Rechtspositionen nichts mehr im Wege. Aus diesen Gründen kann man sagen, dass Wahrheitsgehalt und Wahrheitspflicht nicht Teil der Abwägung sondern dieser „vorgeschaltet" sind und daher *innerhalb* des Interessenausgleiches unberücksichtigt bleiben können.

3. Der *Neuigkeitswert der Nachricht.* Die Gewichtung des Neuigkeitswertes beurteilt sich danach, ob die betreffende Nachricht schon anderweitig veröffentlicht und bekannt gemacht wurde. Ist dies der Fall, so wird – zu Recht – grundsätzlich von einem geringeren Beeinträchtigungsgrad

---

128 Vgl. *Papier* (Anm. 24), S. 41. Zum gleichen Ergebnis gelangt auch *Kriele* (Anm. 66), S. 1897 f. Siehe dazu auch die oben unter E. V. 5. „Gewichtung der einzelnen Grundrechte durch die Rechtsprechung" gemachten Ausführungen.

129 Vgl. *BVerfG* (Böll) (Anm. 16), S. 208, 220; *BVerfG* (Gegendarstellung) (Anm. 18), S. 125, 149. Vgl. dazu auch *Ossenbühl* (Anm. 18), S. 79 f. Vgl. auch oben unter E. V. 3. „Wahrheitsgehalt und Wahrheitspflicht".

130 Vgl. *BGH* (Klinikdirektoren) (Anm. 17), S. 2246, der ausführt, dass an der Verbreitung von unwahren Behauptungen „nie, auch nicht im Blick auf das Grundrecht der Meinungsfreiheit ein schutzwürdiges Interesse bestehen" könne. Vgl. u. a. auch *BVerfG* (Schmid-Spiegel) (Anm. 14), S. 113, 130; *BVerfG* (Böll) (Anm. 16), S. 208, 219 und die Nachweise oben unter E. V. 3. „Wahrheitsgehalt und Wahrheitspflicht".

des Betroffenen ausgegangen[131]. Die Feststellung der Neuigkeit dient also dazu, die konkrete Belastung des Dargestellten zu beurteilen. Da die konkrete Belastung des Einzelnen hier als eigenständiges Kriterium angesehen wird, kann man folgerichtig sagen, dass die *Neuwertigkeit* an sich in dem Element der *Belastung des Betroffenen* aufgeht. Sie ist demnach bei dem letztgenannten Faktor mit zu berücksichtigen und erlangt somit keine eigenständige Bedeutung.

Folglich verbleiben insgesamt vier Abwägungskriterien: 1. Die betroffene Persönlichkeitssphäre, 2. Der Status der dargestellten Person, 3. Der Informationswert und 4. Die Belastung des Betroffenen.

b) Die Verbindung der Elemente untereinander

Die vier genannten Elemente sind nicht isoliert zu verstehen, sondern sie befinden sich in einem komparativen Verhältnis zueinander. Ein *Mehr* oder ein *Weniger* eines Kriteriums beeinflusst die Anforderungen, die an die anderen Elemente zu stellen sind. Ist beispielsweise auf Grund eines entsprechenden Vorverhaltens die Belastung des Dargestellten als unerheblich einzustufen, so bedarf es zur Rechtmäßigkeit der Publikation keiner hohen Anforderungen an die übrigen drei Faktoren, da von einer ohnehin nur geringen Verletzung des Persönlichkeitsrechts auszugehen ist. Es wäre ohne weiters möglich noch zahlreiche Beispiele dieser Art zu bilden. Hier soll jedoch nur noch auf die besondere Verbindung zwischen dem *Status der Person* und dem *Informationswert* der Nachricht hingewiesen werden, da sich diese als sehr praxisrelevant erweist[132]: Je größer die Bedeutung des Dargestellten für die Gesellschaft ist (man könnte auch sagen: Je prominenter eine Person einzustufen ist), desto eher ist von einem gesteigerten Informationswert auszugehen. Zur Verdeutlichung soll hier noch einmal auf das Beispiel des Gesundheitszustandes einer prominenten Person eingegangen werden:

> Der Gesundheitszustand gehört nach h. M. zum Kernbereich der Privatsphäre[133], weshalb er grundsätzlich auch dann von der Berichterstattung ausgenommen werden muss, wenn es sich bei dem Betroffenen um eine absolute Person der Zeitgeschichte handelt.

---

[131] Vgl. *BGH* (August v. Hannover) (Anm. 3), S. 351. Vgl. auch oben E. V. 2. „Die Neuigkeit der Nachricht".

[132] Vgl. z. B. das viel diskutierte Urteil des *EGMR* vom 24.06.2004 (Hannover / Deutschland) – 59320/00, ZUM 2004, S. 651 ff. Darin betont der EGMR, dass insb. hohe Politiker stärkere Einschränkungen ihrer Privatsphäre hinnehmen müssen. Ausführlich dazu unten unter E. VII. 2. „Caroline von Hannover gegen Deutschland".

[133] Vgl. *BVerfG* (Medizinisches Gutachten) (Anm. 61), 82 f.; *BVerfG* (Patientenkartei) (Anm. 61), S. 379; *OLG Oldenburg* (Krankengeschichte) (Anm. 61), S. 401; *Pieroth / Schlink* (Anm. 17), S. 88 Rn. 375; *Wenzel* (Anm. 14), S. 141 ff. Rdnr. 5.39 ff. mit zahlreichen weiteren Nachweisen.

Das Gegenteil ist jedoch der Fall, wenn über einen hohen Politiker oder über den Vorstandsvorsitzenden eines „Volksaktienunternehmens" berichtet wird und die Möglichkeit besteht, dass der Gesundheitszustand die Erfüllung der übertragenen Aufgaben erheblich erschwert oder unmöglich macht. Aufgrund der überragenden Bedeutung für die Gesellschaft und der Auswirkungen auf die Allgemeinheit ist ein entsprechend hoher Informationswert gegeben[134]. Die Intensität der Kriterien *Status der Person* und *Informationswert* drängen in diesem Fall die beiden anderen Elemente derart in den Hintergrund, dass es auf deren Intensität nur noch marginal ankommt.

c) Schlussfolgerungen

Durch eine *explizite* Anwendung des beweglichen Systems im Rahmen der Abwägung sind sachgerechtere Ergebnisse möglich, da die jeweiligen Nuancen des konkreten Einzelfalles angemessener berücksichtigt werden können.

Die Reduzierung der Abwägung auf die vier maßgeblichen Kriterien (Betroffene Persönlichkeitssphäre, Status der Person, Informationswert der Nachricht und Belastung des Dargestellten) ermöglicht eine bessere Transparenz der Entscheidungsfindung und trägt somit zu größerer Rechtssicherheit bei[135].

8. Abschließende Bewertung

Die vom Bundesverfassungsgericht am 15.12.1999 bestätigte *Caroline IV*-Entscheidung des Bundesgerichtshofs vom 19.12.1995[136], in welcher das Gericht dazu ansetzt, den Schutz der Privatsphäre auch auf Orte außerhalb der eigenen Räumlichkeiten auszudehnen, führt zu keinem absolut zufrieden stellenden Ergebnis, aber sie beinhaltet zumindest ein in die richtige Richtung gehendes Signal. Durch den zunehmenden Wettbewerb und der damit verbundenen verschärften Konkurrenzsituation der Medien untereinander bleiben Anstand, Ehre, Fair Play und nicht zuletzt auch die journalistische Sorgfaltspflicht immer häufiger auf der Strecke. Die Medienunternehmen versuchen stets die Neugierde des Publikums zu wecken, um so die Festigung bzw. den Ausbau des Marktanteils zu verwirklichen. Dabei stehen auch Geschichten rund um das Privatleben bekannter Persönlichkeiten hoch im Kurs. Dies hat im Ergebnis zur Folge, dass

---

[134] Vgl. oben E. V. 4. c) „Der Informationswert von privaten Ereignissen".

[135] Vgl. dazu auch *Fischer, F. O.*, Das bewegliche System, in: AcP 197 (1997), S. 606: „Nach hier vertretener Auffassung sind unter die unter Zuhilfenahme des beweglichen Systems getroffenen Entscheidungen für den betroffenen Rechtssuchenden leichter verständlich als ermüdende und seitenlange scharfsinnige, dogmatische Ausführungen". E-benso *Westerhoff, R.*, Elemente des beweglichen Systems, 1991, S. 93 f.: „Dem Richter, der mit Laien Recht sprechen muß, wird es erleichtert, auch ihnen die Wertungselemente plausibel zu machen, damit sie an der Entscheidung teilnehmen können".

[136] Vgl. dazu *BVerfG* (Caroline v. Monaco) (Anm. 3), S. 361 ff. und *BGH* (Caroline IV) (Anm. 3), S. 332, 339.

prominente Personen einem immer stärker werdenden Mediendruck ausgesetzt sind. Hierauf wollte die höchstrichterliche Rechtsprechung reagieren und dehnte den Privatsphärenbereich – unter der Prämisse der objektiven Erkennbarkeit des Alleinseinwollens – auch auf die so genannte „abgeschiedene Öffentlichkeit" aus[137]. Die Ausführungen der Rechtsprechung können jedoch nicht vollständig überzeugen: Die gewählten Kriterien erweisen sich als zu unbestimmt, wodurch bereits die Abgrenzung der Privatsphäre zur Öffentlichkeitssphäre erschwert wird[138]. Die Schutzerweiterung geht nach hier vertretener Ansicht auch nicht weit genug, da sie auf wenige, ganz spezielle Situationen bezogen ist, im Übrigen aber die – insgesamt zu Lasten des Einzelnen gehende und daher unbefriedigende – Rechtslage weiterhin ungeklärt lässt.

Größtes Manko der Rechtsprechung ist jedoch, dass sie zwar willens ist, die Rechtslage den tatsächlichen Gegebenheiten – namentlich den Veränderungen der medialen Situation und den damit einhergehenden Folgen für den Einzelnen – anzupassen, es dabei jedoch versäumt, das Problem entscheidend bei den Wurzeln zu packen. Diese liegen im Bereich der Abwägung zwischen den einzelnen Medienfreiheiten und dem Privatsphärenschutz. Für die teilweise unzutreffenden Ergebnisse der Abwägung lassen sich primär drei Ursachen ausfindig machen:

(1) Die erste Quelle liegt in der grundsätzlichen Privilegierung der Kommunikationsfreiheiten des Art. 5 Abs. 1 GG gegenüber den Persönlichkeitsrechten des Bürgers durch die prinzipielle Vermutung zu Gunsten der freien Rede, welche a priori zu einer „leichteren Gewichtung" des allgemeinen Persönlichkeitsrechts führt[139]. Diese Wertung ist unsachgemäß und nicht gerechtfertigt, da grundsätzlich keine Rangfolge der beiden in Rede stehenden Grundrechte anzuerkennen ist.

(2) Der Informationswert der Berichterstattung wird von den Gerichten zwar in der Theorie gelegentlich beachtet, er fließt jedoch kaum in die Abwägung ein, sondern wird regelmäßig nur herangezogen, um den Schutzbereich von Art. 5 Abs. 1 GG unabhängig vom Informationsgehalt zu eröffnen. Grund hierfür ist die Befürchtung – die zugleich als Kritikansatzpunkt der Gegen-

---

137 Vgl. *BGH* (Caroline IV) (Anm. 3), S. 332, 339 ff. Siehe dazu auch die ausführliche Darstellung oben unter E. III. 3. d) aa) „Abgrenzung der Privat- zur Öffentlichkeitssphäre".

138 Vgl oben E. III. 3. d) „Problemfall: Das Privatleben im weiteren Sinne".

139 Vgl. *BVerfG* (Lüth) (Anm. 34), S. 198, 208; *BVerfG* (Wahlkampfäußerung) (Anm. 72), S. 1, 11. Vgl. auch *Ossenbühl* (Anm. 73), S. 24; *ders.* (Anm. 18), S. 77 f.; *ders.* (Anm. 34), S. 27 f.: „Die Meinungsfreiheit erhält dabei von Anfang an nicht nur einen Bonus, sondern eine bis heute durchschlagende Dominanz und Präponderanz". Zu diesem Schluss gelangen auch *Papier* (Anm. 24), S. 41 f. und *Kriele* (Anm. 66), S. 1897 ff. Vgl. dazu oben E. V. 5. b) „Die (unzureichende) Gewichtung des Persönlichkeitsrechts".

meinung[140] dient – die Beachtung des Informationswertes würde zu einer Klassifizierung des Grundrechtsschutzes nach bestimmten inhaltlichen Themen führen. Dies trifft jedoch nicht zu, denn es geht nicht um den grundsätzlichen Entzug von Grundrechtspositionen (konkret: um die Ausklammerung der „Klatsch- und Tratschberichterstattung" aus dem Schutzbereich von Art. 5 Abs. 1 GG), sondern um ein ausgewogenes Verhältnis bezüglich der Rechtsposition des Einzelnen. Hier setzt der Bundesgerichtshof richtig an:

> „Bei der beiderseitigen Interessenabwägung spielt ferner der Informationswert des abgebildeten Vorgangs eine erhebliche Rolle...Im Streitfall kommt den Fotografien allenfalls ein geringer Informationswert zu. Es überwiegen bloße Neugier und Sensationslust sowie ein bloßes Interesse an Unterhaltung. Solche Motive, insbesondere das bloße Unterhaltungsinteresse der Leser, das hier an rein privaten Vorkommnissen aus dem Leben der Klägerin befriedigt werden soll, können aber,..., nicht als schützenswert anerkannt werden".[141]

Es wäre wünschenswert, dass dieses Beispiel Schule macht, denn bloße Unterhaltung und Zerstreuung darf nicht übermäßig auf Kosten Einzelner gehen. Diesem Gedanken kann wirksam durch die entsprechende Beachtung des Informationswertes im Rahmen der Abwägung Rechnung getragen werden. Dies würde dann auch zu dem sachgerechten Ergebnis führen, dass, je bedeutender der Informationswert für die Allgemeinheit ist, desto größere Eingriffe muss der Betroffene in seine Privatsphäre hinnehmen. Die „Wertigkeit" der Information ist primär nach der Art der dargestellten Aktivität zu bestimmen. Handelt es sich um eine *öffentliche* Tätigkeit, so ist grundsätzlich von einem *hohen Informationswert* auszugehen. Bei rein *privaten* Aktivitäten ist der Informationswert regelmäßig als *gering* anzusehen[142].

(3) Letztlich muss in der Abwägung noch die konkrete Belastung der dargestellten Personen beachtet werden. Dieser Aspekt fand bisher kaum die Aufmerksamkeit der höchstrichterlichen Rechtsprechung[143]. Bei der Behandlung dieses Themas wurde gezeigt, dass (insbesondere negative) Berichterstattung zu psychischen und seelischen Beeinträchtigungen führen kann, und dass diese anhand objektiver Kriterien feststellbar sind. Eine Berücksichtigung innerhalb der Verhältnismäßigkeitsprüfung ist daher zur Erzielung gerechter Ergebnisse geboten. Die Belastung des Einzelnen geht dabei sozusagen Hand in Hand mit dem Informationswert, denn je größer

---

140 Vgl. *Rehm* (Anm. 10), S. 420. Tendenziell wohl auch *Lerche* (Anm. 28), S. 52 ff., 61.

141 Vgl. *BGH* (Caroline IV) (Anm. 3), S. 332, 342.

142 Vgl. dazu oben unter E. V. 4. b) „Bestimmung des Informationswertes".

143 Vgl. auch *Kepplinger* (Anm. 74), S. 1904 f., der von „Ausblendung der Wirklichkeit" spricht. Vgl. auch oben E. V. 6. „Die Belastung der Betroffenen".

der Informationswert ist desto mehr muss dem Einzelnen – auf Grund des *überwiegenden* Interesses der Allgemeinheit – zugemutet werden können.

Hieraus sind folgende **Schlussfolgerungen** ziehen:

1. Bei der Abwägung des Persönlichkeitsrechts mit den Publikationsinteressen werden durch die Anwendung des *beweglichen_Systems* sachgerechtere Ergebnisse, bessere Transparenz und größere Rechtssicherheit erzielt.

2. Bei der Anwendung des beweglichen Systems sind *vier Kriterien* in Rechnung zu stellen: 1. Die betroffene Persönlichkeitssphäre, 2. Der Status der Person, 3. Der Informationswert der Nachricht und 4. Die Belastung des Dargestellten.

3. Der *Informationswert* der Nachricht und die *Belastung des Betroffenen* müssen größere Beachtung als bisher finden. Ein genereller Vorrang der Äußerungsfreiheiten ist nicht anzuerkennen.

4. Themen die der bloßen Unterhaltung und Zerstreuung dienen, ist nur ein geringer *Informationswert* zuzuerkennen.

5. Publikationen aus dem Bereich des Privatlebens stellen für den Dargestellten regelmäßig eine hohe psychische *Belastung* dar.

Aus der Anwendung dieser Regeln ergeben sich folgende Grundsätze:

Ein überwiegendes öffentliches Informationsinteresse an der Darstellung prominenter Persönlichkeiten bei der Wahrnehmung rein privater Tätigkeiten ist regelmäßig nicht anzuerkennen. Veröffentlichungen aus diesem Bereich sind somit ohne Einwilligung des Abgebildeten grundsätzlich unzulässig.

Ausnahmen hiervon sind dann zuzulassen, wenn entweder der Informationswert der Publikation entsprechend hoch einzustufen ist oder eine sehr geringe Belastung des Betroffenen angenommen werden kann. Letzteres ist insbesondere dann der Fall, wenn das Vorverhalten des Dargestellten zeigt, dass dieser bisher sehr großzügig mit der Preisgabe von eigenen privaten Informationen gewesen ist.

VI. Einfachgesetzliche Schutzmechanismen

Bei den einfachgesetzlichen Regelungen muss zwischen primären und sekundären Schutzmechanismen unterschieden werden. Letztere spielen innerhalb dieser Untersuchung keine Rolle, da sie zum einen die Privatsphäre nur mittelbar, sozusagen reflexartig, schützen und zum anderen keine Besonderheiten hinsichtlich der Behandlung von prominenten Personen beinhalten. Zu den sekundären Regelungen sind unter anderem Hausfriedensbruch (§ 123 StGB), Beleidigung (§ 185 StGB und § 192 StGB)[1] und zivilrechtliche Vertragsklauseln zu zählen. Letztere finden beispielsweise dann Anwendung, wenn im Rahmen von Dienst- oder Angestelltenverhältnissen gewisse „Schweigepflichten" vereinbart wurden.

Bei den primären Schutzmechanismen ist zunächst § 823 BGB zu erwähnen, der in Abs. 1 das allgemeine Persönlichkeitsrecht als *sonstiges Recht* unter Schutz stellt und dem Verletzten bei schuldhaft herbeigeführten Eingriffen einen Schadensersatzanspruch gewährt, welcher unter Berücksichtigung von Art. 1 Abs. 1 und Art. 2 Abs. 1 GG auch immaterielle Schäden umfasst[2]. Da viele Berichte über Prominente mit Bildern bestückt sind, ist in den letzten Jahren der Bildnisschutz der §§ 22 ff. KUG immer stärker in den Mittelpunkt gerückt, weshalb das Recht am eigenen Bild mittlerweile als das bedeutendste Instrument des Privatsphärenschutzes bezeichnet werden kann.

1. Das Recht am eigenen Bild

Das Recht am eigenen Bild ist Teil des allgemeinen Persönlichkeitsrechts[3] und wird häufig als „besonderes" Persönlichkeitsrecht behandelt[4]. Es gehört zu den wenigen Persönlichkeitsrechten die eine ausdrückliche gesetzliche Regelung erfahren haben. Die Lektüre der einschlägigen gesetzlichen Bestimmungen offenbart in § 22 S. 1 KUG zunächst einen an sich unmissverständlichen Grundsatz: „Bildnisse dürfen nur mit Einwilligung des Abgebildeten verbreitet oder öffentlich zur Schau gestellt werden". Von dieser Grundregel macht § 23 KUG

---

[1] Neben den strafrechtlichen Folgen sieht sich der Schädiger unter Umständen auch Schadensersatzansprüchen gemäß § 823 Abs. 2 BGB i. V. m. dem jeweiligen Schutzgesetz ausgesetzt (vgl. dazu *Sprau, H.*, in: *Palandt, O.*, BGB, 2006, § 823, Rn. 56 ff.).

[2] Vgl. *BGH* vom 19.09.1961 (Ginseng) – VI ZR 259/60, BGHZ 35, S. 363, 367: „Die unter dem Einfluss der Wertentscheidung des Grundgesetzes erfolgte Ausbildung des zivilrechtlichen Persönlichkeitsschutzes wäre aber lückenhaft und unzureichend, wenn eine Verletzung des Persönlichkeitsrechts keine der ideellen Beeinträchtigung adäquate Sanktion auslösen würde".

[3] Vgl. *OLG München* vom 17.03.1989 (Wirtin) – 21 U 4729/88, AfP 1989, S. 570: „Das Recht am eigenen Bild ist ein Ausschnitt aus dem allgemeinen Persönlichkeitsrecht".

[4] Vgl. die umfangreiche Darstellung bei *Wenzel, K. E.*, Wort- und Bildberichterstattung, 1994, S. 130 ff. Rdnr. 5.18 ff. m. w. N.

einige Ausnahmen, wobei in der nachfolgenden Behandlung insbesondere § 23 Abs. 1 Nr. 1 KUG, welcher „Bildnisse aus dem Bereiche der Zeitgeschichte" behandelt, im Mittelpunkt stehen wird. Beide Normen zeichnen sich, mit Ausnahme von § 23 Abs. 2 KUG, der ein „berechtigtes Interesse des Abgebildeten" anspricht, durch einen klaren und deutlichen Wortlaut aus, welcher eine eindeutige Auslegung nahe legt. Daher verwundert es, dass dieses Thema bis heute Gegenstand andauernder, kontrovers geführter Diskussionen und zahlreicher Gerichtsentscheidungen ist[5].

Träger des Rechts am eigenen Bild ist stets nur der Dargestellte selbst. In den Genuss des Schutzes kommen dabei alle lebenden natürlichen Personen unabhängig von Alter, Geschäfts- oder Einsichtsfähigkeit, da hier das von inneren Merkmalen unabhängige äußere Erscheinungsbild protegiert wird[6]. Mit dem Tode einer Person entsteht gemäß § 22 S. 3 KUG eine besondere Wahrnehmungsbefugnis der in § 22 S. 4 KUG aufgeführten Angehörigen, weshalb das Recht am eigenen Bild auch mit Ableben das Bildnisträgers nicht vollständig untergeht[7]. An dieser Stelle ist noch klarstellend anzumerken, dass die §§ 22 ff. KUG nicht gegen die Anfertigung von Bildnissen schützen. Dies geht bereits aus dem Wortlaut des § 22 S. 1 KUG hervor, der nur davon spricht, dass Bildnisse „verbreitet oder öffentlich zur Schau gestellt werden". Die ungenehmigte Herstellung von Bildnissen kann jedoch eine Verletzung des allgemeinen Persönlichkeitsrechts darstellen[8].

Die §§ 22 f. KUG beinhalten eine Grundsatz-Ausnahme-Regelung, welche folgendes Prüfungsschema nahe legt: 1. Liegt ein Bildnis vor? 2. Willigte der Abgebildete in die Veröffentlichung ein? 3. Greift eine Ausnahmeregel des § 23 Abs. 1? 4. Verletzt die Veröffentlichung berechtigte Interessen des Abgebildeten gem. § 23 II KUG? Daran orientiert sich auch folgende Darstellung.

---

5 Vgl. nur die nachfolgenden Anmerkungen und die im Literatur- und Rechtsprechungsverzeichnis aufgeführten Nachweise, welche lediglich einen Bruchteil der vorhandenen Beiträge darstellen.

6 Vgl. *BGH* vom 12.12.1995 (Wiederholungsveröffentlichung) – VI ZR 223/94, NJW 1996, S. 985 f. Vgl. auch *Helle, J.*, Persönlichkeitsrechte, 1991, S. 45; *Gass, W.*, in: *Möhring, P./Nicolini, K.*, Urheberrecht, 2000, § 60 UrhG/Anh. § 22 KUG, Rn. 3.

7 Vgl. *BGH* vom 01.12.1999 (Der blaue Engel) – I ZR 226/97, ZUM 2000, S. 590 f. *Gass* (Anm. 6), § 60 UrhG/Anh. § 22 KUG, Rn. 4.

8 Vgl. *BGH* vom 10.05.1957 (Spätheimkehrer) – I ZR 234/55, BGHZ 24, S. 200, 208; *BGH* vom 16.09.1966 (Vor unserer eigenen Tür) – VI ZR 268/64, GRUR 1967, S. 205. Siehe auch *Gerstenberg, E./Götting, H.-P.*, in: *Schricker, G.*, Urheberrecht, 1999, § 60 UrhG/§ 22 KUG, Rn. 1 und *Gass* (Anm. 6), § 60 UrhG/Anh. § 22 KUG, Rn. 5, jeweils mit zahlreichen weiteren Nachweisen.

Vgl. auch das Gesetz zum Schutz höchstpersönlicher Lebensbereiche vor Bildaufnahmen, § 201 a StGB. Vgl. dazu auch die Darstellung unten unter E. VI. 3. c) „Strafrechtsänderungsgesetz".

a) Rechtszustand vor Erlass des Kunsturhebergesetzes

Die Entwicklung des Rechts am eigenen Bild setzte ausgangs des vorletzten Jahrhunderts ein. Da zu der Zeit das Persönlichkeitsrecht in Literatur und Rechtsprechung noch keine Anerkennung gefunden hatte[9], näherte man sich dem Thema des Bildnisschutzes von der urheberrechtlichen Seite her[10]. Der urheberrechtliche Ansatz brachte jedoch einige Schwierigkeiten mit sich, da das Urheberrecht schon damals nur bestimmte Werke unter Schutz stellte[11]:

> **§ 1 KUG a. F.:** Nach Maßgabe dieses Gesetzes werden geschützt:
>
> 1. Die Urheber von Schriftwerken und solchen Vorträgen oder Reden, welche dem Zwecke der Erbauung, der Belehrung oder der Unterhaltung dienen;
>
> 2. Die Urheber von Werken der Tonkunst.
>
> 3. Die Urheber von solchen Abbildungen wissenschaftlicher oder technischer Art, welche nicht ihrem Hauptzweck nach als Kunstwerke zu betrachten sind. Zu den Abbildungen gehören auch plastische Darstellungen.

Für den Bildnisschutz kam somit allenfalls § 1 Nr. 3 KUG a. F. in Frage. Dafür musste das Bildnis einer Person als eine „Abbildung wissenschaftlicher oder technischer Art" qualifiziert werden können. Für das Vorliegen einer „Abbildung" war es weiterhin notwendig, dass sie „das Erzeugnis einer sich in der Selbstständigkeit der Formgebung äussernden individuellen Geistesthätigkeit ist, wenn auch einer solchen geringen Grades"[12]. Gefordert wurde also eine individuelle Schöpfung mit einer bestimmten Gestaltungshöhe[13]. Abbildungen, welche lediglich Dinge reproduzierten, die längst Gemeingut geworden waren, galten als „besitzlos"[14]. Hier tauchte aber das Problem auf, dass der Mensch sich ja nicht selbst erschaffen hat[15], weshalb eine Person also kein Werk im urheberrechtlichen Sinne darstellen könne. Aus diesen Gründen nahmen viele Wissenschaftler zunächst Abstand vom Recht am eigenen Bild[16].

---

9 Das KUG trat 1907 in Kraft. Die Anerkennung des allgemeinen Persönlichkeitsrechts erfolgte erst 1954 (vgl. *BGH* vom 25.05.1954 (Leserbrief) – I ZR 211/53, BGHZ 13, S. 334 ff.). Vgl. auch oben E. III. 2. a) „Entwicklung des Persönlichkeitsrechts".

10 Vgl. *Neumann-Klang, S.*, Recht am eigenen Bild, 1999, S. 9 ff. m. w. N.

11 Text entnommen aus *Kuhlenbeck, L.*, Urheberrecht, Leipzig 1901, § 1, S. 66.

12 Siehe *Kuhlenbeck* (Anm. 11), § 1 S. 74. Vgl. dazu auch *Lindemann, O.*, Urheberrecht, 1910, § 1 S. 37 f.

13 Ausführlich zur „Gestaltungshöhe" *Ahlberg, H.*, in: *Möhring, P./Nicolini, K.*, Urheberrecht, 2000, § 2 UrhG, Rn. 72 ff. und *Loewenheim, U.*, in: *Schricker, G.*, Urheberrecht, 1999, § 2 UrhG, Rn. 24 ff.

14 Siehe *Kuhlenbeck* (Anm. 11), § 1 S., 74.

15 Vgl. *Kohler, J.*, Das Eigenbild, 1903, S. 8.

16 Vgl. *Neumann-Klang* (Anm.10), S. 9 ff. m. w. N.

Eine andere Ansicht vertrat *Keyßner*. In seinem Vortrag „Das Recht am eigenen Bilde“, der zugleich als Namensgeber der Rechtsfigur angesehen wird, führte er aus: „Jeder ist seines Bildes Herr; ohne seine Genehmigung darf er nicht durch Abbilder veranschaulicht oder durch Illustrationen berühmt gemacht werden“[17]. Da es jedoch aus praktischer Sicht keinen Anlass gab die Diskussion weiter zu forcieren, wurde dem Problem des Bildnisschutzes in der Folgezeit sehr wenig Beachtung geschenkt[18].

Die Situation änderte sich jedoch durch die fortschreitende Entwicklung der Fotografie, welche die Herstellung von Bildern auf einfacherem, schnellerem Wege und vor allem in immer besser werdender Qualität erlaubte. Der Fortschritt und die erweiterten Möglichkeiten der Veröffentlichung machten binnen kurzer Zeit die Notwendigkeit der Verbesserung der Rechtsstellung des Einzelnen deutlich. Dies wurde vor allem im Fall *Bismarck*[19] sichtbar:

> Kurz nach dem Tode Bismarcks am 30.07.1898 drangen Fotografen gegen den Willen der Kinder des Verstorbenen in deren Anwesen ein. Sie betraten das Sterbezimmer und fotografierten den Leichnam. Die Hinterbliebenen beschritten hiergegen den Rechtsweg. Das Reichsgericht entschied, dass die fraglichen Fotos nicht veröffentlicht werden durften. Mangels entsprechender gesetzlicher Regelung stützte das Gericht das Veröffentlichungsverbot und die Vernichtung der Negative deliktsrechtlich auf die begangene rechtswidrige Beschaffungshandlung (Hausfriedensbruch): „Das römische Recht gewährt…dem durch eine rechtswidrige Handlung Verletzten eine condictio ob injustam causam auf Wiedererstattung alles desjenigen, was thatsächlich durch jene Handlung aus seinem Machtbereiche in die Gewalt des Thäters gelangt ist... Dabei ist freilich zunächst nur an körperliche Sachen, die aus dem Vermögen des Beeinträchtigten herrühren, gedacht... Aber dies muß entsprechende Anwendung finden auf die widerrechtliche thatsächliche Entziehung anderer Machtbefugnisse und Aneignung der entsprechenden Vorteile“[20].

Dieses Urteil verdeutlichte die Lückenhaftigkeit der gesetzlichen Vorschriften[21] und kann somit als entscheidender Denkanstoß für die Schaffung des KUG bezeichnet werden[22].

---

17 Siehe *Keyßner, H.*, Recht am eigenen Bild, 1896, S. 31 f., im Volltext auf der Homepage des *Max-Planck-Instituts für europäische Rechtsgeschichte* abrufbar; URL: http://dlib-pr.mpier.mpg.de (Stand: 01.06.2005).

18 So *Rietschel, S.*, Recht am eigenen Bild, in: AcP 94 (1903), S. 142 m. w. N.

19 Vgl. *RG* vom 28.12.1899 (Bismarck) – Rep. VI 259/99, RGZ 45, S. 170 ff.

20 Vgl. *RG* (Bismarck) (Anm. 19), S. 173 f.

21 Zu der Zeit der Handlung galt in der Region Friedrichsruh (heute Aumühle, bei Hamburg) noch der Sachsenspiegel, welcher keine einschlägigen Normen beinhaltete (vgl. *RG* (Bismarck) (Anm. 19), S. 172 f.).

22 So *Helle* (Anm. 6), S. 45. Interessant ist, dass auch in Frankreich der Grundstein für das Recht am eigenen Bild im Zusammenhang mit einer Fotografie auf dem Totenbett gelegt wurde. Vgl. *Neumann-Klang* (Anm.10), S. 83 mit den entsprechenden Nachweisen.

b) Die Anwendbarkeit des KUG auf die „neueren“ Medien

Die Vorschriften bezüglich des Rechts am eigenen Bild im Rahmen des Kunsturhebergesetzes wurden im Jahre 1907 erlassen. Zu diesem Zeitpunkt war das Internet noch nicht geboren und auch die Entwicklung des Fernsehens steckte noch in frühen Kinderschuhen.[23] Zwar waren schon damals in öffentlichen Räumen bewegte Bilder im Rahmen von Kurzfilmen gezeigt worden, doch aus den Ausführungen des Gesetzgebers, dass der Schutz der abgebildeten Person „zunächst und hauptsächlich für den Bereich der Fotografie von Bedeutung sei“[24], geht eindeutig hervor, dass er bewegte Bilder bei Schaffung des KUG nicht im Auge hatte. Dies verdeutlicht auch der Name des Gesetzes, welches in seiner Überschrift vom „Urheberrecht an Werken...der *Photographie*“ spricht.

Jedoch muss man den Blick auch auf Sinn und Zweck der §§ 22 ff. KUG richten, die dem Schutz des äußeren Erscheinungsbildes des Menschen als Ausdruck seines Wesens und seiner Persönlichkeit dienen[25]. Damit dieser Schutz möglichst umfassend und vor allem lückenlos ist, kann es letztlich nicht entscheidend auf die technische Art und Weise ankommen, mit der ein Erscheinungsbild festgehalten und der Öffentlichkeit präsentiert wird. Nur so kann dem entsprechenden technischen Fortschritt Rechnung getragen werden. Demnach sind die Regelungen des Kunsturhebergesetzes – entgegen dem ursprünglichen Willen des Gesetzgebers – uneingeschränkt auf alle Bildnisveröffentlichungen anwendbar, und zwar unabhängig von der jeweiligen technischen Publikationsmethode[26].

c) Das Bildnis im Sinne des § 22 KUG

Das Kunsturhebergesetz differenziert hinsichtlich der Rechtsfolgen streng zwischen „Bildnissen“ (vgl. z. B. § 22 S. 1 KUG) und „Bildern“ (vgl. § 23 Abs. 1

---

[23] Der fernsehtechnische Durchbruch gelang erst nach dem Ersten Weltkrieg mit der Einführung des Röhrenverstärkers. Die erste regelmäßige Ausstrahlung eines Fernsehprogramms begann in Deutschland am 22.03.1935 und beinhaltete ein auf Berlin beschränktes, eineinhalbstündiges Programm mit Kurzfilmen und Wochenschauen. (Quelle: *Brockhaus multimedial*, 2003, Suchwort: „Fernsehen“).

[24] Vgl. *Verhandlung des Deutschen Reichstages*, 11. Legislaturperiode, II. Session, 1905/06, zweiter Anlagenband, S. 1540.

[25] Vgl. *Gerstenberg / Götting* (Anm. 8), § 60 UrhG/§ 22 KUG, Rn. 3.

[26] Dies entspricht auch der ganz h. M. Vgl. *BGH* vom 15.11.1957 (Sherlock Holmes) – I ZR 83/56, BGHZ 26, S. 52, 67; *BGH* vom 05.01.1962 (Doppelmörder) – VI ZR 72/61, NJW 1962, S. 1004 f. Vgl. u. a. *Helle* (Anm. 6), S. 98; *Gerstenberg / Götting* (Anm. 8), § 60 UrhG/§ 22 KUG, Rn. 4. Vgl. auch die ausführliche Darstellung bei *Walter, C. M.*, Reality-Fernsehen, 1996, S. 28. ff. m. w. N. Anderer Ansicht wohl *Bußmann, K. /Pietzcker, R./Kleine, H.*, Gewerblicher Rechtsschutz, 1962, S. 468, die dazu tendieren, bei bewegten Bilder das allgemeine Persönlichkeitsrecht heranzuziehen.

Nr. 2 und 3 KUG) [27]. Ein Bildnis ist die Wiedergabe der äußeren Erscheinung einer oder mehrerer Personen in einer für Dritte erkennbaren Weise[28]. Dahingegen spricht man von einem Bild, wenn auf der Abbildung ein Gegenstand, eine Landschaft, eine sonstige Örtlichkeit oder ein bestimmter Vorgang im Vordergrund steht und die abgebildeten Personen lediglich eine Begleiterscheinung des Ganzen und diesem untergeordnet sind[29]. Der Unterschied zwischen beiden liegt also in dem Hauptmotiv der Abbildung, wobei auf den Gesamteindruck abzustellen ist[30]. Entscheidend ist, ob der Einzelne aus der Anonymität herausgelöst wird oder lediglich als unmaßgebliche Randfigur in Erscheinung tritt, was regelmäßig dann der Fall ist, wenn die Darstellung auch ohne die gezeigten Personen ihre Aussagekraft beibehält[31]. Zu beachten ist, dass eine Person nicht nur durch die Art der Aufnahme, sondern auch durch Bearbeitung (Vergrößerung, Zuschneidung etc.) oder den Begleittext in den Mittelpunkt gerückt werden kann[32]. Zur Gruppe der Bilder gehören insbesondere die in den §§ 23 Abs. 1 Nr. 2 und 3 KUG vorgenommenen Aufzählungen, worunter beispielsweise Strandszenen[33], Unfallstellen[34], Demonstrationen, Umzüge, Wahlkampf- und Sportveranstaltungen oder sonstige gesellschaftliche Ereignisse[35] fallen.

Der Begriff Bildnis setzt also zwei Charakteristika voraus: Es muss sich um die Darstellung einer Person handeln und diese muss durch die Illustration für Dritte erkennbar, d. h. identifizierbar, abgebildet sein.

aa) Art und Weise der Personendarstellung

Das Äußere einer Person kann auf vielfältige Weise präsentiert werden. Daher würde es dem Zweck des KUG widersprechen, wenn seine Anwendung nur auf

---

27 *Bilder* werden nicht mehr von § 22 KUG erfasst und unterliegen daher weniger strengen Rechtmäßigkeitskriterien.

28 Vgl. dazu *Engels, S./Schulz, W.*, Bildnis der Zeitgeschichte, in: AfP 1998, S. 577. *Gerstenberg / Götting* (Anm. 8), § 60 UrhG/§ 22 KUG, Rn. 4. Vgl. auch schon die amtliche Begründung, in: *Verhandlung des Deutschen Reichstages* (Anm. 24), S. 1541: „die Darstellung der Person in ihrer wirklichen, dem Leben entsprechenden Erscheinung".

29 So *v. Gamm, O.-F.*, Urheberrechtsgesetz, 1968, Einf., Rn. 121. Vgl. auch *Fricke, M.*, in: *Wandtke, A.-A./Bullinger, W.*, UrhG-Kommentar, 2002, § 23 KUG, Rdnr. 2.

30 Vgl. *Gerstenberg / Götting* (Anm. 8), § 60 UrhG/§ 23 KUG, Rn. 18.

31 Vgl. *LG Oldenburg* vom 23.01.1986 (DKP-Plakat) – 5 O 3667/85, GRUR 1986, S. 465. Vgl. auch *Gerstenberg / Götting* (Anm. 8), § 60 UrhG/§ 23 KUG, Rn. 18 m. w. N.

32 Vgl. *LG Oldenburg* (DKP-Plakat) (Anm. 31), S. 465. Vgl. auch *Gass* (Anm. 6), § 60 UrhG/Anh. § 23 KUG, Rn. 22 f.

33 Vgl. *OLG Oldenburg* vom 14.11.1988 (Oben-ohne-Foto) – 13 U 72/88, GRUR 1989, S. 344 f.

34 Vgl. *OLG Karlsruhe* vom 18.08.1989 (Unfallfoto) – 14 U 105/88, GRUR 1989, S. 823 f.

35 Vgl. nur *Gass* (Anm. 6), § 60 UrhG/Anh. § 23 KUG, Rn. 22 ff.

bestimmte technische Arten der Darstellung beschränkt wäre. Daher umfasst das Bildnis nicht nur Fotos, Portraits oder Gemälde, sondern auch plastische Darstellungen in Form von Büsten, Statuen, Reliefs, Medaillen[36] und sogar Puppen[37]. Dabei ist nicht nur das Original an sich geschützt, sondern auch dessen Reproduktion und Vervielfältigung in Form von Fotografien, Filmen oder Zeichnungen. Aufgrund der fortgeschrittenen Technik muss man zu den Bildnissen auch computergenerierte oder digital veränderte Darstellungen zählen[38].

Zum Bildnis sind weiterhin auch Zeichentrickfiguren und Zeichnungen[39] zu rechnen, worunter letztlich auch das Phantombild[40] zu subsumieren ist. Die h. M.[41] ordnet dieser Gruppe auch die Karikatur zu. Das ist jedoch – zumindest in der dargebotenen Uneingeschränktheit – zweifelhaft. Das Recht am eigenen Bild dient dem Schutz der dargestellten Person in ihrer wirklichen, dem Leben entsprechenden Erscheinung. Dies ist bei vielen Karikaturen aber gerade nicht der Fall. Dort wird durch künstlerische Bearbeitung das Äußere (worauf es ja letztlich ankommt) des Betroffenen regelmäßig so stark verändert, dass man nicht mehr davon sprechen kann, die Person werde lebensecht und dokumentarisch wiedergegeben. Etwas anderes kann dann gelten, wenn eine Person möglichst authentisch gezeichnet und im Gesamtwerk lediglich ihr Umfeld karikiert dargestellt wird. Die Ausklammerung der Karikatur würde auch dem Willen und den Vorstellungen des Gesetzgebers entsprechen: „Dagegen gehört die Karikatur als eine mehr oder weniger willkürliche, nach einem bestimmten Zweck ausgeführte künstlerische Bearbeitung eines Bildnisses zu einer neuen Darstellung, nicht hierher“[42].

Als letzte Gruppe gilt es die „Nachahmung“ zu erwähnen. Dazu gehört zum einen die durch Maske, Mimik oder Gestik erfolgende schauspielerische Imitation des *äußeren Erscheinungsbildes*[43] eines Menschen. Hiervon ist streng die Schilderung und Darstellung des Lebens oder Schicksals einer Person in Film und auf der Bühne zu unterscheiden. Denn die Nachstellung des so genannten *Lebens – oder Charakterbildes* wird von dem Bildnisbegriff des § 22 KUG nicht erfasst,

---

36 Vgl. *BGH* vom 14.11.1995 (Willy Brandt) – VI ZR 410/94, NJW 1996, S. 593.

37 Vgl. *Corte di Cassazione* vom 10.11.1979 (Mazzola), GRUR Int. 1982, S. 462.

38 Vgl. *Gounalakis, G./Rhode, L.*, Persönlichkeitsschutz im Internet, 2002, S. 37.

39 Vgl. dazu nur *Gass* (Anm. 6), § 60 UrhG/Anh. § 22 KUG, Rn. 13 mit Rechtsprechungsnachweisen.

40 Vgl. *Helle* (Anm. 6), S. 98.

41 Vgl. *OLG Oldenburg* vom 18.01.1963 (Untersuchungsgefangener) – 1 Ss 323/62, NJW 1963, S. 922. Aus der Lit. vgl. *Bußmann* (Anm. 26), S. 468 und die umfangreichen Nachweise bei *Helle* (Anm. 6), S. 92.

42 Vgl. *Verhandlung des Deutschen Reichstages* (Anm. 24), S. 1541. Zum gleichen Ergebnis gelangen auch *Fuld, L.*, Kunstschutzgesetz, 1907, § 22 KUG, S. 42; *ders.*, Karikatur, in: GRUR 1907, S. 225; *Helle* (Anm. 6), S. 92 f.

43 Vgl. *BGH* (Sherlock Holmes) (Anm. 26), S. 52, 56; *v. Gamm* (Anm. 29), Einf., Rn. 104.

wenn und solange der Schauspieler ohne imitatorische Maske oder andere Verkleidung auftritt, mithin also nicht das Äußere des anderen, sondern nur dessen Leben wiedergibt[44]. Weiterhin gehört in die Nachahmungskategorie das „Doubeln" im Rahmen von Abbildungen, wobei durch Retuschieren der Aufnahme eines Modells der Eindruck erweckt wird, es handele sich hierbei um eine ganz andere Person[45].

bb) Die Erkennbarkeit

Entscheidendes Kriterium der „Erkennbarkeit" ist die Identifizierbarkeit des Dargestellten. Dabei wird nicht gefordert, dass der Betroffene schlichtweg von jedermann erkannt werden kann. Vielmehr ist es ausreichend, dass die entsprechende Abbildung, der jeweiligen Person schon von einem kleinen Kreis zugeordnet werden kann[46]. Vermag indessen niemand mehr die Illustration mit einer bestimmten Person in Verbindung zu bringen, so liegt mangels Erkennbarkeit kein *Bildnis*, sondern lediglich ein *Bild* vor, womit die Anwendbarkeit des § 22 KUG ausscheidet. Auf Grund des unterschiedlichen Schutzniveaus zwischen Bildern und Bildnissen wundert es wenig, dass sich die Rechtsprechung mit zahllosen Fällen auseinander setzen musste[47] und so die Gelegenheit hatte, Merkmale herauszuarbeiten, die als Auslegungshilfen zur Feststellung der Erkennbarkeit des Dargestellten herangezogen werden können. Hervorzuheben ist, dass bei der Erforschung der Identität des Abgebildeten alle mit der Publikation im Zusammenhang stehenden Kriterien beachtet werden müssen, denn „die Vorschrift des § 22 KUG... stellt weder eine Rangfolge der Erkennbarkeitsmerkmale auf noch schließt sie irgendeine Gruppe von Identifizierungshilfen von der Berücksichtigung aus"[48].

Im Vordergrund der Identifizierung stehen regelmäßig die Gesichtszüge des Gezeigten[49]. Daneben sind weitere äußere Besonderheiten und typische Charakterzüge, wie beispielsweise Statur, Haltung, Haarschnitt[50], Körperbau, Kopfform,

---

44 Der Schutz des Lebens- oder Charakterbildes erfolgt durch das Allgemeine Persönlichkeitsrecht. Vgl. zu diesem Thema *Rehbinder, M.*, Urheberrecht, 2001, Rn. 435 ff. und *Wenzel* (Anm. 4), S. 132 Rdnr. 5.20 ff. A. A. *Neumann-Klang* (Anm.10), S. 15.

45 Vgl. *BGH* (Der blaue Engel) (Anm. 7), S. 590; *BGH* (Sherlock Holmes) (Anm. 26), S. 67; *LG Stuttgart* vom 02.03.1982 (Heiratsschwindler) – 7 O 516/81, AfP 1983, S. 292.

46 Vgl. *BGH* vom 26.06.1979 (Fußballtor) – VI ZR 108/78, NJW 1979, S. 2205; *Gerstenberg / Götting* (Anm. 8), § 60 UrhG/§ 22 KUG, Rn. 5 m. w. N.; *Helle* (Anm. 6), S. 95.

47 Vgl. nur die Nachweise bei *Gass* (Anm. 6), § 60 UrhG/Anh. § 22 KUG, Rn. 14 ff. und bei *Gerstenberg / Götting* (Anm. 8), § 60 UrhG/§ 22 KUG, Rn. 5 f.

48 S. *OLG Düsseldorf* vom 30.09.1969 (Schleppjagd) – 20 U 80/69, GRUR 1970, S. 618 f.

49 Vgl. *OLG Düsseldorf* (Schleppjagd) (Anm. 48), S. 618.

50 Vgl. *BGH* (Fußballtor) (Anm. 46), S. 2205.

bestimmte Gesten und Haltungen[51], mithin die gesamten spezifischen Eigenschaften einer Person, welche eine Unterscheidung von einem anderen Menschen erlauben, von Bedeutung. Weiterhin muss man auch Identifizierungshilfen zu Rate ziehen, welche nicht in der Person selbst liegen, aber auf der Abbildung vorhandenen sind und die einen Rückschluss auf die Identität des Abgebildeten zulassen. So begründete die Rechtsprechung die Erkennbarkeit eines Reiters mit der Tatsache, dass sein Pferd zumindest in Reiterkreisen als bekannt galt und der Reiter somit – auch wenn seine Gesichtzüge selbst auf dem Foto nicht wahrnehmbar waren – in Zusammenhang mit seinem Pferd aus der Anonymität heraustrat[52]. Letztlich kann sich die Feststellbarkeit der Identität auch aus dem Begleittext einer Fotografie[53] bzw. aus dem Hintergrund oder dem gesprochenen Text einer Dokumentation ergeben, was immer dann der Fall ist, wenn der Name des Betroffenen in Zusammenhang mit der Bildnispublikation genannt wird[54]. Aber selbst ohne Namensangabe können die begleitenden Ausführungen genügen, soweit sich daraus auf die jeweilige Person schließen lässt, diese mithin also identifizierbar ist.

d) Die Einwilligung nach § 22 KUG

Liegt nach den eben vorgestellten Kriterien ein Bildnis vor, so hängt die Rechtmäßigkeit der Veröffentlichung – abgesehen von den später noch zu behandelnden Ausnahmefällen des § 23 Abs. 1 KUG – von der Einwilligung des Dargestellten ab. Die Einwilligung im Sinne des § 22 KUG betrifft nicht die Anfertigung von Bildnissen, sondern nur deren Verbreitung, denn die Zulässigkeit der Herstellung von Fotos, Filmbeiträgen etc. wird als eine Frage des allgemeinen Persönlichkeitsrechts angesehen[55]. Bei lebensnaher Sachverhaltsauslegung dürfte jedoch in der Einwilligung zur Bildnisanfertigung durch Medienvertreter regelmäßig zugleich eine konkludente Einwilligung in deren Verbreitung gesehen werden.

Strittig ist, ob die Einwilligung ihre Wirkung losgelöst vom Tatbestand des § 22 KUG entfaltet, also sozusagen „von außen“ als Gestattungsvertrag[56] oder Rechtfertigungsgrund[57] in das Recht am eigenen Bild eingreift, oder ob sie als negati-

---

51 Vgl. *Gass* (Anm. 6), § 60 UrhG/Anh. § 22 KUG, Rn. 14.

52 Vgl. *OLG Düsseldorf* (Schleppjagd) (Anm. 48), S. 618.

53 Vgl. *Gass* (Anm. 6), § 60 UrhG/Anh. § 22 KUG, Rn. 17.

54 Vgl. *BGH* vom 09.06.1965 (Spielgefährtin) – I b ZR 126/63, NJW 1965, S. 2148 f.

55 Vgl. *BGH* (Spätheimkehrer) (Anm. 8), S. 200, 208; *BGH* (Vor unserer eigenen Tür) (Anm. 8), S. 205. Siehe auch *Gerstenberg / Götting* (Anm. 8), § 60 UrhG/§ 22 KUG, Rn. 1 und *Gass* (Anm. 6), § 60 UrhG/Anh. § 22 KUG, Rn. 5, jeweils m. w. N.

56 So *v. Gamm* (Anm. 29), Einf., Rn. 109.

57 So *OLG Köln* vom 01.04.1970 (Minderjähriger Sohn) – 4 W 76/69, AfP 1970, S. 133. Vgl auch die Nachweise bei *Helle* (Anm. 6), S. 102 Fn. 78.

ves Tatbestandsmerkmal des § 22 KUG aufzufassen ist. Vollständig überzeugen kann nur die letztgenannte Ansicht[58], denn das Recht am eigenen Bild ist in das allgemeine Persönlichkeitsrecht eingebettet und diesem wiederum liegt der Gedanke der freien Selbstbestimmung zu Grunde. Demnach hat der Einzelne das Recht frei über sein Bildnis zu verfügen. Stimmt er einer Publikation zu, so kann er logischerweise nicht in seinem Selbstbestimmungsrecht verletzt sein. Daher kommt bei erfolgter Einwilligung eine Verletzung des § 22 KUG nicht in Betracht, da dieser ja gerade auch das Selbstbestimmungsrecht schützt.

Weiterhin bleibt klärungsbedürftig, ob die Einwilligung als Realakt[59], geschäftsähnliche Handlung[60] oder als rechtsgeschäftliche Erklärung[61] einzustufen ist. Mit der Zustimmung oder Verweigerung der Veröffentlichung seines Bildnisses nimmt der Betroffene am Rechtsverkehr teil, was aus Gründen der Rechtssicherheit verbindlich geschehen muss. Die Handlung erfolgt im Rahmen der Privatautonomie, wofür der Gesetzgeber rechtsgeschäftliche Handlungen vorgesehen hat, deren Grundlage die Willenserklärung ist. Daher ist hier der h. M. zuzustimmen. Da aber auch die anderen Auffassungen die Regelungen bezüglich der Willenserklärungen (§§ 104 ff. BGB) zumindest analog anwenden, gelangen regelmäßig alle Ansichten zu den gleichen Ergebnissen, weshalb dem Streit hauptsächlich dogmatische Bedeutung zukommt[62].

aa) Form, Inhalt und Umfang der Einwilligung

Bezüglich des inhaltlichen Umfangs der Einwilligung hat sich eine umfangreiche, und daher hier nicht darstellbare, Kasuistik[63] herausgebildet. Die Einwilligung ist an keine Form gebunden. Sie kann ausdrücklich oder stillschweigend erteilt werden[64]. Dem Einwilligenden steht dabei völlige Gestaltungsfreiheit zu. So kann er beispielsweise die Veröffentlichung auf bestimmte Medien, Anlässe, in zeitlicher oder räumlicher Hinsicht beschränken oder sie nur im Hinblick auf

---

58 So im Ergebnis auch *Helle* (Anm. 6), S. 102 und *Wenzel* (Anm. 4), S. 345 Rdnr. 7.35, jeweils mit weiteren Nachweisen.

59 Vgl. *Steffen, E.*, in: *Löffler, M.*, Presserecht, 1997, § 6 LPG Rdnr. 124.

60 Vgl. *Heinrichs, H.*, in: *Palandt* (Anm. 1), Überblick vor § 104, 2 c, Rn. 8.

61 So die h. M. Vgl. *OLG München* vom 12.12.1981 (Liebesschule) – 21 U 395/81, AfP 1982, S. 231 f.; *Gass* (Anm. 6), § 60 UrhG/Anh. § 22 KUG, Rn. 20 m. w. N. Ausführlich dazu *Helle* (Anm. 6), S. 102 ff.

62 Vgl. *Schulz, W./Jürgens, U.*, Recht am eigenen Bild, in: JuS 1999, S. 666.

63 Vgl. neben den hier angegebenen Urteilen die Nachweise bei *Gerstenberg / Götting* (Anm. 8), § 60 UrhG/§ 22 KUG, Rn. 13 ff.; *Wenzel* (Anm. 4), S. 347 Rn. 7.40 ff.; *Helle* (Anm. 6), S. 107 f.

64 Vgl. *BGH* (Willy Brandt) (Anm. 36), S. 593; *BGH* vom 20.02.1968 (Ligaspieler) – VI ZR 200/66, BGHZ 49, S. 288, 295.

einen bestimmten Verwendungszweck gestatten[65]. Zur Auslegung der erteilten Erlaubnis sind die allgemeinen Regelungen der §§ 133, 157 BGB heranzuziehen. Demnach kommt es auf den wirklichen Willen an, der anhand der Erklärung und der besonderen Umstände des Einzelfalles zu ermitteln ist. Im Zweifel kann auch auf den Rechtsgedanken des § 31 Abs. 5 UrhG zurückgegriffen werden, wonach „sich der Umfang des Nutzungsrechts nach dem mit seiner Einräumung verfolgten Zweck" bestimmt[66]. Besteht zwischen den Parteien Streit bezüglich des Vorliegens einer Einwilligung des Abgebildeten, so trägt der Verwerter der Abbildung hierfür die Beweislast[67].

Abschließend soll noch kurz auf die Sätze 2 bis 4 des § 22 KUG eingegangen werden. Satz 2 enthält eine widerlegliche Vermutung, nach der die Einwilligung im Zweifel als erteilt gilt, wenn der Abgebildete dafür eine Entlohnung erhalten hat. Verlangt wird, dass das Entgelt in einem direkten Zusammenhang zur Abbildung steht. Es genügt beispielsweise nicht, dass ein Arbeitnehmer während seiner Arbeitszeit fotografiert wird und lediglich den normalen Arbeitslohn erhält[68]. Die Sätze 3 und 4 regeln den postmortalen Bildnisschutz. Danach kann die Einwilligung des Abgebildeten für die Dauer von zehn Jahren durch eine entsprechende Erklärung seiner Angehörigen ersetzt werden. Der Vollständigkeit halber ist hier noch darauf hinzuweisen, dass sich ein weitergehender Schutz aus dem postmortalen Persönlichkeitsrecht ergeben kann[69].

bb) Widerruf der Einwilligung

Zum Abschluss der Behandlung der Einwilligung stellt sich noch die Frage, ob – und wenn ja, unter welchen Voraussetzungen – eine einmal erteilte Einwilligung widerrufen werden kann, wenn der Betroffene sie nicht mit einem Widerrufsvorbehalt ausgestattet hat. Als rechtsgeschäftliche Willenserklärung entfaltet die Einwilligung für den Erklärenden Bindungswirkung (vgl. § 130 BGB), weshalb grundsätzlich von ihrer Unwiderruflichkeit auszugehen ist[70]. Als einzige Möglichkeit bliebe daher im Prinzip die Anfechtung nach den Voraussetzungen der §§ 119 ff. BGB[71].

---

65 Zur Gestaltungsmöglichkeit vgl. *Gass* (Anm. 6), § 60 UrhG/Anh. § 22 KUG, Rn. 23 ff. mit vielen Beispielen und weiteren Nachweisen.

66 Vgl. *Gass* (Anm. 6), § 60 UrhG/Anh. § 22 KUG, Rn. 24.

67 Vgl. *BGH* vom 08.05.1956 (Paul Dahlke) – I ZR 62/54, BGHZ 20, S. 345; *Gass* (Anm. 6), § 60 UrhG/Anh. § 22 KUG, Rn. 34 m. w. N. und *Wenzel* (Anm. 4), S. 347 Rn. 7.39.

68 Vgl. *OLG Nürnberg* vom 27.09.1956 (Fotomodell) – 3 U 197/56, GRUR 1957, S. 296.

69 Vgl. *BVerfG* vom 24.02.1971 (Mephisto) – 1 BvR 435/68, BVerfGE 30, S. 173, 179 f. Vgl. auch *Gass* (Anm. 6), § 60 UrhG/Anh. § 22 KUG, Rn. 40 ff.

70 Vgl. *Gerstenberg / Götting* (Anm. 8), § 60 UrhG/§ 22 KUG, Rn. 14.

71 Vgl. *Wenzel* (Anm. 4), S. 349 Rdnr. 7.43.

Der persönlichkeitsrechtliche Einschlag des Rechts am eigenen Bild gebietet es jedoch unter bestimmten Voraussetzungen Ausnahmen zuzulassen. Der Grund hierfür ist im Lebensfortschritt des Einzelnen zu sehen, welcher zu Änderungen der Einstellungen und Ansichten führen kann. Demnach kann also seine Persönlichkeit einem Wandel unterworfen sein, wodurch die Weiterverwendung einer Abbildung – im Gegensatz zum Zeitpunkt der Einwilligung – im Moment der Veröffentlichung eine Verletzung seiner Persönlichkeit darstellen würde. Wäre die Disposition über Teile des Persönlichkeitsrechts auf alle Zeit bindend, so würde dies in zu krassem Widerspruch zum Selbstbestimmungsrecht stehen. Daher ist dem Widerruf in engen Ausnahmefällen zuzustimmen[72].

Fraglich ist nun, welches die Voraussetzungen dafür sind. Teilweise wird vertreten, ein Widerruf sei aufgrund „gewandelter Überzeugung" analog § 42 UrhG möglich[73]. Eine andere Auffassung verlangt, entsprechend den Regelungen der Widerruflichkeit von Dauerschuldverhältnissen, das Vorliegen eines „wichtigen Grundes"[74]. Da diese Ansicht den „wichtigen Grund", neben der Anwendung des § 35 Verlagsgesetz, insbesondere mit Hilfe von § 42 UrhG konkretisiert, besteht zwischen beiden Meinungen praktisch kein Unterschied.

Da auf der anderen Seite aber auch die Rechte des Einwilligungsempfängers berücksichtigt werden müssen, läuft die Prüfung im Ergebnis auf eine Abwägung widerstreitender Interessen hinaus. Dabei sind alle Umstände zu berücksichtigen, beispielsweise die Art der Bildnisse, die seit der Einwilligung verstrichene Zeit, die Zahlung eines Entgelts an den Einwilligenden etc[75]. Zur Konkretisierung soll hier folgendes Beispiel aus der Rechtsprechung dienen:

> Eine Schauspielerin ließ, zum Zwecke der Veröffentlichung in verschiedenen Zeitschriften, eine Serie Aktfotos von sich erstellen. Die Vereinbarung enthielt auch eine Einwilligung für zukünftige Publikationen, für die ihr dann jeweils ein bestimmtes Entgelt gewährt werden sollte. Gut zwei Jahre später hatte das Gericht darüber zu befinden, ob ein zwischenzeitlich erfolgter Widerruf der Schauspielerin rechtswirksam ist.
>
> Zunächst äußerte sich das Gericht zur Möglichkeit der Rücknahme einer Einwilligung: „Der Senat geht nicht davon aus, dass eine einmal erklärte Einwilligung in die Bildnisveröffentlichung unwiderruflich wäre... Darüber hinaus lässt das allgemeine Persönlichkeitsrecht eine solche unwiderrufliche Bindung nicht zu". Weiterhin ist zu den Voraussetzungen des Widerrufs zu lesen: „Der Widerruf einer Einwilligung in die Bildnisveröffentlichung ist nur bei Vorliegen eines wichtigen Grundes möglich". Da die Schauspielerin auf zukünftige Unterlassungsansprüche verzichtet hatte, zog das Gericht die allgemeinen Grundsätze über die Widerruflichkeit von Dauerschuldverhältnissen heran und führte dazu aus: „Der Begriff des wichtigen Grundes ist für Fälle der vorliegenden

---

72 So die h. M. Vgl. die vor- und nachstehenden Anm. A. A. *Neumann-Klang* (Anm.10), S. 26 f., die sich für eine neue explizite gesetzliche Regelung ausspricht.

73 Vgl. *Wenzel* (Anm. 4), S. 354 Rdnr. 7.43 und *Helle* (Anm. 6), S. 120, jeweils m. w. N.

74 Vgl. *OLG München* (Wirtin) (Anm. 3), S. 571. Siehe dazu auch unten stehendes Beispiel.

75 Vgl. *OLG München* (Wirtin) (Anm. 3), S. 571. Vgl auch *Helle* (Anm. 6), S. 120.

> Art insbesondere durch entsprechende Heranziehung von § 35 Verlagsgesetz und § 42 Urhebergesetz auszufüllen. Zusätzlich kann eine Abwägung des allgemeinen Persönlichkeitsrechts der Klägerin mit den Interessen der Beklagten ebenfalls zu einer Kündigungsmöglichkeit führen... Entscheidend wäre ein Wandel der inneren Einstellung der Klägerin... Ohne Vorliegen grundstürzender Veränderungen kann ein Kündigungsrecht kaum vor Ablauf von drei Jahren, eher wohl von fünf Jahren bejaht werden".[76]

Für den Fall des Widderrufs besteht im Ergebnis Einigkeit darüber, dass der Widderrufende zum Ersatz des Vertrauensschadens verpflichtet ist. Eine Ansicht begründet dies mit der vergleichbaren Position des Erklärungsempfängers in Fällen der Anfechtung gemäß 119 ff. BGB und wendet diese analog an[77]. Eine andere Auffassung schlägt eine Analogie zu § 42 Abs. 3 UrhG vor[78]. Danach steht dem Urheber bezüglich erteilter Nutzungsrechte ein „Rückrufsrecht wegen gewandelter Überzeugung zu", aber er „hat den Inhaber des Nutzungsrechts angemessen zu entschädigen". In den Fällen des § 22 KUG soll diese Entschädigung jedoch auf die Höhe des Vertrauensschadens begrenzt sein[79], womit letztlich das gleiche Ergebnis wie bei der erstgenannten Ansicht erzielt wird.

e) Ausnahmen zu § 22 KUG: Bildnisse der Zeitgeschichte

§ 23 Abs. 1 KUG normiert Ausnahmen von dem Erfordernis der Einwilligung in die Verbreitung von Bildnissen. Der bedeutendste und hier einzig allein interessierende Sonderfall ist in § 23 Abs. 1 Nr. 1 KUG geregelt und umfasst „Bildnisse aus dem Bereich der Zeitgeschichte". Wer im Einzelnen zur Zeitgeschichte gehört wurde bereits oben ausführlich dargestellt[80], weshalb hier ein Verweis an die entsprechende Stelle genügen soll.

> **§ 23 KUG [Ausnahmen zu § 22]** (1) Ohne die nach § 22 erforderliche Einwilligung dürften verbreitet und zur Schau gestellt werden:
>
> 1. Bildnisse aus dem Bereiche der Zeitgeschichte;...
>
> (2) Die Befugnis erstreckt sich jedoch nicht auf eine Verbreitung und Schaustellung, durch die ein berechtigtes Interesse des Abgebildeten oder, falls dieser verstorben ist, seiner Angehörigen verletzt wird.

Bei der Auslegung der Vorschrift besteht Einigkeit darüber, dass eine Abwägung des öffentlichen Informationsinteresses mit den einzelnen Rechtspositionen des Abgebildeten stattfinden muss. Umstritten ist jedoch, ob das allgemeine Informationsbedürfnis der Öffentlichkeit bereits bei der Tatbestandsauslegung

---

76 Vgl. *OLG München* (Wirtin) (Anm. 3), S. 570 f.

77 Vgl. dazu *Gerstenberg / Götting* (Anm. 8), § 60 UrhG/§ 22 KUG, Rn. 14 m. w. N.

78 So zum Beispiel *Gass* (Anm. 6), § 60 UrhG/Anh. § 22 KUG, Rn. 32 m. w. N.

79 Vgl. *Gass* (Anm. 6), § 60 UrhG/Anh. § 22 KUG, Rn. 32.

80 Vgl. oben E. II. „Die Prominenz".

des § 23 Abs. 1 Nr. 1 KUG oder erst im Verlauf der Prüfung von § 23 Abs. 2 KUG zu berücksichtigen ist. Das Problem erlangt in praktischer Hinsicht vor allem zivilprozessrechtliche Bedeutung, da es, je nachdem ob eine Zuordnung zu Abs. 1 oder zu Abs. 2 vorgenommen wird, zu einer Verschiebung der Darlegungs- und Beweislast kommt[81], was in Einzelfällen auch ergebnisrelevant sein kann[82].

Bei der Lösung des Problems lässt sich weder in der Literatur noch innerhalb der Rechtsprechung eine einheitliche Linie finden[83]. So wird zum Beispiel der Abwägungsstandort von der höchstrichterlichen Rechtsprechung teilweise offen gelassen[84], in anderen Fällen wird erst gar nicht auf dieses Problem eingegangen[85]. Generell lassen sich zwei grobe Meinungsrichtungen ausmachen: Die eine bezieht das Informationsbedürfnis in den Tatbestand des § 23 I KUG ein, während die andere es davon ausklammert.

aa) Das Informationsbedürfnisses und § 23 I KUG

Eine insbesondere in der Rechtsprechung weit verbreitete Ansicht nimmt an, dass jedes Bild, welches eine absolut zeitgeschichtliche Person zeigt, zugleich ein „Bildnis aus dem Bereiche der Zeitgeschichte" im Sinne des § 23 Abs. 1 Nr. 1 KUG darstellt[86], dessen Veröffentlichung (von § 23 Abs. 2 KUG abgesehen) zulässig ist. So führt beispielsweise das Bundesverfassungsgericht aus:

> „...die Beschwerdeführerin [ist]...absolute Person der Zeitgeschichte. Werde über ihr Leben berichtet, so gelte eine solche Berichterstattung einem Ausschnitt des Bereichs der Zeitgeschichte. Dabei kommt es auf den Grad der Banalität der Berichterstattung im Einzelnen nicht an"[87].

Folgt man dieser Ansicht, so wird das konkrete öffentliche Informationsinteresse bei der Prüfung von § 23 Abs. 1 Nr. 1 KUG nicht beachtet, womit dort auch keine Abwägung stattfinden kann. Eine Beschränkung erfährt die Zulässigkeit der Veröffentlichung von Bildnissen von absoluten Personen der Zeitgeschichte demnach nur dann, wenn der Abgebildete darlegen kann, dass seine persönlich-

---

81 Vgl. dazu auch *Helle* (Anm. 6), S. 139 f.

82 Vgl. *OLG Karlsruhe* vom 27.11.1981 (Politsatire) – 10 W 72/81, NJW 1982, S. 647 f.

83 Eine Übersicht über den Streitstand gibt *Helle* (Anm. 6), S. 139 ff.

84 Vgl. *BGH* vom 06.02.1979 (Fußballspieler) – VI ZR 46/77, NJW 1979, S. 2203 ff.; *BGH* vom 22.01.1985 (Nacktfoto) – VI ZR 28/83, AfP 1985, S. 110.

85 Vgl. *BVerfG* vom 05.06.1973 (Lebach) – 1 BvR 536/72, BVerfGE 35, S. 202, 225.

86 So bereits das *RG* vom 26.06.1929 (Tull Harder) – I 97/29, RGZ 125, S. 80, 81 f. Aus der Lit.: *Gass* (Anm. 6), § 60 UrhG/Anh. § 23 KUG, Rn. 3 und *Helle* (Anm. 6), S. 143 f.

87 So das *BVerfG* vom 15.12.1999 (Caroline v. Monaco) – 1 BvR 653/96, BVerfGE 101, S. 361, 365.

keitsrechtlichen Interessen überwiegen und somit „berechtigt" im Sinne des § 23 Abs. 2 KUG sind.

Eine andere Meinung geht zwar grundsätzlich von dem Erfordernis eines öffentlichen Informationsinteresses innerhalb des Tatbestandes des § 23 Abs. 1 Nr. 1 KUG aus, nimmt aber ein solches immer schon dann an, wenn es sich bei dem Abgebildeten um eine absolute Person der Zeitgeschichte handelt[88], wodurch im Ergebnis kein Unterschied zur erstgenannten Ansicht besteht:

> „Für die Einordnung einer Person als absolut zeitgeschichtlich ist maßgebend, daß die öffentliche Meinung Bildwerke über sie als bedeutsam und um der dargestellten Person willen der Beachtung wert findet, der Allgemeinheit demgemäß ein durch ein echtes Informationsbedürfnis gerechtfertigtes Interesse an einer bildlichen Darstellung zuzubilligen ist".[89]

Diese pauschalierten Schlussfolgerungen sind jedoch keinesfalls zwingend und bergen die Gefahr in sich, in bestimmten Fällen ungerechtfertigte Persönlichkeitsrechtsverletzungen nach sich zu ziehen, wie im Folgenden gezeigt wird.

bb) Einbezug des Informationsbedürfnisses unter § 23 I KUG

Die vorgestellten Ansichten gehen im Ergebnis davon aus, dass jede Abbildung, unabhängig von Art und Inhalt der Darstellung, Kontext etc., den Tatbestand des § 23 Abs. 1 Nr. 1 KUG erfüllt, wenn darauf eine absolute Person der Zeitgeschichte zu sehen ist. Hat der Gezeigte Einwände gegen eine Veröffentlichung, so muss er berechtigte Interessen i. S. des § 23 Abs. 2 KUG vorbringen, wofür er die Darlegungs- und Beweislast trägt. Das öffentliche Informationsinteresse der Allgemeinheit wird demnach allein schon dadurch indiziert, dass es sich bei dem Abgebildeten um eine prominente Person handelt.

Es ist zweifelhaft, ob eine derartige Auslegung noch mit dem Grundgesetz vereinbar ist oder ob hierin eine unverhältnismäßige Benachteiligung des allgemeinen Persönlichkeitsrechts durch eine Privilegierung der publizierenden Organe gesehen werden muss. Wie die Rechtsprechung selbst betont, ist bei Konflikten zwischen den Persönlichkeitsrechten des Dargestellten und den Interessen der Allgemeinheit an einer möglichst ungehinderten und umfassenden Information keinem der gegensätzlichen Standpunkte von vornherein ein Vorrang einzuräumen[90]. Die eben dargestellte Auslegung des § 23 KUG beinhaltet aber eine

---

88 Aus der neueren Rspr. vgl. Urteil des *BGH* vom 19.12.1995 (Caroline v. Monaco IV) – VI ZR 15/95, BGHZ 131, S. 332, 336 f. m. w. N.

89 Siehe. *BGH* (Caroline IV) (Anm. 88), S. 332, 336.

90 Vgl. statt vieler *v. Münch, I.*, in: *v. Münch, I./Kunig, P.*, GGK I, 2000, Vorb. Art. 1-19, Rdnr. 47 m. w. N. aus Lit. und Rspr. Für den hier in Rede stehenden Konflikt zwischen Persönlichkeitsecht und öffentlichem Informationsinteresse vgl. *BVerfG* vom 14.02.1973

(Fortsetzung nächste Seite)

grundsätzliche Benachteiligung des allgemeinen Persönlichkeitsrechts. Durch die Indizierung des öffentlichen Informationsinteresses verschiebt sich die Beweislast zu Ungunsten des prominenten Dargestellten, da dieser *immer* berechtigte Interessen i. S. d. Abs. 2 darlegen und beweisen muss. Dadurch wird ihm ein größeres Risiko, sein Persönlichkeitsrecht nicht mehr wahren zu können, aufgebürdet. Gelingt es ihm nicht den Entlastungsbeweis anzutreten, so ist er der Möglichkeit beraubt, sein Persönlichkeitsrecht wirksam zu schützen. Sind beispielsweise bei Aufnahmen weder Hintergrund noch sonstige markante Punkte eindeutig erkennbar und identifizierbar[91], so wird wohl kaum der Nachweis gelingen, es handle sich um Fotos aus dem privaten Bereich.

Die Reibungspunkte zwischen den entgegengesetzt wirkenden Grundrechtspositionen können durch eine anderweitige Auslegung schonender aufgelöst werden, ohne dass dies dem Wortlaut und / oder der Systematik der Norm widersprechen würde. Dazu bedarf es der Einsicht, dass das Informationsbedürfnis nicht allein an das Merkmal *Person der Zeitgeschichte* gekoppelt sein darf. Der Wortlaut des § 23 Abs. 1 Nr. 1 KUG spricht von Bildnissen aus dem *Bereich* der Zeitgeschichte. Für ein zeitgeschichtliches Dokument kann es aber primär nicht nur darauf ankommen *wer* dargestellt wird, sondern *was* im konkreten Fall gezeigt wird[92]. Demnach bedarf es also einer Kumulation von Person und Ereignis, um einem Bildnis zeitgeschichtliche Relevanz zuzusprechen. Sowohl Inhalt als auch Charakter der Darstellung müssen objektiv geeignet und bestimmt sein, der Öffentlichkeit als zeitgeschichtliche Dokumentation zu dienen[93]. Um diese Vorraussetzung zu erfüllen, muss bei der Veröffentlichung eines Bildnisses ein legitimer Informationszweck[94] vorhanden sein, welcher die Ursache für ein berechtigtes Informationsbedürfnis setzt.

Im Ergebnis ist das öffentliche Informationsinteresse daher schon im Rahmen des Tatbestandes des § 23 Abs. 1 Nr. 1 KUG zu berücksichtigen[95]. Ein legitimes Informationsinteresse der Allgemeinheit kann nach hier vertretener Ansicht nur

---

(Soraya) – 1 BvR 112/65, BVerfGE 34, S. 269, 282 und *BVerfG* (Lebach) (Anm. 85), S. 202, 225. Siehe dazu auch oben unter E. V. „Die grundrechtlichen Abwägungskriterien".

91 Dies ist regelmäßig dann gegeben, wenn der Betroffene in Großaufnahme abgebildet ist oder es sich um einen neutralen Hintergrund handelt. Außerdem sollte man auch nicht die Möglichkeit des Unkenntlichmachens des Hintergrundes aus den Augen verlieren.

92 Vgl. auch *Prinz, M.*, Schutz der Persönlichkeitsrechte, in: NJW 1995, S. 821.

93 So *v. Gamm* (Anm. 29), Einf., Rn. 115.

94 Siehe allgemein zu diesem Merkmal auch *Gerstenberg / Götting* (Anm. 8), § 60 UrhG/§ 23 KUG, Rn. 7.

95 Im Ergebnis ebenso *BGH* (Paul Dahlke) (Anm. 67), S. 345, 350; *BGH* (Vor unserer eigenen Tür) (Anm. 8), S. 205; *BGH* vom 26.01.1971 (Liebestropfen) – VI ZR 95/70, NJW 1971, S. 698. A. A. *BGH* (Ligaspieler) (Anm. 64), S. 288, 293, der das allgemeine Informationsbedürfnis erst im Rahmen der Prüfung des § 23 Abs. 2 KUG berücksichtigt. Ebenso *Helle* (Anm. 6), S. 142 f. m. w. N.

dann angenommen werden, wenn der entsprechenden Publikation ein gesellschaftlich relevanter Informationswert zuzusprechen ist. Bei der Ermittlung des Informationswertes ist auf die oben[96] gewonnenen Erkenntnisse zurückzugreifen. An der angegebenen Stelle wurde festgestellt, dass sich der Informationswert nach der ihm zu Grunde liegenden Aussage bestimmen lässt. Diese muss nach objektiven Gesichtspunkten geeignet sein, das Wissen der Informationsempfänger zu erweitern, ihnen Anhaltspunkte und Richtlinien zu liefern, nach denen sie ihr künftiges Handeln ausrichten können. Entscheidend ist also die auf die Gesellschaft ausgeübte Wirkung. Dabei spielt die Art und Weise der Informationsvermittlung keine Rolle, weshalb auch unterhaltenden Beiträgen ein Informationswert zukommen kann[97].

Fehlt es dem Bildnis an jeglicher relevanter Aussage, so kann man nicht mehr von einem zeitgeschichtlichen Ereignis i. S. des § 23 KUG ausgehen, weshalb die entsprechende Bildnisveröffentlichung nur mit Einwilligung des Abgebildeten zulässig ist. Weiterhin darf das legitime Informationsbedürfnis nicht schon allein durch die Tatsache, dass der Abgebildete eine Person der Zeitgeschichte ist, präjudiziert werden.

Wird das erforderliche Informationsbedürfnis festgestellt, so erfolgt bei der Prüfung des § 23 Abs. 2 KUG eine Abwägung, innerhalb derer der in Rede stehende Grundrechtskonflikt, unter größtmöglichster Schonung beider Positionen, gelöst werden kann. Eine derartige Auslegung von § 23 Abs. 1 KUG verhindert auch die ungerechte einseitige Verteilung der Beweislast.

f) Die berechtigten Interessen des § 23 II KUG

Die Vorschrift des § 23 Abs. 2 KUG stellt eine Rückausnahme zur Ausnahme des § 23 Abs. 1 KUG dar. Sie verbietet (nach Abs. 1 zulässige) Veröffentlichungen, falls berechtigte Interessen des Abgebildeten entgegenstehen. Ob die Interessen berechtigt sind, ist durch Abwägung des Informationsinteresses der Allgemeinheit gem. Art. 5 GG und des Rechts am eigenen Bild als Teil des allgemeinen Persönlichkeitsrechts zu ermitteln. Hierbei sind alle Umstände des Einzelfalles zu berücksichtigen, weshalb eine abschließende Darstellung nicht möglich ist. Die Rechtspraxis bedient sich auch hier der Einteilung in Fallgruppen.

---

96 Vgl. oben E. V. 4. b) „Bestimmung des Informationswertes".

97 Vgl. oben E. V. 4. b) „Bestimmung des Informationswertes". In der Medienwelt verschwimmen die scharfen Grenzen zwischen Information und Unterhaltung. Vgl. insb. *BVerfG* (Caroline v. Monaco) (Anm. 87), S. 389 f.: „Zudem läßt sich im Medienwesen eine wachsende Tendenz beobachten, die Trennung von Information und Unterhaltung... auch in den einzelnen Beiträgen aufzuheben und Information in unterhaltender Form zu verbreiten oder mit Unterhaltung zu vermengen (‚Infotainment')".

aa) Ehre und Ruf

Ehre und Ruf des Dargestellten können sowohl durch entstellende Bildnisse, diffamierende Schnappschüsse als auch durch einen entsprechenden Begleittext verletzt werden[98]. Dies ist immer dann der Fall, wenn der Betreffende öffentlich bloßgestellt und der Lächerlichkeit preisgegeben wird. Als anschauliches Beispiel aus der Rechtsprechung sei hier die zerrissene Hose eines Sportlers erwähnt. Die dadurch entstandene Blöße darf nicht ohne dessen Einwilligung auf Bildern veröffentlicht werden. Eine „zusätzliche" Ehrverletzung beinhaltete die Bildunterschrift, in der es hieß: „Er überzeugte die 30.000 Zuschauer nicht nur von seinen sportlichen, sondern auch von seinen männlichen Qualitäten"[99].

bb. Die Intim- und Geheimsphäre

Die *Intimsphäre* [100] umfasst „den letzten unantastbaren Bereich menschlicher Freiheit", sozusagen einen „Innenraum" in dem man „sich selbst besitzt und in den die Umwelt keinen Zutritt hat"[101]. Dazu gehören insbesondere Vorgänge aus dem Sexualbereich sowie äußerlich nicht wahrnehmbare körperliche Gebrechen[102]. Zur *Geheimsphäre* gehören Belange, die der Öffentlichkeit bei verständiger Würdigung nicht preisgegeben werden sollen[103]. Dazu sind beispielsweise Tagebuchaufzeichnungen[104], persönliche Briefe[105] und vertrauliche Telefonate[106] zu zählen. Da viele Ereignisse der Geheimsphäre ebenso gut der Intimsphäre zugerechnet werden können, wird teilweise auf eine Unterteilung verzichtet[107], was jedoch letztlich zu keinem anderen Ergebnis führt.

Werden Bilder aus diesem Bereich veröffentlicht, so wird grundsätzlich ein überwiegendes persönliches Interesse des Abgebildeten angenommen. Eine Abwägung findet hier nur dann statt, wenn ein überragendes Informationsinteresse der Allgemeinheit besteht und es in der Sache um hoch einzustufende Rechtsgüter geht.

---

98 Vgl. *Gerstenberg / Götting* (Anm. 8), § 60 UrhG/§ 23 KUG, Rn. 37.

99 Vgl. *OLG Hamburg* vom 06.07.1972 (Zerrissene Hose) – 3 U 64/72, ArchPR 17 (1972), S. 150.

100 Ausführlich dazu oben unter E. III. 3. a) „Der Kernbereich".

101 Vgl. *BVerfG* vom 16.07.1969 (Mikrozensus) – 1 BvL 19/63, BVerfGE 27, S. 1, 6.

102 Vgl. *Wenzel* (Anm. 4), S. 141 ff. Rdnr. 5.39 ff. m. w. N.

103 Vgl. *Wenzel* (Anm. 4), S. 141 ff. Rdnr. 5.39 ff. m. w. N.

104 Vgl. *BGH* vom 21.02.1964 (Tagebuchaufzeichnung) – 4 StR 519/63, BGHSt 19, S. 325.

105 Vgl. *BGH* (Leserbrief) (Anm. 9), S. 334 ff.

106 Vgl. *BGH* vom 19.12.1978 (Kohl/Biedenkopf) – VI ZR 137/77, BGHZ 73, S. 120 ff.

107 Vgl. z. B. *Löffler, M./Ricker, R.*, Presserecht, 2000, S. 337 Rdnr. 17 f. Für eine Differenzierung spricht sich u. a. *Degenhart, C.*, in: Bonner Kommentar, 2002, Art. 5 Rdnr. 178 (88. Lfg. Februar 1999) aus.

cc) Die Privatsphäre

Berechtigte Interessen des Abgebildeten können weiterhin dann vorliegen, wenn Vorkommnisse aus seiner Privatsphäre[108] veröffentlicht werden, denn jeder hat verfassungsrechtlich einen Anspruch auf einen garantierten Bereich, in dem er allein bleiben kann und Schonung vor Eingriffen jeglicher Art erfährt[109]. Ungenehmigte Veröffentlichungen aus dieser Sphäre sind nur dann zulässig, wenn ein besonders gewichtiges Informationsinteresse der Öffentlichkeit besteht[110], welches die persönlichen Belangen des Betroffenen überwiegt[111]. *Allein* das Informationsinteresse der Allgemeinheit an einer bildlichen Darstellung von Personen der Zeitgeschichte reicht dazu jedoch nicht aus[112]. Welche Interessen im Einzelfall überwiegen ist mit Hilfe einer umfassenden Interessenabwägung zu ermitteln.

g) Die Interessenabwägung

Im Ergebnis läuft die Prüfung des Rechts am eigenen Bild regelmäßig auf eine Abwägung der widerstreitenden Positionen hinaus. Welche davon im Einzelfall die Oberhand behält, ist auf Grund verschiedener Kriterien zu ermitteln. Dazu zählen die betroffene Persönlichkeitssphäre, der Status der Person („Grad der Prominenz“ gemessen an der Bedeutung für die Allgemeinheit), der Informationswert der Nachricht und die Belastung des Dargestellten.

Im Prinzip kann hier auf die oben bei der Erörterung der Abwägung des Persönlichkeitsrechts mit den Publikationsfreiheiten gewonnenen Erkenntnisse zurückgegriffen werden[113]. Man muss jedoch berücksichtigen, dass an die Bildberichterstattung ein strengerer Maßstab als an die Wortberichterstattung anzulegen ist[114], denn „gegenüber einer Berichterstattung durch Wort, Druck oder Schrift bedeutet es einen ungleich stärkeren Eingriff in die persönliche Sphäre, wenn jemand das Erscheinungsbild einer Person in einer Lichtbildaufnahme oder einem Film fixiert, es sich so verfügbar macht und der Allgemeinheit vorführt“[115].

---

108 Ausführlich zum Begriff siehe E. III. 3. „Die verschiedenen Bereiche des Privatlebens“.

109 Vgl. *BVerfG* (Soraya) (Anm. 90), S. 269, 281. Vgl. dazu auch *Gerstenberg / Götting* (Anm. 8), § 60 UrhG/ § 23 KUG, Rn. 35.

110 Vgl. *BGH* vom 26.01.1965 (Gretna Green) – VI ZR 204/63, GRUR 1965, S. 256, 257.

111 Vgl. *BVerfG* (Lebach) (Anm. 85), S. 202, 221.

112 Vgl. *BGH* (Spätheimkehrer) (Anm. 8), S. 200, LS 2.

113 Vgl. oben unter E. V. „Die grundrechtlichen Abwägungskriterien“.

114 Vgl. *Gerstenberg / Götting* (Anm. 8), § 60 UrhG/§ 23 KUG, Rn. 35.

115 So der *BGH* (Vor unserer eigenen Tür) (Anm. 8), S. 205, 208.

h) Zusammenfassung und Schlussfolgerungen

Abschließend werden nun die wichtigsten Erkenntnisse bezüglich des Rechts am eigenen Bild kurz zusammengefasst (Punkte 1. bis 4.) und Schlussfolgerungen zur Verbesserung der Rechtslage aufgestellt (Punkte 5. und 6.):

1. Die Vorschriften des KUG betreffend das Recht am eigenen Bild sind uneingeschränkt auch auf die neuen Medien anwendbar.

2. Ein Bildnis im Sinne des KUG ist die erkennbare Wiedergabe der äußeren Erscheinung einer Person.

3. Die Einwilligung in die Veröffentlichung eines Bildnisses ist als rechtsgeschäftliche Erklärung (empfangsbedürftige Willenserklärung) aufzufassen. Sie ist auf Grund „gewandelter Überzeugung" bzw. aus „wichtigem Grund" widerrufbar. Dabei werden § 42 UrhG und § 35 Verlagsgesetz analog angewandt. Der Widerrufende ist zum Ersatz des Vertrauensschadens verpflichtet.

4. Im Ergebnis läuft die Prüfung des Rechts am eigenen Bild regelmäßig auf eine Interessenabwägung zwischen den Äußerungsfreiheiten und dem Persönlichkeitsrecht des Einzelnen hinaus.

5. Das öffentliche Informationsinteresse ist bei der Bildberichterstattung über private Ereignisse nur dann als legitim anzusehen, wenn ein entsprechender Informationswert festgestellt werden kann.

6. Zur besseren Wahrung der Persönlichkeitsrechte muss das öffentliche Informationsbedürfnis bereits im Rahmen des § 23 Abs. 1 KUG geprüft werden. Besteht kein öffentliches Informationsbedürfnis, so liegt schon gar kein „Bildnis aus dem Bereich der Zeitgeschichte" vor.

2. Schadensersatzpflicht nach § 823 BGB

§ 823 Abs. 1 BGB begründet eine Schadensersatzpflicht für widerrechtliche Verletzungen des Lebens, des Körpers, der Gesundheit, der Freiheit, des Eigentums oder eines sonstigen Rechts eines anderen. Ein Blick auf den Wortlaut der Norm zeigt sofort, dass weder das Persönlichkeitsrecht noch die Privatsphäre davon unmittelbar erfasst werden. Seit der *Sorayaentscheidung* [116] des Bundesverfassungsgerichts aus dem Jahre 1973, der ein Urteil des Bundesgerichtshofs

---

[116] Vgl. *BVerfG* (Soraya) (Anm. 90), S. 269 ff.

vorausging[117], ist jedoch unumstritten, dass unter die Generalklausel „sonstiges Recht“ auch das allgemeine Persönlichkeitsrecht mit all seinen Fassetten, d. h. Privatsphärenschutz, Bildnisschutz etc., zu subsumieren ist[118].

a) Immaterielle Schäden

Stellt man eine Beeinträchtigung einer persönlichen Sphäre fest, so tritt anschließend aber die Besonderheit auf, dass das BGB –bis auf wenige hier nicht weiter interessierende Ausnahmen[119] – nur den Ersatz materieller Vermögenswerte vorsieht, es sich aber bei der Verletzung des Persönlichkeitsrechts regelmäßig um ideelle Schäden handelt. Von diesem Grundsatz macht die Rechtsprechung jedoch – unter den Gesichtspunkten der Genugtuung und der Prävention[120] – eine Ausnahme, wenn folgende einschränkende Voraussetzungen kumulativ vorliegen: Es muss sich um eine schwerwiegende Verletzung des Persönlichkeitsrechts handeln und die Beeinträchtigung darf nach Art der Verletzung nicht in anderer Weise (Genugtuung durch Unterlassung, Gegendarstellung oder Widerruf) befriedigend ausgeglichen werden können[121].

Zu dem ersten Punkt ist anzumerken, dass das Merkmal der schwerwiegenden Verletzung von der Bedeutung und Tragweite des Eingriffs, dem Anlass und Beweggrund des Handelnden und der betroffenen Sphäre abhängt[122]. So kann sich die erforderliche Schwere der Beeinträchtigung beispielsweise aus der Hartnäckigkeit im Wiederholungsfalle ergeben, ohne dass die einzelne Verletzung für sich als schwerwiegend einzustufen ist[123]. Die zweite Voraussetzung hat keine große praktische Bedeutung, denn bei dem Vorliegen einer schwerwiegenden Verletzung kann die Beschädigung des Persönlichkeitsrechts kaum noch durch Unterlassung, Gegendarstellung oder Widerruf beseitigt werden.

b) Rechtswidrigkeit

Wurde auf Tatbestandsebene ein Eingriff festgestellt, so löst dies nicht automatisch die Rechtsfolge des Schadensersatzes aus. Erforderlich ist vielmehr die Feststellung der Rechtswidrigkeit der Beeinträchtigung. Hierbei ist anzumerken,

---

117 Vgl. *BGH* vom 08.12.1965 (Soraya) – VI ZR 201/63, NJW 1965, S. 685 ff.

118 Siehe zur Entwicklung des allgemeinen Persönlichkeitsrechts die Ausführungen oben unter E. III. 2. „Privatsphärenschutz und Persönlichkeitsrecht“.

119 Insb. § 253 Abs. 2 BGB, der aber die Verletzung des Persönlichkeitsrechts nicht umfasst.

120 Vgl. *Sprau* (Anm. 1), § 823, Rn. 124 m. w. N.

121 Vgl. nur *Sprau* (Anm. 1), § 823, Rn. 124 m. w. N. aus der Rspr.

122 Vgl. *Sprau* (Anm. 1), § 823, Rn. 124 m. w. N.

123 Vgl. *BGH* (Wiederholungsveröffentlichung) (Anm. 6), S. 985 f.

dass die Verletzerhandlung dann nicht als rechtswidrig einzustufen ist, wenn einer der allgemeinen Rechtfertigungsgründe (Notwehr, § 227 BGB; Nothilfe, §§ 229 ff. BGB; Wahrnehmung berechtigter Interessen, § 193 StGB etc.[124]) vorliegt, insbesondere wenn eine wirksame Einwilligung des Geschädigten gegeben ist. Im Übrigen gilt hier nicht der Grundsatz, dass die Tatbestandsmäßigkeit die Rechtswidrigkeit indiziert, da es sich bei dem Persönlichkeitsrecht um einen so genannten offenen Tatbestand handelt[125]. Um die Rechtswidrigkeit bei Persönlichkeitsrechtsverletzungen festzustellen, muss vielmehr in jedem Einzelfall, unter sorgsamer Würdigung aller Umstände, eine Güter- und Interessenabwägung vorgenommen werden, deren Ergebnis dann festlegt, ob der Eingriff befugt war oder nicht. Diese Interessenabwägung folgt den oben behandelten Grundsätzen[126], so dass hier ein Verweis an die genannte Stelle genügen soll.

c) Schlussbemerkung

Die „sonstigen Rechte" in § 823 Abs.1 BGB eröffnen der Rechtsprechung eine dogmatisch saubere Möglichkeit, gravierende Eingriffe in das Persönlichkeitsrecht zu sanktionieren. Ein Rückgriff auf die früher gewählte Konstruktion der analogen Anwendung von § 847 BGB a. F. ist daher nicht nötig und von den Gerichten zu Recht aufgegeben worden[127].

Ebenfalls zuzustimmen ist dem Erfordernis einer „schwerwiegenden Beeinträchtigung", da so Bagatellverstöße ausgefiltert werden können und das allgemeine Persönlichkeitsrecht nicht ohne weiteres kommerzialisiert werden kann. Im Übrigen wäre ein Weglassen dieser „unteren Eingriffsgrenze" im Falle von Medialen Tätigkeiten wohl kaum noch mit Art. 5 GG zu vereinbaren.

3. Strafrechtliche Vorschriften

Zum Abschluss der einfachgesetzlichen Regelungsmechanismen erfolgt nun eine Vorstellung von „besonderen"[128] strafrechtlichen Vorschriften, die zumindest

---

[124] Ausführlich zum Ausschluss der Rechtswidrigkeit *Sprau* (Anm. 1), § 823, Rn. 27 ff.

[125] Vgl. zu den „offenen Tatbeständen" *Sprau* (Anm. 1), § 823, Rn. 25 und 95, m. w. N.

[126] Vgl. oben unter E. V. „Die grundrechtlichen Abwägungskriterien".

[127] Vgl. *BGH* (Ginseng) (Anm. 2), S. 363, 367: „Die unter dem Einfluss der Wertentscheidung des Grundgesetzes erfolgte Ausbildung des zivilrechtlichen Persönlichkeitsschutzes wäre aber lückenhaft und unzureichend, wenn eine Verletzung des Persönlichkeitsrechts keine der ideellen Beeinträchtigung adäquate Sanktion auslösen würde".

[128] Auf die allgemeinen strafrechtlichen Vorschriften, die nur selten auch dem Schutz der Privatsphäre zugute kommen können, soll hier nicht näher eingegangen werden. Hervorzuheben wären vor allem folgende Regelungen: § 185 (Beleidigung), § 186 (Üble Nachrede), § 187 (Verleumdung), § 188 (Üble Nachrede und Verleumdung gegen Personen des politischen Lebens) und § 123 (Hausfriedensbruch).

mittelbar auch dem Privatsphärenschutz dienen. Auf Grund des geringen praktischen Wertes in Bezug auf die vorliegende Untersuchung wird jedoch auf eine ausführliche Darstellung verzichtet und lediglich ein kurzer Überblick gewährt.

a) Die Strafvorschrift im Kunsturhebergesetz: § 33 KUG

Das Kunsturhebergesetz bietet in § 33 den Personen, deren Recht am eigenen Bild nach den §§ 22, 23 KUG verletzt wurde, neben der „Vernichtung" (§ 37 KUG) und dem „Recht auf Übernahme" (§ 38 KUG) auch die Möglichkeit der Einleitung eines strafrechtlichen Verfahrens gegen den Schädiger:

> **§ 33 KUG [Strafvorschrift]** (1) Mit Freiheitsstrafe bis zu einem Jahr oder mit Geldstrafe wird bestraft, wer entgegen den §§ 22, 23 ein Bildnis verbreitet oder öffentlich zur Schau stellt.

Aufgrund der Antragspflicht gemäß § 33 Abs. 2 KUG entscheidet der Geschädigte selbst, ob der Publisher der strafrechtlichen Verfolgung ausgesetzt wird. Nach § 374 Abs. 1 Nr. 8 StPO handelt es sich bei § 33 KUG um ein so genanntes Privatklagedelikt, d. h., der Verletzte kann dem Rechtsbruch auch im Wege der Privatklage nachgehen, ohne dass es einer vorherigen Anrufung der Staatsanwaltschaft bedarf (vgl. auch § 374 Abs. 1 StPO). Trotz dieser Möglichkeiten hat die strafrechtliche Verfolgung in der Praxis – mit Ausnahme des gelegentlichen Vorgehens der Ordnungsbehörden gegen Demonstranten die Polizisten fotografieren – bislang jedoch so gut wie keine Bedeutung[129].

b) Die Vertraulichkeit des Wortes

Die Verletzung der Vertraulichkeit des gesprochenen Wortes wird durch § 201 StGB[130] unter Strafe gestellt. Schutzzweck der Norm ist die Erhaltung der Unbefangenheit mündlicher Äußerungen in dem Vertrauen auf die Flüchtigkeit unmittelbarer Kommunikation[131]. Voraussetzung ist, dass das Gesagte „nichtöffentlich" erfolgt. „Nichtöffentlich" in diesem Sinne bedeutet, dass die Äußerung nicht an die Allgemeinheit oder an einen durch persönliche oder sachliche Beziehungen nicht abgegrenzten Personenkreis gerichtet ist[132].

---

129 Vgl. auch *Dreier, T.*, in: *Dreier, T./Schulze, G.*, Urheberrecht, 2004, § 33 KUG, Rn. 3.

130 Der Wortlaut der Norm ist im Anhang am Ende der Arbeit abgedruckt.

131 Vgl. *Wessels, J./Hettinger, M.*, Strafrecht BT 1, 2005, Rn. 525 f.; *Tröndle, H./Fischer, T.*, StGB-Kommentar, 2004, § 201, Rn. 2 f., jeweils m. w. N.

132 Zu weiteren Einzelheiten der „Nichtöffentlichkeit" vgl. *Tröndle / Fischer* (Anm. 131), § 201, Rn. 3; *Lenckner, T.* in: *Schönke, A./Schröder, H.*, StGB-Kommentar, 2001, § 201 Rn. 8, jeweils m. w. N.

Tathandlungen nach § 201 Abs. 1 StGB sind in erster Linie die Aufnahme auf einen Tonträger und der Gebrauch einer so hergestellten Aufnahme. Weiterhin wird bestraft wer eine Aufnahme Dritten zugänglich macht. Daneben sanktioniert § 201 Abs. 2 StGB das Abhören mit einem Abhörgerät und die öffentliche Mitteilung des Wortlautes oder des wesentlichen Inhaltes einer Aufnahme[133].

Insbesondere die letztgenannte Variante der „öffentlichen Mitteilung" ist für Medien dann sehr interessant, wenn sie Material zugespielt bekommen. Um in besonderen Fällen dennoch eine Veröffentlichung zu ermöglichen, hat der Gesetzgeber in § 201 Abs. 2 S. 3 StGB einen Rechtfertigungsgrund geschaffen[134]. Danach ist die öffentliche Mitteilung nicht rechtswidrig, wenn sie „zur Wahrnehmung überragender öffentlicher Interessen gemacht wird". Dieser Rechtfertigungsgrund leitet sich aus Art. 5 Abs. 1 Grundgesetz ab und wurde maßgeblich durch die *Wallraffentscheidung*[135] des Bundesverfassungsgerichts beeinflusst[136]. Diesem Urteil hat der Gesetzgeber letztlich auch das Erfordernis eines „überragenden öffentlich Interesses"[137] entnommen. Ein solches liegt nach dem Bundesverfassungsgericht jedenfalls immer dann nicht vor, wenn Zustände oder Verhaltensweisen publiziert werden, die ihrerseits nicht rechtswidrig sind[138]. Daher erlangt der angesprochene Rechtfertigungsgrund nur bei der Aufdeckung sehr gravierender Rechtsverstöße[139] oder erheblicher öffentlicher Missstände Bedeutung.

Abschließend soll noch kurz auf die Bagatellklausel des § 201 Abs. 2 S. 2 hingewiesen werden. Danach ist eine öffentliche Mitteilung nur dann strafbar, wenn sie geeignet ist, „berechtigte Interessen eines anderen zu beeinträchtigen". Diese Beschränkung auf strafwürdige Fälle stellt Mitteilungen lapidarsten Inhaltes straffrei. Geschützt werden aber Gesprächsinhalte, „die ein Geheimnis im materiellen Sinne darstellen" oder „die den Verletzten in der Öffentlichkeit bloßstellen würden"[140].

---

133 Vgl. zu den Einzelheiten der Tatbestandsmerkmale *Tröndle / Fischer* (Anm. 131), § 201, Rn. 2 ff.; *Lenckner* (Anm. 132), § 201 Rn. 3 ff.; *Kühl, K.*, StGB-Kommentar, 2004, § 201 Rn. 2 ff.; *Wessels / Hettinger* (Anm. 131), Rn. 525 ff.

134 Auf die allgemeinen Rechtfertigungsgründe des Strafgesetzbuches (insb. §§ 32 ff.) muss hier nicht näher eingegangen werden, da sie das hier behandelte Thema nicht betreffen.

135 Vgl. *BVerfG* vom 25.01.1984 (Wallraff) – 1 BvR 272/81, BVerfGE 66, S. 116 ff. In dem Fall *Wallraff* ging es maßgeblich um die Publizierung rechtswidrig erlangter Informationen aus dem redaktionellen Bereich eines Presseorgans.

136 Vgl. nur *Lenckner* (Anm. 132), § 201 Rn. 33a m. w. N.

137 Vgl. *BVerfG* (Wallraff) (Anm. 135), S. 116, 139.

138 Vgl. *BVerfG* (Wallraff) (Anm. 135), S. 116, 139.

139 Vgl. *Deutscher Bundestag*, 11. Wahlperiode, Drucksache 11/7414. Vgl. auch *Lenckner* (Anm. 132), § 201 Rn. 33a.

140 Siehe *Tröndle / Fischer* (Anm. 131), § 201, Rn. 12.

Eine Auswertung der Rechtsprechung zu § 201 StGB zeigt keine nennenswerte Berührungspunkte dieser Strafvorschrift mit dem Schutz der Privatsphäre prominenter Personen durch Medienveröffentlichungen. Man kann jedoch vermuten, dass dies nicht an dem geringen Interesse der Publikationsorgane an vertraulichen Gesprächen liegt, sondern vielmehr auf den abschreckenden Charakter der genannten Vorschrift (Freiheitsstrafe bis drei Jahren) zurückzuführen ist.

c) Strafrechtsänderungsgesetz

In Ergänzung zu den eben vorgestellten Normen verabschiedete der Deutsche Bundestag am 29. April 2004 ein Gesetz zum besseren Schutz höchstpersönlicher Lebensbereiche vor Bildaufnahmen[141]. Der Beschluss sah eine Änderung des Strafgesetzbuches vor. Im 15. Abschnitt wurde nach § 201 StGB (Vertraulichkeit des Wortes) folgender § 201a StGB eingefügt[142]:

§ 201a StGB [Verletzung des höchstpersönlichen Lebensbereichs]

> (1) Wer von einer anderen Person, die sich in einer Wohnung oder einem gegen Einblick besonders geschützten Raum befindet, unbefugt Bildaufnahmen herstellt oder überträgt und dadurch deren höchstpersönlichen Lebensbereich verletzt, wird mit Freiheitsstrafe bis zu einem Jahr oder mit Geldstrafe bestraft....[143]

Die Vorschrift des § 201a StGB stellt quasi das Pendant zum Schutz der Verletzung der Vertraulichkeit des Wortes des § 201 StGB dar und wird dementsprechend gemäß § 205 StGB ebenfalls nur auf Antrag verfolgt. Wie den Materialien des Gesetzgebers zu entnehmen ist, war § 201 StGB auch mitursächlich für den Erlass des Strafrechtsänderungsgesetzes. In der Begründung des Gesetzentwurfes ist zu lesen: „Diese [in Bezug auf Wort- und Bildaufnahmen] strafrechtliche Ungleichbehandlung ist nicht länger hinnehmbar. Denn der höchstpersönliche Lebensbereich kann durch Bildaufnahmen in gleicher Weise verletzt werden wie durch unbefugtes Abhören“[144]. Hauptursache war jedoch die technische

---

[141] Vgl. *Verhandlung des Deutschen Bundestages*, 15. Wahlperiode, 105. Sitzung, 29. April 2004, Stenografischer Bericht, S. 9533 ff. Das Plenarprotokoll 15/105 ist im Internet auf der Homepage des Deutschen Bundestages (http://www.bundestag.de) unter der URL: http://dip.bundestag.de/btp/15/15105.pdf veröffentlicht (Stand: 10.05.2004).

[142] Siehe *Deutscher Bundestag*, 15. Wahlperiode, Drucksache 15/2466 und 15/2995; Quelle: Homepage des Deutschen Bundestages (www.bundestag.de). URL der Drucksache 15/2446: http://dip.bundestag.de/btd/15/024/1502466.pdf; URL der Drucksache 15/2995: http://dip.bundestag.de/btd/15/029/1502995.pdf (Stand: 10.05.2004).

[143] Der vollständige Wortlaut ist im Anhang am Ende der Arbeit abgedruckt.

[144] Siehe *Deutscher Bundestag* (Anm. 142). Vgl. auch *Manzewski, D.*, Debatte im BT zum Gesetzentwurf: „Während die Vertraulichkeit des nicht öffentlich gesprochenen Wortes einen umfassenden strafrechtlichen Schutz genießt, hat es bislang für die viel stärker in das Persönlichkeitsrecht eingreifenden Bildaufnahmen nichts Vergleichbares gegeben“. Vgl. dazu *Verhandlung des Deutschen Bundestages* (Anm. 141), S. 9534.

Entwicklung von Minikameras[145], Fotohandys etc. und die Möglichkeit der problemlosen Veröffentlichung der Bilder über das Internet[146].

Weiterhin ergänzt § 201a StGB den § 33 KUG und schließt insofern auch eine Strafbarkeitslücke. Bisher war nämlich gemäß der letztgenannten Norm nur die Veröffentlichung von Bildnissen sanktioniert, während das bloße Anfertigen straffrei blieb.

Im Strafrechtsänderungsgesetz finden sich vor allem zwei auslegungsbedürftige Tatbestandsmerkmale, auf die hier kurz eingegangen werden soll. Zum einen muss sich die abgebildete Person in einer „Wohnung oder einem gegen Einblick besonders geschützten Raum" befinden und zum anderen muss sie durch die Bildaufnahmen in ihrem „höchstpersönlichen Lebensbereich" verletzt werden.

aa) Wohnung und „gegen Einblicke geschützter Raum"

Durch seine Formulierung setzt der Gesetzentwurf dem Tatbestand enge Grenzen. Geschützt werden in erster Linie eigene und fremde Wohnungen. Dazu sind auch Gäste- oder Hotelzimmer, Wohnwägen etc. zu zählen. Abzugrenzen davon sind jene Räumlichkeiten, „die einer (beschränkten) Öffentlichkeit zugänglich sind, wie Geschäfts- oder Diensträume"[147]. § 201a StGB erfasst darüber hinaus aber auch sämtliche mit einem Sichtschutz versehenen Räume, wie zum Beispiel Toiletten, Umkleidekabinen oder ärztliche Behandlungszimmer etc. Da es nach der Schutzrichtung des Entwurfes maßgeblich auf die Abwehr von Einblicken ankommt, muss man auch blickdicht umgebene Grundstücke, Gärten usw. unter die genannte Vorschrift subsumieren[148].

bb) Der höchstpersönliche Lebensbereich

Nach dem Gesetzeswortlaut wird die Strafbarkeit gemäß § 201a StGB, neben dem „besonders geschützten Raum", noch durch ein weiteres Kriterium begründet: Die Bildaufnahme muss den „höchstpersönlichen Lebensbereich" des Dar-

---

[145] Vgl. statt vieler *Ströbele, H.-C.*, *Verhandlung des Deutschen Bundestages* (Anm. 141), S. 9537: „Mit der heutigen Kameratechnik – kleine Fotoapparate an einem Stock, in einer Streichholzschachtel oder ähnlich verborgen – werden Fotoaufnahmen von ganz intimen Situationen gemacht, die vielleicht zunächst einmal nur zu Hause aufbewahrt werden. Es besteht dann aber immer die Möglichkeit, dass Einzelne diese gebrauchen und weitergeben, ohne dass sie unbedingt veröffentlicht werden".

[146] Vgl. *Deutscher Bundestag* (Anm. 142). Vgl. dazu auch *Verhandlung des Deutschen Bundestages* (Anm. 141), S. 9534 ff.

[147] Vgl. *Deutscher Bundestag* (Anm. 142).

[148] Vgl. *Deutscher Bundestag* (Anm. 142).

gestellten verletzen. Der Begriff des „höchstpersönlichen Lebensbereichs" ist dem Strafrecht in dieser Form[149] bisher unbekannt und er ist auch aus sich selbst heraus wenig aussagekräftig, so dass zunächst einmal die Frage der Auslegung in den Vordergrund rückt. Nach dem Willen des Gesetzgebers bezieht er sich „auf den Bereich privater Lebensgestaltung, in dem eine Abwägung zwischen dem Interesse der Allgemeinheit und dem Schutzinteresse des Einzelnen, wie sie bei einem Eingriff in den sonstigen persönlichen Lebensbereich erforderlich ist, nicht stattfindet"[150]. Demnach soll sich also die Tatbestandsmäßigkeit an dem von der höchstrichterlichen Rechtsprechung ausgeformten Begriff der Intimsphäre orientieren.[151]

Sowohl die Formulierung des Strafrechtsänderungsgesetzes als auch die Begründung des Gesetzentwurfs liefern lediglich Anhaltspunkte für die Interpretation des Begriffes und eröffnen damit der Rechtsprechung die Möglichkeit[152], den „höchstpersönlichen Lebensbereich" abschließend zu definieren. Es erweckt den Eindruck, der Gesetzgeber wollte lediglich die äußeren Grenzen der Auslegungsmöglichkeiten festlegen: „Dieser Begriff lehnt sich an den bereits im Strafrecht verwendeten Begriff des persönlichen Lebensbereichs an. Er ist einerseits etwas einengender als dieser, da nicht alles, was der Privatsphäre unterliegt, aber ein neutrales Verhalten darstellt, eines strafrechtlichen Schutzes bedarf. Andererseits reduziert er sich aber auch nicht auf die Intimsphäre allein"[153]. Man wird wohl noch einige Zeit abwarten müssen, um festzustellen, welchen Weg die Rechtsprechung einschlägt. Abgrenzungsschwierigkeiten zwischen *neutralem* Verhalten und jenem Verhalten, dass man als *nicht neutral* im Sinne der eben zitierten Äußerung ansehen kann sind wohl vorprogrammiert.

Dieses Problem kann die Rechtsprechung nur durch folgende zwei Auslegungsvorschläge umgehen:

1. Inhaltliche Gleichsetzung des *höchstpersönlichen Lebensbereichs* mit dem Begriff der Intimsphäre, da dieser von Wissenschaft und Rechtsprechung mittlerweile hinreichend ausdifferenziert und definiert wurde.

---

[149] Das Strafrecht kennt lediglich den Begriff des persönlichen Lebensbereiches (vgl. die Überschrift des 15. Abschnitts und § 203 StGB).

[150] Siehe *Deutscher Bundestag* (Anm. 142).

[151] Vgl. *Deutscher Bundestag* (Anm. 142).
Vgl. die ausführliche Darstellung oben unter E. III. 3. a) „Der Kernbereich" m. w. N. aus der Rspr.

[152] Man ist durchaus auch geneigt zu sagen, dass der Gesetzgeber der Rechtsprechung nicht die Möglichkeit sondern *die Pflicht* zur Definition des Begriffes des höchstpersönlichen Lebensbereiches auferlegt.

[153] Siehe *Manzewski* (Anm. 144), S. 9534.

2. Jedes Verhalten eines Menschen in seiner Wohnung oder in einem sonstigen zurückgezogenen, gegen Einblicke besonders geschützten, Bereich wird grundsätzlich als Teil seines *höchstpersönlichen Lebensbereichs* angesehen.

Gegen die erste Variante spricht vor allem, dass sie den Tatbestand des § 201a StGB viel zu stark einengen würde und insbesondere dem Ausspionieren von Grundstücken und sonstigen privaten Anlagen kaum einen Riegel vorschieben könnte.

So wäre es beispielsweise strafrechtlich irrelevant, jemanden – von einem Baum, einem Dach eines in der Nähe stehenden Gebäudes etc. – auf einer Terrasse eines blickdichten Gartens beim Kaffeplausch zu fotografieren oder filmen. Springt der Beobachtete dann (leicht oder gar nicht bekleidet) in den Swimmingpool, so wäre ein Fortsetzen der Bildaufnahmen wohl eine Straftat im Sinne des § 201a StGB, da dann regelmäßig die Intimsphäre des Betroffenen tangiert wäre.

Eine derartige Interpretation ist wohl kaum wünschenswert. Daher wird hier die zweite Variante als vorzugswürdig angesehen. Dies würde vor allem auch die Hemmschwelle im Vorfeld der Eingriffe erhöhen und somit zu einer deutlichen Reduzierung des teilweise systematischen Ausspähens führen.

cc) Zusammenfassung

Insgesamt gesehen beinhaltet das Strafrechtsänderungsgesetz ein richtiges und sehr wichtiges Signal. Der Gesetzgeber bringt damit zum Ausdruck, dass er die verschärften Eingriffe in die persönlichen Lebenssphären gesehen hat und willens ist darauf zu reagieren. Der Gesetzentwurf ist umso bemerkenswerter, da er trotz heftiger Kritik der Medienvertreter[154] interfraktionell zustande kam und im Bundestag einstimmig angenommen wurde.

Nach hier vertretener Ansicht beinhaltet § 201a StGB auch keinen unzulässigen Eingriff in die Pressefreiheit, da er nur den Kern der Persönlichkeit schützt, also einen Bereich, in dem „eine Abwägung zwischen dem Interesse der Allgemeinheit und dem Schutzinteresse des Einzelnen, wie sie bei einem Eingriff in den sonstigen persönlichen Lebensbereich erforderlich ist, nicht stattfindet“[155]. Im Übrigen hat die höchstrichterliche Rechtsprechung in den letzten Jahrzehnten den Meinungsäußerungsfreiheiten einen hohen Stellenwert eingeräumt und es ist auch nicht zu erwarten, dass das Strafrechtsänderungsgesetz zu übermäßigen

---

154 Vgl. *taz* Nr. 7210 vom 17.11.2003, Seite 19 (Quelle: Homepage der taz unter der URL: http://www.taz.de/pt/2003/11/17/a0122.nf/text (Stand: 10.05.2004). Vgl. auch die Publikationen auf der Homepage des *Heise Zeitschriften Verlags* (http://www.heise.de) unter der URL: http://www.heise.de/newsticker/meldung/46999 (Stand 10.05.2004).

155 Siehe *Deutscher Bundestag* (Anm. 142).

Beschränkungen von Art. 5 Abs. 1 Grundgesetz genutzt wird. Unter diesen Gesichtspunkten können befürchtende Äußerungen der Medien – wie beispielsweise in der *taz* vom 17.11.2003, Seite 19: „Im Bundestag soll ein Gesetz verabschiedet werden, das die Privatsphäre schützt und auch seriöse Fotografen ins Gefängnis bringen könnte" – als unbegründet angesehen werden.

VII. Art. 8 EMRK und die Rechtsprechung des EGMR

Art. 8 EMRK[1] garantiert jeder Person das Recht auf Achtung des Privat- und Familienlebens. Dennoch hat in der Vergangenheit weder diese Vorschrift noch die damit verbundene Rechtsprechung des Europäischen Gerichthofs für Menschenrechte (EGMR) entsprechende Beachtung durch die deutsche Rechtsprechung erfahren. Auch die rechtswissenschaftliche Lehre zitierte die genannte Regelung im Zusammenhang mit dem Persönlichkeitsschutz eher selten denn regelmäßig. Der Grund ist darin zu sehen, dass die Rechtspraxis hierzulande bezüglich der Privatsphäre ein gleiches oder doch zumindest annähernd gleiches Schutzniveau von Grundgesetz und Europäischer Konvention annahm. Es scheint, als hätten viele die EMRK in diesem Bereich immer noch für eine „sleeping beauty"[2] gehalten, deren Persönlichkeitsrechtsschutz nicht über den Standard der deutschen Rechtsordnung hinausgeht. Wie ein Paukenschlag wirkte daher das *Hannover gegen Deutschland*-Urteil des EGMR vom 24. Juni 2004[3], das die bundesverfassungsgerichtliche Rechtsprechung bezüglich der Verletzung des Privatlebens Prominenter durch die Medien rügt und für konventionswidrig erachtet. Neben den Hintergründen der Entscheidung stellt sich damit auch die Frage nach der Auswirkung auf die deutsche Rechtsordnung.

1. Überblick: EMRK und EGMR in der deutschen Rechtsordnung

Beleuchtet man das Verhältnis der EMRK und der Rechtsprechung des EGMR zur deutschen Rechtsordnung so drängen zwei Fragen in den Vordergrund: Welchen Rang nimmt die EMRK in der deutschen Gesetzessystematik ein und inwiefern entfalten Entscheidungen des EGMR Bindungswirkung für deutsche

---

1 Art. 8 Abs. 1 EMRK: „Jede Person hat das Recht auf Achtung ihres Privat- und Familienlebens, ihrer Wohnung und ihrer Korrespondenz".

2 Ausdruck entliehen von *Riedel, E.*, Assertion and Protection, in: *Starck, C.* (Hrsg.), Rights, 1987, S. 207: "As the Basic Law protection level was regarded as more effective and all-embracing, the ECHR really was considered to be a 'sleeping beauty' in Germany: one knew of its existence, but paid little attention to its substantive guarantees, believing that the rights standards laid down there had long been materialized in the Basic Law system".

3 Vgl. *EGMR* vom 24.06.2004 (Hannover / Deutschland) – 59320/00, Übersetzung abgedruckt in ZUM 2004, S. 651 ff. Volltext auch im Internet auf der Homepage des EGMR (http://www.echr.coe.int) abrufbar (Stand: 15.06.2005).

Gerichte. Beiden Problemkreisen kann und soll hier nur im Ansatz nachgegangen werden[4], wobei insbesondere die Rechtsprechung des Bundesverfassungsgerichts in den Mittelpunkt gestellt wird, da diese unmittelbare Auswirkung auf die Rechtspraxis hat.

a) Der Rang der EMRK im deutschen Recht

Die EMRK und ihre Zusatzprotokolle sind völkerrechtliche Verträge, die zur Entfaltung unmittelbarer innerstaatlicher Wirkung der Transformation in das deutsche Recht bedürfen. Dem ist der Gesetzgeber mit dem förmlichen *Gesetz über die Konvention zum Schutze der Menschenrechte und Grundfreiheiten vom 07.08.1952* gem. Art. 59 Abs. 2 GG nachgekommen[5]. Die Konvention ist damit gemäß der Bekanntmachung vom 15.12.1953 am 03.09.1953 für die Bundesrepublik Deutschland in Kraft getreten[6].

Nach herrschender Meinung kommt der EMRK in Deutschland kein Verfassungsrang zu, sondern sie nimmt die Stellung eines Bundesgesetzes ein und ist demnach von den Gerichten zu beachten und anzuwenden[7]. Die Klassifizierung als einfaches Bundesgesetz hätte an sich zur Folge, dass spätere nationale Gesetze nach dem *Lex posterior*-Grundsatz dem völkerrechtlichen Vertrag vorgehen würden. Davon macht die herrschende Ansicht jedoch eine Ausnahme. Sie geht davon aus, dass das innerstaatliche Recht unabhängig von dem Zeitpunkt seines Inkrafttretens im Einklang mit der Konvention auszulegen sei[8]. Demnach ist im Zweifel der Vertrag als *lex specialis* und nicht das spätere Gesetz maßgeblich.

Als Bundesgesetz ist die EMRK jedoch gem. Art. 93 Abs. 1 Nr. 4 a) GG kein unmittelbarer Prüfungsmaßstab einer Verfassungsbeschwerde, d. h., ein Beschwerdeführer kann das Bundesverfassungsgericht nicht direkt wegen Verletzung eines in der Konvention enthaltenen Menschenrechts anrufen[9]. Eine sich

---

4 Ausführlich dazu mit vielen weiteren Nachweisen *Cremer, H.-J.*, Bindungswirkung von EGMR-Urteilen, in: EuGRZ 2004, S. 683 ff.

5 Vgl. BGBl. II 1952, S. 685 ff.

6 Vgl. BGBl. II 1954, S. 14 und die Neubekanntmachung der Konvention in der Fassung des 11. Zusatzprotokolls, BGBl. II 2002, S. 1054.
Zur Entstehung, Entwicklung und Bedeutung der EMRK eingehend *Riedel, E.*, Menschenrechtsschutz, in: Völkerrechtskolloquium, 1992, S. 93 ff., der auch einen Überblick über die Funktion der Straßburger Organe wiedergibt (a. a. O., S. 100 ff.).

7 Vgl. *BVerfG* vom 14.10.2004 (Görgülü) – 2 BvR 1481/04, NJW 2004, S. 3408, m. w. N. aus der eigenen Rspr. Ausführlich *Cremer* (Anm. 4), S. 686 f.; *Staebe, E.*, Die Europäische Menschenrechtskonvention, in: JA 1996, S. 79; *Bernhardt, R.*, Die Europäische Menschenrechtskonvention, in: EuGRZ 1996, S. 339, jeweils m. w. N.

8 Vgl. *BVerfG* (Görgülü) (Anm. 7), S. 3408, m. w. N.; *Bernhardt* (Anm. 7), S. 339.

9 Vgl. nur *BVerfG* (Görgülü) (Anm. 7), S. 3408, m. w. N.

hiergegen wendende Meinung in der Literatur[10], die die Vorschriften der EMRK mit den darin enthaltenen Grundrechten auf Verfassungsebene ansiedeln möchte – oder ihr doch zumindest Vorrang vor einfachem Bundesrecht zubilligt – konnte sich bislang nicht durchsetzen[11]. Mit einer Änderung der Rechtslage in diesem Bereich ist nach der ausführlichen Erörterung des Bundesverfassungsgerichts im *Görgülü*-Beschluss[12] in absehbarer Zeit auch nicht zu rechnen. An genannter Stelle sprach sich das höchste deutsche Gericht nämlich ausdrücklich gegen die Anerkennung eines Verfassungsrangs der EMRK aus.

Trotz ihrer Stellung als („nur") einfaches Gesetz entfaltet die EMRK aber auch nach der zitierten herrschenden Meinung Wirkung auf den innerstaatlichen Grundrechtsschutz:

> „Die Gewährleistungen der Konvention beeinflussen jedoch die Auslegung der Grundrechte und rechtsstaatlichen Grundsätze des Grundgesetzes. Der Konventionstext und die Rechtsprechung des EGMR dienen auf der Ebene des Verfassungsrechts als Auslegungshilfen für die Bestimmung von Inhalt und Reichweite von Grundrechten und rechtsstaatlichen Grundsätzen des Grundgesetzes…".[13]

Diese konventionsfreundliche Anwendung durch das Bundesverfassungsgericht darf jedoch nicht zu dem Trugschluss führen, das höchste deutsche Gericht würde die inhaltliche Ausgestaltung von Grundrechtspositionen aus der Hand geben oder gar die EMRK faktisch über das Grundgesetz stellen. Denn im Anschluss an das wiedergegebene Zitat führt es aus: „…sofern dies nicht zu einer…Einschränkung oder Minderung des Grundrechtsschutzes nach dem Grundgesetz führt"[14]. Damit stellt das Bundesverfassungsgericht klar, dass es sich bezüglich der Auslegung des Grundgesetzes das letzte Wort vorbehält.

b) Bindungswirkung der Rechtsprechung des EGMR

Als erstes ist hervorzuheben, dass der Gerichtshof keine kassatorischen Entscheidungen fällt[15]. Seine Urteile bewirken demnach keine unmittelbare Aufhe-

---

[10] So schon *Echterhölter, R.*, Die EMRK in der verfassungsmäßigen Ordnung, in: JZ 1955, S. 689; *ders.*, Die EMRK, in: JZ 1956, S. 142. In neuerer Zeit z. B. *Giegerich, T.*, Schutz der Persönlichkeit, in: RabelsZ 63 (1999), S. 501 f.; *Ress, G.*, Wirkung und Beachtung, in: EuGRZ 1996, S. 353; *Bleckmann, A.*, Verfassungsrang der EMRK?, in: EuGRZ 1994, S. 152 ff. Zahlreiche Nachweise finden sich auch bei *Cremer* (Anm. 4), S. 686, Fn. 27.

[11] Vgl. nur *Cremer* (Anm. 4), S. 686 m. w. N.

[12] Vgl. *BVerfG* (Görgülü) (Anm. 7), S. 3408.

[13] Siehe *BVerfG* (Görgülü) (Anm. 7), S. 3408.

[14] Siehe *BVerfG* (Görgülü) (Anm. 7), S. 3408.

[15] Ausführlich zur Bindungswirkung *Cremer* (Anm. 4), S. 689 ff. Vgl. auch *Polakiewicz, J.*, Die Verpflichtungen der Staaten, 1993, S. 217 ff. So auch die Rspr., vgl. *BVerfG* (Görgülü) (Anm. 7), S. 3409.

bung der staatlichen Maßnahmen. Zu den „staatlichen Maßnahmen" zählt alles Handeln der öffentlichen Gewalt, denn der Staat tritt in seiner Eigenschaft als Partei des Verfahrens als Einheit und damit als Verantwortlicher der Legislative, Judikative und Exekutive auf[16]. Die Urteile des Gerichtshofs sind in der Sachfrage feststellender Natur, d. h., mit der Entscheidung steht fest, ob der beklagte Mitgliedstaat die Konvention gewahrt oder sich zu ihr in Widerspruch gesetzt hat[17]. Ausnahmsweise, wenn im Falle der Missachtung der Konvention das innerstaatliche Recht gem. Art. 41 EMRK „nur eine unvollkommene Wiedergutmachung für die Folgen dieser Verletzung" vorsieht, erfolgt ein Leistungsausspruch zu Gunsten des Beschwerdeführers, der diesem eine „gerechte Entschädigung" gewährt.

Damit stellt sich die Frage, welche konkreten Auswirkungen die Feststellungsurteile des EGMR auf das deutsche Recht haben und zwar insbesondere dann, wenn der Konventionsverstoß seinen Ursprung in Gerichtsentscheidungen hat, wie es beim Konflikt von Persönlichkeitsrechten mit der Pressefreiheit regelmäßig der Fall sein dürfte. Hier taucht das Problem auf, dass die nationalen Gerichtsverfahren vor Anrufung des Gerichtshofes grundsätzlich rechtskräftig abgeschlossen sind[18]. Mangels kassatorischer Wirkung bleiben die deutschen Urteile somit bestehen[19]. Der Betroffene kann also nur auf eine billige Entschädigung in Geld hoffen.

Die Entscheidungen des EGMR können sich jedoch auf zukünftige Verfahren auswirken, da diese, auf Grund der Bindung an Gesetz und Recht gem. Art. 20 Abs. 3 GG, die Auslegung der EMRK durch den Gerichtshof beachten und berücksichtigen müssen. Kommen die deutschen Gerichte dem nicht nach, so ist – gestützt auf das einschlägige Grundrecht – eine Rüge vor dem Bundesverfassungsgericht zulässig[20]. Doch ebenso wie bei der Anwendung der EMRK schränkt das Bundesverfassungsgericht die materielle Rechtskraftbindung der EGMR-Urteile ein:

> „‚Berücksichtigen' bedeutet, die Konventionsbestimmung in der Auslegung des Gerichtshofs zur Kenntnis zu nehmen und auf den Fall anzuwenden, soweit die Anwen-

---

16 Vgl. nur *Cremer* (Anm. 4), S. 690, Fn. 88.

17 Die EMRK enthält zwar keine allgemeine Vorschrift über den Urteilsausspruch, aber aus Art. 41 EMRK ist herauszulesen, dass Entscheidungen des EGMR in der Sache Feststellungsurteile sind („Stellt der Gerichtshof fest…").

18 Vgl. Art. 35 Abs. 1 EMRK: „Der Gerichtshof kann sich mit einer Angelegenheit erst nach Erschöpfung aller innerstaatlichen Rechtsbehelfe in Übereinstimmung mit den allgemein anerkannten Grundsätzen des Völkerrechts und nur innerhalb einer Frist von sechs Monaten nach der endgültigen innerstaatlichen Entscheidung befassen".

19 Ausnahme hiervon ist § 359 Nr. 6 StPO, der die Wiederaufnahme des Verfahrens zu Gunsten des Verurteilten zulässt, wenn der EGMR eine Verletzung der Konvention oder ihre Protokolle festgestellt hat und das deutsche Urteil auf dieser Verletzung beruht.

20 Vgl. nur *BVerfG* (Görgülü) (Anm. 7), S. 3411.

> dung nicht gegen höherrangiges Recht, insbesondere gegen Verfassungsrecht verstößt...Bei einem anderen Sachverhalt werden die Gerichte ermitteln müssen, worin der spezifische Konventionsverstoß nach Auffassung des Gerichtshofs gelegen hat und warum eine geänderte Tatsachenbasis eine Anwendung auf den Fall nicht erlaubt. Dabei wird es immer auch von Bedeutung sein, wie sich die Berücksichtigung der Entscheidung im System des jeweiligen Rechtsgebiets darstellt".[21]

Damit eröffnen sich den Fachgerichten Möglichkeiten, von der Kasuistik des EGMR abzuweichen, sobald einer Entscheidung ein nicht im wesentlich gleicher Sachverhalt wie dem Urteil des Gerichtshofes zu Grunde liegt. Darüber hinaus hält sich das Bundesverfassungsgericht in Fällen, in denen „widerstreitende Grundrechtspositionen durch die Bildung von Fallgruppen und abgestuften Rechtsfolgen zu einem Ausgleich gebracht werden" müssen, eine weitere Tür offen:

> „Bei der insoweit erforderlichen wertenden Berücksichtigung durch die nationalen Gerichte kann auch dem Umstand Rechnung getragen werden, dass das Individualbeschwerdeverfahren vor dem Gerichtshof, insbesondere bei zivilrechtlichen Ausgangsverfahren, die beteiligten Rechtspositionen und Interessen möglicherweise nicht vollständig abbildet".[22]

Folglich erachtet es das Bundesverfassungsgericht nicht per se für konventionswidrig, auch in ähnlich oder gar gleich gelagerten Fällen zu einem anderen (Wertungs- oder Abwägungs-) Ergebnis zu kommen, wenn der Nachweis geführt werden kann, dass „andere Faktoren" in die Entscheidung mit einzubeziehen seien, die vom Gerichtshof – aus welchen Gründen auch immer – nicht berücksichtigt wurden.

Nach alledem ist festzuhalten, dass die Rechtsprechung EGMR (lediglich) mittelbaren Einfluss auf die deutsche Rechtsordnung ausübt. Durch die Verpflichtung der nationalen Fachgerichte zur inhaltlichen Auseinandersetzung mit der Argumentation des Gerichtshofs, wird dessen Rechtsprechung die Rechtspraxis dennoch nicht unerheblich prägen und mitgestalten.

2. Caroline von Hannover gegen Deutschland

Nicht zuletzt wegen der zu erwartenden (oder doch zumindest möglichen) Auswirkungen wurde die Entscheidung des EGMR in der Sache *Hannover gegen Deutschland* – nach gut vierjähriger Anhängigkeit[23] – mit Spannung erwartet.

---

[21] Siehe *BVerfG* (Görgülü) (Anm. 7), S. 3411.

[22] Siehe *BVerfG* (Görgülü) (Anm. 7), S. 3411.

[23] Vgl. dazu auch *Stürner, R.*, Anm. zum Urt. des *EGMR* vom 24.06.2004, in: JZ 2004, S. 1021, der diese lange Zeitspanne für „bedenklich" hält.

Dem Urteil[24] liegt eine Individualbeschwerde der Fürstentochter *Caroline von Hannover*[25] zu Grunde. Die Beschwerdeführerin griff insgesamt drei Verfahrenserien vor deutschen Gerichten an, die ihren Ausgangspunkt jeweils vor der „Pressekammer" des Hamburger Landgerichts hatten. Die erste Verfahrenserie endete zivilgerichtlich durch Urteil des Bundesgerichtshofs vom 19. Dezember 1995[26]. Auf die dagegen erhobene Verfassungsbeschwerde erging das in dieser Arbeit bereits ausführlich besprochene Grundsatzurteil des Bundesverfassungsgerichts vom 15. Dezember 1999[27], das teilweise als Magna Charta der Bildberichterstattung gefeiert wurde[28]. In der zweiten und dritten Verfahrenserie hat das Oberlandesgericht Hamburg die Revision zum Bundesgerichtshof nicht zugelassen, sodass die Beschwerdeführerin unmittelbar vor dem Bundesverfassungsgericht Verfassungsbeschwerde erheben konnte. Diese wurden jeweils unter Berufung auf das Urteil des Bundesgerichtshofs vom 19. Dezember 1995 und auf das eigene Urteil vom 15. Dezember 1999 nicht zur Entscheidung angenommen[29].

In der Sache wendete sich die Beschwerdeführerin gegen die Veröffentlichung zahlreicher Fotos aus dem Bereich ihres Privatlebens, die in verschiedenen deutschen Zeitschriften zwischen 1993 und 1997 abgedruckt wurden. Auf den streitgegenständlichen Bildern ist die Beschwerdeführerin, teilweise in Begleitung anderer Leute, teilweise alleine, beispielsweise auf der Terrasse eines Restaurants, beim Reiten, beim Kanu fahren, auf dem Markt, im Skiurlaub, beim Tennisspielen oder im Badeanzug in einem Privatclub zu sehen. Die Fotos sind regelmäßig als Bilderreportage angeordnet und jeweils mit kurzen schlagwortartigen Kommentaren wie zum Beispiel „Mit Prinzessin Caroline unterwegs in Paris" oder „Caroline und die Melancholie. Ihr Leben ist ein Roman mit unzähligen Unglücken" über- bzw. untertitelt. Im Zusammenhang damit finden sich Artikel, welche die Umstände der bildlichen Darstellungen beschreiben.

Der Gerichtshof stellte im Ergebnis einstimmig[30] die Verletzung von Art. 8 EMRK fest[31]. Die Urteilsbegründung stützt sich im Wesentlichen auf zwei Gesichtspunkte[32], die der EGMR durch das Bundesverfassungsgericht nicht hinrei-

---

24 Siehe *EGMR* (Hannover / Deutschland) (Anm. 3), S. 651 ff.

25 Vormals: *Caroline von Monaco.*

26 *BGH* vom 19.12.1995 (Caroline v. Monaco IV) – VI ZR 15/95, BGHZ 131, S. 332 ff.

27 *BVerfG* vom 15.12.1999 (Caroline v. Monaco) – 1 BvR 653/96, BVerfGE 101, S. 361 ff.

28 Vgl. *Soehring, J./Seelmann-Eggebert, S.*, des Presserecht, in: NJW 2000, S. 2467.

29 Vgl. zum Verfahrensablauf im Einzelnen *EGMR* (Hannover / Deutschland) (Anm. 3), S. 653 ff., Ziff. 18 ff.

30 Zwar enthält das Urteil Sondervoten der Richter *Barreto* und *Zupancic*, doch diese richten sich nicht gegen das Ergebnis, sondern nur gegen Teile der Entscheidungsgründe.

31 Vgl. *EGMR* (Hannover / Deutschland) (Anm. 3), S. 662, Ziff. 79 f.

32 Anders *Stürner* (Anm. 23), S. 1019, der noch den Aspekt der „Eingriffsintensität bildlicher Darstellung" aufführt. Der dort vertretenen Auffassung, dass Bildberichterstattungen

(Fortsetzung nächste Seite)

chend bzw. unzutreffend gewürdigt ansieht: die inhaltliche Qualität der Darstellung und die Einstufung der Beschwerdeführerin als absolute Person der Zeitgeschichte im Rahmen der Auslegung von § 23 Abs. 1 Kunsturhebergesetz.

a) Das Qualitätskriterium

In erster Linie zieht der Gerichtshof die inhaltliche Qualität der Berichte als Maßstab für die Rechtfertigung von Eingriffen in das Privatleben heran. Im Rahmen der Würdigung der inhaltlichen Qualität, durch die das Informationsinteresse der Öffentlichkeit legitimiert wird, vertritt der Gerichtshof die Ansicht, „dass ein grundsätzlicher Unterschied gemacht werden muss zwischen einer Berichterstattung über Fakten, die...geeignet sind, zu einer Debatte in einer demokratischen Gesellschaft beizutragen, wenn sie sich auf Politiker beispielsweise in Ausübung ihrer Ämter bezieht, und einer Berichterstattung über Einzelheiten aus dem Privatleben einer Person, die...solche Funktionen...nicht ausübt“[33]. Diese Anforderungen sehen die Richter im dem ihnen vorliegenden Fall als nicht erfüllt an. Vielmehr sind sie der Meinung, die streitgegenständlichen Fotos und Artikel dienten lediglich der Befriedigung der Neugier eines bestimmten Publikums an Details aus dem Privatleben der Beschwerdeführerin, weshalb die Berichte „außerhalb jeglicher politischen oder öffentlichen Debatte“[34] anzusiedeln seien und somit „nicht als ein Beitrag zu einer Debatte von allgemeinem gesellschaftlichen Interesse angesehen werden“[35] könnten. Da insofern kein Informationsrecht der Öffentlichkeit bestehe, sei eine „weniger weite Auslegung“ der freien Meinungsäußerung geboten[36].

Weiterhin misst der Gerichtshof der Tatsache Bedeutung bei, dass die Fotos ohne Wissen und Zustimmung der Klägerin gemacht und veröffentlicht wurden. Außerdem wirft er zu Gunsten des Persönlichkeitsschutzes in die Waagschale, dass Personen des öffentlichen Lebens in ihrem Alltag verstärkt Belästigungen ausgesetzt seien, was „nicht gänzlich außer Acht gelassen werden“ könne[37].

---

stärker in die Persönlichkeitssphäre eingreifen als Wortberichte, ist zwar grundsätzlich zuzustimmen (vgl. nur unten unter G. „Thesen“), doch lassen sich der Urteilsbegründung m. E. keine hinreichenden Anhaltspunkte entnehmen, der Gerichtshof hätte bei seiner Entscheidungsfindung maßgeblich auf diesen Punkt abgestellt.

33 Siehe *EGMR* (Hannover / Deutschland) (Anm. 3), S. 661, Ziff. 63.

34 Siehe *EGMR* (Hannover / Deutschland) (Anm. 3), S. 661, Ziff. 64.

35 Siehe *EGMR* (Hannover / Deutschland) (Anm. 3), S. 661, Ziff. 64.

36 Vgl. *EGMR* (Hannover / Deutschland) (Anm. 3), S. 661, Ziff. 66.

37 Vgl. *EGMR* (Hannover / Deutschland) (Anm. 3), S. 662, Ziff. 68.

b) Die Auslegung von § 23 Abs. 1 KUG

In den Ausgangsverfahren war die Beschwerdeführerin von den deutschen Gerichten ohne weiteres als absolute Person der Zeitgeschichte eingestuft worden[38]. Hieran übt der Gerichtshof starke Kritik[39]. Diese bezog sich aber nicht nur auf die Klassifizierung im konkreten Fall, sondern ging darüber hinaus und schloss die Rechtsfigur der absoluten Person der Zeitgeschichte als Ganzes mit ein:

> „Dem Gerichtshof bereitet es allerdings Schwierigkeiten, der Auslegung der innerstaatlichen Gerichte zu § 23 Abs. 1 des Kunsturhebergesetzes zu folgen, derzufolge **eine Person als solche** als ‚absolute' Person der Zeitgeschichte eingestuft wird".[40]

Die Ausführungen des Gerichts legen den Schluss nahe, nur Persönlichkeiten aus dem Bereich der Politik[41] können als absolut zeitgeschichtlich gelten, da diese öffentlich Ämter innehaben. Die Richter begründen ihre Auffassung damit, dass die Einordnung als absolute Person der Zeitgeschichte einen sehr eingeschränkten Schutz der Privatsphäre und des Rechts am eigenen Bild nach sich ziehe, so dass eine enge Auslegung geboten sei. Nur so könne „der Staat seine positive Verpflichtung im Sinne des Schutzes des Privatlebens und des Rechts am eigenen Bild nach Maßgabe der Konvention erfüllen"[42].

Der Gerichtshof beließ es aber nicht dabei, sondern stellte auch die Differenzierung zwischen *absoluten* und *relativen* Person der Zeitgeschichte auf den Prüfstand, obwohl dies für die eingelegte Beschwerde nicht zwingend von Bedeutung war. Im Ergebnis erachtete er die Unterscheidungskriterien wegen Verstoß gegen Art. 8 EMRK als konventionswidrig, da sie nicht hinreichend „eindeutig" und „offensichtlich" seien[43]. So könne der Einzelne nicht erkennen, ob und inwieweit er Schutz von der Rechtsordnung erfahre, womit ein Ausrichten des eigenen Verhaltens unmöglich sei. Der Bürger müsse aber jederzeit „ganz genau wissen, wann und wo er sich in einem Schutzbereich befindet oder im Gegenteil

---

38 Vgl. nur *BVerfG* (Caroline v. Monaco) (Anm. 27), S. 361 ff. und *BGH* (Caroline IV) (Anm. 26), S. 332 ff.

39 Vgl. aber auch das Sondervotum von Richter *Barreto*: „Meines Erachtens ist die Beschwerdeführerin aber eine Person des öffentlichen Lebens und die Öffentlichkeit hat ein Anrecht auf Information an ihrem Leben." und das Sondervotum von Richter *Zupancic*: „Die Mitglieder der Königsfamilien…erfüllen ihre Pflichten in der Öffentlichkeit. Sie können die Öffentlichkeit zwar scheuen, ihr Bild ist aber per definitionem in gewisser Weise Allgemeingut"; siehe *EGMR* (Hannover / Deutschland) (Anm. 3), S. 663 f.

40 Siehe *EGMR* (Hannover / Deutschland) (Anm. 3), S. 662, Ziff. 72 (Hervorhebung vom Verfasser).

41 Anders aber Richter *Zupancic* in seinem Sondervotum: „Die Mitglieder der Königsfamilien, Schauspieler, Akademiker, Politiker usw." (siehe *EGMR* (Hannover / Deutschland) (Anm. 3), S. 664).

42 Siehe *EGMR* (Hannover / Deutschland) (Anm. 3), S. 662, Ziff. 72 a. E.

43 Vgl. *EGMR* (Hannover / Deutschland) (Anm. 3), S. 662, Ziff. 73.

in einem Bereich, in dem ein Eingriff seitens eines anderen und vorwiegend der Boulevardpresse zu erwarten ist"[44].

3. Reaktionen auf das Urteil

Die Reaktionen auf das Urteil in der Presse, aber auch in der rechtswissenschaftlichen Diskussion, hätten unterschiedlicher nicht ausfallen können, weshalb schnell klar wurde, dass die schon in der Vergangenheit kontrovers geführte Diskussion auch durch dieses Urteil nicht abebben würde.

a) Kommentare in den Medien

Die überwiegend ablehnende Haltung der Medienlandschaft verwundert wenig, da die publizierenden Organe – bei allen Versuchen der Objektivität – doch auch die eigenen Interessen im Auge hatten und haben, die sie durch das Straßburger Urteil als gefährdet ansehen. So sprach der Verband deutscher Zeitschriftenverleger (VDZ), der auf eigenen Antrag Beigeladener des Verfahrens war, von einem „Rückschlag für die Pressefreiheit in Europa"[45] und die Frankfurter Allgemeine Zeitung titelte von der Aushebelung der Pressefreiheit in Europa[46]. Auch die Intendanten von ARD und ZDF wurden aktiv und appellierten in einem gemeinsamen Brief an Bundesjustizministerin *Zypries*, Rechtsmittel gegen das Urteil einzulegen[47]. In einem offenen Brief forderten Chefredakteure verschiedener Zeitschriften und Zeitungen, darunter beispielsweise die Chefredakteure von „Der Spiegel", „Focus", „Stern", „Die Welt", „Bild" u. a., Bundeskanzler *Schröder* auf, „die Zensur zu stoppen"[48]. Gemeint war damit ein Appell an die

---

44 So der *EGMR* (Hannover / Deutschland) (Anm. 3), S. 662, Ziff. 73 a. E.

45 Siehe Bericht des VDZ vom 24.06.2004, veröffentlicht auf der Homepage des VDZ (http://www.vdz.de) unter der URL: http://www.vdz.de/pages/article/1478.aspx (Stand: 04.06.2005).

46 Vgl. *FAZ* vom 25.06.2004, S. 46, „Ringen um Bedeutung; Monaco siegt: Europas Richter hebeln die Pressefreiheit aus".

47 Vgl. *FAZ* vom 31.08.2004, S. 42, „Für die Pressefreiheit".

48 Der Brief steht auch zum Download im Internet bereit. Vgl. Homepage des VDZ (http://www.vdz.de) unter der URL: http://www.vdz.de/pages/static/1908.aspx (Stand: 04.06.2005).

Sehr lesenswert dazu ist der Artikel von *Hans Leyendecker* in der *Süddeutschen Zeitung* vom 01.09.2004, S. 15, der etwas bissig, aber im Kern treffend darstellt, wie und mit welchen Mitteln einige Verlage versuchen, ihre vorwiegend materiellen Interessen unter dem Deckmantel der Pressefreiheit zu verteidigen und dabei die Realität und Objektivität aus den Augen verlieren. Er stellt fest: „Die Presse hat häufig ihren blinden Fleck dort, wo sie mit sich selber konfrontiert ist". Bezeichnend ist bereit der Titel: „Oh, Caroline; Eine große Koalition deutscher Medienkonzerne wähnt die Pressefreiheit in Gefahr - und führt eine Phantomdebatte".

Bundesregierung, das Urteil des EGMR anzufechten und eine Entscheidung der Großen Kammer herbeizuführen[49]. Dies sei, so ist einem anderen Brief des VDZ an den Bundeskanzler vom 19.08.2004 zu entnehmen, „von grundlegender, existenzieller Bedeutung", da das Urteil die „Pressefreiheit unerträglich einschränken" würde[50].

Man kann es durchaus als Ironie ansehen, dass sich die Pressevertreter nun Hilfe suchend an den Bundeskanzler wandten, der seinerseits schon wegen Verletzung des Persönlichkeitsrechts gegen Medienunternehmer prozessiert hatte[51].

b) Die wissenschaftliche Diskussion

Die Wissenschaft reagierte mit unterschiedlichen Einschätzungen auf das Straßburger Urteil. Die vertretenen Meinungen liegen dabei so weit auseinander, dass man auf keinen Fall von einer alsbaldigen Einigung rund um das hier behandelte Thema ausgehen kann.

Den Anmerkungen der Befürworter der *Hannover / Deutschland*-Entscheidung ist zu entnehmen, das Urteil „sei aus voller Brust zu begrüßen", da es der „Ausbeutung von Persönlichkeiten" einen Riegel vorschiebe[52]. Andere stützen ihre Zustimmung darauf, dass die 3. Kammer des EGMR flexibler und sensibler abwäge und urteile als das Bundesverfassungsgericht und verbinden damit die Hoffnung auf Änderungen in der deutschen Rechtsprechung, da sich das Bundesverfassungsgericht und der Bundsgerichtshof doch in einigen Bereichen sehr „medienfreundlich gebärden" würden[53].

Jedoch meldeten sich auch Kritiker zu Wort, die der Ansicht des Gerichtshofes mit der Begründung entgegentreten, er gehe von einem zu engen Verständnis

---

49 Davon hat die Bundesregierung in der vorgesehenen dreimonatigen Frist kein Gebrauch gemacht, sodass das Urteil rechtskräftig ist.

50 Siehe *Brief der Verleger an den Bundeskanzler vom 19.08.2004*, S. 1, Quelle: Homepage des VDZ (http://www.vdz.de) unter der URL: http://www.vdz.de/pages/static/1908.aspx (Stand: 04.06.2005).

51 So zum Beispiel wegen eines Fotos seiner damals dreijährigen Adoptivtochter (vgl. Nichtannahmebeschluss des *BVerfG* vom 26.08.2003 – 1 BvR 2243/02 und das vorhergehende Urteil des *OLG Hamburg* vom 15.11.2002 – 7 U 40/02, das die Veröffentlichung untersagt hatte).

52 Vgl. *Herrmann, G.*, Anm. zum Urt. des EGMR vom 24.06.2004, in: ZUM 2004, S. 665.

53 Vgl. *Stürner* (Anm. 23), S. 1020.

Tendenziell zustimmend wohl auch *Heldrich, A.*, Persönlichkeitsschutz und Pressefreiheit, in: NJW 2004, S, 2634 ff. Eher neutral fällt die Besprechung von *Lenski, S.-C.*, Persönlichkeitsschutz Prominenter, in: NVwZ 2005, S. 50 ff. aus.

der Meinungs- und Pressefreiheit aus[54]. In seinem Urteil habe er für die „Pressefreiheit ganz wenig, für den Privatsphärenschutz ganz viel übrig"[55]. Dies führe dazu, dass der Gerichtshof, der maßgeblich darauf abstellt, ob Fotos von einer Person einen Beitrag zu einer Debatte von öffentlichem Interesse leisten, eben dieses öffentliche Interesse zu eng definiere – und den Privatsphärenschutz zu weit – weshalb die Abwägung im Ergebnis unzutreffend sei[56]. Weiterhin missachte das Gericht „den gebotenen Ermessensspielraum der europäischen Staaten" und lege dem Urteil ein unvollständiges Verständnis von § 23 KUG zu Grunde[57]. Schließlich wird die Befürchtung geäußert, dem EGMR fehle „die Sensibilität für die unterschiedlichen Rechtstraditionen der europäischen Staaten"[58].

Wie unterschiedlich das Urteil aufgefasst wird und wie verhärtet die gegenläufigen Positionen sind, lässt sich am besten anhand den Kommentierungen zu der vorgenommenen Abwägung des Gerichtshofs nachweisen: Diese wird beispielsweise von *Stürner*[59] ausdrücklich gelobt und als „sensibler" und „flexibler" als die des Bundesverfassungsgerichts bezeichnet. Ebenso äußert sich *Herrmann*[60], der dem Gerichtshof konstatiert, „die erforderliche Abwägung...sehr differenziert" vorgenommen zu haben. Demgegenüber spricht *Ohly*[61] von einer „oberflächlichen Abwägung" und *Heldrich*[62] hält die Begründung des Bundesverfassungsgerichts zu den widerstreitenden Interessen für „wesentlich ausgefeilter". Auch *Hoffmann-Riem*, Angehöriger des auch mit Fragen des Medienrechts und des Persönlichkeitsschutzes befassten Ersten Senats des Bundesverfassungsgerichtes, verteidigt die Entscheidung der Karlsruher Richter, da sie „die besseren Argumente" vorweisen könnten und „bei der Zuordnung von Pressefreiheit und Persönlichkeitsschutz viel differenzierter" vorgehen würden als das Straßburger Gericht[63].

---

54 Allen voran *Ohly, A.*, Harmonisierung des Persönlichkeitsrechts, in: GRUR Int. 2004, S. 902 ff.; *Grimm, D.* in der *FAZ* vom 14.07.2004, S. 34, „Gespräch mit dem Verfassungsrechtler Dieter Grimm". Tendenziell wohl auch *Grabenwarter, C.*, Schutz des Privatsphäre, in: AfP 2004, S. 309 ff.

55 So *Grimm* (Anm. 54), S. 34.

56 Vgl. *Ohly* (Anm. 54), S. 910. So auch *Grimm* (Anm. 54), S. 34, der dem Gerichtshof bescheinigt, „eine sehr einseitige Lösung gefunden" zu haben.

57 Vgl. *Ohly* (Anm. 54), S. 910. Drastisch *Grimm* (Anm. 54), S. 34: „Es [das Gericht] hat nach meiner Auffassung aber auch die Rolle eines internationalen Gerichts überzogen".

58 Vgl. *Ohly* (Anm. 54), S. 912.

59 Vgl. *Stürner* (Anm. 23), S. 1020.

60 Vgl. *Herrmann* (Anm. 52), S. 665.

61 Vgl. *Ohly* (Anm. 54), S. 910.

62 Vgl. *Heldrich* (Anm. 53), S. 2634.

63 Zitiert nach einem Artikel von *Hans Leyendecker* (Anm. 48), S. 15.

4. Stellungnahme

Im Ergebnis ist dem Europäischen Gerichtshof zuzustimmen, auch wenn die erkennenden Richter in der Begründung ihrer Entscheidung einige Wünsche offen ließen und es dadurch versäumten, einen zufrieden stellenden Zustand der Rechtssicherheit zu erzeugen. Salopp formuliert ließe sich sagen: Sehr gut im Ansatz und Ergebnis, eher schwach in der Begründung. Insbesondere in zwei Bereichen lassen sich Begründungsdefizite ausmachen, die für die Lösung von Konfliktfällen zwischen Publikationsfreiheiten und Persönlichkeitsrechten essenziell sind. Dabei handelt es sich zum einen um die Erläuterung der *inhaltlichen Qualität* einer Reportage und zum anderen um die Auslegung und Anwendung des Begriffes *Person der Zeitgeschichte*.

a) Die inhaltliche Qualität

Die Aufnahme des Qualitätsmerkmals eines Berichtes in die Abwägung der widerstreitenden Interessen ist zunächst erfreulich. Dadurch nähert sich der Gerichtshof an die französische Rechtsprechung an[64] und bewegt sich auch in Richtung der hier vertretenen Auffassung, die den Informationswert einer Nachricht als eines der Abwägungskriterien vorschlägt[65]. Nach den Ausführungen des Gerichtshofes bedarf es zur Begründung eines legitimen Informationsrechts der Öffentlichkeit ausreichender inhaltlicher Qualität, welche dann vorliegen soll, wenn die Berichterstattung „zu einer Debatte in einer demokratischen Gesellschaft“[66] beiträgt. Diese – auf den ersten Blick sicherlich überzeugende – Auslegung wirft jedoch Fragen auf und bietet dadurch Ansatzpunkte für Kritik an der Entscheidung.

So nennt der Gerichtshof zwar das Merkmal „öffentliche Debatte“ mehrfach, doch er liefert keine nähere Umschreibung dessen, was er sich genau darunter vorstellt. Vielmehr begnügt er sich mit einem Beispiel, nämlich „Politiker…in Ausübung ihrer Ämter“, und stellt diesem den zu behandelnden Sachverhalt gegenüber, in dem es um Belanglosigkeiten aus dem Alltagsleben der Beschwerdeführerin als Privatperson geht[67]. In beiden Fällen handelt es sich um Extreme, deren Einordnung aus diesem Grunde ja auch nicht schwer fällt. Doch dazwischen verbleibt eine große Grauzone, zu der der Gerichtshof nicht einmal ansatzweise eine Stellungnahme abgibt.

---

64 Vgl. dazu oben unter C. VI. 3. c) „Activité privée und activité publique" und C. VIII. „Zusammenfassung“.

65 Vgl. dazu oben unter E V. 4. „Der Informationswert“.

66 Siehe *EGMR* (Hannover / Deutschland) (Anm. 3), S. 661, Ziff. 63.

67 Vgl. *EGMR* (Hannover / Deutschland) (Anm. 3), S. 662, Ziff. 63.

Auch der Versuch zwischen den Zeilen der Urteilsbegründung zu lesen führt zu keinem eindeutigen Ergebnis. So führen die Richter mehrfach den „Politiker" ins Feld[68], was dafür spräche, dass sie hauptsächlich (oder gar ausschließlich) diese Personengruppe und ihre Berufsausübung bei der Bestimmung des Begriffes „öffentliche Debatte" im Auge hatten. Davon zu trennen sei die Berichterstattung über eine Person, „die solche Funktionen nicht ausübt"[69]. Diese Ansicht würde den Bereich der Meinungsfreiheit jedoch zu sehr einengen[70], denn es steht außer Frage, dass auch bedeutende nichtpolitische Persönlichkeiten, beispielsweise aus den Gebieten Wissenschaft, Kultur, Sport usw., Gegenstand der Meinungsbildung in der Gesellschaft sein können.

Auf der anderen Seite lassen sich aber auch Anhaltspunkte dafür finden, dass der Gerichtshof ein legitimes Informationsrecht der Öffentlichkeit nicht ausschließlich auf politische Tätigkeiten beschränken möchte. So spricht er von „Politiker *beispielsweise* in Ausübung ihrer Ämter"[71] oder „*insbesondere* im Fall von Politikern"[72] und verneint ein Informationsrecht der Öffentlichkeit, wenn die Berichterstattung außerhalb „jeglicher politischen oder *öffentlichen* Debatte angesiedelt"[73] sei. Hieraus ließe sich durchaus der Schluss ziehen, dass *öffentliche* und *politische* Debatten nicht notwendig deckungsgleich seien, weshalb es berechtigte Informationsinteressen auch außerhalb des rein politischen Bereiches geben könne. In diesem Fall wäre – im Gegensatz zu der erstgenannten Interpretationsmöglichkeit – zwar der Meinungsfreiheit ausreichend Rechnung getragen, jedoch bliebe unklar, wann und inwieweit ihr Vorrang vor den Persönlichkeitsrechten des Einzelnen eingeräumt werden müsse.

Nach alledem ist festzuhalten, dass der Gerichtshof keine klaren Abwägungs- und Abgrenzungskriterien bezüglich des Merkmals der „inhaltlichen Qualität" liefert, sondern nur zwei Extreme gegenüberstellt. Der nicht unbeträchtliche Bereich zwischen diesen beiden Positionen bleibt weitestgehend unbehandelt und eröffnet somit die Möglichkeit vielfältiger Interpretation und Spekulation, weshalb sich für eine Vielzahl von Fällen keine Rechtsklarheit einstellen wird.

b) Personen der Zeitgeschichte

Die Ausführungen des Gerichtshofs bezüglich der Personen der Zeitgeschichte weisen eine ähnliche Problematik wie das im letzten Abschnitt Dargestellte auf.

---

68 Vgl. *EGMR* (Hannover / Deutschland) (Anm. 3), u. a. S. 662, Ziff. 63 und 64.

69 Vgl. *EGMR* (Hannover / Deutschland) (Anm. 3), S. 662, Ziff. 63.

70 So auch *Ohly* (Anm. 54), S. 910.

71 Siehe *EGMR* (Hannover / Deutschland) (Anm. 3), S. 662, Ziff. 63.

72 Siehe *EGMR* (Hannover / Deutschland) (Anm. 3), S. 662, Ziff. 64.

73 Siehe *EGMR* (Hannover / Deutschland) (Anm. 3), S. 662, Ziff. 64.

Klar und eindeutig sind seine Äußerungen nur dahingehend, dass allein die Zugehörigkeit zu einer Herrscherfamilie nicht ausreicht, um als absolut zeitgeschichtlich zu gelten. Ebenso stellt der Gerichtshof fest, dass Politiker in öffentlichen Ämtern als absolute Personen der Zeitgeschichte anzusehen sind. Ob allerdings auch nichtpolitische Persönlichkeiten zu diesem Bereich gezählt werden können, lässt der Gerichtshof offen. Auch bezüglich der von ihm als nicht „eindeutig und offensichtlich“[74] kritisierten Unterscheidung zwischen absoluten und relativen Personen der Zeitgeschichte sind der Urteilsbegründung keine Kriterien zu entnehmen, wie denn eine solche Differenzierung vonstatten zu gehen hat. Daher muss auch hier eine gewisse Rechtsunsicherheit beklagt werden.

Der teilweise geäußerten Ansicht[75], das Urteil des EGMR bedeute auf jeden Fall einen Abschied von der Dogmatik der absoluten Person der Zeitgeschichte, muss – auch wenn dies nach hier vertretener Auffassung begrüßenswert wäre[76] – mit Skepsis gegenüber getreten werden. Der Gerichtshof schwächt die Rechtsfigur zwar, indem er ihren Anwendungsbereich verringert und die Abgrenzung zur relativen Person der Zeitgeschichte in Frage stellt. Auf der anderen Seite gebraucht er die Begrifflichkeit zumindest im Zusammenhang mit Politikern, sodass man darin auch eine Festigung (wenn auch mit verändertem Anwendungsbereich) sehen kann. Wie die Lehre und vor allem die Rechtsprechung hierauf reagieren werden, und inwieweit dies eine Abkehr von der in Rede stehenden Rechtsfigur zur Folge haben wird, ist derzeit jedoch kaum abschätzbar.

c) Ausblick

Ebenso wenig wie bei der Einschätzung der zukünftigen Entwicklung der *absoluten* und *relativen* Zeitgeschichtlichkeit kann auch im Bereich des Privatsphärenschutzes insgesamt keine annähernd brauchbare Prognose abgegeben werden. Mit Sicherheit kann hier nur gesagt werden, dass die Weiterentwicklung des Persönlichkeitsschutzes nach wie vor in den Händen der Wissenschaft und Rechtsprechung liegt, da der Gesetzgeber – zumindest in absehbarer Zeit – keine legislativen Akte auf diesem Gebiet vornehmen wird[77].

Auch in der Rechtsprechung sind keine richtungsweisenden Tendenzen auszumachen. Zum einen fehlt es auf Grund der zu geringen Zeitspanne seit dem *Caroline*-Urteil des EGMR an obergerichtlichen oder gar verfassungsgerichtlichen

---

[74] Siehe *EGMR* (Hannover / Deutschland) (Anm. 3), S. 662, Ziff. 72 a. E.

[75] Vgl. *Lenski* (Anm. 52), S. 54.

[76] Vgl. dazu oben unter E. II. 3. c) bb) (3) „Zeitgeschichtlichkeit und bewegliches System“: „Daher müsste im Prinzip die formale Unterscheidung zwischen *absoluten* und *relativen* Personen der Zeitgeschichte nicht mehr aufrechterhalten werden“

[77] Vgl. *FAZ* vom 16.11.2004, S. 1, „Keine Gesetzesänderungen im Persönlichkeitsrecht“.

Entscheidungen. Zum anderen übt man sich auch in Karlsruhe in vornehmer Zurückhaltung bezüglich dieses Themas. In der von der Bundesregierung erbetenen Stellungnahme, ob gegen das Straßburger Urteil vom 24. Juni 2004 Rechtsmittel eingelegt werden sollte, rieten die Verfassungsrichter im Grundsatz davon ab, um eine Verfestigung der Rechtslage zu vermeiden[78]. Dies kann man durchaus als Hinweis auffassen, das Bundesverfassungsgericht wolle bei seiner Linie verbleiben oder doch zumindest der Argumentation des EGMR nicht in allen Punkten uneingeschränkt folgen, da es diese für „nicht überzeugend"[79] hält. Auf der anderen Seite ist zu erwarten, dass sich das Bundesverfassungsgericht mit der Entscheidung des EGMR zum gegebenen Zeitpunkt auseinander setzen wird und sich – zur Vermeidung einer Konflikts- und Kompetenzdiskussion – wahrscheinlich, wenigstens in kleinen Schritten, dem Gerichtshof annähern wird. Wann dies der Fall sein wird, lässt sich noch nicht sagen; dass die Gelegenheit kommen wird, kann als sicher angesehen werden, denn die Streitigkeiten zwischen Prominenten und Medienunternehmen gehen auch nach dem Straßburger Urteil weiter[80].

Keine nennenswerten Auswirkungen wird das Urteil auf die französische Rechtsprechung haben, da es im Ergebnis mit der dort vertretenen Auffassung übereinstimmt. Dahingegen wird es sehr interessant sein, die Reaktion in England zu beobachten, denn die Kluft zwischen dem Standard des Privatsphärenschutzes nach der EMRK und dem Schutzniveau in England ist wieder größer geworden. Gemäß sec. 2 des Human Rights Act 1998 sind die Richter verpflichtet, bei Sachverhalten mit Berührungspunkten zu einem *Convention Right*, die Entscheidungen und Stellungnahmen der europäischen Konventionsorgane, wozu insbesondere auch der EGMR gehört, zu berücksichtigen. Sicherlich wird es nicht allzu lange dauern, bis sich ein prominenter Brite darauf beruft. Darüber, ob man auch auf der Insel die Gelegenheit nutzen wird, ein *right to privacy* zu schaffen, oder ob man sich auch zukünftig mit einer erweiterten Auslegung des Tatbestandes *breach of confidence* „zufrieden gibt", kann allenfalls spekuliert werden.

---

78 Vgl. *FAZ* vom 13.10.2004, S. 36, „In Sachen Caroline".

79 So *Hoffmann-Riem*, Angehöriger des auch mit Fragen des Medienrechts und des Persönlichkeitsschutzes befassten Ersten Senats des Bundesverfassungsgerichtes. Zitiert nach dem Artikel von *Hans Leyendecker* (Anm. 48), S. 15.

80 Vgl. nur *FAZ* vom 18.05.2005, S. 42, „Alexandre; Die ‚Bunte' und Monaco liegen abermals im Clinch".

F. Zusammenschau der Kernelemente der Untersuchung

Zum Abschluss der Untersuchung werden nun die wichtigsten Erkenntnisse aus den verschiedenen Rechtsordnungen zusammengefasst, wobei auch hier das deutsche Recht klar im Vordergrund steht. Im Anschluss daran erfolgt dann noch eine Präsentation der aufgestellten Thesen, die Vorschläge zur Verbesserung der derzeit geltenden Rechtslage in Deutschland beinhalten.

I. Verfassung und Grundrechtskatalog

Der Blick auf die einzelnen Verfassungen zeigt deutliche Unterschiede zwischen den untersuchten Ländern. Die größte Auffälligkeit dabei ist, dass England – im Gegensatz zu Frankreich und Deutschland – über keine einheitlich geschriebene Verfassungsurkunde verfügt[1]. Während die deutsche Verfassung im Grundgesetz niedergelegt ist und in Frankreich die Verfassung vom 04. Oktober 1958 gilt[2], setzt sich die britische Verfassung demgegenüber aus verschiedenen, voneinander weitestgehend unabhängigen Einzelakten – die darüber hinaus auch nicht in einem „zusammenhängenden" Textdokument manifestiert sind – zusammen,. Dazu gehören in erster Linie die Magna Carta Libertatum[3], der Habeas-Corpus-Act[4] und die Bill of Rights[5]. Weiterhin enthalten das *Common Law* und das *Statute Law* Vorschriften bezüglich der Regelung der staatlichen Ordnung, auf welche hier jedoch nicht näher eingegangen werden muss.

Keine der genannten Quellen verfügt jedoch über einen Grundrechtskatalog, vergleichbar dem der ersten Artikeln des Grundgesetzes oder der Déclaration de droits de l'homme et du citoyen de 26. août 1789, welche über die Präambel der Verfassung vom 04. Oktober 1958 in den französischen Verfassungstext mit eingebunden wurde[6]. Dieser Umstand wurde zwar mit der Inkorporierung der

---

1 Zum Verfassungsrechtsverständnis in der englischen Rechtsordnung vgl. *Riedel, E.*, Menschenrechtsstandards, 1986, S. 125 f.; *ders.*, Die Habeas Corpus-Akte, in: EuGRZ 1980, S. 191 ff.; *ders.*, Kontrolle der Verwaltung, 1976, S. 225f. Vgl. auch oben unter D. I. „Das Verfassungsverständnis".

2 Siehe zur französischen Verfassung oben C. I. „Verfassungsrechtliche Grundlagen".

3 Die *Magna Carta Libertatum* („Große Urkunde der Freiheiten") wurde 1215 von König *Johann I. Ohneland* unterzeichnet. Vgl. dazu oben D. I. „Das Verfassungsverständnis". Zur geschichtlichen Entwicklung vgl. *Theusinger, I.*, Einfluss der EMRK, 2001, S. 3 ff.

4 Vgl. dazu *Riedel* (Anm. 1), S. 191 ff. Der *Habeas-Corpus-Act* wurde 1679 vom Parlament beschlossen. Vgl. dazu oben unter D. I. „Das Verfassungsverständnis".

5 Die *Bill of Rights* trat 1689 in Kraft. Vgl. dazu auch die Ausführungen oben unter D. I. „Das Verfassungsverständnis". Vgl. zu den Hintergründen der Entstehung auch *Riedel* (Anm. 1), S. 195 ff.. Eingehend zur geschichtlichen Entwicklung *Theusinger* (Anm. 3), S. 6 ff.

6 Zur Rechtswirksamkeit der Präambel siehe insbesondere die Entscheidung des *Conseil Constitutionnel* vom 16.07.1971, Nr. 71-44 DC, die auf der offiziellen Homepage des

(Fortsetzung nächste Seite)

Europäischen Menschenrechtskonvention in das britische Recht durch die Einführung des Human Rights Act 1998[7] geändert, doch es erscheint zweifelhaft, dass der Human Rights Act 1998 auch nur annähernd eine derart dominante Rolle bei dem Schutz der Persönlichkeitsrechte einnehmen kann, wie es bei den genannten Dokumenten in Frankreich und Deutschland der Fall ist. Im Übrigen wird dies in England von der überwiegenden Meinung auch nicht gewünscht, da man nach dem traditionellen Verfassungsrechtsverständnis großen Wert auf einen Freiheitsraum legt, der nicht durch Gesetz geregelt wird („was nicht ausdrücklich verboten ist, ist erlaubt")[8]. Dennoch bleibt festzuhalten, dass das englische Recht durch den Human Rights Act 1998 einen bedeutenden und wohl kaum reversiblen Schritt in Richtung eines Grundrechtskatalogs gemacht hat.

II. Internetspezifische Vorschriften

Die Untersuchung hat gezeigt, dass lediglich der Gesetzgeber in Frankreich internetspezifische Vorschriften zum Schutz der Privatsphäre erlassen hat. Bei genauerem Hinsehen wird jedoch klar, dass Art. 226-19 Code pénal in allererster Linie nicht den Privatsphärenschutz sondern datenrechtliche Aspekte in den Vordergrund stellt.[9]

In Deutschland hat der Gesetzgeber bisher auf Normen verzichtet, die sich mit dem Persönlichkeitsrecht bei Publikationen mittels des Internets befassen. Dies ist auch wenig überraschend, bedenkt man, dass hierzulande bereits „allgemeine" Gesetzgebungsinitiativen bezüglich des Persönlichkeitsrechtsschutzes gescheitert sind[10]. Daher kann man in absehbarer Zeit auch keinen Legislativakt erwarten, der den speziellen Bereich der Persönlichkeitsrechte im Internet zum

---

Conseil Constitutionnel (http://www.conseil-constitutionnel.fr) veröffentlicht ist; URL: http://www.conseil-constitutionnel.fr/decision/1971/7144dc.htm (Stand 20.06.2005). Vgl. dazu auch die Ausführungen oben unter C. I. „Verfassungsrechtliche Grundlagen".

7 Vgl. zum Human Rights Act 1998 oben unter D. I. 1. „Der Human Rights Act 1998 und die EMRK" und D. I. 2. „Inhalt und Wirkungen des Human Rights Acts 1998".

8 Vgl. *Riedel* (Anm. 1), S. 125 f. Aus der Rspr. u. a.: *Brooke, LJ*, in: *Court of Appeal, Civil Division*, vom 21.12.2000 (**Douglas and others v. Hello! Ltd.**), 2 All ER 2001, S. 305, para 64: „English law, as is well known, has been historically based on freedoms, not rights" und *House of Lords* vom 13.10.1988 (**Attorney General v. Guardian Newspapers Ltd. and others (No 2)**), 3 All ER 1988, S. 545, S. 660: „...we in this country (where everybody is free to do anything, subject only to the provisions of the law)..." und *Chancery Division* vom 28.02.1979 (**Malone v. Metropolitan Police Commissioner (No. 2)**), 2 All ER 1979, S. 645 f. Vgl. dazu auch *Fikentscher, W.*, Methoden des Rechts II, 1975, S. 64 f. und *Ohly, A.*, Schutz der Persönlichkeit, in: RabelsZ 65 (2001), S. 71. Ausführlich dazu oben unter D. I. „Das Verfassungsverständnis".

9 Ausführlich dazu oben C. IV. „Internetspezifische Regelungen zum Schutz des Privatlebens".

10 Vgl. dazu oben unter E. III. 2. a) aa) „Das Persönlichkeitsrecht in der Gesetzgebung".

Inhalt hat[11]. Dies ist auch nicht weiter bedauerlich, da die Gesetze sowohl in ihrer Anwendung als auch insbesondere in ihrer Auslegung stets mit der Verfassung im Einklang stehen müssen. Daraus ergibt sich, dass auch neue Gesetze den Persönlichkeits- und Privatsphärenschutz nur innerhalb der vom Grundgesetz zugelassenen Grenzen regeln könnten. Der Schlüssel zu einem verstärkten Schutz des Privatlebens liegt demnach nicht in der Schaffung neuer Regelungen, sondern in der Überprüfung der Auslegung und Anwendung grundgesetzlicher Vorschriften. Es steht jedoch außer Frage, dass eine neue Initiative des Gesetzgebers, nicht nur dessen Willen zur Änderung der Rechtslage untermauern, sondern auch das Bewusstsein der Gesellschaft in diesem Bereich sensibilisieren würde, was dann im Ergebnis in ein ausgeprägteres Schutzniveau münden könnte. Unter diesem Aspekt wäre ein Tätigwerden auf dem genannten Gebiet wünschenswert.

III. Das Persönlichkeitsrecht und die Privatsphäre

Betrachtet man jene Rechtsgüter, die in Deutschland unter dem Begriff des „allgemeinen Persönlichkeitsrechts“ subsumiert werden, so stellt man fest, dass in diesem Bereich die rechtliche Entwicklung in England einen gänzlich anderen Weg eingeschlagen hat. Sofern in England überhaupt über ein Persönlichkeitsrecht diskutiert wird, so handelt es sich dabei regelmäßig um *the right of privacy*. Da *the right of privacy* jedoch– wie oben gezeigt[12] – bis heute keine (endgültige) Anerkennung durch die Rechtsprechung erfahren hat[13] und auch ein Tätigwerden des Gesetzgebers in absehbarer Zeit nicht in Sicht ist, behält die Aussage, das englische Recht erkenne keine Persönlichkeitsrechte an, nach wie vor ihre Gültigkeit. Demzufolge geht man in England hinsichtlich der einzelnen Persönlichkeitsaspekte weiterhin nicht von verschiedenen Rechtsgütern aus, die unter den Schutz der Rechtsordnungen gestellt werden müssen, sondern man sanktioniert vielmehr nur einzelne verletzende Handlungsweisen, wie zum Beispiel „Vertrauensbruch (*Breach of Confidence*)“, „Hausfriedensbruch (*Trespass to land*)“, „Vorsätzliche Falschbehauptung (*Malicious falsehood*)“ usw.[14], wodurch

---

11 Vgl. insb. auch *FAZ* vom 16.11.2004, S. 1, „Keine Gesetzesänderungen im Persönlichkeitsrecht“.

12 Vgl. oben unter D. III. „The Right to Privacy – A Tort of Privacy?“ und insbesondere unter D. III. 4. „Die Douglas II-Entscheidung“.

13 Vgl. *Chancery Division*, vom 11.04.2003 (**Douglas and others v. Hello! Ltd**), 3 All ER 2003, S. 996 ff. m. w. N. Die Entscheidung ist ebenfalls im Internet auf der Homepage des *Courtservice* (http://www. Courtservice.gov.uk) veröffentlicht (Stand: 10.06.2005); URL: http://www.courtservice.gov.uk/judgmentsfiles/j1700/douglas_v_hello.htm. Ausführlich wird diese Entscheidung oben unter D. III. 4. „Die Douglas II-Entscheidung“ besprochen.

14 Zu den einzelnen Tatbeständen siehe oben unter D. III. 1. „Im Überblick: Breach of Confidence – Vertrauensbruch“ und D. IV. „Weitere Schutzmechanismen“.

jedoch kein lückenloser Persönlichkeitsschutz gewährt werden kann, da es auf Grund der Schutzrichtung der *torts* (die ja nicht zur Protektion der Privatsphäre entwickelt wurden) im Einzelfall sehr häufig vom Zufall abhängt, ob – trotz vorliegender Verletzung der Privatsphäre – die jeweiligen Tatbestandsvoraussetzungen erfüllt sind.

Gänzlich anders stellt sich die Situation in Frankreich dar, wo die Rechtsordnung einen erschöpfenden Schutz der Persönlichkeit vorsieht. Im Gegensatz zu dem allgemeinen umfassenden Persönlichkeitsrecht in Deutschland hat sich in Frankreich nicht die Meinung vom monistischen Charakter des Persönlichkeitsrechts durchgesetzt. Statt dessen geht man von einer Vielzahl an einzelnen Persönlichkeitsrechten aus, so zum Beispiel *„le droit à la vie privée“*, *„le droit de la personne sur son image“* etc.[15], weshalb man dort nicht von ***le droit*** sondern von ***les droits** de la personnalité* spricht.

Ob letztlich dem monistischen oder dem pluralistischen Ansatz der Vorzug zu geben ist, muss hier nicht explizit erörtert und entschieden werden. Für die Annahme einer Vielzahl von einzelnen Persönlichkeitsrechten spricht die Tatsache, dass durch die Abgrenzung der einzelnen Tatbestände eine stärkere Rechtssicherheit durch engere Definitionen geschaffen wird. Der monistischen Lösung ist zuzugeben, dass durch *ein* allgemeines Persönlichkeitsrecht Abgrenzungsschwierigkeiten zwischen den einzelnen Rechtsgütern vermieden werden und vor allem kein Raum für Schutzlücken verbleibt. Auf die Hauptkritik der Befürworter des pluralistischen Modells, ein allumfassendes Persönlichkeitsrecht sei zu weit und daher zu unbestimmt, haben sowohl die Rechtsprechung als auch die Literatur reagiert und bedienen sich zur Konkretisierung des Tatbestandes der Hilfskonstruktion von besonderen Persönlichkeitsrechten[16]. Durch diese Unterteilung hat sich der monistische dem pluralistischen Lösungsansatz derart angenähert, dass im Ergebnis allenfalls noch geringe Unterschiede zwischen beiden Auffassungen bestehen.

1. Stellung und Gewichtung der Kommunikationsfreiheiten

In Deutschland und Frankreich sind die Kommunikationsfreiheiten in der jeweiligen Verfassung des Landes niedergelegt. Während hierzulande Art. 5 GG die

---

[15] Vgl. dazu die Aufzählung von *Tallon, D.*, Personnalité, in: *Vanel, M./Raynaud, P.*, Répertoire de droit civil, t. VII, Nr. 1 ff.

[16] Vgl. statt vieler die Aufzählung bei *Wenzel, K. E.*, Wort- und Bildberichterstattung, 1994, S. 129 Rdnr. 5.15 m. w. N. aus der Rechtsprechung. Zum besonderen Persönlichkeitsrecht „Privatsphäre“ siehe *BVerfG* vom 16.07.1969 (Mikrozensus) – 1 BvL 19/63, BVerfGE 27, S. 1, 6 und *BVerfG* vom 05.06.1973 (Lebach) – 1 BvR 536/72, BVerfGE 35, S. 202, 220. Letztgenannte Entscheidung befasst sich weiterhin auch mit dem Recht am eigenen Bild und der Darstellung der eigenen Person.

Meinungs-, Presse- und Rundfunkfreiheit gewährleistet, bestimmt in Frankreich Art. 11 der Erklärung der Rechte des Menschen und des Bürgers vom 26. August 1789[17], dass „die freie Mitteilung der Gedanken und Meinungen...eines der kostbarsten Rechte des Menschen“ ist und „jeder Bürger daher frei sprechen, schreiben und drucken“[18] kann. In England wird die freie Meinungsäußerung im Human Rights Act 1998 als *Convention Right* im Anhang (schedule 1 HRA) aufgeführt und entspricht dem Wortlaut des Art. 10 EMRK[19].

Trotz der unterschiedlichen gesetzlichen Verankerungen und der differierenden Wortlaute ist eine große Gemeinsamkeit der untersuchten Rechtsordnungen auszumachen. Diese besteht darin, dass den Kommunikationsfreiheiten als Diener der individuellen und öffentlichen Meinungsbildung eine überragende Bedeutung beigemessen wird, da die freie Rede in jedem hier behandelten Land – zu Recht – als unabdingbare Voraussetzung für das Funktionieren der Demokratie erachtet wird[20].

2. Stellung und Gewichtung des Privatsphärenschutzes

Weniger „harmonisch“ als bei den Kommunikationsfreiheiten verläuft der Vergleich der Stellung und Gewichtung des Privatsphärenschutzes. Hierbei ist zuallererst festzustellen, dass die Privatsphäre sowohl in Frankreich als auch in Deutschland in den Persönlichkeitsschutz eingebettet ist. Eine weitere Gemeinsamkeit der beiden Länder ist die verfassungsrechtliche Verankerung. In Frankreich ergibt sich der verfassungsrechtliche Status – je nachdem welcher Ansicht

---

17 Wie bereits erläutert, kommt der Erklärung über die Präambel der Verfassung vom 04. Oktober 1958 Verfassungsrang zu (vgl. dazu oben C. I. 1. „Stellung der Kommunikationsfreiheiten“).

18 Übersetzung aus *Stahl, K.*, Sicherung der Grundfreiheiten, 1970, S. 320. Der vollständige Wortlaut der Übersetzung und der Wortlaut der Originalfassung sind im Anhang am Ende der Arbeit abgedruckt. Vgl. dazu auch oben C. I. 1. „Stellung der Kommunikationsfreiheiten“.

19 „Everyone has the right to freedom of expression. This right shall include freedom to hold opinions and to receive and impart information and ideas without interference by public authority and regardless of frontiers“. Der Text ist vollständig am Ende der Arbeit abgedruckt.

20 Vgl. für Frankreich oben C. I. 1. „Stellung der Kommunikationsfreiheiten“.

Vgl. für England *Gounalakis, G./Glowalla, R.*, Reformbestrebungen zum Persönlichkeitsschutz, in: AfP 1997, S. 772 m. w. N. und oben D. III. „The Right to Privacy – A Tort of Privacy?“.

Für Deutschland siehe insbesondere *BVerfG* vom 05.06.1973 (Lebach) – 1 BvR 536/72, BVerfGE 35, S. 202, 221 und *BVerfG* vom 16.06.1981 (FRAG-Urteil) – 1 BvL 89/78, BVerfGE 57, S. 295, 319 f. Vgl. auch die weiteren Nachweise oben unter E. V. 5. a) „Die Äußerungsfreiheiten in der Rechtsprechung des BVerfG“.

man sich anschließt – entweder aus Art. 66 der Verfassung von 1958[21] oder aus den *principes fondamentaux reconnus par les lois de la République*[22]. Die deutsche Rechtsordnung sieht die Privatsphäre als Teil des allgemeinen Persönlichkeitsrechts verfassungsrechtlich durch Art. 2 Abs. 1 i. V. m. Art. 1 Abs. 1 GG gewährleistet[23]. Weder in Deutschland noch in Frankreich wird also in der jeweiligen Verfassung explizit auf die Privatsphäre hingewiesen. Die Privatsphäre erlangte in beiden Staaten den Rang als Verfassungsgut sozusagen erst im Nachhinein im Wege der Interpretation und Rechtsfortbildung[24].

Im zivilrechtlichen Bereich wurde in Deutschland das allgemeine Persönlichkeitsrecht als sonstiges Recht im Sinne des § 823 Abs. 1 BGB auf der Grundlage der Art. 2 Abs. 1 i. V. m. Art. 1 Abs. 1 GG vom Bundesgerichtshof maßgeblich in der *Leserbriefentscheidung* (1954)[25] und in der *Herrenreiterentscheidung* (1958)[26] entwickelt und vom Bundesverfassungsgericht in der *Sorayaentscheidung* (1973)[27] bestätigt. Parallel zu den Entscheidungen des Bundesgerichtshofes erkannte das Bundesverfassungsgericht 1957 im *Elfes-Urteil* [28] die Privatsphäre als „unantastbaren Bereich privater Lebensgestaltung" an.

Ähnlich verlief die Entwicklung in Frankreich. Auch dort waren es die Gerichte, die vorpreschten und auf die vermehrt auftretenden Eingriffe in das Privatleben seitens der Presse reagierten und das subjektive Recht auf Achtung der Privatsphäre kreierten[29]. Im Gegensatz zu Deutschland, wo entsprechende Kodifikati-

---

21 Vgl. nur die Nachweise bei *Beignier, B.*, Vie privée, in: *Cabrillac, R. u. a.*, Libertés, 2001, S. 144 ff.; *ders.* a. a. O.: „...En premier, qu'elle rattache bien le respect de la vie privée au principe de la liberté individuelle (art. 66 de la Constitution) et non aux «principes fondamentaux reconnus par les Lois de la République»". Vgl. dazu auch die Ausführungen oben unter C. I. 2. „Die Stellung des Privatsphärenschutzes".

22 Vgl. die Nachweise bei *Itin, M.*, Grundrechte, 1992, S. 22. Vgl. dazu auch oben unter C. I. 2. „Die Stellung des Privatsphärenschutzes".

23 Vgl. dazu die Ausführungen und zahlreichen Nachweise oben unter E. III. 2. „Privatsphärenschutz und Persönlichkeitsrecht".

24 Vgl. dazu oben C. I. 2. „Die Stellung des Privatsphärenschutzes" und E. III. 2. „Privatsphärenschutz und Persönlichkeitsrecht".

25 Vgl. *BGH* vom 25.05.1954 (Leserbrief) – I ZR 211/53, BGHZ 13, S. 334 ff.

26 Vgl. *BGH* vom 14.02.1958 (Herrenreiter) – I ZR 151/56, BGHZ 26, S. 349 ff.

27 Vgl. *BVerfG* vom 14.02.1973 (Soraya) – 1 BvR 112/65, BVerfGE 34, S. 269 ff.

28 Vgl. *BVerfG* vom 16.01.1957 (Elfes) – 1 BvR 253/56, BVerfGE 6, S. 32, 41.

29 Vgl. *Cour d'appel Paris* vom 17.03.1966 (S. A. *La France continue* et a. c/ Trintignant), D. 1966, J., S. 749 f. m. w. N. aus der Rechtsprechung. Ausdrücklich auch *Cour d'appel Paris* vom 16.03.1955 (Marlène Dietrich c/ Soc. France-Dimanche), D. 1955, J., S. 296: „Considérant que les souvenirs de la vie privée de chaque individu appartiennent à son patrimoine moral; que nul n'a le droit de les publier même sans intention malveillante sans l'autorisation expresse et non équivoque de celui dont on raconte la vie".Vgl. dazu auch oben C. II. „Überblick der Entwicklung des Privatsphärenschutzes".

onsvorhaben scheiterten[30], erließ der Gesetzgeber in Frankreich 1970 sowohl zivil- als auch strafrechtliche Vorschriften zum Schutz des Privatlebens[31]. Dadurch unterstrich er nicht nur die Wichtigkeit des Privatsphärenschutzes, sondern gab der Rechtsprechung zugleich weitere Möglichkeiten zur Hand, um unverhältnismäßigen Eingriffen zu begegnen.

Im Gegensatz zur Rechtslage in Frankreich und Deutschland steckt der Schutz der Privatsphäre in England quasi noch in den Kinderschuhen. Eine gesetzliche Grundlage wurde erst mit dem 2000 in Kraft getretenen Human Rights Act 1998 geschaffen, wodurch Art. 8 EMRK als *Convention Right* in das englische Recht inkorporiert wurde. Im Anhang (schedule 1 HRA) heißt es: „Everyone has the right to respect for his private and family life, his home and his correspondence". Ob dadurch letztlich der Durchbruch gelingt, bleibt abzuwarten. Die Skepsis der Rechtspraxis hinsichtlich eines allumfassenden Persönlichkeitsrechts ist jedoch nach wie vor groß[32].

Weiterhin hängt ein effektiver Privatsphärenschutz maßgeblich von der Bewertung der Persönlichkeitsrechte gegenüber den Äußerungsfreiheiten ab, worauf im nächsten Abschnitt näher eingegangen werden wird.

3. Die Abwägung widerstreitender Interessen

Die Medien besitzen ein – nicht zuletzt auch im wirtschaftlichen Bereich gelegenes – Interesse, Neuigkeiten und Vorkommnisse rund um prominente Persönlichkeiten zu publizieren und dabei möglichst aufmerksamkeitserregende Schlagzeilen zu produzieren. Es ist wenig erstaunlich, dass dieses Interesse nicht immer Hand in Hand mit den Interessen der Personen geht, die Gegenstand der Berichterstattung sind, da diese für sich das Recht ungestörter privater Lebensführung beanspruchen und daher in ihrem persönlichen Bereich in Ruhe gelassen werden wollen. Die Lösung dieses Konfliktes beschäftigt die Rechtsprechung und Wissenschaft in den hier untersuchten Ländern schon seit Jahrzehnten. Dabei wurden dem Grunde nach miteinander verwandte Lösungsansätze

---

30 Zu den gescheiterten Kodifikationsvorhaben vgl. die Ausführungen und Nachweise oben unter E. III. 2. a) „Entwicklung des Persönlichkeitsrechts".

31 Vgl. oben C. II. „Überblick der Entwicklung des Privatsphärenschutzes" und C. V. „Allgemeine Regelungen zum Schutz des Privatlebens".

32 Vgl. stellvertretend für viele: *Mummery, LJ*, in: *Court of Appeal* vom 20.12.2001 (**Wainwright v. Home Office**), 3 WLR 2002, S. 419, para 60: „As to the future I foresee serious definitional difficulties and conceptual problems in the judicial development of a ‚blockbuster' tort vaguely embracing such a potentially wide range of situations. I am not even sure that anybody – the public, Parliament, the press – really wants the creation of a new tort, which could give rise to as many problems as it is sought to solve".

entwickelt, die jedoch zu sich deutlichen Unterschiede bei den erzielten Ergebnissen geführt haben.

a) Die Lösungsansätze

Die vergleichbaren Lösungsansätze ergeben sich aus der Kongruenz des Problemkreises, welcher sich gut mit folgender Fragestellung auf den Punkt bringen lässt: Was ist – nach Ansicht der Legislative und Judikative – dem Einzelnen (dem Dargestellten) zur Gewährleistung und Aufrechterhaltung der Meinungsfreiheit noch zumutbar?

Die Antwort auf diese Frage läuft in Frankreich und Deutschland im Ergebnis immer auf eine Interessenabwägung hinaus, unabhängig davon, ob sie – wie in Frankreich[33] – schon auf Tatbestandsebene zur Feststellung der Verletzung der Privatsphäre oder – wie in Deutschland – erst im Rahmen der Rechtfertigung eines Eingriffes in die Privatsphäre durchgeführt wird. Der Zugang zur Abwägung ist hier jeweils deshalb eröffnet, da sowohl der Gesetzgeber als auch die rechtsprechende Gewalt die Privatsphäre als schützenswertes, verfassungsmäßiges Gut anerkennen und ihr ein Gegengewicht gegenüber den in den Verfassungen verankerten Äußerungsfreiheiten zubilligen.

Anders stellt sich die Rechtslage in England dar. Hier beantwortet man die eingangs des Kapitels aufgeworfene Frage überwiegend mit einer (deutlich) höheren Zumutbarkeitsgrenze des Einzelnen gegenüber medialen Eingriffen, was die Bildung von Persönlichkeitsrechten immens erschwert. Doch auch in England kann man im Rahmen der Prüfung einzelner *torts* zu einer Interessenabwägung gelangen, da den Medienvertretern im Falle tatbestandsmäßigen Handelns verschiedene Rechtfertigungsgründe zustehen, die ihren Ursprung in dem Recht auf Meinungsfreiheit haben (beispielsweise die Instrumente des *fair comment* [34] und der *public interest defence* [35]). Ob die Rechtfertigung im konkreten Sachverhalt gelingt, hängt maßgeblich von der Gewichtung des öffentlichen Informationsinteresses gegenüber den Rechten des Einzelnen ab.

Erwähnenswert ist noch, dass in England – im Unterschied zu den beiden untersuchten kontinentaleuropäischen Rechtsordnungen – nicht *öffentliche* Interessen

---

33 Vgl. oben C. VI. 3. c) cc) „Das öffentliche Informationsinteresse / Die Abwägung".

34 Der *fair comment* schützt die freie Meinungsäußerung und rechtfertigt Eingriffe, wenn sie von öffentlichem Interesse sind (vgl. *Lord Denning, MR*, in: *Court of Appeal* vom 10.12.1968 (**London Artist Ltd. v. Littler**), 2 QB 1969, S. 391; *Gounalakis / Glowalla* (Anm. 20), S. 772). Vgl. dazu auch oben D. IV. 1. „Defamation – Ehrenschutz".

35 Die *public interest defence* findet beim wichtigsten Tatbestand zum Schutz der Persönlichkeit, dem *breach of confidence*, Anwendung. Vgl. dazu oben unter D. III. 1. d) „Rechtfertigungsgrund: public interest".

den *privaten* Interessen gegenüber gestellt werden, sondern dass vielmehr eine Abwägung des *öffentlichen* Informationsinteresse mit dem allgemeinen *öffentlichen* Interesse an der Erhaltung der Vertraulichkeit erfolgt[36].

b) Die unterschiedlichen Ergebnisse

Das eben angesprochene Gewicht, welches der einen oder anderen Seite der widerstreitenden Interessen verliehen wird, ist letztlich die Hauptursache der unterschiedlichen Schutzniveaus des Privatlebens prominenter Personen in den untersuchten Ländern.

aa) England

In England wird die Privatsphäre von Personen des öffentlichen Lebens in nur sehr geringem Maße gegen Übergriffe der Medien geschützt. Die dortige Rechtsordnung stellt lediglich wenige, voneinander unabhängige Mechanismen zur Verfügung, welche darüber hinaus allesamt zu den unterschiedlichsten Zwecken entwickelt wurden und nur zufällig oder in analoger Anwendung zur Protektion der Persönlichkeit herangezogen werden können[37]. Dementsprechend unvollständig und lückenhaft sind die Möglichkeiten der Opfer von Berichterstattungen. Aber selbst in den Fällen, in denen dem Betroffenen das Glück zur Seite steht und eine der Anspruchsgrundlagen (*torts*) eingreift, führt dies nicht zwangsläufig zu dem gewünschten Erfolg. Den Medien stehen nämlich starke Exkulpationsmöglichkeiten zur Verfügung, insbesondere der *fair comment* und die *public interest defence* [38]. Im Rahmen der Prüfung der genannten Rechtfertigungsgründe findet eine Abwägung des öffentlichen Informationsinteresses mit dem Interesse des Einzelnen an Wahrung seiner privaten Sphäre statt. Damit gelangen wir zu der eingangs angesprochenen Gewichtung, da in England das öffentliche Informationsinteresse jedenfalls dann regelmäßig sehr hoch bewertet wird, wenn es sich bei dem Dargestellten um eine *public figure* handelt[39]. Darüber hinaus wird das öffentliche Interesse auf Wahrung der Vertraulichkeit bei

---

36 Vgl. statt vieler nur *Chancery Division* (**Douglas II**) (Anm. 13), S. 1044, para 181: „There is a *public interest* in the maintenance of confidences“ und *Court of Appeal* vom 11.03.1977 (**Riddick v. Thames Board Mills Ltd.**), 3 All ER 1977, S. 687: „That *public interest* is to be put into the scales against *the public interest* in preserving privacy and protecting confidential information“. (Hervorhebung vom Verfasser).

37 Die eigentlichen Schutzzwecke von *breach of confidence, defamation, malicious falsehood* etc. wurden oben im Rahmen der Darstellung der Anspruchsgrundlagen erörtert (vgl. oben unter D. III. 1. „Im Überblick: Breach of Confidence – Vertrauensbruch“ und D. IV. „Weitere Schutzmechanismen“).

38 Vgl. dazu Anm. 34 f.

39 Vgl. dazu oben unter D. III. 1. d) „Rechtfertigungsgrund: public interest“.

diesen Personen als eher gering eingestuft, was die eben dargestellte Wirkung noch zusätzlich verstärkt.

Das überaus geringe Schutzniveau der Privatsphäre der *public figures* in England hat also mehrere Ursachen, die kumulativ wirken:

1. Zum Schutze des Privatlebens existieren nur wenige brauchbare Anspruchsgrundlagen,

2. den Medien stehen starke Rechtfertigungsmöglichkeiten zur Seite und

3. die Rechte des Einzelnen werden regelmäßig der stärker gewichteten Meinungsäußerungsfreiheit untergeordnet.

bb) Frankreich

Im Gegensatz dazu gibt die französische Rechtsordnung dem Verletzten zahlreiche Mittel zur Hand, sich gegen Eingriffe in seine Privatsphäre zur Wehr zu setzen. Dabei wird ein sehr hohes Schutzniveau erreicht. Das liegt jedoch primär nicht nur an den gesetzlichen Regelungen, da diese sehr weit und unbestimmt gefasst sind, sondern vielmehr an deren Anwendung und Auslegung durch die Rechtsprechung.

Um das zu verdeutlichen, sei an dieser Stelle noch einmal die wichtigste Vorschrift zum Schutze des Privatlebens in Frankreich zitiert:

Art. 9-1 Code civil:	Chacun a droit au respect de sa vie privée.
Art. 9-1 Code civil:	Jedermann hat ein Recht auf die Achtung seines Privatlebens.

Die generalklauselartige Formulierung bietet Wissenschaft und Rechtsprechung viel Raum zur Bestimmung des Tatbestandsmerkmales *vie privée*. Das daraus hervorgegangene Resultat unterscheidet sich auf den ersten Blick kaum von dem Schutzbereich der Privatsphäre in Deutschland. Auch in Frankreich wird auf Grund der Vielfältigkeit der anzutreffenden Fallkonstellationen auf eine abschließende Definition des Begriffes *vie privée* verzichtet[40]. Man versucht vielmehr das Problem mit Hilfe von konzentrischen Kreisen besser zu erfassen, was im Ergebnis auf eine Sphäreneinteilung hinausläuft. Die gewählten Bereiche[41], das Gefühls- und Intimleben (*la sphère d'intimité*), der Gesundheitszustand

---

40 Vgl. *Tallon* (Anm. 15), t. VII, Nr. 40. Siehe dazu auch oben C. VI. „Begriffsbestimmung: La vie privée – Die Privatsphäre".

41 Ausführlich dazu oben C. VI. 1. „Einteilung in Sphären – Der innere Bereich" und C. VI. 2. „Der äußere Bereich – La vie publique".

(*l'état de santé*), das Familienleben und der häuslicher Bereich (*la vie familiale et le domicile*) etc. entsprechen inhaltlich im Großen und Ganzen der deutschen Sphärentheorie[42].

Die größten Abweichungen zwischen dem deutschen und dem französischen Rechtssystem liegen hauptsächlich, bildlich gesprochen, am äußeren Rand der Privatsphäre, also an der Stelle, an der die Privatheit von der Öffentlichkeit abzugrenzen ist. Die Entscheidung über die Zuordnung zu dem einen oder dem anderen Bereich wird in Frankreich auf Grund anderer Kriterien als in Deutschland vorgenommen. Darüber hinaus werden die Kriterien in den beiden Ländern unterschiedlich gewichtet.

Zunächst bedient man sich in Frankreich des Merkmals der Art der Aktivität und unterscheidet zwischen *activité privée* und *activité publique*, also zwischen öffentlichen und privaten Tätigkeiten. Außerdem hat man sehr früh erkannt, dass eine starre Trennlinie auf Dauer keine befriedigende Grenze darstellen kann, da sich der Übergang von der *vie privée* zur *vie publique* sehr sensibel gestaltet und häufig von Nuancen des Einzelfalles abhängig ist. Damit diesem Umstand ausreichend Rechnung getragen werden kann, wird in nicht eindeutig gelagerten Fällen auf Tatbestandsebene eine Abwägung der widerstreitenden Interessen vorgenommen, woraus sich letztlich die Berechtigung bzw. die Nichtberechtigung zur Veröffentlichung bestimmter Informationen ergibt. Im Rahmen dieser Abwägung wird den Interessen des Einzelnen an dem Schutz seiner Privatsphäre ein deutlich höheres Gewicht beigemessen als dies in Deutschland der Fall ist, und zwar unabhängig davon, ob es sich um eine prominente Person handelt oder nicht. Der Grund liegt darin, dass in Frankreich die Überzeugung, auch Personen des öffentlichen Lebens hätten ein Recht in Ruhe gelassen zu werden (*le droit d'être laissée tranquille*) herrschend ist[43].

Abschließend kann man sagen, dass in Frankreich der viel zitierte Grundsatz der „Einmauerung" des Privatlebens, „la vie privée doit être murée"[44], nicht nur auf dem Papier Bestand hat, sondern dass sowohl der Gesetzgeber als auch die Rechtsprechung darauf achten, dieses Prinzip als Gebot aufzufassen und stets bemüht sind, ihm seine Gültigkeit auch in Zeiten verstärkter Medienaktivitäten zu garantieren.

---

42 Zur Einteilung der Sphären und deren Inhalt in Deutschland vgl. oben E. III. 3. „Die verschiedenen Bereiche des Privatlebens".

43 Vgl. statt vieler *Ravanas, J.*, Protection des Personnes, 1978, Nr. 189, S. 195.

44 Von der *mur de la vie privée* sprach *Royer-Collard* bereits im Jahre 1819 (vgl. dazu *Neumann-Klang, S.*, Recht am eigenen Bild, 1999, S. 86, m. w. N.).

cc) Deutschland

Die wichtigsten Rechtsvorschriften zum Schutze des Privatlebens von Personen des öffentlichen Lebens in Deutschland sind neben den Art. 2 Abs. 1 i. V. m. Art. 1 Abs. 1 GG, das Recht am eigenen Bild (§§ 22 f. KUG) und der Tatbestand der unerlaubten Handlung (§ 823 Abs. 1 BGB), der das Persönlichkeitsrecht als schützenswertes Rechtsgut anerkennt. Bei tatbestandsmäßigem Handeln von Publikationsorganen erfolgt im Rahmen der Rechtfertigungsprüfung eine Abwägung der Äußerungsfreiheiten mit dem Recht des Einzelnen auf Achtung seiner Privatsphäre. Dadurch ergibt sich dann die Rechtmäßigkeit bzw. die Rechtswidrigkeit der konkreten Veröffentlichung.

Im Ergebnis erreicht man in Deutschland ein geringeres Schutzniveau als in Frankreich, obwohl in beiden Ländern der Schutzbereich der Privatsphäre annähernd gleich definiert wird. Der Grund liegt – wie im vorangegangenen Kapitel angesprochen – in der unterschiedlichen Gewichtung der widerstreitenden Interessen.

Nach hier vertretener Ansicht beinhaltet die in der Rechtsprechung des Bundesverfassungsgerichts zum Ausdruck kommende grundsätzliche Vermutung zu Gunsten der freien Rede[45] eine zu starke Privilegierung der Medien. Dabei soll keinesfalls in Abrede gestellt werden, dass den Publikationsfreiheiten eine überragende Bedeutung bei Erhalt und Weiterentwicklung unserer Demokratie zukommt. Es scheint jedoch zunehmend verkannt zu werden, dass dem Persönlichkeitsschutz keine minderere Rolle beizumessen ist. Die freie und ungehinderte Entwicklung der Gesellschaft hängt maßgeblich von der Entfaltungsmöglichkeit ihrer Mitglieder ab. Diesen Mitgliedern und davon insbesondere den „tragenden Säulen" der Gesellschaft, also auch den Prominenten aus allen Bereichen, muss nicht zuletzt zur Regeneration eine Rückzugsmöglichkeit eröffnet werden. Die Folgen der Minimierung des Persönlichkeitsschutzes von Personen des öffentlichen Lebens wären für die Gesellschaft nicht absehbar. Auf Grund der Wichtigkeit dieser Aspekte wird hier noch einmal die Mahnung *Hans-Jürgen Papiers* wiederholt: „Man kann im Grunde nicht erwarten, daß sich Persönlichkeiten in den für staatliche und gesellschaftliche Entwicklungen wichtigen Bereichen der Politik, Administration, Wirtschaft, Wissenschaft, Kultur, Publizistik etc. engagieren, wenn das mit dem Risiko verbunden ist, weitestgehend des Schutzes ihrer Intim- und Privatsphäre, ihres Rufes und ihrer Ehre

---

45 Vgl. dazu *BVerfG* vom 15.01.1958 (Lüth) – 1 BvR 400/51, BVerfGE 7, S. 198, 208; *BVerfG* vom 22.06.1982 (Wahlkampfäußerung) – 1 BvR 1376/79, BVerfGE 61, S. 1, 11. Vgl. dazu auch *Ossenbühl, F.*, Medienfreiheit, in: Bitburger Gespräche 1999/I, S. 77 f.; *ders.*, Abwägung, in: *Erbguth, W.* (Hrsg.), Abwägung im Recht, 1996, S. 27 f.: „Die Meinungsfreiheit erhält dabei von Anfang an nicht nur einen Bonus, sondern eine bis heute durchschlagende Dominanz und Präponderanz". Ausführlich dazu oben unter E. V. 5. b) „Die (unzureichende) Gewichtung des Persönlichkeitsrechts".

durch die Rechtsordnung verlustig zu gehen. Der Persönlichkeitsschutz ist in keinem Fall in geringerem Maße als die Meinungs- und Pressefreiheit eine konstitutive Bedingung für die rechtsstaatliche Demokratie“[46]. Nach alledem müssen im Rahmen der Abwägung Äußerungsfreiheiten und Persönlichkeitsschutz die gleiche Gewichtung erfahren.

Darüber hinaus wird in vorliegender Untersuchung ausdrücklich angeregt, den Informationswert von Berichterstattungen in die Abwägung mit einzubeziehen. Vorbild ist hier das französische Modell, wonach zwischen öffentlichen und privaten Aktivitäten unterschieden wird. Handelt es sich um eine öffentliche Tätigkeit, so ist grundsätzlich von einem hohen Informationswert auszugehen. Bei rein privaten Aktivitäten ist der Informationswert regelmäßig als gering anzusehen.[47]

Weiterhin wird vorgeschlagen, der Bewertung der Rechtmäßigkeit von Publikationen auch die sozialwissenschaftlich nachgewiesene konkrete Belastung des Dargestellten bei Berichten bezüglich seiner Person zu Grunde zu legen. Wie oben gezeigt wurde, kann die tatsächliche Verletztheit des Dargestellten anhand von Indizien bestimmt werden. Dabei ist sowohl auf die objektive „Negativität“ der jeweiligen Publikation, als insbesondere auch auf das Vorverhalten des Beteiligten in Bezug auf zeitlich vorgelagerte mediale Eingriffe in die Privatsphäre abzustellen.[48]

Alle aufgeführten Aspekte können ohne weiteres mit Hilfe des oben vorgestellten beweglichen Systems in die Abwägung einfügt werden. Dadurch lassen sich in jedem Einzelfall sachgerechte Ergebnisse erzielen, wodurch langfristig sowohl den Äußerungsfreiheiten als auch den Persönlichkeitsrechten am besten Rechnung getragen wird.

---

46 Siehe *Papier, H.-J.*, Medien und Persönlichkeitsrechte, in: Bitburger Gespräche 1995/II, S. 41. Zum gleichen Ergebnis gelangt auch *Kriele, M.*, Ehrenschutz, in: NJW 1994, S. 1897 f.

47 Ausführlich dazu oben unter E. V. 4. „Der Informationswert“ und da insbesondere unter cc) „Anwendbarkeit des französischen Modells in Deutschland“.

48 Ausführlich dazu oben unter E. V. 6. „Die Belastung der Betroffenen“ und insb. e) „Der objektive Maßstab der Belastung“ und f) „Indizieren der individuellen Verletztheit – Das Vorverhalten“.

G. Thesen

Abschließend werden nun Vorschläge zur Verbesserung der geltenden Rechtslage bezüglich des Schutzes des Privatlebens von Personen des öffentlichen Lebens vorgestellt. Dabei handelt es sich in der Hauptsache um die bei der Behandlung des grundrechtlichen Privatsphärenschutzes in Deutschland gewonnen Erkenntnisse. Diese werden um die Ergebnisse ergänzt, die im Rahmen der Erörterung des Rechts am eigenen Bild erzielt wurden:

1. Bei der Abwägung des Persönlichkeitsrechts mit den Publikationsinteressen werden durch eine *explizite Anwendung des beweglichen Systems* sachgerechtere Ergebnisse, bessere Transparenz und größere Rechtssicherheit erzielt.

2. Bei der Anwendung des beweglichen Systems sind *vier Kriterien* in Rechnung zu stellen: (1.) Die betroffene Persönlichkeitssphäre, (2.) Der Status der Person, (3.) Der Informationswert der Nachricht und (4.) Die Belastung des Dargestellten.

3. Der *Informationswert* und die *Belastung des Betroffenen* müssen größere Beachtung als bisher finden. Ein genereller Vorrang der Äußerungsfreiheiten ist nicht anzuerkennen.

4. Themen die der bloßen Unterhaltung und Zerstreuung dienen ist nur ein *geringer Informationswert* zuzuerkennen. Dies gilt insbesondere auch bei Bildberichterstattungen.

5. Publikationen aus dem Bereich des Privatlebens stellen für den Dargestellten regelmäßig eine *hohe psychische Belastung* dar, welche anhand objektiver Kriterien (tangierte Sphäre, inhaltliche Qualität, Vorverhalten des Betroffenen) feststellbar ist.

6. Beinhalten Publikationen *Bildmaterial* von einzelnen Personen, so ist grundsätzlich von einem höheren Verletzungspotential auszugehen.

7. Bei Bildberichterstattungen muss das *öffentliche Informationsbedürfnis* – zur besseren Wahrung der Persönlichkeitsrechte des Dargestellten – bereits im Rahmen des § 23 Abs. 1 KUG geprüft werden. Besteht kein öffentliches Informationsbedürfnis, so liegt schon gar kein „Bildnis aus dem Bereich der Zeitgeschichte“ vor.

Aus der Anwendung dieser Thesen ergibt sich folgender **Grundsatz**:

> Ein überwiegendes öffentliches Informationsinteresse an der Darstellung prominenter Persönlichkeiten bei der Wahrnehmung rein privater Tätigkeiten ist regelmäßig – mangels eines entsprechenden Informationswerts und der mit der Veröffentlichung verbundenen Belastung (insbesondere bei Bildberichterstattungen) – nicht anzuerkennen.
>
> Veröffentlichungen aus diesem Bereich sind somit ohne Einwilligung des Abgebildeten grundsätzlich unzulässig.

Ausnahmen hiervon sind dann zuzulassen, wenn entweder der Informationswert der Publikation entsprechend hoch einzustufen ist oder eine sehr geringe Belastung des Betroffenen angenommen werden kann. Letzteres ist insbesondere dann der Fall, wenn das Vorverhalten des Dargestellten zeigt, dass dieser bisher sehr großzügig mit der Preisgabe von eigenen privaten Informationen gewesen ist.

Literaturverzeichnis

Acquadrone, D. [L'ambiguïté, in: D. 1985]: L'ambiguïté du droit à l'image, in: D. 1985, chron., S. 129-136

Ahlberg, Hartwig [in: Möhring, P./Nicolini, K., Urheberrecht, 2000]: Kommentierung zu § 2 UrhG, in: Möhring, Phillip/Nicolini, Käte, (Hrsg.) Urheberrechtsgesetze, Kommentar, 2. Aufl., München 2000

Allensbacher Computer- und Telekommunikations-Analysen [ACTA 2002] des Instituts für Demoskopie Allensbach, abrufbar im Internet unter: http://www.acta-online.de (Stand: 02.11.2002).

Amelung, Ulrich/Vogenauer, Stefan [Schutz der Privatheit, in: ZEuP 2002]: Schutz der Privatheit vor Presseveröffentlichungen. Entscheidung des Court of Appeal vom 23. November 2000, in: ZEuP 2002, S. 341-364

Amson, Daniel [Droits de la personnalité, in: D. 1988]: Besprechung des Urt. von Cour de cassation, ch. civ., vom 05.05.1987 (K... c/ Assoc. Jean Coxtet et a.), in: Droits de la personnalité, in: D. 1988, S. C., S. 197-200

Baltl, Hermann (Hrsg.) [FS Wilburg zum 70. Geburtstag, 1975]: Festschrift für Walter Wilburg zum 70. Geburtstag, Graz 1975

Bamberger, Heinz Georg [Medienrecht, 1986]: Einführung in das Medienrecht, Darmstadt 1986

Bamforth, Nicholas [Application of the HRA, in: CLJ 58 (1999)]: The Application of the Human Rights Act 1998 to Public Authorities and Private Bodies, in: CLJ 58 (1999), S. 159-170

Barnett, Hilaire [Constitutional Law, 1995,]: Constitutional and Administrative Law, London 1995

Becker, Jürgen (Hrsg.) [Rechtsprobleme, 1996]: Rechtsprobleme internationaler Datennetze, Baden-Baden 1996

Begley, Louis [Mein widerlicher Held, in: FAZ vom 25.04.1997]: Mein widerlicher Held. Warum Kritiker Bücher verreißen, in: FAZ vom 25.04.1997

Beignier, Bernard [Vie privée, in: Cabrillac, R., u. a. (Hrsg.), Libertés, 2001]: La vie privée, in: Cabrillac, Rémy u. a. (Hrsg.), Libertés et droits fondamentaux, 7. Aufl., Paris 2001, S. 139-168

Bernhardt, Rudolf [Die Europäische Menschenrechtskonvention, in: EuGRZ 1996]: Die Europäische Menschenrechtskonvention und die deutsche Rechtsordnung, in: EuGRZ 1996, S. 339-341

Bertrand, André [Vie privée, 1999]: Droit à la vie privée et droit à l'image, Paris 1999

Bleckmann, Albert [Staatsrecht II]: Staatsrecht II – Die Grundrechte, 4. Aufl., Köln u. a. 1997

Bleckmann, Albert [Verfassungsrang der EMRK?, EuGRZ 1994]: Verfassungsrang der Europäischen Menschenrechtskonvention?, in: EuGRZ 1994, S. 350-353

Blumenwitz, Dieter [Das anglo-amerikanische Recht, 2003]: Einführung in das anglo-amerikanische Recht, München 2003

Boehme-Neßler, Volker [CyberLaw, 2001]: CyberLaw – Lehrbuch zum Internetrecht, München 2001

Bohlen, Dieter/Keßler, Katja [Wahrheit, 2002],: Nichts als die Wahrheit, 6. Aufl., München 2002

Bormann, Dirk Gerald [Persönlichkeitsschutz in Frankreich, 1974]: Die Praxis des Persönlichkeitsschutzes in Frankreich, Diss., München 1974

Brazier, Margaret [Defamation, in: Clerk, J. F./Lindsell, W., On Torts]: Defamation, in: Clerk, John Frederic/Lindsell, William Henry Barber, On Torts, 16. Aufl., London 1989, Rn. 21-01 ff., S. 1080-1219

Brockhaus multimedial 2003 premium, Version 4, Bibliographisches Institut & F. A. Brockhaus AG, Mannheim 2002

Brömmekamp, Birgit [Pressefreiheit in England, 1996]: Die Pressefreiheit in England und der Bundesrepublik Deutschland: eine vergleichende Darstellung in verfassungsrechtlicher, zivilrechtlicher, strafrechtlicher und tatsächlicher Hinsicht, Diss., Hamburg 1996

Brumme, Sabine/Weis, Michael (Hrsg.) [Praxishandbuch, 2001]: Praxishandbuch Internetrecht, Stuttgart 2001

Bullinger, Martin [in: Isensee, J./Kirchhof, P., Staatsrecht VI, 2001]: § 142 – Freiheit von Presse, Rundfunk und Film, in: Isensee, Josef/Kirchhof, Paul (Hrsg.), Handbuch des Staatsrechts der Bundesrepublik Deutschland, Band VI, Freiheitsrechte, Heidelberg, 2001, S. 667-738

Bullinger, Martin [Multimediadienste, in: JZ 1996]: Ordnung oder Freiheit für Multimediadienste, in: JZ 1996, S. 385-391

Bullinger, Martin/Mestmäcker, Ernst-Joachim [Multimediadienste, 1997]: Multimediadienste: Struktur und staatliche Aufgaben nach deutschem und europäischem Recht, Baden-Baden 1997

Bußmann, Kurt/Pietzcker, Rolf/Kleine, Heinz [Gewerblicher Rechtsschutz, 1962]: Gewerblicher Rechtsschutz und Urheberrechte, Berlin 1962

Cabrillac, Rémy u. a. (Hrsg.) [Libertés, 2001]: Libertés et droits fondamentaux, 7. Aufl., Paris 2001

Canaris, Claus-Wilhelm [Grundrechte und Privatrecht, in: AcP 184 (1984)]: Grundrechte und Privatrecht, in: AcP 184 (1984), S. 201-246

Carnegie, Les [Privacy and the Press, in: Duke Journal of Comparative & International Law, Vol. 9:311, 1998]: Privacy and the Press: The Impact of Incorporating the European Convention on Human Rights in the United Kingdom, in: Duke Journal of Comparative & International Law, Vol. 9:311, 1998, S. 311-342. Veröffentlicht auch auf Homepage *Law Duke*, URL: https://www.law.duke.edu/journals/djcil/downloads/djcil9p311.pdf

Clark, Thomas [Privatsphäre und Pressefreiheit, in: Medien und Recht 14 (1996)]: Privatsphäre und Pressefreiheit in England, in: Medien und Recht 14 (1996), S. 176-178

Clerk, John Frederic/Lindsell, William Henry Barber [On Torts, 1989]: On Torts, 16. Aufl., London 1989

Cremer, Hans-Joachim [Bindungswirkung, in: EuGRZ 2004]: Zur Bindungswirkung von EGMR-Urteilen – Anmerkung zum Görgülü-Beschluss des BVerfG vom 14.10.2004, in: EuGRZ 2004, S. 683-700

Davison, Phillips W. [The Third-Person Effect, in: Public Opinion Quarterly 1983]: The Third-Person Effect in Communication, Public Opinion Quarterly, Volume 47, Issue 1, 1983, S. 1-15

Degenhart, Christoph [in: Bonner Kommentar, 2002]: Kommentierung zu Art. 5 Abs. 1 und 2 GG, in: Dolzer, Rudolf/Vogel, Klaus/Graßhof, Karin (Hrsg.), Bonner Kommentar, Art. 5, Heidelberg 2002, Stand: Februar 1999

Degenhart, Christoph [Funktionsauftrag, in: K&K 2001]: Funktionsauftrag und „dritte Programmsäule“ des öffentlich-rechtlichen Rundfunks, in: K&R 2001, S. 329-338

Degenhart, Christoph [Programmauftrag, in: MMR 1998]: Programmauftrag Internet – Öffentlich-rechtliche Rundfunkanstalten und Online-Dienste, in: MMR 1998, S. 137-141

Degenhart, Christoph [Persönlichkeitsrecht, in: JuS 1992]: Das allgemeine Persönlichkeitsrecht, Art. 2 I i. V. mit Art. 1 I GG, in: JuS 1992, S. 361-368

Deiss, Richard [Statistik, Eurostat – 17/2002, Thema 4]: Statistik der Informationsgesellschaft, © Europäische Gemeinschaften 2002, auch im Internet abrufbar unter http://www.europa.eu.int/comm/eurostat/ (Stand: 30. Oktober 2002).

Denninger, Erhard u. a. (Hrsg.) [FS Schneider, 1990]: Kritik und Vertrauen: Festschrift für Peter Schneider zum 70. Geburtstag, Frankfurt a. Main 1990

Depenheuer, Otto [Informationsordnung, in: AfP 1997]: Informationsordnung durch Informationsmarkt – Rechtliche Rahmenbedingungen einer Informationsordnung, in: AfP 1997, S. 669-675

Determann, Lothar [Kommunikationsfreiheit, 1999]: Kommunikationsfreiheit im Internet: Freiheitsrechte und gesetzliche Beschränkungen, Baden-Baden 1999

Diederichsen, Uwe [Das BverfG, in: AcP 198 (1998)]: Das Bundesverfassungsgericht als oberstes Zivilgericht – ein Lehrstück der juristischen Methodenlehre, in: AcP 198 (1998), S. 171-260

Dolzer, Rudolf/Vogel, Klaus/Graßhof, Karin (Hrsg.) [Bonner Kommentar, 2002]: Bonner Kommentar zum Grundgesetz, Heidelberg 2002, Stand: Juni 2002

Dreier, Thomas/Schulze, Gernot [Urheberrecht, 2004]: Urheberrechtsgesetz, Urheberwahrnehmungsgesetz, Kunsturhebergesetz, Kommentar, München 2004

Dreier, Thomas [in: Dreier, T./Schulze, G., Urheberrecht, 2004]: Kommentierung zu § 33 KUG, in: Dreier, Thomas/Schulze, Gernot, Urheberrechtsgesetz, Urheberwahrnehmungsgesetz, Kunsturhebergesetz, Kommentar, München 2004

Dürig, Günter [Grundrechte, 1956, in: FS für Nawiasky]: Grundrechte und Zivilrechtsprechung, in: Maunz, Theodor (Hrsg.), Vom Bonner Grundgesetz zur gesamtdeutschen Verfassung, Festschrift zum 75. Geburtstag von Hans Nawiasky, München 1956, S. 157-190

Dürig, Günter [Urteilsbesprechung, in: DöV 1958]: Zum „Lüth-Urteil“ des Bundesverfassungsgerichts vom 15.1.1958, in: DöV 1958, S. 194- 197

Eberle, Carl-Eugen [Neue Übertragungstechniken, in: ZUM 1995]: Neue Übertragungstechniken und Verfassungsrecht, in: ZUM 1995, S. 249-256

Ebert, Kurt Hanns [Rechtsvergleichung, 1978]: Rechtsvergleichung: Einführung in die Grundlagen, Bern 1978

Echterhölter, Rudolf [Die EMRK in der verfassungsmäßigen Ordnung, in: JZ 1955]: Die Europäischen Menschenrechtskonvention im Rahmen der verfassungsmäßigen Ordnung, in: JZ 1955, S. 689-693

Echterhölter, Rudolf [Die EMRK, in: JZ 1956]: Die Europäischen Menschenrechtskonvention in der juristischen Praxis, in: JZ 1956, S. 142-146

Effenberg, Steffan [Ich hab's allen gezeigt, 2003]: Ich hab's allen gezeigt, 2003

Elliott, Mark [Case and Comment, in: CLJ 60 (2001)]: Case and Comment – Privacy, Confidentiality and Horizontality: The Case of the Celebrity Wedding Photographs, in: CLJ 60 (2001), S. 231-233

Engels, Stefan/Schulz, Wolfgang [Bildnis der Zeitgeschichte, in: AfP 1998] Das Bildnis aus dem Bereich der Zeitgeschichte – Anmerkungen zur Dogmatik des Bildnisschutzes, in AfP 1998, S. 574-583

Erbguth, Wilfried u. a. (Hrsg.) [Abwägung im Recht, 1996]: Abwägung im Recht: Symposium und Verabschiedung von Werner Hoppe am 30. Juni 1995 in Münster aus Anlaß seiner Emeritierung, Köln u. a. 1996

Fenwick, Helen/Phillipson, Gavin [Confidence and Privacy, in: CLJ 55 (1996)]: Confidence and Privacy: A Re-examination, in: CLJ 55 (1996), S. 447-455

Féral-Schuhl, Christiane [Cyberdroit, 2000] : Cyberdroit, Paris 2000

Ferid, Murad/Sonnenberger, Hans Jürgen [Zivilrecht 1/1, 1994]: Das Französische Zivilrecht, Bd. 1/1, Allgemeine Lehren des französischen Zivilrechts: Einführung und allgemeiner Teil des Zivilrechts, 2. Aufl., Heidelberg 1994

Fikentscher, Wolfgang [Methoden des Rechts II, 1975]: Methoden des Rechts in vergleichender Darstellung, Band II: Anglo-Amerikanischer Rechtskreis, Tübingen 1975

Fischer, Frank O. [Das bewegliche System, in: AcP 197 (1997)]: Das „bewegliche System" als Ausweg aus der „dogmatischen Krise" in der Rechtspraxis, in: AcP 197 (1997), S. 589-609

Fischer, Marcus [Internet, in: Brumme, S./Weis, M., Praxishandbuch, 2001]: Das Internet – Ein Kurzüberblick, in: Brumme, Sabine/Weis, Michael (Hrsg.), Praxishandbuch Internetrecht, Stuttgart 2001, S. 25-45

Flechsig, Norbert P. [Datennetze, in: Becker, J., Rechtsprobleme, 1996]: Rechtsprobleme internationaler Datennetze im Lichte des Persönlichkeits- und Äußerungsrechts, in: Becker, Jürgen (Hrsg.), Rechtsprobleme internationaler Datennetze, Baden-Baden 1996, S. 57-86

Forkel, Hans [Anm. zum Urt. des BGH vom 19.12.1995 (Caroline v. Monaco IV) – VI ZR 15/95, in: JZ 1997]: Bürgerliches Recht. Persönlichkeitsrecht. Anmerkung zum Urteil des BGH vom 19.12.1995 – VI ZR 19/95, in: JZ 1997, S. 43-45

Fricke, Michael [in: Wandtke, A.-A./Bullinger, W., UrhG-Kommentar, 2002]: Kommentierung zu § 23 KUG, in: Wandtke, Artur-Axel/Bullinger, Winfried (Hrsg.), Praxiskommentar zum Urheberrecht, München 2002

Fuld, Ludwig [Kunstschutzgesetz, 1907]: Guttentag'sche Sammlung Deutscher Reichs- und Preußischer Gesetze Nr. 81: Gesetz betreffend das Urheberrecht an Werken der bildenden Künste und der Photographie, Textausgabe mit Anmerkungen und Sachregister, Berlin 1907

Fuld, Ludwig [Karikatur, in: GRUR 1907]: Karikatur und Persönlichkeitsschutz, in: GRUR 1907, S. 224-227

Gass, Wolfram [in: Möhring, P./Nicolini, K., Urheberrecht, 2000]: Kommentierung zu § 60 UrhG/Anh. § 23 KUG, in: Möhring, Phillip/Nicolini, Käte, (Hrsg.) Urheberrechtsgesetze, Kommentar, 2. Aufl., München 2000

Gersdorf, Hubertus [Rundfunkbegriff, 1995]: Der verfassungsrechtliche Rundfunkbegriff im Lichte der Digitalisierung der Telekommunikation: ein Rechtsgutachten im Auftrag der Hamburgischen Anstalt für neue Medien, Berlin 1995

Gersdorf, Hubertus [Datennetze, in: Becker, J., Rechtsprobleme, 1996]: Internationale Datennetze und Rundfunkrecht, in: Becker, Jürgen (Hrsg.), Rechtsprobleme internationaler Datennetze, Baden-Baden 1996, S. 87-105

Gerstenberg, Ekkehard/Götting, Horst-Peter [Urheberrecht, 1999]: Kommentierung zu § 60 UrhG/§§ 22 ff. KUG, in: Schricker, Gerhard (Hrsg.), Urheberrecht – Kommentar, 2. Aufl., München 1999

Giegerich, Thomas [Schutz der Persönlichkeit, in: RabelsZ 63 (1999)]: Schutz der Persönlichkeit und Medienfreiheit nach Art. 8, 10 EMRK im Vergleich mit dem Grundgesetz, in: RabelsZ 63 (1999), S. 471-506.

Gierke, Otto [Deutsches Privatrecht I., 1895]: Deutsches Privatrecht, I. Bd., Allgemeiner Teil und Personenrecht, Leipzig 1985

Gotthardt, Peter [Frankreich, in: v. Bahr, C., Deliktsrecht, 1994]: Landesbericht Frankreich, in: von Bahr, Christian (Hrsg.), Deliktsrecht in Europa – Systematische Einführungen, Gesetzestexte, Übersetzungen, Köln u. a., 1994

Götting, Horst-Peter [Right of Publicity, in: GRUR Int. 1995]: Vom Right of Privacy zum Right of Publicity. Die Anerkennung eines Immaterialgüterrechts an der eigenen Persönlichkeit, in: GRUR int. 1995, S. 656-669

Goubeaux, Gilles [Code Civil, 2002]: Code Civil, 101. Aufl., Paris 2002

Gounalakis, Georgios [Persönlichkeitsschutz, in: AfP 1998]: Persönlichkeitsschutz und Geldersatz, in: AfP 1998, S. 10-25

Gounalakis, Georgios/Glowalla, Rainer [Reformbestrebungen zum Persönlichkeitsschutz, in: AfP 1997]: Reformbestrebungen zum Persönlichkeitsschutz in England, Teil 1: Gegenwärtige Rechtslage und die Vorschläge des Report of the Committee on Privacy and Related Matters (Calcutt-Report), in: AfP 1997, S. 771-777

Gounalakis, Georgios/Rhode, Lars [Persönlichkeitsschutz im Internet, 2002]: Persönlichkeitsschutz im Internet: Grundlagen und Online-Spezifika, München 2002

Grabenwarter, Christoph [Schutz des Privatsphäre, in: AfP 2004]: Schutz des Privatsphäre versus Pressefreiheit: Europäische Korrektur eines deutschen Sonderwegs?, in: AfP 2004, S. 309-316

Griese, Joachim/Sieber, Pascal [Information Highway, 1996]: Internet als erste Aufbaustufe des Information Highway, in: Hilty, Reto M., Information Highway – Beiträge zu rechtlichen und tatsächlichen Fragen, Bern, 1996, S. 43-63

Gringras, Clive [Laws of the Internet, 1998]: The laws of the Internet, London 1998

Grote, Rainer [Inkorporierung der EMRK, in: ZaöRV 58 (1998)]: Die Inkorporierung der Europäischen Menschenrechtskonvention in das britische Recht durch den Human Rights Act 1998, in: ZaöRV 58 (1998), S. 309-352

Hager, Johannes [Schutz der Ehre, in: AcP 196 (1996)]: Der Schutz der Ehre im Zivilrecht, in: AcP 196 (1996), S. 168-224

Hauser, Martin [Werbung, in: GRUR Int. 1988]: Werbung und das Recht am eigenen Bild in Frankreich, in: GRUR Int. 1988, S. 839-843

Heinrichs, Helmut [in: Palandt, O., BGB, 2006]: Kommentierung zu den §§ 1-432 BGB, in: Palandt, Otto, Bürgerliches Gesetzbuch, 65. Aufl., München 2006

Heisig, Carsten [Persönlichkeitsschutz, 1999]: Persönlichkeitsschutz in Deutschland und Frankreich, Diss., Hamburg 1999

Heldrich, Andreas (Hrsg.) [FS Schweizer, 1999]: Medien zwischen Spruch und Informationsinteresse: Festschrift für Robert Schweizer zum 60. Geburtstag, Baden-Baden 1999

Heldrich, Andreas [Privates Glück in der Medienwelt, in: FS Schweizer, 1999]: Privates Glück in der Medienwelt, in: Heldrich, Andreas (Hrsg.), Medien zwischen Spruch und Informationsinteresse: Festschrift für Robert Schweizer zum 60. Geburtstag, Baden-Baden 1999, S. 29-44

Heldrich, Andreas [Persönlichkeitsschutz und Pressefreiheit, in: NJW 2004]: Persönlichkeitsschutz und Pressefreiheit nach der Europäischen Menschenrechtskonvention, in: NJW 2004, S, 2634-2636

Helle, Jürgen [Besondere Persönlichkeitsrechte, 1991]: Besondere Persönlichkeitsrechte im Privatrecht: das Recht am eigenen Bild, das Recht am gesprochenen Wort und der Schutz des geschriebenen Wortes, Tübingen 1991

Hennes, Wolfgang [Internet, 1996]: Der Einstieg ins Internet, Frankfurt am Main u. a. 1996

Herrmann, Günter [Anm. zum Urt. des EGMR vom 24.06.2004 (Hannover / Deutschland), in: ZUM 2004]: Anmerkung zum Urteil des Europäischen Gerichtshof für Menschenrechte (Caroline v. Hannover / Deutschland), in: ZUM 2004, S. 665-66

Herth, Christiane [Persönlichkeitsschutz, 1988]: Persönlichkeitsschutz im englischen Zivilrecht, Diss., Frankfurt a. Main u. a., 1988

Herzog, Roman [in: Maunz, T./Dürig, G., Kommentar zum GG, 2002]: Kommentierung zu Art. 5 GG, in: Maunz, Theodor/Dürig, Günther (Hrsg.), Grundgesetz – Kommentar, Bd. 1, Art. 5, München 2002, Stand: Juni 2002

Hesse, Albrecht [Rundfunkrecht, in: BayVBl 1997]: Zur aktuellen Entwicklung des Rundfunkrechts, in: BayVBl 1997, S. 132-143

Hilty, Reto M. (Hrsg.) [Information Highway, 2001]: Information Highway – Beiträge zu rechtlichen und tatsächlichen Fragen, Bern 1996

Hoeren, Thomas [Internetrecht, 2002]: Grundzüge des Internetrechts: E-Commerce/Domains/ Urheberrecht, 2. Aufl., München 2002

Hoffmann-Riem, Wolfgang [in: Wassermann, R., GG-Kommentar, 1984]: Kommentierung zu Art. 5 GG, in: Wassermann, Rudolf (Hrsg.), Reihe Alternativkommentare, Kommentar zum Grundgesetz für die Bundesrepublik Deutschland, Bd. 1, Art. 1-20, Darmstadt 1984

Hoffmann-Riem, Wolfgang [Kommunikationsfreiheit und Chancengleichheit, in: Schwartländer, J./Riedel, E.., Meinungsfreiheit, 1990]: Kommunikationsfreiheit und Chancengleichheit, in: Schwartländer, Johannes/Riedel, Eibe (Hrsg.), Neue Medien und Meinungsfreiheit im nationalen und internationalen Kontext, Kehl am Rhein u. a. 1990, S. 27-58

Holdsworth, William [History II, 1966]: A history of English law, Vol. II, 4. Aufl., London 1966

Hoppe, Tilman [Anm. zu „Douglas v. Hello! Ltd.", in: GRUR 2002]: Anmerkung zum Urteil des Court of Appeal vom 21.12.2000 ((Douglas and others v. Hello! Ltd.), in: GRUR 2002, S. 630-632

Hübner, Ulrich/Constantinesco, Vlad [Einführung, 2001]: Einführung in das französische Recht, 4. Aufl., München 2001

Hücking, Ewald [Systemversuch Wilburgs, 1982]: Der Systemversuch Wilburgs, Duisburg 1982

Isensee, Josef/Kirchhof, Paul (Hrsg.) [Staatsrecht VI, 2001]: Handbuch des Staatsrechts der Bundesrepublik Deutschland, Band VI, Freiheitsrechte, Heidelberg, 2001

Itin, Marco [Grundrechte, 1992]: Grundrechte in Frankreich, Diss., Zürich 1992

Janisch, Wolfgang [Die legitime Neugier, in: AfP 2000]: Artikel 5 Abs. 1 GG und die legitime Neugier des Medienpublikums, in: AfP 2000, S. 32-34

Janik, Viktor [Rundfunkbegriff, in: AfP 2000]: Der deutsche Rundfunkbegriff im Spiegel technischer Entwicklungen, in: AfP 2000, S. 7-17

Jarass, Hans D. [Rundfunkbegriffe, in: AfP 1998]: Rundfunkbegriffe im Zeitalter des Internet – Zum Anwendungsbereich der Rundfunkfreiheit, des Rundfunkstaatsvertrags und des Mediendienste-Staatsvertrags, in: AfP 1998, S. 133-141

Kannengießer, Christoph [in: Schmidt-Bleibtreu, B./Klein, F., GG-Kommentar, 2004]: Kommentierung zu Art. 5 GG, in: Schmidt-Bleibtreu, Bruno/Klein, Franz, Kommentar zum Grundgesetz, 10. Aufl., Neuwied u. a. 2004

Kant, Immanuel [Grenzen der Vernunft, 1793]: Die Religion innerhalb der Grenzen der bloßen Vernunft, herausgegeben von Vorländer, Karl, 6. Aufl., Hamburg 1956

Kayser, Pierre [La vie privée, 1995]: La protection de la vie privée par le droit. Protection du secret de la vie privée. 3. Aufl., Paris 1995

Kepplinger, Hans Mathias [Verletzung der Persönlichkeitsrechte, in: Bitburger Gespräche 1999/I]: Verletzung der Persönlichkeitsrechte durch die Medien: Halten die Annahmen der Juristen den sozialwissenschaftlichen Befunden stand?, in: Bitburger Gespräche, Jahrbuch 1999/I, München 2000, S. 15-34

Kepplinger, Hans Mathias/Fritsch, Jürgen [Ausschluss der Öffentlichkeit, in: Publizistik, 26. Jahrgang (1981)]: Unter Ausschluß der Öffentlichkeit. Abgeordnete des 8. Deutschen Bundestages berichten über ihre Erfahrungen mit Journalisten., in: Publizistik, 26. Jahrgang (1981), S. 33-55.

Kepplinger, Hans Mathias/Habermeier, Johanna [Ereignis-Serien, in: Mast, C., Markt, Macht, Medien, 1996]: Ereignis-Serien. Was kann man nach spektakulären Vorfällen über die Wirklichkeit wissen?, in Mast, Claudia (Hrsg.), Markt – Macht – Medien. Publizistik zwischen gesellschaftlicher Verantwortung und ökonomischen Zielen, Konstanz 1996, S. 261-272

Keyßner, Hugo [Recht am eigenen Bild, 1896]: Das Recht am eigenen Bilde, Berlin 1896. Im Volltext auch auf der Homepage des „Max-Planck-Instituts für europäische Rechtsgeschichte" abrufbar, unter: http://dlib-pr.mpier.mpg.de (Stand: 01.06.2005)

Killy, Walther/Vierhaus, Rudolf (Hrsg.), [Deutsche Biographische Enzyklopädie, 1998], Deutsche Biographische Enzyklopädie, 1998, Bd. 7., May – Pleßner

Kohler, Josef [Recht an Briefen, in: Archiv für bürgerliches Recht Bd. 7 (1893)]: Das Recht an Briefen, in: Archiv für bürgerliches Recht, Bd. 7 (1893), S. 94-149

Kohler, Josef [Das Eigenbild, 1903]: Das Eigenbild im Recht, Köln 1903

Koller, Peter [Bewegliches System, in: Posch, W. (Red.), FS Wilburg zum 30. September 1975]: Möglichkeiten und Grenzen eines beweglichen Rechtssystems, in: Posch, Willibald (Red.), Wertung und Interessenausgleich im Recht – Walter Wilburg zum 30. September 1975 gewidmet von Assistenten der Grazer rechts- und staatswissenschaftlichen Universität, Graz 1975, S. 1-29

Kriele, Martin [Ehrenschutz, in: NJW 1994]: Ehrenschutz und Meinungsfreiheit, in: NJW 1994, S. 1897-1905

Krol, Ed [Internet, 1995]: Die Welt des Internet, Bonn 1995

Kühl, Kristian [StGB-Kommentar, 2004]: Strafgesetzbuch: Kommentar, 25. Aufl., München 2004

Kuhlenbeck, Ludwig [Urheberrecht, 1901]: Das Urheberrecht (Autorrecht) an Werken der Literatur und Tonkunst und das Verlagsrecht, Leipzig, 1901.

Kyas, Othmar [Internet, 1994]: Internet – Zugang, Utilities, Nutzung, Bergheim 1994

Lackerbauer, Ingo [Internet, 1999]: Internet, 3. Aufl., München 1999

Lackner, Karl [StGB-Kommentar, 1997]: Strafgesetzbuch mit Erläuterungen, 24. Aufl., München 2001

Lang, Kurt/Engel Lang, Gladys [Perspective of Television, in: American Sociological Review 1953]: The Unique Perspective of Television and Its Effect: A Pilot Study, in: American Sociological Review (Official Journal of the American Sociological Society) 1953, Vol. 18, Number 1, Issue 1, S. 3-12 (auch online abrufbar unter der URL: http://www.jstor.org)

Larenz, Karl [Wertorientiertes Denken, in: Baltl, H. (Hrsg.), FS Wilburg zum 70. Geburtstag, 1975]: Grundformen wertorientierten Denkens in der Jurisprudenz, in: Baltl, Hermann (Hrsg.), Festschrift für Walter Wilburg zum 70. Geburtstag, Graz 1975, S. 217-229

Leisner, Walter [Grundrechte, 1960]: Grundrechte und Privatrecht, München 1960

Lenski, Sophie-Charlotte [Persönlichkeitsschutz Prominenter, in: NVwZ 2005]: Der Persönlichkeitsschutz Prominenter unter EMRK und Grundgesetz, in: NVwZ 2005, S. 50-53

Lerche, Peter [Einschränkung der Pressefreiheit, in: FS Schweizer, 1999]: Einschränkung der Pressefreiheit durch Richterrecht?, in: Heldrich, Andreas (Hrsg.), Medien zwischen Spruch und Informationsinteresse: Festschrift für Robert Schweizer zum 60. Geburtstag, Baden-Baden 1999, S. 45-61

Leuze, Dieter [Persönlichkeitsrecht, 1962]: Die Entwicklung des Persönlichkeitsrechts im 19. Jh., Zugleich ein Beitrag zum Verhältnis allgem. Persönlichkeitsrecht – Rechtsfähigkeit, Bielefeld 1962

Lindemann, Otto [Urheberrecht, 1910]: Guttentag'sche Sammlung Deutscher Reichs- und Preußischer Gesetze Nr. 60: Gesetz betreffend das Urheberrecht an Werken der Literatur und der Tonkunst, Berlin 1910

Lindon, Raymond [La Presse et la vie privée, in: JCP 1965] : La presse et la vie privée, in: JCP 1965, I, 1887

Lindon, Raymond [Anm. zu TGI Paris vom 07.11.1975, in: D. 1976]: Anmerkung zum Urteil des TGI Paris vom 07.11.1975 (Dame N… c/ R… et Dame B…), in: D. 1976, J., S. 271-272.

Litscher, Andreas [Glossar, in: Hilty, R. M. Information Highway, 2001]: Glossar, in: Hilty, Reto M., Information Highway – Beiträge zu rechtlichen und tatsächlichen Fragen, Bern, 1996, S. 661-692

Locke, John [Human Understanding, 1690]: Essay Concerning Human Understanding, zitiert nach Noelle-Neumann, Elisabeth [Doppelte Natur, in: FS Schweizer, 1999]: Von der doppelten Natur des Menschen – Warum eine neue Güterabwägung zwischen Pressefreiheit und Persönlichkeitsrecht notwendig ist, in: Heldrich, Andreas (Hrsg.), Medien zwischen Spruch und Informationsinteresse: Festschrift für Robert Schweizer zum 60. Geburtstag, Baden-Baden 1999, S. 123-138

Loewenheim, Ulrich [Urheberrecht, 1999]: Kommentierung zu § 2 UrhG, in: Schricker, Gerhard (Hrsg.), Urheberrecht – Kommentar, 2. Aufl., München 1999

Löffler, Martin [Presserecht, 1997]: Presserecht: Kommentar zu den Landespressegesetzen der Bundesrepublik Deutschland, München 1997

Löffler, Martin/Ricker, Reinhart [Presserecht, 2000]: Handbuch des Presserechts, 4. Aufl., München 2000

Looschelders, Dirk [Ausstrahlung, in: Wolter, J./Riedel, E./Taupitz, J., Einwirkungen der Grundrechte, 1999]: Die Ausstrahlung der Grundrechte auf das Schadensrecht, in: Wolter, Jürgen/Riedel, Eibe/Taupitz, Jochen (Hrsg.), Einwirkungen der Grundrechte auf das Zivilrecht, Öffentliche Recht und Strafrecht – Mannheimer Fakultätstagung über 50 Jahre Grundgesetz, Heidelberg 1999, S. 93-112

Lorz, Ralph Alexander [Kommunikationsfreiheit, in: Schwartländer, J./Riedel, E., Meinungsfreiheit, 1990]: Kommunikationsfreiheit und nationale Rundfunkordnungen – Rechtsvergleichende Aspekte der Medienfreiheit, in: Schwartländer, Johannes/Riedel, Eibe (Hrsg.), Neue Medien und Meinungsfreiheit im nationalen und internationalen Kontext, Kehl am Rhein u. a. 1990, S. 185-210

Maihofer, Werner/ Schelsky, Helmut u. a. (Hrsg.) [Jahrbuch für Rechtssoziologie und Rechtstheorie II (1972)]: Jahrbuch für Rechtssoziologie und Rechtstheorie II (1972) (Rechtstheorie als Grundlagenwissenschaft der Rechtswissenschaft), Düsseldorf 1972

Malaurie, Philippe/Aynès, Laurent [Cours de droit civil II, 1994] : Cours de droit civil, Tome II, Les Personnes, Les Incapacités, 3e édition, Paris 1994

Markesinis, Basil [Law of Privacy, in: MLR 53 (1990)]: Our Patchy Law of Privacy – Time to do Something about It, in: MLR 53 (1990), S. 802-809

Markesinis, Basil (Hrsg) [Protecting Privacy, 1999]: Protecting Privacy, The Clifford Chance Lectures, Vol. IV, Oxford 1999

Markesinis, Basil [Horizontal Effect, in: LQR 115 (1999)]: Privacy, Freedom of Expression, and the Human Rights Bill: Lessons from Germany, in: LQR 115 (1999), S. 47-88

Marston, Geoffrey [Preparation of the ECHR, in: ICLQ 42 (1993)]: The United Kingdom's part in the preparation of the European Convention on Human Rights, 1950, in: ICLQ 42 (1993), S. 796-826

Martins, Leonardo [Die Grundrechtskollision, 2001]: Die Grundrechtskollision. Grundrechtskonkretisierung am Beispiel des § 41 Abs. 1 BDSG, Diss., Berlin 2001

Massip, Jacques [Bespr. Von Cour de cassation, ch. Civ., vom 05.05.1987, in: D. 1988]: Besprechung von Cour de cassation, ch. Civ., vom 05.05.1987 (K… c/ Assoc. Jean Coxtet et a.), in: D. 1988, J., S. 78-79

Mast, Claudia (Hrsg.) [Markt, Macht, Medien, 1996]: Markt – Macht – Medien. Publizistik zwischen gesellschaftlicher Verantwortung und ökonomischen Zielen, Konstanz 1996

Maunz, Theodor/Dürig, Günther (Hrsg.) [Kommentar zum GG, 2002]: Grundgesetz – Kommentar, Bd. 1, Art. 1-11, München 2002, Stand: Juni 2002

Maunz, Theodor (Hrsg.) [FS für Nawiasky]: Vom Bonner Grundgesetz zur gesamtdeutschen Verfassung, Festschrift zum 75. Geburtstag von Hans Nawiasky, München 1956

Maurer, Hartmut [Staatsrecht, 1999]: Staatsrecht – Grundlagen, Verfassungsorgane, Staatsfunktionen, München 1999

Mecklenburg, Wilhelm [Internetfreiheit, in: ZUM 1997]: Internetfreiheit, in: ZUM 1997, S. 525-543

Michel, Eva-Maria [Rundfunk und Internet, in: ZUM 1998]: Rundfunk und Internet – Die Zulässigkeit von Internet-Aktivitäten der öffentlich-rechtlichen Rundfunkanstalten, in: ZUM 1998, S. 350-357

Model, Otto/Müller, Klaus [GG-Kommentar, 1996]: Grundgesetz für die Bundesrepublik Deutschland – Taschenkommentar für Studium und Praxis, 11. Aufl., Köln u. a. 1996

Möhring, Phillip/Nicolini, Käte (Hrsg.) [Urheberrecht, 2000]: Urheberrechtsgesetze, Kommentar, 2. Aufl., München 2000

Moreham, Nicole [Protection of Privacy, in: MLR 64 (2001)]: *Douglas and others v Hello! Ltd* – the Protection of Privacy in English Private Law, in: MLR 64 (2001), S. 767-774

Müller, Klaus [in: Model, O./Müller, K., GG-Kommentar, 1996]: Kommentierung zu Art. 5 GG, in: Model, Otto/Müller, Klaus, Grundgesetz für die Bundesrepublik Deutschland, 11. Aufl., Köln u. a. 1996

Neill, Brian [Privacy, in: Markesinis, B., Protecting Privacy,1999]: A Challenge for the Next Century, in: Markesinis, Basil, Protecting Privacy, The Clifford Chance Lectures, Vol. IV, Oxford 1999

Neumann-Duesberg, Horst [Personen der Zeitgeschichte, in: JZ 1960]: Bildberichterstattung über absolute und relative Personen der Zeitgeschichte, in: JZ 1960, S. 114-118

Neumann-Klang, Sybille [Recht am eigenen Bild, 1999]: Das Recht am eigenen Bild aus rechtsvergleichender Sicht, Frankfurt am Main 1999

Nipperdey, Hans Carl [Grundrechte und Privatrecht, 1961]: Kölner Universitätsreden: Grundrechte und Privatrecht, Krefeld 1961

Noelle-Neumann, Elisabeth [Doppelte Natur, in: FS Schweizer, 1999]: Von der doppelten Natur des Menschen – Warum eine neue Güterabwägung zwischen Pressefreiheit und Persönlichkeitsrecht notwendig ist, in: Heldrich, Andreas (Hrsg.), Medien zwischen Spruch und Informationsinteresse: Festschrift für Robert Schweizer zum 60. Geburtstag, Baden-Baden 1999, S. 123-138

Nolte, Nico [Privatsphäre in England, 1999]: Der zivilrechtliche Schutz der Privatsphäre in England, Diss., Osnabrück 1999

Obermayer, Ludwig [in: Stenglein, M., Strafrechtliche Nebengesetze, 1928]: Kommentierung zu § 23 KUG, in: Stenglein. M. (Hrsg.), M. Stengleins Kommentar zu den Strafrechtlichen Nebengesetzen, Bd. I, 5. Aufl. Berlin 1928

Ohly, Ansgar [Schutz der Persönlichkeit, in: RabelsZ 65 (2001)]: Der Schutz der Persönlichkeit im englischen Zivilrecht. Heutiger Stand und Entwicklungstendenzen nach dem Human Rights Act 1998, in: RabelsZ 65 (2001), S. 39-77

Ohly, Ansgar [Harmonisierung des Persönlichkeitsrechts, in: GRUR Int. 2004]: Harmonisierung des Persönlichkeitsrechts durch den Europäischen Gerichtshof für Menschenrechte?, in: GRUR Int. 2004, S. 902-912

Oppermann, Thomas [Anm. zum Urt. des BverfG vom 22.02.1994, in: JZ 1994]: Rundfunkgebühr – Rundfunkordnung – Rundfunkideologie: Zum Urteil des BverfG vom 22.02.1994, in: JZ 1994, S. 499-503

Ossenbühl, Fritz [Medien, in: Bitburger Gespräche 1995/II]: Medien zwischen Macht und Recht, in: Bitburger Gespräche, Jahrbuch 1995/II, München 1996, S. 1-24

Ossenbühl, Fritz [Abwägung, in: Erbguth, W. (Hrsg.), Abwägung im Recht, 1996]: Abwägung im Verfassungsrecht, in: Abwägung im Recht: Symposium und Verabschiedung von Werner Hoppe am 30. Juni 1995 in Münster aus Anlaß seiner Emeritierung, Köln u. a. 1996, S. 25-41

Ossenbühl, Fritz [Medienfreiheit, in: Bitburger Gespräche 1999/I]: Medienfreiheit und Persönlichkeitsschutz – Die Entscheidungsstruktur des Bundesverfassungsgerichts in kritischer Perspektive, in: Bitburger Gespräche, Jahrbuch 1999/I, München 2000, S. 73-87

Otte, Gerhard [Komparative Sätze, in: Maihofer, W./ Schelsky, H. u. a. (Hrsg.), Jahrbuch für Rechtssoziologie und Rechtstheorie II (1972)]: Komparative Sätze im Recht. Zur Logik eines beweglichen Systems, in: Maihofer, Werner/ Schelsky, Helmut u. a., Jahrbuch für Rechtssoziologie und Rechtstheorie II (1972) (Rechtstheorie als Grundlagenwissenschaft der Rechtswissenschaft), Düsseldorf 1972, S. 301-320

Palandt, Otto [BGB, 2006]: Bürgerliches Gesetzbuch, 65. Aufl., München 2006

Papier, Hans-Jürgen [Medien und Persönlichkeitsrechte, in: Bitburger Gespräche 1995/II]: Medien und Persönlichkeitsrechte – wer schützt den Bürger vor Vermarktung?, in: Bitburger Gespräche, Jahrbuch 1995/II, München 1996, S. 25-43

Paschke, Marian [Medienrecht, 2001]: Medienrecht, 2. Aufl., Berlin u. a. 2001

Peter, Susanne [Expertenurteile, Magisterarbeit 1998]: Expertenurteile über die redaktionelle Linie ausgewählter Print- und TV-Medien. (Unveröffentlichte) Magisterarbeit im Fachbereich Sozialwissenschaften der Johannes Gutenberg-Universität Mainz, 1998

Pfeifer, Karl-Nikolaus [Eigenheit oder Eigentum, in: GRUR 2002]: Eigenheit oder Eigentum – Was schützt das Persönlichkeitsrecht?, in: GRUR 2002, S. 495-500

Pieroth, Bodo/Schlink, Bernhard [Grundrechte, 2005]: Staatsrecht II, Grundrechte, 21. Aufl., Heidelberg 2005

Polakiewicz, Jörg [Die Verpflichtungen der Staaten, 1993]: Die Verpflichtungen der Staaten aus den Urteilen des Europäischen Gerichtshofs für Menschenrechte, Berlin u. a. 1993

Popp, Heribert [Markt Internet]: Virtuelle Ringvorlesung „E-Business", Folge 1/Kapitel 1: Markt Internet, online veröffentlicht auf der Homepage der Fachhochschule Deggendorf (www.bw.fh-deggendorf.de); unter der URL: http://www.bw.fh-deggendorf.de/eb/f1/markt.pdf (Stand 16.06.2005).

Posch, Willibald (Red.) [FS Wilburg zum 30. September 1975]: Wertung und Interessenausgleich im Recht – Walter Wilburg zum 30. September 1975 gewidmet von Assistenten der Grazer rechts- und staatswissenschaftlichen Universität, Graz 1975

Prescott, Peter [Kaye v Robertson, in: MLR 54 (1991)]: Kaye v Robertson – a reply, in: MLR 54 (1991), S. 451-456

Prinz, Matthias [Schutz der Persönlichkeitsrechte, in: NJW 1995]: Der Schutz der Persönlichkeitsrechte vor Verletzungen durch die Medien, in: NJW 1995, S. 817-821

Ramm, Frederik [World Wide Web, 1996]: Recherchieren und Publizieren im World Wide Web, 2. Aufl., Braunschweig u. a. 1996

Ravanas, Jacques [Protection des Personnes, 1978] : La protection des personnes contre la réalisation et la publication de leur image, Paris 1978

Rehbock, Klaus/Schmidt, Anette [Person der Zeitgeschichte, in: FS Schweizer, 1999]: Absolutes und Relatives zur Person der Zeitgeschichte, in: Heldrich, Andreas (Hrsg.), Medien zwischen Spruch und Informationsinteresse: Festschrift für Robert Schweizer zum 60. Geburtstag, Baden-Baden 1999, S. 123-138

Rehbinder, Manfred [Urheberrecht, 2002]: Urheberrecht: Ein Studienbuch, 12. Aufl., München 2001

Rehm, Gebhard [Persönlichkeitsschutz, in: AfP 1998]: Persönlichkeitsschutz Prominenter und Pressefreiheit der Unterhaltungsmedien, Zugleich eine Besprechung des Urteils des BGH vom 29.6.1999 – VI ZR 264/98, in: AfP 1998, S. 416-425

Ress, Georg [Wirkung und Beachtung, in: EuGRZ 1996]: Wirkung und Beachtung der Urteile und Entscheidungen der Straßburger Konventionsorgane, in: EuGRZ 1996, S. 350-353

Ricker, Reinhart [Nutzung des Internets, in: ZUM 2001]: Die Nutzung des Internets als dritte Säule des öffentlich-rechtlichen Rundfunks, in: ZUM 2001, S. 28-34

Riedel, Eibe [Kontrolle der Verwaltung, 1976]: Die Kontrolle der Verwaltung im englischen Rechtssystem, Berlin 1976 (Diss. Kiel 1974)

Riedel, Eibe [Die Habeas Corpus-Akte, in: EuGRZ 1980]: Die Habeas Corpus-Akte. Dreihundert Jahre Tradition und Praxis einer britischen Freiheitsgarantie, in: EuGRZ 1980, S. 191-200

Riedel, Eibe [Bill of Rights, 1983]: The Bill of Rights Fallacy, in: In Memoriam J. D. B. Mitchell, London 1983, S. 38-62,

Riedel, Eibe [Menschenrechtsstandards, 1986]: Theorie der Menschenrechtsstandards. Funktion, Wirkungsweise und Begründung wirtschaftlicher und sozialer Menschenrechte mit exemplarischer Darstellung der Rechte auf Eigentum und Arbeit in verschiedenen Rechtsordnungen, Berlin 1986 (Habilitationsschrift Kiel 1983)

Riedel, Eibe [Assertion and Protection, in: Starck, C. (Hrsg.), Rights, 1987]: Assertion and Protection of Human Rights in International Treaties and their Impact in the Basic Law, in: Starck, Christian (Hrsg.), Rights, institutions and impact of international law according to the German basic law: the contributions of the Federal Republic of Germany to the 2. world congress of the International Association of Constitutional Law, Baden-Baden 1987, S. 197-221

Riedel, Eibe [Methoden, in: Denninger, E. u. a. (Hrsg), FS Schneider, 1990]: Methoden der Verfassungsinterpretation im Wandel, in: Denninger, Erhard u. a. (Hrsg.), Kritik und Vertrauen: Festschrift für Peter Schneider zum 70. Geburtstag, Frankfurt a. Main 1990 S. 383-408

Riedel, Eibe [Einleitung, in: Schwartländer, J./Riedel, E., Meinungsfreiheit, 1990]: Einleitung, in: Schwartländer, Johannes/Riedel, Eibe (Hrsg.), Neue Medien und Meinungsfreiheit im nationalen und internationalen Kontext, Kehl am Rhein u. a. 1990, S. 1-10

Riedel, Eibe [Menschenrechtsschutz, in: Völkerrechtskolloquium, 1992]: Menschenrechtsschutz für Gesamteuropa – Zum Schutzsystem der Europäischen Menschenrechtskonvention, in: Der internationale und nationale Schutz der Menschenrechte. Deutsch-polnisches Völkerrechtskolloquium 1990, Baden-Baden 1992

Riedel, Eibe [Grundrechtssaat, in: Wolter, J./Riedel, E./Taupitz, J., Einwirkungen der Grundrechte, 1999]: Die Grundrechtssaat ist aufgegangen – Zeit nachzusäen?, in: Wolter, Jürgen/Riedel, Eibe/Taupitz, Jochen (Hrsg.), Einwirkungen der Grundrechte auf das Zivilrecht, Öffentliche Recht und Strafrecht – Mannheimer Fakultätstagung über 50 Jahre Grundgesetz, Heidelberg 1999, S. 297-316

Rietschel, Siegfried [Recht am eigenen Bild, in: AcP 94 (1903)]: Das Recht am eigenen Bilde, in: AcP 94 (1903), S. 142-196

Ring, Wolf-Dieter/Wittmann, Heinz/Zölch-Balmer, Franz A. [Medienrecht, 2001]: Medienrecht: Bundes- und Landesrecht; Vorschriftensammlung, Loseblattsammlung, Band III, München 2001, Stand: 64. Lfg. 2001

Robert, Jacques [Libertés publiques, 1988]: Libertés publiques et droits de l'homme, 4. Aufl., Paris 1988

Sachs, Michael [Verfassungsrecht II, 2000]: Verfassungsrecht II, Grundrechte, Berlin u. a. 2000

Sack, Rolf [Sittenwidrigkeitsklausel, in: WRP 1985]: Die lückenfüllende Funktion der Sittenwidrigkeitsklauseln, in: WRP 1985, S. 1-15

Sack, Rolf [Verwässerung, in: WRP 1985]: Die „Verwässerung" bekannter Marken und Unternehmenskennzeichen, in: WRP 1985, S. 459-467

Sack, Rolf [Bewegliche Systeme, in: Winkler, G. u .a. (Hrsg.), FS Wilburg, 1986]: Bewegliche Systeme im Wettbewerbs- und Warenzeichenrecht, in: Winkler, Günther (Hrsg.), Das bewegliche System im geltenden und künftigen Recht – Festschrift für Walter Wilburg, Wien u. a. 1986, S. 177-198

Sack, Rolf [Markenschutz im Ähnlichkeitsbereich, in: WRP 1998]: Probleme des Markenschutzes im Ähnlichkeitsbereich, in: WRP 1998, S. 1127-1141

Scheuner, Ulrich [Rundfunkfreiheit, 1982]: Das Grundrecht der Rundfunkfreiheit, Berlin 1992

Schliersee-Papier der Länder [Schliersee-Papier, 1975]: Bericht der Rundfunkreferenten der Länder zur Frage der Veranstaltung privater Rundfunksendungen und des Rundfunkbegriffs vom 29. April 1975, abgedruckt bei: Ring, W.-D./Wittmann, H./Zölch-Balmer, F. A., Medienrecht: Bundes- und Landesrecht; Vorschriftensammlung, Loseblattsammlung, Band III, München 2001, Stand: 64. Lfg. 2001

Schmeinck, Sabine [Grundrechtsbeschränkungen, in: Bleckmann, A., Staatsrecht II, 1997]: § 12 Grundrechtsbeschränkungen, in: Bleckmann, Albert Staatsrecht II – Die Grundrechte, 4. Aufl., Köln u. a. 1997, S. 397-466

Schmeinck, Sabine [Meinungsfreiheit, in: Bleckmann, A., Staatsrecht II, 1997]: § 26 Die Meinungs- Kunst-, und Wissenschaftsfreiheit, in: Bleckmann, Albert Staatsrecht II – Die Grundrechte, 4. Aufl., Köln 1997, S. 787-870

Schmid, Mathias [Die Pressefreiheit nach dem GG, 1992]: Die Pressefreiheit nach dem GG und das Verhältnis der an der Herstellung eines Presseerzeugnisses Beteiligten in bezug auf die publizistische Meinungsäußerung, Diss., Augsburg 1992

Schmidt-Bleibtreu, Bruno/Klein, Franz, [GG-Kommentar, 2004]: Kommentar zum Grundgesetz, 10. Aufl., Neuwied u. a. 2004

Schmoll, Andrea: [Haftung der Internet-Service-Provider, 2000]: Die deliktische Haftung der Internet-Service-Provider, Diss., Jena 2000

Schnitzer, Adolf [Rechtsvergleichung, I, 1961]: Vergleichende Rechtslehre, Bd. I, 2. Aufl., Basel 1961

Schönke, Adolf/Schröder, Horst [StGB-Kommentar, 2001]: Strafgesetzbuch-Kommentar, 26. Aufl., München 2001

Schricker, Gerhard (Hrsg.) [Urheberrecht, 1999]: Urheberrecht – Kommentar, 2. Aufl., München 1999

Schröder, Georg [Meinungsäußerung, 1999]: Das Recht auf freie Meinungsäußerung im Internet – ein Vergleich der Rechtslage in der Bundesrepublik Deutschland und den vereinigten Staaten von Amerika, Diss., Regensburg, 1999

Schulz, Wolfgang/Jürgens, Uwe [Recht am eigenen Bild, in: JuS 1999]: Das Recht am eigenen Bild – Eine fallorientierte Einführung in Struktur und aktuelle Probleme des Bildnisschutzes, in: JuS 1999, S. 664-668, 770-776

Schwartländer, Johannes/Riedel, Eibe (Hrsg.) [Meinungsfreiheit, 1990]: Neue Medien und Meinungsfreiheit im nationalen und internationalen Kontext, Kehl am Rhein u. a. 1990

Siemann, Wolfram [Kommunikationsfreiheit in historischer Perspektive, in: Schwartländer, J./Riedel, E., Meinungsfreiheit, 1990]: Grund- und menschenrechtliche Gehalte der Kommunikationsfreiheit in historischer Perspektive, in: Schwartländer, Johannes/Riedel, Eibe (Hrsg.), Neue Medien und Meinungsfreiheit im nationalen und internationalen Kontext, S. 11-26, Kehl am Rhein u. a. 1990

Soehring, Jörg [Presserecht, 2000]: Presserecht: Recherche, Darstellung und Haftung im Recht der Presse, des Rundfunks und der Neuen Medien, 3. Aufl., Stuttgart 2000

Soehring, Jörg/Seelmann-Eggebert, Sebastian [Presserecht, in: NJW 2000]: Die Entwicklung des Presse- und Äußerungsrechts 1997 bis 1999, in: NJW 2000, S. 2466-2480

Sonnenberger, Hans Jürgen/Autexier, Christian [Einführung, 2000]: Einführung in das französische Recht, 3. Aufl., Heidelberg 2000

Sprau, Hartwig [in: Palandt, O., BGB, 2006]: Kommentierung zu den §§ 631-853 BGB, in: Palandt, Otto, Bürgerliches Gesetzbuch, 65. Aufl., München 2006

Stadler, Astrid [Kommerzialisierung des Persönlichkeitsrechts, 1999]: Die Kommerzialisierung des Persönlichkeitsrechts – Individualrechtsschutz gegen Medienübergriffe im Privatrecht, Konstanzer Universitätsreden 202, Konstanz 1999

Staebe, Erik [Die Europäische Menschenrechtskonvention, in: JA 1996]: Die Europäische Menschenrechtskonvention und ihre Bedeutung für die Rechtsordnung der Bundesrepublik Deutschland, in: JA 1996, S. 75-81

Stahl, Klaus [Sicherung der Grundfreiheiten, 1970]: Die Sicherung der Grundfreiheiten im öffentlichen Recht der Fünften Französischen Republik, Hamburg 1970

Starck, Christian (Hrsg.) [Rights, 1987]: Rights, institutions and impact of international law according to the German basic law: the contributions of the Federal Republic of Germany to the 2. world congress of the International Association of Constitutional Law, Baden-Baden 1987,

Starck, Christian [in: v. Mangoldt/Klein/ Starck, GG I, 1999]: Kommentierung zu Art. 1 bis Art. 5, in: von Mangoldt, H./Klein, F./Starck, C. (Hrsg.), Das Bonner Grundgesetz, Band 1, 4. Aufl., München 1999

Steffen, Erich [in: Löffler, M., Presserecht, 1997]: Kommentierung zu § 6 LPG, in: Löffler, M., Presserecht: Kommentar zu den Landespressegesetzen der Bundesrepublik Deutschland, München 1997

Steiner, Josef [Internet,1992]: Internet, Haar b. München 1992

Stenglein, Melchior (Hrsg.) [Strafrechtliche Nebengesetze, 1928]: M. Stengleins Kommentar zu den Strafrechtlichen Nebengesetzen, Bd. I, 5. Aufl. Berlin 1928

Stürner, Rolf [Anm. zum Urt. des EGMR vom 24.06.2004 (Hannover / Deutschland), in: JZ 2004]: Anmerkung zum Urteil des EGMR vom 24.06.2004 (Hannover / Deutschland) – 59320/00, in: JZ 2004, S. 1018-1021

Tallon, Denis [Personnalité, in: Vanel, M./Raynaud, P. (Hrsg.), Répertoire de droit civil, t. VII]: Droits de la Personnalité, in: Vanel, Marguerite/Raynaud, Pierre (Hrsg.), Encyclopédie juridique Dalloz, Répertoire de droit civil, tome VII, (Loseblattsammlung), 2. Aufl., Paris

Tettinger, Peter [Neuartige Massenkommunikation, in: JZ 1984]: Neuartige Massenkommunikation und verfassungsrechtliche Rahmenbedingungen, in: JZ 1984, S.400-408

Theusinger, Ingo [Einfluss der EMRK, 2001]: Der Einfluss der Europäischen Menschenrechtskonvention auf das englische Zivilrecht, Münster 2001

Tiedemann, Paul [Internet, 1999]: Internet für Juristen, Darmstadt 1999

Tröndle, Herbert/Fischer, Thomas [StGB-Kommentar, 2004]: Strafgesetzbuch und Nebengesetze, 52. Aufl., München 2004

Turpin, Colin [British Government, 1995]: British Government and the Constitution, 3. Aufl., London u. a. 1995

Vanel, Marguerite/Raynaud, Pierre (Hrsg.) [Répertoire de droit civil, t. VII] : Encyclopédie juridique Dalloz, Répertoire de droit civil, tome VII, (Loseblattsammlung), 2. Aufl., Paris

Verbeet, Markus [Die Judikative, 2004]: Die Stellung der Judikative im englischen Verfassungsgefüge nach dem Human Rights Act 1998, Stuttgart 2004, zugl. Diss., Mannheim 2003

Verhandlung des Deutschen Bundestages, 3. Wahlperiode, Anlagen zu den stenographischen Berichten Bd. 63, Drucksache 1231-1300, Bonn 1959

Verhandlung des Deutschen Reichstages, 11. Legislaturperiode, II. Session, 1905/06, Stenographische Berichte, zweiter Anlagenband, Nr. 30, Berlin 1906

Vinck, Kai, [Anmerkung, in: BGH LM]: Anmerkung zum Urteil des BGH vom 15.12.1995 (Caroline v. Monaco IV) – VI ZR 15/95, in: BGH LM, Art. 2 GG, Nr. 66, Bl. 6

von Bahr, Christian (Hrsg.) [Deliktsrecht, 1994]: Deliktsrecht in Europa – Systematische Einführungen, Gesetzestexte, Übersetzungen, Köln. u. a., 1994

von Gamm, Otto-Friedrich [Urheberrechtsgesetz, 1968]: Urheberrechtsgesetz, Kommentar, München 1968

von Mangoldt, Hermann/Klein, Friedrich/Starck, Christian (Hrsg.) [v. Mangoldt, H./Klein, F./Starck, C., GG I, 1999]: Das Bonner Grundgesetz, Band 1, 4. Aufl., München 1999

von Mangoldt, Hermann [Schriftlicher Bericht über die Grundrechte]: Schriftlicher Bericht des Abgeordneten v. Mangoldt über den Abschnitt I. Die Grundrechte, in: Schriftlicher Bericht zum Entwurf des Grundgesetzes für die Bundesrepublik Deutschland (Anlage zum stenographischen Bericht der 9. Sitzung des parlamentarischen Rates am 6.5.1949) ,S. 5-13

von Münch, Ingo/Kunig, Philip (Hrsg.) [GGK I, 2000]: Grundgesetz-Kommentar, Bd. 1, Präambel – Art. 19, 5. Aufl., München 2000

von Münch, Ingo [in: von Münch, I./Kunig, P. (Hrsg.), GGK I, 2000]: Vorbemerkung zu den Art. 1-19 GG, in: von Münch, I./Kunig, P. (Hrsg.), Grundgesetz-Kommentar, Bd. 1, Präambel - Art. 19, 5. Aufl., München 2000

Vorländer, Karl (Hrsg.) [Kant, I., Grenzen der Vernunft, 1793]: Kant, Immanuel, Die Religion innerhalb der Grenzen der bloßen Vernunft, 1793, 6. Aufl., Hamburg 1956

Wacks, Raymond [Privacy, 1995]: Privacy and Press Freedom, London 1995

Wade, William [Bill of Rights, in: Constitutional Reform in the United Kingdom, 1998]: The United Kingdom's Bill of Rights, in: Constitutional Reform in the United Kingdom: Practice and Principles, Hrsg.: The University of Cambridge Centre for Public Law, Oxford 1998

Wade, William [Horizons, in: LQR 116 (2000)]: Horizons of Horizontality, in: LQR 166 (2000), S. 217-224

Walter, Christoph M. [Reality-Fernsehen, 1996]: Die Vereinbarkeit des sogenannten Reality-Fersehens mit dem Recht am eigenen Bilde, Diss., Bonn 1996

Wandtke, Artur-Axel/Bullinger, Winfried (Hrsg.) [UrhG-Kommentar, 2002]: Praxiskommentar zum Urheberrecht, München 2002

Warren, Samuel D./Brandeis, Louis D. [Right to privacy, in: Harvard Law Review 1890-91]: The right to privacy, in: Harvard Law Review 1890-91, S. 193-220.

Wassermann, Rudolf (Hrsg.) [GG-Kommentar, 1984]: Reihe Alternativkommentare, Kommentar zum Grundgesetz für die Bundesrepublik Deutschland, Bd. 1, Art. 1-20, Darmstadt 1984

Wendt, Rudolf [in: von Münch, I./Kunig, P. (Hrsg.), GGK I, 2000]: Kommentierung zu Art. 5 GG, in: von Münch, I./Kunig, P. (Hrsg.), Grundgesetz-Kommentar, Bd. 1, Präambel – Art. 19, 5. Aufl., München 2000

Wenzel, Karl Egbert [Wort- und Bildberichterstattung, 1994]: Das Recht der Wort- und Bildberichterstattung: Handbuch des Äußerungsrechts, 4. Aufl., Köln 1994

Wessels, Johannes/Hettinger Michael [Strafrecht BT 1]: Strafrecht, besonderer Teil Band 1: Straftaten gegen Persönlichkeits- und Gemeinschaftswerte, 29. Aufl., Heidelberg 2005

Westerhoff, Rudolf [Elemente des beweglichen Systems, 1991]: Die Elemente des beweglichen Systems (Schriften zur Rechtstheorie, 144), Berlin 1991

Wieland, Joachim [Freiheit des Rundfunks, 1984]: Die Freiheit des Rundfunks: zugleich ein Beitrag zur Dogmatik des Art. 12 Absatz 1 GG, Berlin 1984

Wilburg, Walter [Elemente des Schadensrechts, 1941]: Die Elemente des Schadensrechts, Marburg a. d. Lahn 1941

Wilburg, Walter [Entwicklung eines beweglichen Systems, 1950]: Entwicklung eines beweglichen Systems im Bürgerlichen Recht – Rede gehalten bei der Inauguration als Rector magnificus der Karl-Franzens-Universität in Graz am 22. November 1950, Graz 1951

Winkler, Günther (Hrsg.) [FS Wilburg, 1986]: Das bewegliche System im geltenden und künftigen Recht – Festschrift für Walter Wilburg, Wien 1986

Wolter, Jürgen/Riedel, Eibe/Taupitz, Jochen (Hrsg.) [Einwirkungen der Grundrechte, 1999]: Einwirkungen der Grundrechte auf das Zivilrecht, Öffentliche Recht und Strafrecht – Mannheimer Fakultätstagung über 50 Jahre Grundgesetz, Heidelberg 1999

Yale, D. E. C. [Nuisance, in: Clerk, J. F./Lindsell, W., On Torts]: Nuisance, in: Clerk, John Frederic/Lindsell, William Henry Barber, On Torts, 16. Aufl., London 1989, Rn. 24-01 ff., S. 1354-1420

Yale, D. E. C. [Trespass to land, in: Clerk, J. F./Lindsell, W., On Torts]: Trespass to land and Dispossession, in: Clerk, John Frederic/Lindsell, William Henry Barber, On Torts, 16. Aufl., London 1989, Rn. 23-01 ff., S. 1304-1353

Zweigert, Konrad/Kötz, Hein [Rechtsvergleichung, I, 1997]: Einführung in die Rechtsvergleichung auf dem Gebiete des Privatrechts, Bd. I: Grundlagen, 3. Aufl., Tübingen 1971

Linkverzeichnis

Homepage	URL	Datum der letzten Abfrage
ACTA 2002 (Allensbacher Computer- und Telekommunikations-Analysen)	http://www.acta-online.de	02.11.2002
ACTA 2004 (Allensbacher Computer- und Telekommunikations-Analysen)	http://www.acta-online.de	15.06.2005
ARD	http://www.ard.de	01.02.2006
Bild	http://www.bild.de	01.02.2006
Broadcasting Standards Commission	http://www.bsc.org.uk	01.06.2005
Bunte	http://www.bunte.de	01.02.2006
CNN	http://www.cnn.com	01.02.2006
Conseil Constitutionnel	http://www.conseil-constitutionnel.fr	01.02.2006
Court Service	http://www.courtservice.gov.uk	01.02.2006
Der Deutsche Bundestag	http://www.bundestag.de	01.02.2006
EGMR	http://www.echr.coe.int	01.02.2006
Evangelischer Pressedienst	http://www.epd.de	01.02.2006
Europäische Union	http://www.europa.eu.int	01.02.2006
Fachhochschule Deggendorf	http://www.bw.fh-deggendorf.de	16.06.2005
FAZ	http://www.faz.de	01.02.2006
FIFA (Fußballweltverband)	http://www.fifa.com	01.06.2005
Five Raymond Buildings (Rechtsanwälte)	http://www.5rb.co.uk	07.06.2005
Focus	http://www.focus.de	01.02.2006
Gala	http://www.gala.de	01.02.2006
Heise Zeitschriften Verlag	www.heise.de	01.02.2006
Her Majesty's Stationary Office	www.hmso.gov.uk	10.06.2005

Juriscom – droit des technologies de l'information	http://www.juriscom.net	25.06.2005
Law Duke	https://www.law.duke.edu	06.06.2005
Lex Electronica	http://lexinter.net/LexElectronica/hebergeurs.htm	13.06.2005
Max-Planck-Institut für ausländisches und internationales Strafrecht- Freiburg	http://www.iuscrim.mpg.de	01.06.2005
„Max-Planck-Institut für europäische Rechtsgeschichte	http://dlib-pr.mpier.mpg.de	01.06.2005
NFL (National Football League)	http://www.nfl.com	01.02.2006
Parliament of the UK	http://www.publications.parliament.uk	01.06.2005
Press Complaints Commission	http://www.pcc.org.uk	
RTL	http://www.rtl.de	01.02.2006
SAT 1	http://www.sat1.de	01.02.2006
Der Spiegel	http://www.spiegel.de	01.02.2006
Stern	http://www.stern.de	01.02.2006
Süddeutsche Zeitung	http://www.sueddeutsche.de	01.02.2006
taz	http://www.taz.de	10.06.2005
Universität Saarbrücken – Juristisches Internetprojekt	http://www.jura.uni-sb.de	01.06.2005
Verband deutscher Zeitschriftenverleger	http://www.vdz.de	05.06.2005
ZDF	http://www.zdf.de	01.06.2005

Rechtsprechungsverzeichnis

I. Bundesverfassungsgericht

Entsch.	Datum	Aktenzeichen	Fundstelle
Urteil	16.01.1957	1 BvR 253/56 (Elfes)	BVerfGE 6, S. 32-45
Urteil	10.05.1957	1 BvR 550/52 (Homosexualität)	BVerfGE 6, S. 389,-443
Urteil	15.01.1958	1 BvR 400/51 (Lüth)	BVerfGE 7, S. 198-230
Beschluss	25.01.1961	1 BvR 9/57 (Schmid-Spiegel)	BVerfGE 12, S. 113-132
Urteil	28.02.1961	2 BvG 1,2/60 (Rundfunk I)	BVerfGE 12, S. 205-264
Teilurteil	05.08.1966	1 BvR 586/62, 610/63, 512/64 (Spiegel-Urteil)	BVerfGE 20, S. 162-230
Urteil	16.07.1969	1 BvL 19/63 (Mikrozensus)	BVerfGE 27, S. 1-10
Beschluss	03.10.1969	1 BvR 46/65 (Überwachungsgesetz)	BVerfGE 27, S. 71-88
Beschluss	15.01.1970	1 BvR 13/68 (Scheidungsakte)	BVerfGE 27, S. 344-355
Beschluss	24.02.1971	1 BvR 435/68 (Mephisto)	BVerfGE 30, S. 173-227
Beschluss	08.03.1972	2 BvR 28/71 (Patientenkartei)	BVerfGE 32, S. 373-387
Beschluss	14.02.1973	1 BvR 112/65 (Soraya)	BVerfGE 34, 269-293
Urteil	05.06.1973	1 BvR 536/72 (Lebach)	BVerfGE 35, S. 202-250
Beschluss	06.11.1979	1 BvR 81/76 (Kölner Stadt-Anzeiger)	BVerfGE 52, S. 283-303
Beschluss	03.06.1980	1 BvR 797/78 (Böll)	BVerfGE 54, S. 208-223
Urteil	16.06.1981	1 BvL 89/78 (FRAG-Urteil)	BVerfGE 57, S. 295-335
Beschluss	22.06.1982	1 BvR 1376/79 (Wahlkampfäußerung)	BVerfGE 61, S. 1-13
Beschluss	25.01.1984	1 BvR 272/81 (Wallraff)	BVerfGE 66, S. 116-151
Beschluss	23.04.1986	2 BvR 487/80 (Tarifvertrag)	BVerfGE 73, S. 261-280
Beschluss	24.03.1987	1 BvR 147,478/86 (LMG BW)	BVerfGE 74, S. 297-357
Beschluss	07.02.1990	1 BvR 26/84 (Handelsvertreter)	BVerfGE 81, S. 242-263
Urteil	05.02.1991	1 BvF 1/85, 1/88 (NRW, WDR-Gesetz)	BVerfGE 83, S. 238-341
Beschluss	09.10.1991	1 BvR 1555/88 (Bayer-Flugblatt)	BVerfGE 85, S. 1-23

Beschluss	11.11.1992	1 BvR 1595, 1606/92 (Honecker)	NJW 1992, S. 3288-3289
Beschluss	24.06.1993	1 BvR 689/92 (Medizinisches Gutachten)	BVerfGE 89, S. 69-91
Beschluss	11.01.1994	1 BvR 434/87 (Wahrheit für Deutschland)	BVerfGE 90, S. 1-21
Urteil	22.02.1994	1 BvL 30/88 (Rundfunkgebühr)	BVerfGE 90, S. 60-107
Beschluss	08.10.1996	1 BvR 1183/90 (Werkszeitung)	BVerfGE 95, S. 28-39
Beschluss	14.01.1998	1 BvR 1861/93, 1864/96, 2073/97 (Gegendarstellung)	BVerfGE 97, S. 125-156.
Urteil	17.02.1998	1 BvF 1/91 (WDR – Köln)	BVerfGE 97, S. 228-270
Urteil	15.12.1999	1 BvR 653/96 (Caroline v. Monaco)	BVerfGE 101, S. 361-396
Beschluss	14.10.2004	2 BvR 1481/04 (Görgülü)	NJW 2004, S. 3407-3412

II. Reichsgericht und Bundesgerichtshof

Entsch.	Datum	Aktenzeichen	Fundstelle
Urteil	28.12.1899	Rep. VI 259/99 (Bismarck)	RGZ 45, S. 170-175
Urteil	26.06.1929	I 97/29 (Tull Harder)	RGZ 125, S. 80-85
Urteil	25.05.1954	I ZR 211/53 (Leserbrief)	BGHZ 13, S. 334-341
Urteil	08.05.1956	I ZR 62/54 (Paul Dahlke)	BGHZ 20, S. 345-355
Urteil	10.05.1957	I ZR 234/55 (Spätheimkehrer)	BGHZ 24, S. 200-214
Urteil	15.11.1957	I ZR 83/56 (Sherlock Holmes)	BGHZ 26, S. 52-68
Urteil	14.02.1958	I ZR 151/56 (Herrenreiter)	BGHZ 26, S. 349-359
Urteil	19.09.1961	VI ZR 259/60 (Ginseng)	BGHZ 35, S. 363-370
Urteil	05.01.1962	VI ZR 72/61 (Doppelmörder)	NJW 1962, S. 1004-1005
Urteil	21.02.1964	4 StR 519/63 (Tagebuchaufzeichnung)	BGHSt 19, S. 325-334
Urteil	05.05.1964	VI ZR 64/63 (Sittenrichter)	NJW 1964, S. 1471-1472
Urteil	08.12.1964	VI ZR 201/63 (Soraya)	NJW 1965, S. 685-687
Urteil	26.01.1965	VI ZR 204/63 (Gretna Green)	GRUR 1965, S. 256-260
Urteil	09.06.1965	I b ZR 126/63 (Spielgefährtin)	NJW 1965, S. 2148-2150

Urteil	16.09.1966	VI ZR 268/64 (Vor unserer eigenen Tür)	GRUR 1967, S. 205-209
Urteil	20.02.1968	VI ZR 200/66 (Ligaspieler)	BGHZ 49, S. 288-295
Urteil	26.01.1971	VI ZR 95/70 (Liebestropfen)	NJW 1971, S. 698-701
Urteil	09.07.1974	VI ZR 112/73 (Arbeitsrealitäten)	NJW 1974, S. 1710-1711
Urteil	03.05.1977	VI ZR 36/74 (Abgeordnetenbestechung)	BGHZ 68, S 331-339
Urteil	19.12.1978	VI ZR 137/77 (Kohl/Biedenkopf)	BGHZ 73 S. 120-130
Urteil	06.02.1979	VI ZR 46/77 (Fußballspieler)	NJW 1979, S. 2203-2205
Urteil	26.06.1979	VI ZR 108/78 (Fußballtor)	NJW 1979, S.2205-2207
Urteil	20.01.1981	VI ZR 162/79 (Wallraff I)	NJW 1981, S. 1089-1095
Urteil	20.01.1981	VI ZR 163/79 (Wallraff II)	NJW 1981, S. 1366-1369
Urteil	22.06.1982	VI ZR 251/80 (Klinikdirektoren)	NJW 1982, S. 2246-2248
Urteil	22.01.1985	VI ZR 28/83 (Nacktfoto)	AfP 1985, S. 110
Urteil	12.05.1987	VI ZR 195/86 (Chemiegift)	NJW 1987, S. 2225-2227
Urteil	14.04.1992	VI ZR 285/91 (Brillenwerbung)	NJW 1992, S. 2084-2085
Urteil	14.11.1995	VI ZR 410/94 (Willy Brandt)	NJW 1996, S. 593-595
Urteil	12.12.1995	VI ZR 223/94 (Wiederholungsveröffentlichung)	NJW 1996, S. 985-987
Urteil	19.12.1995	VI ZR 15/95 (Caroline v. Monaco IV)	BGHZ 131, S. 332-346
Urteil	01.10.1996	VI ZR 206/95 (Bob Dylan)	NJW 1997, S. 1152-1154
Urteil	29.06.1999	VI ZR 264/98 (August v. Hannover)	AfP 1999, S. 350-351
Urteil	01.12.1999	I ZR 49/97 (Marlene Dietrich)	BGHZ 143, S. 214-232
Urteil	01.12.1999	I ZR 226/97 (Der blaue Engel)	ZUM 2000, S. 589-591

III. Bundesarbeitsgericht

Entsch.	Datum	Aktenzeichen	Fundstelle
Urteil	03.12.1954	1 AZR 150/54	BAGE 1, S. 185-196
Urteil	20.12.1984	2 AZR 436/83	JZ 1985, S. 1108-1113

IV. Oberlandesgerichte

Ort	Datum	Aktenzeichen	Fundstelle
Düsseldorf	30.09.1969	20 U 80/69 (Schleppjagd)	GRUR 1970, S. 618-619
Frankfurt	21.01.1988	6 U 153/86 (Bucheinband)	AfP 1988, S. 62-64
Frankfurt	21.09.1999	11 U 28/99 (Katharina Witt)	NJW 2000, S. 594-595
Hamburg	06.07.1970	3 U 64/72 (Zerrissene Hose)	ArchPR 17 (1972), S. 150
Hamburg	10.12.1981	3 U 76/81 (Michael Kühnen)	AfP 1982, S. 177-179
Hamburg	13.07.1989	3 U 30/89 (Roy Black)	AfP 1991, S. 437-438
Hamburg	20.05.1992	1 U 20/92 (E. v. Hohenzollern)	AfP 1992, S. 376-377
Karlsruhe	27.11.1981	10 W 72/81 (Politsatire)	NJW 1982, S. 647-648
Karlsruhe	18.08.1989	14 U 105/88 (Unfallfoto)	GRUR 1989, S. 823-824
München	12.12.1981	21 U 395/81 (Liebesschule)	AfP 1982, S. 230-232
München	17.03.1989	21 U 4729/88 (Wirtin)	AfP 1989, S. 570-571
Nürnberg	27.09.1956	3 U 197/56 (Fotomodell)	GRUR 1957, S. 296-298
Oldenburg	18.01.1963	1 Ss 323/62 (Untersuchungsgefangener)	NJW 1963, S. 920-922
Oldenburg	13.01.1983	6 U 107/82 (Krankengeschichte)	AfP 1983, S. 401-402
Oldenburg	14.11.1988	13 U 72/88 (Oben-ohne-Foto)	GRUR 1989, S. 344-345

V. Sonstige deutsche Gerichte

Landgericht	Datum	Aktenzeichen	Fundstelle
Köln	09.03.1994	28 0 11/94 (Harald Schmidt)	AfP 1994, S. 166-169
Oldenburg	23.01.1986	5 O 3667/85 (DKP-Plakat)	GRUR 1986, S. 464-466
Stuttgart	02.03.1982	7 O 516/81 (Heiratsschwindler)	AfP 1983, S. 292-294

Amtsgericht	Datum	Aktenzeichen	Fundstelle
Ahrensböck	09.03.1920	(Ebert und Noske am Badestand)	DJZ 1920, S. 596
München	04.11.1927	IV C 3407/27 (Therese Neumann)	JW 1928, S. 376

VI. Frankreich – Conseil Constitutionnel

Datum	Aktenzeichen	Fundstelle (Stand 16.06.2005)
16.07.1971	Nr. 71-44 DC	http://www.conseil-constitutionnel.fr/decision/1971/7144dc.htm
12.01.1977	Nr. 76-75 DC	http://www.conseil-constitutionnel.fr/decision/1977/7675dc.htm
17.06.1989	Nr. 88-248 DC	http://www.conseil-constitutionnel.fr/decision/1988/88248dc.htm

VI. a) Frankreich – Cour de cassation

Kammer	Datum	Aktenzeichen	Fundstelle
Chambre civil	14.03.1900	Whistler c/ Eden	D. 1900, I, S. 497
Chambre civil	05.05.1987	K... c/ Assoc. Jean Coxtet et a.	D. 1988, J., S. 77
Chambre civil	20.10.1993	S. A. Groupe Expansion c/ Bich et a.	D. 1993, I. R., S. 250

VI. b) Frankreich – Sonstige Gerichte

Gericht	Datum	Aktenzeichen	Fundstelle
Trib. civ. Seine	16.06.1858	Félix c/ O'Connel	D. 1858, 3, S. 62
Trib. civ. Seine	28.01.1896		Ann., 1897, S. 87
Cour d'appel Paris	16.03.1955	Marlène Dietrich c/ Soc. France-Dimanche	D. 1955, J., S. 295-296
TGI Seine	02.11.1965	Sachs c/ Sté Presse Office	JCP 1966, II, 14875
TGI Seine	24.11.1965	Brigitte Bardot c/Sté Beaverbrook	JCP 1966, II, 14521
Cour d'appel Paris	17.03.1966	S. A. *La France continue* et a. c/ Trintignant	D. 1966, J., S. 749-750
TGI Seine	25.06.1966	Bernard Blier c/ Sté France Edition et Publication	JCP 1966, II, 14875
TGI Paris	04.04.1970	Georges Pompidou c/ L'Express	JCP 1970, II, 16328
TGI Paris	18.03.1971	Oiseau c/ Chevrillon	D. 1971, J., S. 447-448
Trib. correctionnel d'Aix-en-Provence	16.10.1973	Ministère public c/ Luizet et a.	JCP 1974, II, 17623

Cour d'appel Paris	14.05.1975	Dame Dorléac dite Deneuve c/ Soc. anon. Presse-Office	D. 1976, J., S. 291-292
TGI Paris	07.11.1975	Dame N... c/ R... et Dame B...	D. 1976, J., S. 270-272
TGI Paris	02.06.1976	S. A. S. Rainier III et princesse de Monaco c/ Soc. France et publication	D. 1977, J., S. 365-369
TGI Paris	11.01.1977	M. Fournier, épouse J. Gabin-Moncorgé et a. c/ Soc. Cogedi-Presse	D. 1977, J., S. 83-84
Cour d'appel Besançon	05.01.1978	Proc. général c/ X...	D 1978, J., S. 357-359
Cour d'appel Paris	09.07.1980	*Le Meilleur* et a. c/ Consorts Brel	D. 1981, J., S. 72-73
Cour d'appel Paris	27.02.1981	Adjani c/ Journal *L'Aurore*	D. 1981, J., S. 457
TGI Paris	23.06.1982	L... c/ Sté L...	JCP 1983, IV, S. 325
TGI Paris	21.12.1983	Noah c/ Soc. Française de revues Team et a.	D. 1984, I. R., S. 331
TGI Paris	14.05.1985	G. d'Estaing c/ Michel Lafon	D. 1986, S. C., S. 52
TGI Paris	29.01.1986	Dame B... et a. c/ Soc. V. S. D.	D. 1987, S. C., S. 136 f.
Cour d'appel Paris	20.02.1986	G... c/ D...	D. 1986, I. R., S. 447 f.
Cour d'appel Paris	12.05.1986	Soc. de presse *Jours de France* c/ Agence Angeli et a.	D. 1986, S.C., S. 445
Cour d'appel Paris	26.06.1986	Soc. V. S. D. c/ Dame B... et a.	D. 1987, S. C., S. 136 f.
Cour d'appel Paris	26.02.1989	B. Tapie c/ J.-E. Hallier et *l'idiot international*	Gaz. Pal. 1989, S. 221-223
TGI Paris	27.10.1989	Mlle H... c/ SARL éditions des Savanes et a.	D. 1989, S. C., S. 358
Cour d'appel Paris	24.10.1991	Assoc. *Les Chevaliers du Lotus d'Or* c/ Antenne 2	D. 1992, J., S. 244
Cour d'appel Paris	26.02.1992	Antenne 2 c/ Touvier et a.	JCP 1993, II, 22022
TGI Privas	03.09.1997	Ministère public et Mademoiselle Sarah B… c/ Monsieur Florent G…	www.juriscom.net
TGI Nanterre	08.12.1999	Lynda L. c/ Sté Multimania et a.	www.juriscom.net

VII. England

Gericht	Datum	Parteien	Fundstelle
Court of Appeal	13.05.1948	**Saltman Engineering Co. Ltd. v. Campbell Engineering Co. Ltd.**	3 All ER 1963, S. 413-415
House of Lords	26.03.1963	**Rubber Improvements v. Daily Telegraph Ltd.**	AC 1964, S. 234-287
Chancery Division	09.12.1964	**Duchess of Argyll v. Duke of Argyll**	Ch. 1967, S. 302-348
Chancery Division	01.07.1968	**Coco v. A. N. Clark (Engineers) Ltd.**	RPC 1969, S. 41-54
Court of Appeal	10.12.1968	**London Artist Ltd. v. Littler**	2 QB 1969, S. 375-400
House of Lords	29.06.1971	**Morgan v. Odhams Press Ltd.**	2 All ER 1971, S. 1156-1185
Queens Bench Division	10.02.1977	**Bernstein of Leigh v. Skyviews & General Ltd.**	1 QB 1978, S. 479-490
Court of Appeal	11.03.1977	**Riddick v. Thames Board Mills Ltd.**	3 All ER 1977, S. 677-702
Court of Appeal	19.04.1977	**Woodward v. Hutchins**	1 WLR 1977, S. 760-765
Chancery Division	28.02.1979	**Malone v. Metropolitan Police Commissioner (No. 2)**	2 All ER 1979, S. 620-651 = Ch. 1979, S. 344-384
Court of Appeal	10.10.1984	**Hasselblad Ltd. v. Orbinson**	QB 1985, S. 475-508
Queens Bench Division	06.11.1987	**X v. Y**	2 All ER 1988, S. 648-666
Chancery Division	26.02.1988	**Stephens v. Avery**	Ch. 1988, S. 449-457
House of Lords	13.10.1988	**Attorney General v Guardian Newspapers Ltd. (No 2)**	3 All ER 1988, S. 545-668
Court of Appeal	16.03.1990	**Kaye v. Robertson**	FSR 1991, S. 62-71
Court of Appeal	31.07.1990	**Attorney General v. Barker**	3 All ER 1990, S. 257-262
Court of Appeal	31.07.1992	**Joyce v. Sengupta**	1 WLR 1993, S. 337-353
Queens Bench Division	21.12.1994	**Hellewell v Chief Constable of Derbyshire**	4 All ER 1995, S. 476-480
House of Lords	02.07.1996	**Regina v. Khan**	WLR 1996 III, S. 162-176

Court of Appeal	21.12.2000	**Douglas v. Hello! Ltd. I**	2 All ER 2001, S. 289-331
Court of Appeal	20.12.2001	**Wainwright v. Home Office**	3 WLR 2002, S. 405-436
Court of Appeal	14.10.2002	**Campbell v. Mirror Group Newspapers plc.**	1 WLR 2003, S. 224-254
Chancery Division	11.04.2003	**Douglas v. Hello! Ltd II**	3 All ER 2003, S. 996-1075

VIII. Sonstige ausländische Gerichte

Italien

Kammer	Datum	Aktenzeichen	Fundstelle
Corte di Cassazione	10.11.1979	Mazzola	GRUR Int. 1982, S. 462

IX. Europäischer Gerichtshof für Menschenrechte

Entsch.	Datum	Parteien	Fundstelle
Urteil	28.01.2003	Peck v. United Kingdom	http://www.echr.coe.int/Eng /Judgments.htm
Urteil	24.06.2004	Hannover / Deutschland	ZUM 2004, S. 651-665

Anhang: Wichtige gesetzliche Bestimmungen

A. Frankreich

I. Verfassungsrechtliche Bestimmungen[1]

1. Déclaration de droits de l'homme et du citoyen de 26. août 1789 – *Erklärung der Rechte des Menschen und Bürgers vom 26. August 1789*

Art. 10. Nul ne peut doit être inquiété pour ses opinions, même religieuse, pourvu que leur manifestation ne trouble pas l'ordre public établi pas la loi.

Art. 10. *Niemand soll wegen seiner Ansichten, einschließlich der religiösen, beunruhigt werden, sofern nicht ihre Äußerung die durch das Gesetz errichtete öffentliche Ordnung stört.*

Art. 11. La libre communication des pensées et des opinions est un des droits les plus précieux de l'homme : tout citoyen peut donc parler, écrire, imprimer librement, sauf à répondre de l'abus de cette liberté dans les cas déterminer pas la loi.

Art. 11. *Die freie Mitteilung der Gedanken und Meinungen ist eines der kostbarsten Rechte des Menschen. Jeder Bürger kann daher frei sprechen, schreiben und drucken, jedoch unter dem Vorbehalt seiner Verantwortlichkeit für den Missbrauch dieser Freiheit in den durch das Gesetz bestimmten Fällen.*

2. Préambule de la constitution du 27. octobre 1946 – *Präambel der Verfassung vom 27. Oktober 1946*

(1) Au lendemain de al victoire remportée par les peuples libres sur les régimes qui ont tenté d'asservir et de dégrader la personne humaine, le peuple français proclame à nouveau que tout être humain, sans distinction de race, de religion ni de croyance, possède des droits inaliénables et sacrés. Il réaffirme solennellement les droits et libertés de l'homme et du citoyen consacrés par la Déclaration des droits de 1789 et les principes fondamentaux reconnus par les lois de la République…

(1) *Am Tage nach dem Siege, den die freien Völker über die Regierungen davongetragen haben, die versuchten, die menschliche Persönlichkeit zu unterjochen und zu entwürdigenden, verkündet das französische Volk von neuem, dass jeder Mensch ohne Unterschied der Rasse, der Religion oder des Glaubens unveräußerliche und geheiligte Rechte besitzt. Es bekräftigt erneut feierlich die Rechte und Freiheiten des Menschen und des Bürgers, die durch die Erklärung der Rechte von 1789 geweiht sind, und die fundamentalen Prinzipien, die durch die Gesetze der Republik anerkannt sind...*

---

[1] Die Übersetzung der verfassungsrechtlichen Texte wurde aus *Stahl, K.*, Sicherung der Grundfreiheiten, 1970, S. 319 ff. entnommen.

3. Constitution du 04. octobre 1958 – *Verfassung vom 04. Oktober 1958*

Préambule Le peuple français proclame solennellement son attachant aux Droits dd l'homme et aux principes de la souveraineté nationale tels qu'ils ont été définis par la Déclaration de 1789, confirmée et complétée par le préambule de la Constitution de 1946...

Präambel *Das französische Volk verkündet feierlich seine Verbundenheit mit den Menschenrechten und mit den Grundsätzen der nationalen Souveränität, so wie sie in der Erklärung von 1789 niedergelegt und in der Präambel der Verfassung von 1946 bestätigt und ergänzt wurden...*

Art. 66. Nul ne peut être arbitrairement détenu. L'autorité judiciaire, gardienne de la liberté individuelle, assure le respect de ce principe dans les conditions prévues par la loi.

Art. 66. *Niemand darf willkürlich in Haft gehalten werden. Die ordentliche Gerichtsbarkeit, Hüterin der Freiheit der Person, sichert die Beachtung dieses Grundsatzes nach den durch das Gesetz bestimmten Grundsätzen.*

II. Code Civil[2]

Art. 9. Chacun a droit au respect de sa vie privée.

Les juges peuvent, sans préjudice de la réparation du dommage subi, prescrire toutes mesures, telles que séquestre, saisie et autres, propres à empêcher ou faire cesser une atteinte à l'intimité de la vie privée; ces mesures peuvent, s'il y a urgence, être ordonnées en référé.

Art. 9. *Jedermann hat ein Recht auf die Achtung seines Privatlebens.*

Die Richter können, unbeschadet der Wiedergutmachung des erlittenen Schadens, alle Maßnahmen, wie Zwangsverwaltung, Beschlagnahme und andere, treffen, die geeignet sind, eine Verletzung der Intimität des Privatlebens zu verhindern oder zu beseitigen; diese Maßnahmen können, wenn ein dringender Fall vorliegt, in einer einstweiligen Verfügung angeordnet werden.

...

Art. 1382. Tout fait quelconque de l'homme, qui cause à autrui un dommage, oblige celui par la faute duquel il est arrivé, à le réparer.

Art. 1382. *Jedes Verhalten eines Menschen, das einem anderen Schaden zufügt, verpflichtet denjenigen, durch dessen Verschulden der Schaden entstanden ist, zum Schadensersatz.*

Art. 1383. Chacun est responsable du dommage qu'il a causé non seulement par son fait, mais encore par sa négligence ou par son imprudence.

Art. 1383. *Man haftet nicht nur für den Schaden, den man durch vorsätzliches Verhalten herbeiführt, sondern auch für denjenigen, den man durch Fahrlässigkeit oder Nachlässigkeit verursacht.*

---

2 Übersetzung von Art. 9 Code civil: *Bormann, D.*, Persönlichkeitsschutz in Frankreich, 1974, S. 12.

Übersetzung von Art. 1382 und 1383 Code civil: *Gotthardt, P.*, Frankreich, in: *v. Bahr, C.*, Deliktsrecht, 1994, S. 75.

III. Code pénal[3]

Art. 226-1 Est puni d'un an d'emprisonnement et de 45 000 euros d'amende le fait, au moyen d'un procédé quelconque, volontairement de porter atteinte à l'intimité de la vie privée d'autrui:

1. En captant, enregistrant ou transmettant, sans le consentement de leur auteur, des paroles prononcées à titre privé ou confidentiel;
2. En fixant, enregistrant ou transmettant, sans le consentement de celle-ci, l'image d'une personne se trouvant dans un lieu privé.

Lorsque les actes mentionnés au présent article ont été accomplis au vu et au su des intéressés sans qu'ils s'y soient opposés, alors qu'ils étaient en mesure de le faire, le consentement de ceux-ci est présumé.

***Art. 226-1** Mit einem Jahr Gefängnis und 45 000 Euro Geldstrafe wird bestraft, wer auf irgendeine Weise vorsätzlich die Privatsphäre eines anderen verletzt, indem er*

1. *das privat oder vertraulich gesprochene Wort eines anderen ohne dessen Einwilligung abfängt, aufzeichnet oder weitergibt;*
2. *das Bild einer sich an einem privaten Ort befindenden Person ohne deren Einwilligung festhält, aufzeichnet oder weitergibt.*

Wurden die in diesem Artikel genannten Handlungen vor den Augen und mit Wissen der Betroffenen ausgeführt, ohne dass diese Einspruch erhoben haben, obwohl sie dazu in der Lage gewesen wären, gilt ihre Einwilligung als erteilt.

Art. 226-2 Est puni des mêmes peines le fait de conserver, porter ou laisser porter à la connaissance du public ou d'un tiers ou d'utiliser de quelque manière que ce soit tout enregistrement ou document obtenu à l'aide de l'un des actes prévus par l'article 226-1. Lorsque le délit prévu par l'alinéa précédent est commis par la voie de la presse écrite ou audiovisuelle, les dispositions particulières des lois qui régissent ces matières sont applicables en ce qui concerne la détermination des personnes responsables.

***Art. 226-2** Mit denselben Strafen wird bestraft, wer eine Aufzeichnung oder ein Dokument, das er sich durch eine der in Art. 226-1 genannten Handlungen verschafft hat, aufbewahrt, der Öffentlichkeit oder einem Dritten mitteilt oder dies geschehen lässt oder es auf irgendeine Art benutzt. Wird das im vorhergehenden Absatz bezeichnete Vergehen über die Presse oder audiovisuelle Medien begangen, gelten für die Feststellung der verantwortlichen Personen die besonderen Bestimmungen der diese Materie regelnden Gesetze.*

Art. 226-3 Est punie des mêmes peines la fabrication, l'importation, la détention, l'exposition, l'offre, la location ou la vente, en l'absence d'autorisation ministérielle dont les conditions d'octroi sont fixées par décret en Conseil d'État, d'appareils conçus pour réaliser les opérations pouvant constituer l'infraction prévue par le deuxième alinéa de l'article 226-15 ou qui, conçus pour la détection à distance des conversations, permettent de réaliser l'infraction prévue par l'article 226-1 et figurant sur une liste dressée dans des conditions fixées par ce même décret. Est également puni des mêmes peines le fait de réaliser une publicité en faveur d'un appareil susceptible de permettre la réalisation des infractions prévues par l'article 226-1 et le second alinéa de l'article 226-15 lorsque cette publicité constitue une incitation à commettre cette infraction.

---

[3] Übersetzung: *Bauknecht, G.* und *Lüdicke, L.*, veröffentlicht u. a. auf der Homepage des *Max-Planck-Instituts für ausländisches und internationales Strafrecht- Freiburg* (http://www.iuscrim.mpg.de). Vom Verfasser abgerufen unter der URL: http://www.jura.uni-sb.de/BIJUS/codepenal/ (Stand: 01.06.2005).

Art. 226-3 Mit denselben Strafen wird bestraft, wer ohne ministerielle Genehmigung, für deren Erteilung ein Dekret nach Anhörung des Staatsrats die Bedingungen festlegt, Geräte herstellt, einführt, besitzt, ausstellt, anbietet, vermietet oder verkauft, die zur Durchführung der Tätigkeiten bestimmt sind, die den Straftatbestand des Art. 226-15 Abs. 2 erfüllen können, oder mit denen es möglich ist, Gespräche aus der Entfernung abzufangen und somit die in Art. 226-1 bezeichnete Straftat zu begehen; diese Geräte sind in einer Liste aufgeführt, die unter den in dem genannten Dekret festgelegten Bedingungen erstellt wurde. Mit denselben Strafen wird derjenige bestraft, der Werbung für ein Gerät betreibt, das zur Begehung der in Art. 226-1 und 226-15 Abs. 2 bezeichneten Straftaten geeignet ist, wenn die Werbung eine Anstiftung zur Begehung dieser Straftat darstellt.

Art. 226-4 L'introduction ou le maintien dans le domicile d'autrui à l'aide de manoeuvres, menaces, voies de fait ou contrainte, hors les cas où la loi le permet, est puni d'un an d'emprisonnement et de 15 000 euros d'amende.

Art. 226-4 Wer mit Hilfe von Machenschaften, Drohungen, Tätlichkeiten oder Anwendung von Zwang in eine fremde Wohnung eindringt oder darin verweilt, außer in den gesetzlich zulässigen Fällen, wird mit einem Jahr Gefängnis und 15 000 Euro Geldstrafe bestraft.

Art. 226-5 La tentative des infractions prévues par la présente section est punie des mêmes peines.

Art. 226-5 Der Versuch der in diesem Abschnitt aufgeführten Straftaten wird mit denselben Strafen bestraft.

...

Art. 226-7 Les personnes morales peuvent être déclarées responsables pénalement, dans les conditions prévues par l'article 121-2, des infractions définies à la présente section. Les peines encourues par les personnes morales sont:

1. L'amende, suivant les modalités prévues par l'article 131-38;
2. L'interdiction, à titre définitif ou pour une durée de cinq ans au plus, d'exercer directement ou indirectement l'activité professionnelle ou sociale dans l'exercice ou à l'occasion de l'exercice de laquelle l'infraction a été commise;
3. L'affichage ou la diffusion de la décision prononcée, dans les conditions prévues par l'article 131-35.

Art. 226-7 Juristische Personen können unter den in Art. 121-2 vorgesehenen Bedingungen wegen der in diesem Abschnitt aufgeführten Straftaten strafrechtlich zur Verantwortung gezogen werden. Die Strafen für juristische Personen sind:

1. *die Geldstrafe gemäß den Bestimmungen des Art. 131-38;*
2. *das endgültige oder auf die Dauer bis zu fünf Jahren beschränkte Verbot, unmittelbar oder mittelbar die berufliche oder soziale Tätigkeit auszuüben, bei oder anlässlich deren Ausübung die Straftat begangen wurde;*
3. *die Bekanntgabe oder Verbreitung der ergangenen Entscheidung unter den in Art. 131- 35 vorgesehenen Bedingungen.*

...

Art. 226-16 Le fait, y compris par négligence, de procéder ou de faire procéder à des traitements automatisés d'informations nominatives sans qu'aient été respectées les formalités préalables à leur mise en oeuvre prévues par la loi est puni de trois ans d'emprisonnement et de 45 000 euros d'amende.

Art. 226-16 Wer, einschließlich aus Nachlässigkeit, namensbezogene Informationen automatisiert verarbeitet oder verarbeiten lässt, ohne die vor ihrer Verwendung gesetzlich vorgesehenen Formalitäten einzuhalten, wird mit drei Jahren Gefängnis und 45 000 Euro Geldstrafe bestraft.

Art. 226-17 Le fait de procéder ou de faire procéder à un traitement automatisé d'informations nominatives sans prendre toutes les précautions utiles pour préserver la sécurité de ces informations et notamment empêcher qu'elles ne soient déformées, endommagées ou communiquées à des tiers non autorisés est puni de cinq ans d'emprisonnement et de 300 000 euros d'amende.

Art. 226-17 *Wer eine automatisierte Verarbeitung namensbezogener Informationen vornimmt oder vornehmen lässt, ohne alle notwendigen Vorkehrungen zu treffen, um die Sicherheit dieser Informationen zu gewährleisten, insbesondere um zu verhindern, dass sie entstellt, beschädigt oder unbefugten Dritten übermittelt werden, wird mit fünf Jahren Gefängnis und 300 000 Euro Geldstrafe bestraft.*

Art. 226-18 Le fait de collecter des données par un moyen frauduleux, déloyal ou illicite, ou de procéder à un traitement d'informations nominatives concernant une personne physique malgré l'opposition de cette personne, lorsque cette opposition est fondée sur des raisons légitimes, est puni de cinq ans d'emprisonnement et de 300 000 euros d'amende. En cas de traitement automatisé de données nominatives ayant pour fin la recherche dans le domaine de la santé, est puni des mêmes peines le fait de procéder à un traitement:

1. Sans avoir préalablement informé individuellement les personnes sur le compte desquelles des données nominatives sont recueillies ou transmises de leur droit d'accès, de rectification et d'opposition, de la nature des informations transmises et des destinataires des données;

Malgré l'opposition de la personne concernée ou, lorsqu'il est prévu par la loi, en l'absence du consentement éclairé et exprès de la personne, ou, s'il s'agit d'une personne décédée, malgré le refus exprimé par celle-ci de son vivant.

Art. 226-18 *Wer auf arglistige, unlautere oder unerlaubte Weise Daten sammelt oder namensbezogene Informationen über eine natürliche Person trotz ihres Einspruchs automatisiert verarbeitet, wird mit fünf Jahren Gefängnis und 300 000 Euro Geldstrafe bestraft, sofern dieser Einspruch aus berechtigten Gründen erfolgt. Im Fall automatisierter Verarbeitung namensbezogener Daten zu Forschungszwecken im Gesundheitswesen wird mit denselben Strafen bestraft, wer die Verarbeitung durchführt,*

1. ohne zuvor die Personen, über die die namensbezogenen Daten erhoben oder weitergegeben werden, persönlich über ihr Recht auf Zugang, Berichtigung und Einspruch, über die Art der übermittelten Informationen und die Empfänger der Daten informiert zu haben;

trotz Einspruchs der betroffenen Person oder, falls dies gesetzlich vorgesehen ist, ohne die ausdrückliche und nach entsprechender Aufklärung erteilte Einwilligung dieser Person oder, falls es sich um einen Verstorbenen handelt, trotz dessen zu Lebzeiten erklärter Ablehnung.

Art. 226-19 Le fait, hors les cas prévus par la loi, de mettre ou de conserver en mémoire informatisée, sans l'accord exprès de l'intéressé, des données nominatives qui, directement ou indirectement, font apparaître les origines raciales ou les opinions politiques, philosophiques ou religieuses ou les appartenances syndicales ou les moeurs des personnes est puni de cinq ans d'emprisonnement et de 300 000 euros d'amende. Est puni des mêmes peines le fait, hors les cas prévus par la loi, de mettre ou de conserver en mémoire informatisée des informations nominatives concernant des infractions, des condamnations ou des mesures de sûreté.

Art. 226-19 *Abgesehen von den gesetzlich vorgesehenen Fällen wird derjenige, der ohne die ausdrückliche Einwilligung der Betroffenen namensbezogene Daten elektronisch speichert oder aufbewahrt, aus denen unmittelbar oder mittelbar die Rassenzugehörigkeit, die politischen, philosophischen oder religiösen Anschauungen oder die Zugehö-*

rigkeit zu einer Gewerkschaft oder die Lebensweise der Personen hervorgehen, mit fünf Jahren Gefängnis und 300 000 Euro Geldstrafe bestraft. Abgesehen von den gesetzlich vorgesehenen Fällen wird die elektronische Speicherung oder Aufbewahrung namensbezogener Informationen über Straftaten, Verurteilungen oder Sicherungsmaßnahmen mit denselben Strafen bestraft.

Art. 226-20 Le fait, sans l'accord de la Commission nationale de l'informatique et des libertés, de conserver des informations sous une forme nominative au-delà de la durée prévue à la demande d'avis ou à la déclaration préalable à la mise en oeuvre du traitement informatisé est puni de trois ans d'emprisonnement et de 45 000 euros d'amende.

Art. 226-20 *Wer ohne die Zustimmung der Nationalen Kommission für Datenverarbeitung und bürgerliche Freiheiten Informationen in namensbezogener Form über den Zeitraum hinaus aufbewahrt, den er vor Durchführung der elektronischen Verarbeitung in dem Ersuchen um Stellungnahme oder in der Anmeldung angegeben hat, wird mit drei Jahren Gefängnis und 45 000 Euro Geldstrafe bestraft.*

Art. 226-21 Le fait, par toute personne détentrice d'informations nominatives à l'occasion de leur enregistrement, de leur classement, de leur transmission ou de toute autre forme de traitement, de détourner ces informations de leur finalité telle que définie par la disposition législative ou l'acte réglementaire autorisant le traitement automatisé, ou par la décision de la Commission nationale de l'informatique et des libertés autorisant un traitement automatisé ayant pour fin la recherche dans le domaine de la santé ou par les déclarations préalables à la mise en oeuvre de ce traitement, est puni de cinq ans d'emprisonnement et de 300 000 euros d'amende.

Art. 226-21 *Wer namensbezogene Informationen besitzt und diese bei ihrer Speicherung, Verwaltung, Übertragung oder jeder anderen Form der Verarbeitung ihrem Zweck entfremdet, wie er in der Gesetzesbestimmung oder der Verordnung für die Genehmigung einer automatisierten Datenverarbeitung oder in der Entscheidung der Nationalen Kommission für Datenverarbeitung und bürgerliche Freiheiten zur Genehmigung einer automatisierten Datenverarbeitung zu Forschungszwecken im Gesundheitswesen oder in den der Durchführung dieser Datenverarbeitung vorausgegangenen Erklärungen definiert ist, wird mit fünf Jahren Gefängnis und 300 000 Euro Geldstrafe bestraft.*

Art. 226-22 Le fait, par toute personne qui a recueilli, à l'occasion de leur enregistrement, de leur classement, de leur transmission ou d'une autre forme de traitement, des informations nominatives dont la divulgation aurait pour effet de porter atteinte à la considération de l'intéressé ou à l'intimité de sa vie privée, de porter, sans autorisation de l'intéressé, ces informations à la connaissance d'un tiers qui n'a pas qualité pour les recevoir est puni d'un an d'emprisonnement et de 15 000 euros d'amende. La divulgation prévue à l'alinéa précédent est punie de 7 500 euros d'amende lorsqu'elle a été commise par imprudence ou négligence. Dans les cas prévus aux deux alinéas précédents, la poursuite ne peut être exercée que sur plainte de la victime, de son représentant légal ou de ses ayants droit.

Art. 226-22 *Wer durch Speicherung, Verwaltung, Übertragung oder eine andere Form der Verarbeitung namensbezogene Informationen erhalten hat, deren Verbreitung dem Ansehen des Betroffenen schaden oder seine Privatsphäre verletzen könnte, und diese Informationen ohne Genehmigung des Betroffenen einem Dritten zur Kenntnis gibt, der nicht befugt ist, sie zu empfangen, wird mit einem Jahr Gefängnis und 15 000 Euro Geldstrafe bestraft. Die im vorhergehenden Absatz genannte Verbreitung wird mit 7 500 Euro Geldstrafe bestraft, wenn sie aus Unvorsichtigkeit oder Nachlässigkeit begangen wurde. In den Fällen der beiden vorhergehenden Absätze kann die Strafverfolgung nur auf Antrag des Verletzten, seines gesetzlichen Vertreters oder seiner Rechtsnachfolger eingeleitet werden.*

Art. 226-23 Les dispositions des articles 226-17 à 226-19 sont applicables aux fichiers non automatisés ou mécanographiques dont l'usage ne relève pas exclusivement de l'exercice du droit à la vie privée.

Art. 226-23 *Die Bestimmungen der Art. 226-17 bis 226-19 sind anwendbar auf nicht-automatisierte oder maschinell erfasste Karteien, deren Verwendung nicht ausschließlich die Ausübung des Rechts auf Privatsphäre berührt.*

Art. 226-24 Les personnes morales peuvent être déclarées responsables pénalement, dans les conditions prévues par l'article 121-2, des infractions définies aux articles 226-16 à 226-21 et 226-23 ainsi qu'au premier alinéa de l'article 226-22. Les peines encourues par les personnes morales sont:

1. L'amende, suivant les modalités prévues par l'article 131-38;
2. Les peines mentionnées aux 2 , 3 , 4 , 5 , 7 , 8 et 9 de l'article 131-39.

L'interdiction mentionnée au 2 de l'article 131-39 porte sur l'activité dans l'exercice ou à l'occasion de l'exercice de laquelle l'infraction a été commise.

Art. 226-24 *Juristische Personen können unter den in Art. 121-2 vorgesehenen Bedingungen wegen der in Art. 226-16 bis 226-21 und 226-23 sowie in Art. 226-22 Abs. 1 bezeichneten Straftaten strafrechtlich zur Verantwortung gezogen werden. Die Strafen für juristische Personen sind:*

1. die Geldstrafe gemäß den Bestimmungen des Art. 131-38;
2. die in Art. 131-39 Nr. 2, 3, 4, 5, 7, 8 und 9 genannten Strafen.

Das in Art. 131-39 Nr. 2 genannte Verbot bezieht sich auf die Tätigkeit, bei oder anlässlich deren Ausübung die Straftat begangen wurde.

B. England

The Human Rights Act 1998 (Auszug)

1. The Convention Rights

(1) In this Act "the Convention rights" means the rights and fundamental freedoms set out in

(a) Articles 2 to 12 and 14 of the Convention,

(b) Articles 1 to 3 of the First Protocol, and

(c) Articles 1 and 2 of the Sixth Protocol,

as read with Articles 16 to 18 of the Convention.

(2) Those Articles are to have effect for the purposes of this Act subject to any designated derogation or reservation (as to which see sections 14 and 15).

(3) The Articles are set out in Schedule 1.

(4) The Secretary of State may by order make such amendments to this Act as he considers appropriate to reflect the effect, in relation to the United Kingdom, of a protocol.

(5) In subsection (4) "protocol" means a protocol to the Convention

(a) which the United Kingdom has ratified; or

(b) which the United Kingdom has signed with a view to ratification.

(6) No amendment may be made by an order under subsection (4) so as to come into force before the protocol concerned is in force in relation to the United Kingdom.

2. Interpretation of Convention rights

(1) A court or tribunal determining a question which has arisen in connection with a Convention right must take into account any

(a) judgment, decision, declaration or advisory opinion of the European Court of Human Rights,

(b) opinion of the Commission given in a report adopted under Article 31 of the Convention,

(c) decision of the Commission in connection with Article 26 or 27(2) of the Convention, or

(d) decision of the Committee of Ministers taken under Article 46 of the Convention,

whenever made or given, so far as, in the opinion of the court or tribunal, it is relevant to the proceedings in which that question has arisen.

(2) Evidence of any judgment, decision, declaration or opinion of which account may have to be taken under this section is to be given in proceedings before any court or tribunal in such manner as may be provided by rules.

...

3. Interpretation of Legislation

(1) So far as it is possible to do so, primary legislation and subordinate legislation must be read and given effect in a way which is compatible with the Convention rights.

...

4. Declaration of incompatibility

(1) Subsection (2) applies in any proceedings in which a court determines whether a provision of primary legislation is compatible with a Convention right.

(2) If the court is satisfied that the provision is incompatible with a Convention right, it may make a declaration of that incompatibility.

(3) Subsection (4) applies in any proceedings in which a court determines whether a provision of subordinate legislation, made in the exercise of a power conferred by primary legislation, is compatible with a Convention right.

(4) If the court is satisfied

(a) that the provision is incompatible with a Convention right, and

(b) that (disregarding any possibility of revocation) the primary legislation concerned prevents removal of the incompatibility,

it may make a declaration of that incompatibility.

(5) In this section "court" means

(a) the House of Lords;

...

(e) in England and Wales or Northern Ireland, the High Court or the Court of Appeal.

...

6. Acts of public authorities.

(1) It is unlawful for a public authority to act in a way which is incompatible with a Convention right.

(2) Subsection (1) does not apply to an act if

(a) as the result of one or more provisions of primary legislation, the authority could not have acted differently; or

(b) in the case of one or more provisions of, or made under, primary legislation which cannot be read or given effect in a way which is compatible with the Convention rights, the authority was acting so as to give effect to or enforce those provisions.

(3) In this section "public authority" includes

(a) a court or tribunal, and

(b) any person certain of whose functions are functions of a public nature,

but does not include either House of Parliament or a person exercising functions in connection with proceedings in Parliament.

(4) In subsection (3) "Parliament" does not include the House of Lords in its judicial capacity.

(5) In relation to a particular act, a person is not a public authority by virtue only of subsection (3)(b) if the nature of the act is private.

(6) "An act" includes a failure to act but does not include a failure to

(a) introduce in, or lay before, Parliament a proposal for legislation; or

(b) make any primary legislation or remedial order.

...

12. Freedom of expression

(1) This section applies if a court is considering whether to grant any relief which, if granted, might affect the exercise of the Convention right to freedom of expression.

(2) If the person against whom the application for relief is made ("the respondent") is neither present nor represented, no such relief is to be granted unless the court is satisfied

(a) that the applicant has taken all practicable steps to notify the respondent; or

(b) that there are compelling reasons why the respondent should not be notified.

(3) No such relief is to be granted so as to restrain publication before trial unless the court is satisfied that the applicant is likely to establish that publication should not be allowed.

(4) The court must have particular regard to the importance of the Convention right to freedom of expression and, where the proceedings relate to material which the respondent claims, or which appears to the court, to be journalistic, literary or artistic material (or to conduct connected with such material), to

(a) the extent to which

(i) the material has, or is about to, become available to the public; or

(ii) it is, or would be, in the public interest for the material to be published;

(b) any relevant privacy code.

(5) In this section "court" includes a tribunal; and "relief" includes any remedy or order (other than in criminal proceedings).

...

19. Statements of compatibility

(1) A Minister of the Crown in charge of a Bill in either House of Parliament must, before Second Reading of the Bill

(a) make a statement to the effect that in his view the provisions of the Bill are compatible with the Convention rights ("a statement of compatibility"); or

(b) make a statement to the effect that although he is unable to make a statement of compatibility the government nevertheless wishes the House to proceed with the Bill.

(2) The statement must be in writing and be published in such manner as the Minister making it considers appropriate.

Schedule 1

Art. 8: (1) Everyone has the right to respect for his private and family life, his home and his correspondence.

(2) There shall be no interference by a public authority with the exercise of this right except such as is in accordance with the law and is necessary in a democratic society in the interests of national security, public safety or the economic well-being of the country, for the prevention of disorder or crime, for the protection of health or morals, or for the protection of the rights and freedoms of others.

Art. 10: (1) Everyone has the right to freedom of expression. This right shall include freedom to hold opinions and to receive and impart information and ideas without interference by public authority and regardless of frontiers. This Article shall not prevent States from requiring the licensing of broadcasting, television or cinema enterprises.

(2). The exercise of these freedoms, since it carries with it duties and responsibilities, may be subject to such formalities, conditions, restrictions or penalties as are prescribed by law and are necessary in a democratic society, in the interests of national security, territorial integrity or public safety, for the prevention of disorder or crime, for the protection of health or morals, for the protection of the reputation or rights of others, for preventing the disclosure of information received in confidence, or for maintaining the authority and impartiality of the judiciary

C. Deutschland

I. Verfassungsrechtliche Bestimmungen

Art. 1 GG [Schutz der Menschenwürde] (1) Die Würde des Menschen ist unantastbar. Sie zu achten und zu schützen ist Verpflichtung aller staatlichen Gewalt.

...

(3) Die nachfolgenden Grundrechte binden Gesetzgebung, vollziehende Gewalt und Rechtsprechung als unmittelbar geltendes Recht.

Art. 2 GG [Persönliche Freiheitsrechte] (1) Jeder hat das Recht auf die freie Entfaltung seiner Persönlichkeit, soweit er nicht die Rechte anderer verletzt und nicht gegen die verfassungsmäßige Ordnung oder das Sittengesetz verstößt.

(2) Jeder hat das Recht auf Leben und körperliche Unversehrtheit. Die Freiheit der Person ist unverletzlich. In diese Rechte darf nur auf Grund eines Gesetzes eingegriffen werden.

Art. 5 GG [Recht der freien Meinungsäußerung] (1) Jeder hat das Recht, seine Meinung in Wort, Schrift und Bild frei zu äußern und zu verbreiten und sich aus allgemein zugänglichen Quellen ungehindert zu unterrichten. Die Pressefreiheit und die Freiheit der Berichterstattung durch Rundfunk und Film werden gewährleistet. Eine Zensur findet nicht statt.

(2) Diese Rechte finden ihre Schranken in den Vorschriften der allgemeinen Gesetze, den gesetzlichen Bestimmungen zum Schutze der Jugend und in dem Recht der persönlichen Ehre.

(3)...

II. Sonstige Vorschriften

§ 823 BGB [Schadensersatzpflicht] (1) Wer vorsätzlich oder fahrlässig das Leben, den Körper, die Gesundheit, die Freiheit, das Eigentum oder ein sonstiges Recht eines anderen widerrechtlich verletzt ist dem anderen zum Ersatze des daraus entstehenden Schadens verpflichtet.

(2) Die gleiche Verpflichtung trifft denjenigen, welcher gegen einen den Schutz eines anderen bezweckendes Gesetz verstößt. ...

§ 847 BGB a. F. [Schmerzensgeld] (1) Im Falle der Verletzung des Körpers oder der Gesundheit sowie im Falle der Freiheitsentziehung kann der Verletzte auch wegen des Schadens der nicht Vermögensschaden ist, eine billige Entschädigung in Geld verlangen.

(2)...

§ 22 KUG [Recht am eigenen Bilde] (1) Bildnisse dürfen nur mit Einwilligung des Abgebildeten verbreitet oder öffentlich zur Schau gestellt werden. Die Einwilligung gilt im Zweifel als erteilt, wenn der Abgebildete dafür, dass er sich abbilden ließ, eine Entlohnung erhielt. Nach dem Tode des Abgebildeten bedarf es zum ablaufe von 10 Jahren der Einwilligung der Angehörigen des Abgebildeten. Angehörige im Sinne dieses Gesetzes sind der überlebende Ehegatte oder Lebenspartner und die Kinder des Abgebildeten, und wenn weder ein Ehegatte oder Lebenspartner noch Kinder vorhanden sind, die Eltern des Abgebildeten.

§ 23 KUG [Ausnahmen zu § 22] (1) Ohne die nach § 22 erforderliche Einwilligung dürften verbreitet und zur Schau gestellt werden:

1. Bildnisse aus dem Bereiche der Zeitgeschichte;

2. diese da, auf denen die Personen nur als Beiwerk neben einer Landschaft oder sonstigen Örtlichkeit erscheinen;

3. Bilder von Versammlungen, Aufzügen und ähnlichen Vorgängen, an denen die dargestellten Personen teilgenommen haben;

4. Bildnisse, die nicht auf Bestellung angefertigt sind, sofern die Verbreitung oder Schaustellung einem höheren Interesse der Kunst dient.

(2) Die Befugnis erstreckt sich jedoch nicht auf eine Verbreitung und Schaustellung, durch die ein berechtigtes Interesse des Abgebildeten oder, falls dieser verstorben ist, seiner Angehörigen verletzt wird.

§ 33 KUG [Strafvorschrift] (1) Mit Freiheitsstrafe bis zu einem Jahr oder mit Geldstrafe wird bestraft, wer entgegen den §§ 22,23 ein Bildnis verbreitet oder öffentlich zur Schau stellt.

(2) Die Tat wird nur auf Antrag verfolgt.

§ 201 StGB [Verletzung des Vertraulichkeit des Wortes] (1) Mit Freiheitsstrafe bis zu drei Jahren oder mit Geldstrafe wird bestraft, wer unbefugt

1. das nichtöffentlich gesprochene Wort eines anderen auf einen Tonträger aufnimmt oder

2. eine so hergestellte Aufnahme gebraucht oder einem Dritten zugänglich macht.

(2) Ebenso wird bestraft, wer unbefugt

1. das nicht zu seiner Kenntnis bestimmte nichtöffentlich gesprochene Wort eines anderen mit einem Abhörgerät abhört oder

2. das nach Absatz 1 Nr. 1 aufgenommene oder nach Absatz 2 Nr. 1 abgehörte nichtöffentlich gesprochene Wort eines anderen im Wortlaut oder seinem wesentlichen Inhalt nach öffentlich mitteilt.

Die Tat nach Satz 1 Nr. 2 ist nur strafbar, wenn die öffentliche Mitteilung geeignet ist, berechtigte Interessen eines anderen zu beeinträchtigen. Sie ist nicht rechtswidrig, wenn die öffentliche Mitteilung zur Wahrnehmung überragender öffentlicher Interessen gemacht wird.

(3) Mit Freiheitsstrafe bis zu fünf Jahren oder mit Geldstrafe wird bestraft, wer als Amtsträger oder als für den öffentlichen Dienst besonders Verpflichteter die Vertraulichkeit des Wortes verletzt (Abs. 1 und 2).

(4) Der Versuch ist strafbar.

(5) Die Tonträger und Abhörgeräte, die der Täter oder Teilnehmer verwendet hat, können eingezogen werden. § 74a ist anzuwenden.

§ 201a StGB [Verletzung des höchstpersönlichen Lebensbereichs]

(1) Wer von einer anderen Person, die sich in einer Wohnung oder einem gegen Einblick besonders geschützten Raum befindet, unbefugt Bildaufnahmen herstellt oder überträgt und dadurch deren höchstpersönlichen Lebensbereich verletzt, wird mit Freiheitsstrafe bis zu einem Jahr oder mit Geldstrafe bestraft.

(2) Ebenso wird bestraft, wer eine durch eine Tat nach Absatz 1 hergestellte Bildaufnahme gebraucht oder einem Dritten zugänglich macht.

(3) Wer eine befugt hergestellte Bildaufnahme von einer anderen Person, die sich in einer Wohnung oder einem gegen Einblick besonders geschützten Raum befindet, unbefugt gebraucht oder einem Dritten zugänglich macht und dadurch deren höchstpersönlichen Lebensbereich verletzt, wird mit Freiheitsstrafe bis zu einem Jahr oder mit Geldstrafe bestraft.

(4) Die Bildträger sowie Bildaufnahmegeräte oder andere technische Mittel, die der Täter oder Teilnehmer verwendet hat, können eingezogen werden. § 74a ist anzuwenden."

D. Europäische Menschenrechtskonvention

Art. 8 [Recht auf Achtung des Privat- und Familienlebens]

(1) Jede Person hat das Recht auf Achtung ihres Privat- und Familienlebens, ihrer Wohnung und ihrer Korrespondenz.

(2) Eine Behörde darf in die Ausübung dieses Rechts nur eingreifen, soweit der Eingriff gesetzlich vorgesehen und in einer demokratischen Gesellschaft notwendig ist für die nationale oder öffentliche Sicherheit, für das wirtschaftliche Wohl des Landes, zur Aufrechterhaltung der Ordnung, zur Verhütung von Straftaten, zum Schutz der Gesundheit oder der Moral oder zum Schutz der Rechte und Freiheiten anderer.

Art. 10 [Freiheit der Meinungsäußerung]

(1) Jede Person hat das Recht auf freie Meinungsäußerung. Dieses Recht schließt die Meinungsfreiheit und die Freiheit ein, Informationen und Ideen ohne behördliche Eingriffe und ohne Rücksicht auf Staatsgrenzen zu empfangen und weiterzugeben. Dieser Artikel hindert die Staaten nicht, für Radio-, Fernseh- oder Kinounternehmen eine Genehmigung vorzuschreiben.

(2) Die Ausübung dieser Freiheiten ist mit Pflichten und Verantwortung verbunden; sie kann daher Formvorschriften, Bedingungen, Einschränkungen oder Strafdrohungen unterworfen werden, die gesetzlich vorgesehen und in einer demokratischen Gesellschaft notwendig sind für die nationale Sicherheit, die territoriale Unversehrtheit oder die öffentliche Sicherheit, zur Aufrechterhaltung der Ordnung oder zur Verhütung von Straftaten, zum Schutz der Gesundheit oder der Moral, zum Schutz des guten Rufes oder der Rechte anderer, zur Verhinderung der Verbreitung vertraulicher Informationen oder zur Wahrung der Autorität und der Unparteilichkeit der Rechtsprechung.

Studien zum Internationalen, Europäischen und Öffentlichen Recht

Herausgegeben von Eibe Riedel

Band 1 Christian Jutzi: Das Brandwaffenprotokoll. Regelungen und Verbindlichkeit. 1997.

Band 2 Jutta Schumann: Faktische Gleichberechtigung. Die Grundgesetzerweiterung des Art. 3 II S. 2. 1997.

Band 3 Christian Keim: Der institutionelle Rahmen im Wettbewerbsrecht der Europäischen Union und mögliche Reformmodelle. Eine Darstellung des europäischen institutionellen Gefüges und eine Entwicklung eines neuen Modells durch Vergleich mit dem institutionellen Rahmen in den USA, Deutschland, Großbritannien und Frankreich. 1998.

Band 4 Andreas Torka: Nichtnavigatorische Wassernutzungen. Mechanismen der internationalen Zusammenarbeit. Von der Konfrontation über die Kooperation zu koadministrativen Formen der Zusammenarbeit. 1999.

Band 5 Markus Reimann: Die nicht-navigatorische Nutzung internationaler Süßwasserressourcen im Umweltvölkerrecht. 1999.

Band 6 Felix William Stoecker: NGOs und die UNO. Die Einbindung von Nichtregierungsorganisationen (NGOs) in die Strukturen der Vereinten Nationen. 2000.

Band 7 Torsten Weigt: Die ökologische Aktion zur Vermeidung und Bekämpfung transnationaler Umweltkatastrophen. Ein Beitrag zu Möglichkeiten und Problemen der Durchsetzung umweltschützender Verpflichtungen im Völkerrecht. 2000.

Band 8 Markus Tjaden: Genanalyse als Verfassungsproblem. Zulässigkeit genanalytischer Anwendungen im Lichte von Menschenwürde und genetischem Selbstbestimmungsrecht. 2001.

Band 9 Thorsten Wagner: Funktion und praktische Auswirkungen der richterlichen Vorlagen an den Gerichtshof der Europäischen Gemeinschaften. Dargestellt an Beispielen aus der Rechtsprechung zur Anwendung und Auslegung der Richtlinie 77/187/EWG und deren Einfluss auf das deutsche Recht. 2001.

Band 10 Thomas F. Kremer: Die "wissenschaftliche Rechtsphilosophie" Carl Magnus Bergbohms. Versuch einer analytisch-kritischen Rekonstruktion. 2001.

Band 11 Hüseyin Özcan: Rundfunkfreiheit in Deutschland und in der Türkei. Unter Berücksichtigung der Staatsferne des Rundfunks. 2002.

Band 12 Valentin Aichele: Nationale Menschenrechtsinstitutionen. Ein Beitrag zur nationalen Implementierung von Menschenrechten. 2003.

Band 13 Seong-Woo Ji: Die Ausgestaltung der Rundfunkfreiheit im dualen System. Eine rechtsvergleichende Untersuchung zum deutschen und koreanischen Verfassungsrecht. 2004.

Band 14 Andreas Blüthner: Welthandel und Menschenrechte in der Arbeit. The Compatibility of Human Rights at Work with the WTO-System. 2004.

Band 15 Christoph Steiner: Das Recht auf soziale Gesundheitsversorgung. Unter besonderer Berücksichtigung des Artikel 9 ICESCR. 2004.

Band 16 Joachim Spalcke: Arzneimittelzulassungsverfahren in der Europäischen Union und den Vereinigten Staaten von Amerika. Entwicklung und Harmonisierung. 2004.

Band 17 Bernd Neumann: Zeugnisverweigerungsrechte und strafprozessuale Ermittlungsmaßnahmen. 2005.

Band 18 Randolf Straky: Das Privatleben Prominenter als Verfassungsproblem. Ein Rechtsvergleich mit Frankreich und England unter Einbezug von Internetpublikationen. 2006.

www.peterlang.de

Peter Lang · Europäischer Verlag der Wissenschaften

Alexandra Loock

Das allgemeine Persönlichkeitsrecht der öffentlichen Person in den Medien

Eine Betrachtung mit interdisziplinären Bezügen

Frankfurt am Main, Berlin, Bern, Bruxelles, New York, Oxford, Wien, 2005. 264 S.
Europäische Hochschulschriften: Reihe 2, Rechtswissenschaft. Bd. 4289
ISBN 3-631-54118-X · br. € 45.50*

„Öffentlichkeit" ist der zentrale Begriff beim allgemeinen Persönlichkeitsrecht der lebenden „öffentlichen Person" in den Medien. Die Arbeit untersucht diesen Terminus mittels eines interdisziplinären Ansatzes, wozu zunächst der Begriff der „öffentlichen Person" definiert wird. Beim Persönlichkeitsrechtsschutz in den Medien geht es um die Rechtsabwägung zwischen Persönlichkeitsrecht und Medienfreiheit. Daher werden die Medien, ihre Rechte, das Wesen der Persönlichkeit, die Persönlichkeitssphäre und die Lehre von der „Person der Zeitgeschichte" näher beleuchtet. Diese Arbeit zeigt, dass die „öffentliche Person" nicht klar vom „realen" Individuum abgrenzbar ist und die Grenze zwischen Öffentlichkeit und Privatheit diffundiert. Die Auswirkungen dieser Erkenntnis auf den Schutzbereich des allgemeinen Persönlichkeitsrechts, den Rechtsschutz und die Schadensbestimmung werden im Einzelnen dargestellt.

Aus dem Inhalt: Die öffentliche Person als Teil der Mediengesellschaft · Definition des Begriffs „öffentliche Person" · Die Rechte des Art. 5 Absatz 1, Absatz 3 GG · Gründe für den Schutz von Privatheit · Die „öffentliche Person" als Person der Zeitgeschichte · Das allgemeine Persönlichkeitsrecht · Grundlagen des allgemeinen Persönlichkeitsrechts · Darstellung der einzelnen Sphären · Rechtswidrigkeit · Verschulden · Schaden · Rechtsschutz · Pressekodex des Deutschen Presserates · Wichtige Entscheidungen zum allgemeinen Persönlichkeitsrecht

Frankfurt am Main · Berlin · Bern · Bruxelles · New York · Oxford · Wien
Auslieferung: Verlag Peter Lang AG
Moosstr. 1, CH-2542 Pieterlen
Telefax 00 41 (0) 32 / 376 17 27

*inklusive der in Deutschland gültigen Mehrwertsteuer
Preisänderungen vorbehalten

Homepage http://www.peterlang.de

MIX
Papier | Fördert gute Waldnutzung
FSC® C083411

Kolibri 360 GmbH
Ferdinand-Jühlke-Straße 7
99095 Erfurt, Deutschland
produktsicherheit@kolibri360.de

Druck:
CPI Druckdienstleistungen GmbH
im Auftrag der
Kolibri 360 GmbH
Ferdinand-Jühlke-Str. 7
99095 Erfurt